MÉMORIAUX
DU
CONSEIL DE 1661

PUBLIÉS

POUR LA SOCIÉTÉ DE L'HISTOIRE DE FRANCE

PAR

JEAN DE BOISLISLE

TOME PREMIER

A PARIS
LIBRAIRIE RENOUARD
H. LAURENS, SUCCESSEUR
LIBRAIRE DE LA SOCIÉTÉ DE L'HISTOIRE DE FRANCE
RUE DE TOURNON, N° 6

MDCCCCV

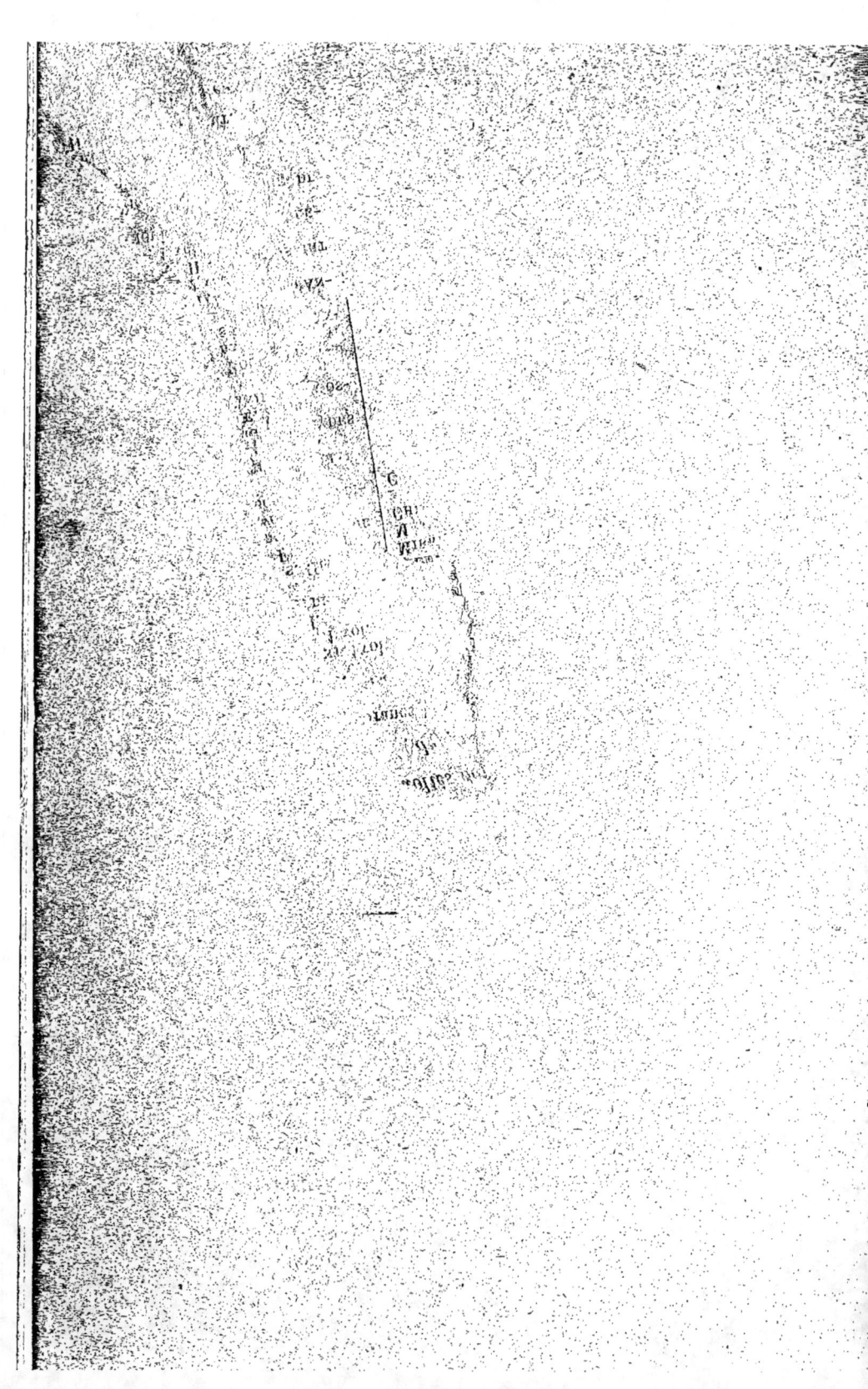

MÉMORIAUX
DU
CONSEIL DE 1661

IMPRIMERIE DAUPELEY-GOUVERNEUR

A NOGENT-LE-ROTROU.

MÉMORIAUX

DU

CONSEIL DE 1661

PUBLIÉS

POUR LA SOCIÉTÉ DE L'HISTOIRE DE FRANCE

PAR

JEAN DE BOISLISLE

TOME PREMIER

A PARIS
LIBRAIRIE RENOUARD

H. LAURENS, SUCCESSEUR

LIBRAIRE DE LA SOCIÉTÉ DE L'HISTOIRE DE FRANCE
RUE DE TOURNON, N° 6

—

M DCCCC V

EXTRAIT DU RÈGLEMENT.

Art. 14. — Le Conseil désigne les ouvrages à publier, et choisit les personnes les plus capables d'en préparer et d'en suivre la publication.

Il nomme, pour chaque ouvrage à publier, un Commissaire responsable, chargé d'en surveiller l'exécution.

Le nom de l'éditeur sera placé en tête de chaque volume.

Aucun volume ne pourra paraître sous le nom de la Société sans l'autorisation du Conseil, et s'il n'est accompagné d'une déclaration du Commissaire responsable, portant que le travail lui a paru mériter d'être publié.

———

Le Commissaire responsable soussigné déclare que le tome Ier des Mémoriaux du Conseil de 1661, *préparé par M.* Jean de Boislisle, *lui a paru digne d'être publié par la* Société de l'Histoire de France.

Fait à Paris, le 1er mai 1905.

Signé : A. DE BOISLISLE.

Certifié :

Le Secrétaire adjoint de la Société de l'Histoire de France,

NOËL VALOIS.

INTRODUCTION

Durant l'agonie prolongée du cardinal Mazarin, les intrigues et les convoitises avaient fermenté : courtisans aspirant à la faveur, ministres visant à la toute-puissance, femmes même escomptant les passions du jeune Roi. Quelle put être l'universelle surprise lorsque Louis prit le timon dans ces mains qu'on croyait novices, inaptes au métier, et coupa court à toutes les ambitions par son premier geste de souverain absolu, par sa réponse : « C'est à moi que vous vous adresserez! »

Ce fut un dernier triomphe pour le Cardinal. Prévoyant sa propre disparition depuis quelques années, il avait voulu que son royal élève lui fît honneur, et, chaque jour, l'avait associé au détail de toutes les affaires, soit par lui-même, soit, en sous-ordre, par le jeune Brienne, son camarade d'enfance. Vingt mois avant de mourir, il lui adressait cet appel émouvant : « J'ai tâché de vous bien servir. Au moins j'y ai employé mes petits talents, et il a plu à Dieu de bénir ma conduite par la bonté qu'il a pour votre personne sacrée et pour le royaume qu'il vous a soumis. Si, une fois, vous en prenez le gouvernail, vous ferez plus en un jour qu'un plus habile que moi en six mois; car ce qu'un roi fait est d'un autre poids, et fait un autre éclat et impression que ce que fait un ministre, quelque autorisé qu'il puisse être. Je serai le plus heureux des hommes si je vous vois, comme je n'en doute pas, exécuter la résolution que vous avez prise de vous appliquer aux affaires, et je mourrai très satisfait et content à l'instant que je vous verrai en état de gouverner de vous-même, ne vous servant de vos ministres que pour entendre leurs avis, en profiter en la manière qu'il vous

a

plaira, et leur donner après les ordres qu'ils auront à faire exécuter. »

C'est dans les propres Mémoires de Louis XIV, écrits sous ses yeux par Colbert, par Périgny, par Pellisson, qu'on voit l'esprit du Prince s'ouvrir à cet enseignement de choses, au sentiment de ses devoirs, de la grandeur de la tâche et de la lourdeur du fardeau, mais aussi de la gloire, « principal objet de ses actions. » « La gloire n'est pas une maîtresse qu'on puisse jamais négliger, ni être digne de ses premières faveurs si l'on n'en souhaite incessamment de nouvelles. »

Il fallait l'acheter, la conquérir cette gloire, et Mazarin, en mourant, avait laissé au disciple qu'il jugeait « si bien né pour l'Empire » un programme complet de gouvernement personnel. Louis reçut avec respect ces dernières instructions, véritable testament politique, et, quand il quitta Vincennes après la mort du Cardinal, son premier soin fut d'en faire « étendre les articles » par le fidèle Rose, puis d'en donner lecture aux hommes d'État qui y étaient nommément désignés, et, tout aussitôt, d'aborder la tâche.

De ces débuts, les grandes lignes peuvent se suivre dans les *Mémoires* pour l'année 1661 ; mais les documents dont la Société de l'Histoire de France a bien voulu accepter la publication permettront, pour la première fois, d'en suivre le détail pendant les six premiers mois et de voir à l'œuvre le jeune prince, dans la pleine conscience de ses droits et de ses devoirs, dans sa passion du bien, du juste, du vrai et du grand :

Ordo et felicitas,
Rege curas imperii capessente.

Brienne fils dit que le nouveau maître de la France annonça son intention de gouverner par « d'autres principes que ceux de feu M. le Cardinal. » Ce n'est pas qu'il entendît prendre une voie différente, mais bien se réserver tout le pouvoir et toute la direction que, depuis un demi-siècle, son père, puis la Régente, sa mère, avaient laissés

aux mains d'un premier ministre « de si grand service. »
« La face du théâtre change. » *Annus novus a regimine novo.* A partir de cette première matinée du 9 mars, Louis devient, comme l'a dit Mme de Motteville, « politique dans les affaires d'État, théologien dans celles de l'Église, exact en celles de finance, parlant juste, prenant toujours le bon parti dans les conseils, sensible aux intérêts des particuliers, sévère envers les grands ambitieux, ennemi de l'intrigue. »

Quel orgueil légitime pour un jeune prince à qui, dès l'enfance, « le seul nom des rois fainéants et des maires du palais faisait peine! » Il avait laissé pressentir sa virile détermination à Le Tellier quelques jours auparavant; quand l'heure de la prise de possession eut sonné, son premier soin fut d'en aviser ses sujets et l'Europe entière, mais en accompagnant cette notification officielle des regrets sincères que lui laissait celui qui venait de disparaître de la scène et de lui céder la place. Aux trois ministres en qui le Cardinal avait souhaité qu'il mît exclusivement sa confiance, aux secrétaires d'État, au clergé réuni en assemblée générale, aux princes, grands seigneurs, membres du conseil d'État, qui vont descendre au second plan, à ses « bons frères » les souverains de l'Europe, et à leurs représentants en France, surtout à ses sujets, qui, désormais, devront tous s'adresser directement à lui, soit de vive voix, soit par des placets qu'il lira lui-même le premier, il annonce que, désormais, le gouvernement sera entre ses mains : rien ne se délibèrera plus, ne s'expédiera, ne se scellera sans son ordre exprès; il sera l'unique administrateur de son royaume, ou du moins il n'en abandonnera à personne la direction suprême.

Sauf pour deux ou trois initiés, la stupéfaction fut générale, mais nulle part plus profonde que pour Anne d'Autriche. Sachant par avance qu'un nouveau Conseil allait se constituer, elle avait encore assuré à ses confidents qu'il était destiné, non pour gouverner, mais pour servir et seconder le Roi; que le maréchal de Villeroy en serait, et que Foucquet, quoique prévaricateur et voleur, prendrait la haute main. Et voici que Le Tellier vient lui annoncer que son fils entend vraiment assister à tous les conseils, entretenir ses ministres les uns après les autres sans y manquer un seul jour; mais, cela fait, il gouvernera par lui-même et en toutes choses. L'abbé de Choisy raconte que la Reine en rit au nez du ministre, et s'écria : « De bonne foi, Monsieur, qu'en croyez-vous? » Exclamation qui permettrait de croire à une Anne d'Autriche telle que la représentent des historiens modernes, ignorante de ce qui se passait autour d'elle, tout entière aux dévotions et aux exercices de piété, aux petites intrigues, au jeu, aux représentations, aux festins, et ne connaissant même pas son fils. Il se révéla dans cette séance plénière, tenue le 10 mars, chez sa mère elle-même.

Les gens de la cour, qui se figuraient être de grands clercs, répétaient à tout venant que ce beau feu ne tiendrait point; l'ambassadeur espagnol se croyait sûr d'être appelé à l'aide au bout de quelques jours; mais les semaines, les mois s'écoulèrent, et il fallut reconnaître que « la nouvelle face du théâtre » était pour durer.

Sur ces débuts de règne personnel, on a les témoignages concordants, avec des variantes de détail, de Colbert et de Pellisson, qui, dans leur travail d'historiographes, ont parlé au nom du Roi lui-même; celui des lettres journalières de Rapin; celui de Boileau, dans sa première épître, dans son Discours au Roi et sa cinquième satire; celui de Foucquet, dans ses Défenses contre les productions de l'avocat général Talon; celui des Mémoires de Brienne père et des souvenirs que son fils réunit vingt-cinq ans plus tard; ceux de Mme de Motteville, l'intime familière de la Reine mère, et ceux de tant d'autres mémorialistes du même temps. On a aussi les dépêches des diplomates étrangers, Fantoni, Van Beuningen, Fuensaldagne, Caracène, Vuoerden, à leurs gouvernements, et celles de nos agents français, Gravel, Lumbres, Servient; enfin, les gazettes de tous les pays, manifestant, à l'exemple de celles de Renaudot ou de Loret, une surprise qui n'était pas près de finir. Jusque dans cette Pologne où Louis allait poursuivre une action si active, il n'y eut qu'un cri unanime : « Si S. M. continue comme Elle a commencé, Elle fera la gloire et la félicité de la France, l'objet de l'admiration de l'Europe et l'exemplaire achevé d'un parfait monarque. »

Voyons maintenant quels étaient les organes supérieurs du gouvernement dont Louis allait prendre la direction et la charge.

LES CONSEILS. — Dans l'édition qui venait de paraître au début de l'année 1661, l'*État de la France* énumérait les conseils qui suivent : « Le conseil secret, pour quelques affaires secrètes, où siègent le Roi, la Reine, le premier ministre et ceux des princes et ministres qu'on y appelle ; — le conseil d'en haut, qui se tient dans la chambre du Roi, pour quelques affaires regardant le général de l'État, devant le Roi et la Reine, le premier ministre, les ministres d'État, le Chancelier, le Surintendant et autres qu'il plaît à S. M.; — le conseil des dépêches, au Louvre, pour les affaires des provinces et autres : le Chancelier, les ministres, les surintendants et les secrétaires d'État y font leur rapport et tiennent mémoire des résolutions prises, ainsi qu'au conseil d'en haut, et en font faire les expéditions ; » — enfin, le conseil d'État et finances.

Le même annuaire donnait cette répartition, ce « département » des provinces et des attributions entre les quatre secrétaires d'État : Brienne père : Champagne, Provence, Bretagne, Trois-Évêchés, avec leurs fortifications; affaires étrangères; marine du Ponant, et pensions ; — La Vrillière : Languedoc, pays de Bayonne, Guyenne, Brouage, Aunis, la Rochelle, Touraine, Anjou, Maine, Bourbonnais, Nivernais, Auvergne, Picardie, Normandie et Bourgogne; les affaires de la R. P. R.; — Guénegaud du Plessis : Paris et l'Ile-de-France, Orléanais et Blaisois, Béarn; la maison du Roi et le Clergé; — Le Tellier : Poitou, Saintonge, Angoumois, Marche, Limousin, Lyonnais, Dauphiné et Catalogne; la guerre, le taillon, l'artillerie, la marine du Levant.

Brienne, La Vrillière et Le Tellier ont leurs fils pour survivanciers, avec les gages du Conseil et la pension.

Mazarin avait condamné le conseil secret que l'*État de la France* nommait en premier, et même, si l'on en croit Mme de Motteville, que renseignait directement la Reine mère, il avait voulu, dès le 7 mars, quarante-huit heures à peu près avant qu'il ne rendît le dernier soupir, qu'un conseil tout autrement « étroit » se réunît immédiatement et prît la place de l'ancien, dégagé des éléments dont la prépondérance, au moins par le nombre, eût fait obstacle au gouvernement personnel et absolu : plus de Reine mère, ni, bien entendu, de premier ministre; plus de princes convoqués au gré du jour, plus de chancelier sur les marches du trône, plus même de ministres, si ce n'est ces trois que Mazarin a désignés pour les avoir depuis longtemps éprouvés et pratiqués journellement : le secrétaire d'État aux départements de la Guerre et de la Marine du Levant, Michel Le Tellier; le surintendant des finances, Nicolas Foucquet, qui a aussi le commerce dans ses attributions; enfin, le ministre Hugues de Lionne, qui, sans être secrétaire d'État, dirige tout le détail des affaires extérieures, malgré deux autres titulaires, les Brienne père et fils. En imposant ces choix au jeune souverain, Mazarin a eu soin de les justifier : Le Tellier, sans intelligence supérieure, est plein d'expérience, de sagesse, de solidité, et, en dehors de son département spécial, il possède à merveille toutes les affaires de l'intérieur; Nicolas Foucquet, seul surintendant depuis la mort d'Abel Servient, est un « homme de très grande ressource, » et, quoique suspect à bien des titres, il doit être provisoirement maintenu; Hugues de Lionne est habitué depuis des années à préparer et décider toutes les affaires diplomatiques avant qu'elles ne passent aux deux Brienne, et, tout en le dénigrant parfois et le maltraitant, c'est lui que Mazarin considérait comme l'homme véritablement supérieur, indispensable par son expérience, son adresse, sa souplesse et sa fermeté.

Voilà donc les seuls ministres, les trois grands vizirs, comme Lionne lui-même l'expliquera plus tard à un ambassadeur ottoman, que Louis doit s'associer pour la conduite des « intérêts les plus importants et des affaires secrètes, où le petit nombre de têtes est à désirer autant qu'autre chose, et qui, à elles seules, demandent plus de temps et d'application que toutes les autres ensemble. »

Sans enlever aux autres conseils leurs attributions particulières, le conseil des Trois, conseil secret, conseil étroit, ou de quelque autre nom qu'on le désigne, les rejettera désormais au second plan, même le conseil d'en haut, que l'on ne réunira plus que pour obtenir une délibération particulièrement solennelle et d'intérêt général, comme, le 10 mars, pour entendre de la bouche du Roi sa résolution de « gouverner lui-même l'État sans s'en reposer que sur ses propres soins » et de ne plus convoquer ce conseil que lorsqu'il « aura besoin de ses bons avis ; » ou, deux jours plus tard, à propos de la guerre contre le Turc, — à ce moment, Condé et les maréchaux de France purent croire qu'on leur rendrait une part effective dans le gouvernement ; — ou encore, lorsqu'il y aura lieu d'agir en accord parfait avec Condé dans l'affaire de la succession de Pologne. Sauf ce dédommagement pour l'ancien chef de la Fronde, les princes et les grands seigneurs resteront désormais « dans l'antichambre ; » on se bornera à assurer à Turenne le traitement de maréchal général, aux La Meilleraye-Mazarin celui de grand maître de l'artillerie ; pour la forme, on consultera sur certains détails militaires, avec Condé, les maréchaux de Villeroy et du Plessis-Praslin : grand dépit, profond ressentiment des uns et des autres, mais dépit et ressentiment impuissants, dont les trois « bourgeois » désignés par Mazarin n'auront à tenir aucun compte.

Les secrétaires d'État. — Notre Mémorial ne mentionne à peu près les secrétaires d'État que lorsqu'il s'agit de restreindre leurs pouvoirs et d'assujettir leurs départements respectifs à l'autorité supérieure du Roi. Est-ce à dire que celui-ci se réserve exclusivement l'étude et la décision des affaires des provinces? Il s'en est défendu dans ses propres Mémoires : « Autant que j'avois d'ardeur de me signaler, autant avois-je d'appréhension de faillir ; et, regardant comme un grand malheur la honte qui suit les moindres fautes, je voulois prendre dans ma conduite les dernières précautions... Je ne crus pas devoir toucher au détail des affaires qu'après m'en être fait rendre compte par ceux qui en étoient les plus instruits... » Et on ne doit pas oublier que, derrière ces conseillers ou ces informateurs, il y avait encore, — les documents journaliers le prouvent sans que jamais le nom soit prononcé, — il y avait cet autre collaborateur secret, Jean-Baptiste Colbert, toujours prêt dans quelque arrière-cabinet pour étudier, pour préparer les résolutions, et jusqu'aux expéditions.

Le Tellier mis à part, la valeur très secondaire des trois secrétaires d'État, La Vrillière, du Plessis-Guénegaud, Brienne même, explique la réduction de leur rôle effectif. Dès le lendemain de sa prise de possession, entendant qu'à l'avenir « tous les François s'adressent à lui, et même les étrangers, » Louis ordonne que les quatre secrétaires d'État et le chancelier Séguier lui communiquent tout ce qu'ils recevront de dépêches, et qu'après examen les solutions lui soient soumises. Saint-Simon prête à Séguier ce mot que, sur vingt affaires présentées ainsi au Conseil, le Roi, pour bien affirmer son pouvoir, ne manquait jamais de repousser une proposition. Peut-être n'est-ce là qu'une boutade. Plus sérieusement, Colbert a écrit en 1664 que jamais leur maître ne voulait ni remettre un conseil, ni manquer à l'heure précise, ni lever la séance avant l'exposition complète de ce que chacun avait à dire, même s'il s'agissait de « matières difficiles à entendre, qui n'avoient aucun goût et ne pouvoient donner aucune satisfaction dans l'esprit d'un grand prince. » Et, d'autre part, on sait que, de tout temps, jeune ou vieux, Louis se rangeait à l'avis de la majorité des conseillers présents après avoir développé lui-même ce qui lui semblait être de son propre intérêt ou de son devoir.

Cette attitude absolument correcte, surtout en temps de pouvoir absolu et personnel, Saint-Simon l'a interprétée à sa manière. Louis XIV, dit-il, resta toujours fidèle à sa maxime du début, d' « abhorrer tout premier ministre, mais en prit dès lors une autre qu'il ne put soutenir avec la même fermeté, parce qu'il ne s'aperçut presque pas, dans l'effet, qu'elle lui échappa sans cesse : ce fut de gouverner par lui-même, qui fut la chose qui le piqua le plus, dont on le loua et le flatta davantage, et qu'il exécuta le moins. » Si, au fond, cet « apophtegme » est très discutable, la forme sous laquelle le grand écrivain le présente est tout simplement empruntée, presque mot pour mot, comme en bien d'autres occasions, au plus morose des mémorialistes de la cour, le marquis de La Fare, toujours prêt à dénigrer, à diminuer le rôle de chacun, faute d'en avoir joué un lui-même. Voici son texte, que Saint-Simon semble bien avoir suivi : « Le Roi à la jalousie de son autorité joignit la jalousie du gouvernement. Il eut peur sur toutes choses, parce qu'il avoit été gouverné, qu'on ne crût qu'il l'étoit encore, et, par là, ses trois ministres, Le Tellier, Colbert et de Lionne, en lui disant toujours qu'il faisoit tout et qu'il étoit le maître, ... le réduisirent, comme il ne parloit qu'à eux, à taire tout ce qu'ils vouloient, soit en accordant aujourd'hui une chose à l'un, et demain à l'autre, soit en faisant ce qu'ils vouloient tous trois, quand il leur plaisoit de s'accorder. » De ces deux témoignages concordants, mais qui ne font qu'un, et qu'on est en droit de récuser, l'historien de Louvois a cru pouvoir conclure que, tout en sauvant l'apparence, les secrétaires d'État ne laissèrent réellement au Roi que l'approbation et la signature des résolutions préparées par eux-mêmes et leurs bureaux. Ce n'est certes pas ce que le plus puissant des ministres du pouvoir personnel, Hugues de Lionne, fit entendre en 1669 à un envoyé turc : « Aussitôt que notre empereur a atteint l'âge de gouverner par lui-même, il s'est réservé à sa personne seule toute l'autorité, n'en communique aucune portion à qui que ce soit, voit tout, entend tout, résout tout, ordonne tout, travaille sans discontinuation huit heures par jour à ses affaires et à rendre la justice à ses sujets, et s'est rendu lui-même, par cette conduite, les délices de son peuple et l'étonnement et l'admiration de toute la chrétienté. Moi-même, que vous voyez ici placé comme un grand vizir le seroit à Constantinople, je ne suis qu'un petit secrétaire de S. M. Impériale, qui n'ai d'autres fonctions que d'écrire soir et matin les résolutions qu'Elle prend dans les affaires qui regardent l'emploi particulier que j'ai. Les autres secrétaires en usent de même chacun dans l'emploi dont l'Empereur les honore... » Le Mémorial de Chantilly montrera comment se passaient les choses dans le plus important des conseils.

Le conseil des Trois. — Le nouveau conseil, auquel est consacrée uniquement la présente publication, et qui remplaça, comme nous l'avons dit, le conseil secret du temps précédent, conserva cette dénomination suivant le Mémorial de Brienne; selon Pellisson, dans l'*Histoire de Louis XIV*, « la cour le nomma depuis *conseil étroit*, ou *conseil des Trois*, parce qu'il ne fut composé que de trois ministres égaux en fonctions. » Affirmation plus spécieuse qu'exacte, puisque, dès le premier jour, l'un, Foucquet, était condamné à brève échéance, et un autre, au contraire, Lionne, destiné à une prédominance certaine; l'égalité n'existait, à proprement parler, que dans la qualité de ministre d'État, et encore « égalité » ne signifie pas qu'il y eût entre eux une parfaite entente.

Capables entre tous, mais à des titres très différents, Mazarin les avait choisis à bon escient, en pleine connaissance de leurs mérites respectifs, comme dignes d'être « honorés de la plus secrète part dans la confiance du Prince, » et propres à restituer à la royauté elle-même son action directe, immédiate, souveraine, en dehors de tout premier ministre, des gens d'Église, même des gens de qualité. Colbert s'en est exprimé ainsi dans le premier de ses Journaux pour servir à l'histoire de son maître : « En ce qui concernoit les affaires les plus importantes, le Roi résolut de se servir des mêmes personnes dont le feu Cardinal s'étoit servi : du surintendant des finances, pour tout ce qui concernoit cette fonction et le dedans du royaume; du sieur Le Tellier, secrétaire d'État, pour les affaires de la guerre, et, comme il avoit eu plus de part au secret et à la confiance dudit Cardinal, ce prince lui donna la même place dans son esprit; et du sieur de Lionne, auquel il confia toutes les affaires étrangères. Ces sept personnes (Colbert compte le Chancelier et les trois autres secrétaires d'État) se trouvoient tous les matins dans son cabinet, où il tenoit conseil depuis neuf heures jusqu'à midi, concernant toutes les affaires du dedans de son royaume; et, après le dîner, les trois derniers s'y trouvoient seulement depuis trois heures jusques à cinq et six heures du soir, pour traiter des affaires étrangères et autres plus secrètes et plus importantes... »

Foucquet ajoute que, quelquefois aux séances d'après-dîner, Colbert apportait le registre des recettes et des dépenses; que, deux jours par semaine, le Chancelier venait traiter des affaires de justice, et les secrétaires d'État faire le rapport des dépêches de leurs départements; mais notre Mémorial n'en laisse rien soupçonner.

La première séance est racontée *de visu et auditu* par Brienne le jeune, qui ne quitta pas d'un instant, ce jour-là, le Roi et les ministres, puis assista à la déclaration solennelle du jour suivant. Le récit de l'abbé de Choisy concorde parfaitement. Nous avons ainsi le texte des paroles que Louis prononça, paroles vraiment « royales et dignes d'être transmises à la postérité, » où il se déclarait prêt à écouter les avis et les propositions de tous. « S'il faisoit quelque faute, les Trois lui feroient plaisir de l'avertir. » Ce n'est pas, écrivait alors le Hollandais Beuningen, « pour former un conseil privé à l'exclusion de tout autre, où chacun trouverait occasion d'attirer à soi la direction des affaires, » mais bien pour prendre « les leçons de chacun sur son département, du surintendant sur les finances, de Le Tellier sur les affaires de la guerre, de Lionne sur les affaires étrangères, » et, comme il n'y avait pas homogénéité de principes ou d'opinions sur bien des points, d'un côté Foucquet et Lionne, de l'autre Le Tellier et les Brienne, on peut dire que les affaires étaient sérieusement étudiées. Dans cette sorte de prologue, qui dura cinq ou six mois, Louis put essayer ses forces et acquérir une précoce expérience.

Les trois ministres. — La brève esquisse que nous allons maintenant tracer des trois ministres composant le conseil doit commencer par leur doyen, Le Tellier.

Un extérieur charmant, tous les dehors d'un honnête homme; doux, facile, insinuant, circonspect, cachant sous une modestie réelle et sa faveur et son ignorance de bien des choses; régulier et civil dans le commerce de la vie courante, capable de suivre une idée quoique d'un génie médiocre et borné; inférieur souvent à ses trop hauts emplois, mais rompu aux travaux de Conseil; avec cela, avare ou avide, ennemi dangereux : tel était, d'après l'abbé de Choisy, Michel Le Tellier, âgé de cinquante-huit ans en 1661, secrétaire d'État depuis 1643, chargé, outre ses huit provinces, du département de la Guerre, de celui de la Marine du Levant, et même, en fait, de bien des affaires religieuses qui eussent dû rester au département de du Plessis-Guénegaud. Malgré son expérience, et peut-être à cause de certains défauts futiles, comme celui, par exemple, de ne pas bien lire les dépêches en conseil, il n'était guère agréable au Roi, qui l'appela toujours *Monsieur* comme au temps de sa première jeunesse, mais cependant lui donnait sa confiance dans les affaires intérieures, ainsi qu'il l'avait promis à

Mazarin. Par suite, une partie de la cour avait cru qu'il recueillerait la succession de premier ministre : il ne fut qu'un des Trois; mais, au bout d'une vingtaine de jours, juste le 1ᵉʳ avril, nous le voyons remplacer le jeune Brienne dans la tenue du Mémorial, et profiter d'une demi-disgrâce de ces Messieurs, le père et le fils, pour réunir entre ses mains presque toutes les affaires de l'intérieur, particulièrement les affaires religieuses. Ce sera un lourd département; mais Le Tellier a un jeune et actif collaborateur dans son fils aîné, Louvois, âgé de vingt-deux ans, pourvu depuis 1655 de la survivance de secrétaire d'État avec un titre de conseiller d'État ordinaire, et, sinon associé déjà à l'exercice de la charge, du moins préposé à l'expédition d'une partie des affaires, même à leur examen, ainsi qu'il ressort, dans notre commentaire, d'un témoignage de Vuoerden et d'un billet de Colbert.

Les Papiers personnels de Le Tellier et ceux de sa secrétairerie d'État sont représentés au dépôt de la Guerre, pour l'année 1661, par deux volumes bien complets de minutes, presque toutes autographes, partant fort difficiles à lire, et par quelques paquets d'expéditions et de dossiers, notamment ceux des affaires religieuses et bénéficiales, dont nous nous sommes servis (tome II, appendice VIII, p. 330 et suivantes); au Cabinet des manuscrits, par divers volumes de transcrits, tels que le ms. Fr. 4240; aux Archives nationales, par un formulaire. L'instruction qui lui avait été délivrée lors de son entrée à la Guerre recommandait que les papiers du département fussent conservés en bon ordre. En 1661, il a pour commis les sieurs Drosnay, Darbon, de Vrevins, du Fresnoy, Carpatry, dont la plupart se firent connaître pour des hommes intelligents. Il eut aussi des calligraphes pour faire les « transcrits » de certaines correspondances.

FOUCQUET. — De Foucquet tout n'a-t-il pas été dit, en bien comme en mal? Encore faut-il expliquer comment sa présence dans un conseil où il était connu à fond put être tolérée par le jeune roi pendant six mois presque pleins. Ses propres *Défenses*, d'une part, et, d'autre part, les réquisitoires de Colbert nous y aideront.

Foucquet avait été pris par Mazarin, au retour de son second exil de 1653, en manière de gratitude pour les services personnels de l'abbé son frère. Mazarin l'associa alors à Abel Servient dans la surintendance des finances. Ses qualités étaient tout l'opposé de celles de Servient : il se réserva le département des recettes, la passation des traités, prêts et avances, la préparation des édits, déclarations et arrêts, ne lui laissa que la signature des assignations, sans même l'ordonnancement, et lui imposa la collaboration de son âme damnée Delorme. En lui enlevant toutes ses relations, il eut vite fait de l'annihiler. Servient mort, il est devenu maître de tout, au point qu'il put mettre sur le marché cent millions d'ordonnances de comptant en une seule année, et aliéner à tort et à travers toutes les ressources de l'État; il a fait ainsi la fortune des traitants, en même temps que la sienne propre, et a gagné toutes les consciences avec l'argent du Roi. Il passait pour distribuer à ses créatures jusqu'à quatre millions par an.

Entraîné dans un engrenage de cabales et d'intrigues, de voluptés, de splendeurs et de profusions, il ne peut plus en sortir. Mazarin savait tout cela, ne fût-ce que par son intendant Colbert, mais n'osa jamais débarrasser le ministère du prévaricateur et concussionnaire dont les services lui furent si utiles pour la négociation de la paix et pour celle du mariage espagnol. D'ailleurs, quand le Roi prit le pouvoir, lui aussi crut politique de conserver pour un temps Foucquet aux finances, en le soumettant toutefois au contrôle constant de Colbert, son ennemi mortel, son successeur désigné. Quel fut donc l'aveuglement du surintendant, lorsque, dans ces conditions, ayant obtenu par ses aveux un pardon momentané, à côté du conseil où il n'avait été admis que par grâce ou par nécessité, il reprit de plus belle son système d'aliénations, de taxes, d'affaires extraordinaires, en même temps que ses manœuvres souterraines, coupables, pour augmenter et sa fortune immense et la puissance de sa cabale !

Son nom paraît à peine quelquefois dans le Mémorial du conseil des Trois, uniquement quand le Roi le charge d'ordonnancer des dépenses sans importance, ou d'étudier la situation commerciale.

Nous n'y voyons pas davantage, vers les premiers jours de mai, quelle circonstance particulière put alors décider à se défaire du mauvais et dangereux serviteur ; et cependant Colbert et d'autres fixent cette date critique au 3 ou au 4 mai. L'exécution fut remise à septembre, alors que les recouvrements et les récoltes seraient terminés : il parut prudent de prendre ce délai pour enlever le maniement des finances à l'homme qui l'avait tout à lui depuis huit ans et s'était fait comme un retranchement imprenable derrière ses places fortes, sa flotte, ses établissements coloniaux ou fonciers, son armée de partisans tout dévoués.

Le coup d'État étant donc renvoyé à l'époque où la cour se rendrait à la session des États de Bretagne, dans le propre « royaume » de Foucquet, on l'amena d'abord, en faisant miroiter devant ses yeux la succession de Séguier, à vendre sa charge de procureur général au parlement de Paris. C'était sa sauvegarde ; il s'exécuta sans défiance, et perdit en même temps l'appui de la Reine mère.

Avant les fêtes de Vaux, il eut avis qu'on lui allait retirer la signature des états de distribution ; au retour, un dernier coup droit lui fut porté dans le conseil du 25 août, où l'abbé de Choisy rapporte que le Roi manifesta l'intention de supprimer l'abus des ordonnances de comptant ; Foucquet, alors, aurait laissé échapper un cri de protestation et d'angoisse. Ses jours étaient comptés. Le 27, avant le départ pour Nantes, et comme par une coïncidence ironique, il eut encore à préparer, corriger et signer le texte d'un traité pour le recouvrement des deniers qui proviendraient de la prochaine chambre de justice ; le dernier ordre du Roi, à ce que rapporte Choisy, fut pour lui demander une somme de quatre-vingt mille livres destinée au budget des officiers de marine, et, le 5 septembre, au sortir de la dernière séance de notre conseil des Trois, qui avait duré si peu de temps, l'arrestation eut lieu comme le Roi en était convenu avec ses deux confidents Le Tellier et Colbert. Foucquet tomba noblement, stoïquement, sans manifester aucune surprise, raconte le jeune Brienne, qui accourut dès le premier instant dans l'antichambre royale, où se tenaient Monsieur le Prince, Turenne, Villeroy et d'autres. Sur l'instant, le Roi défendit que personne fût avisé, et, par exemple, pour l'ambassadeur d'Estrades, il ajouta ce simple post-scriptum au compte-rendu des États : « J'ai été obligé de faire arrêter Foucquet ; ç'a été avec déplaisir, car il avoit des qualités qui le rendoient capables de bien servir. » Mais un pareil coup de foudre renversant le colosse dut bientôt être expliqué moins sommairement ; on le voit dans l'un des appendices qui terminent notre dernier volume.

LES DEUX BRIENNE. — Le comte de Brienne eût dû être appelé à représenter les Affaires étrangères dans le conseil des Trois. Agé de soixante-six ans, secrétaire d'État depuis 1638, pourvu du département depuis 1643, comme Michel Le Tellier de la Guerre, intelligent, sinon rompu aux subtilités de la politique, plein de ressources et d'expédients, il n'a pourtant pas été l'un des élus de Mazarin et du jeune roi, et il en laisse voir du dépit ; mais personne dans son entourage, pas même son fils, ne s'en étonne : c'est qu'il a usé son crédit et n'est plus guère considéré que chez la Reine mère, à laquelle il rendit autrefois des services. On le trouvait trop âgé : « Ce bon seigneur, dira bientôt Hugues de Lionne, n'est plus bon qu'à diriger certaines expéditions dans ses bureaux, et encore est-on obligé de se défier de son indiscrétion. » De lui-même, ou pour plaire au Roi, il s'est déchargé de toute la correspondance sur son fils.

Celui-ci, un peu moins jeune que le Roi et son camarade d'enfance, a été pourvu en 1651 de la survivance du département, puis associé au père avec la signature, en 1658, n'ayant que vingt-trois ans. Le Cardinal l'employait plus volontiers qu'aucun autre, probablement pour son esprit, son entrain, ses petits talents, comme de lire ou analyser avec une aisance parfaite les dépêches des ambassadeurs, et d'écrire très littérairement; mais ses vingt-cinq ans, sa légèreté, — qui plus tard le fit si mal finir, — s'opposaient à ce qu'il siégeât aux côtés d'un Le Tellier et d'un Foucquet. — Comme compensation et pour utiliser les talents spéciaux de ce familier, le Roi voulut lui donner l'entrée dans le conseil des Trois à titre d'auditeur, même avec la permission de parler des affaires extérieures, — ce qu'il n'avait pas le droit de faire aux conseils des dépêches, — et surtout pour tenir la plume et rédiger ce registre des séances, que nous avons appelé Mémorial.

Hugues de Lionne. — La place de représentant des Affaires étrangères dans le conseil est donc restée à Hugues de Lionne, et nous nous trouvons en face de cette singularité rare ou même unique, parfois embarrassante pour l'historien, qu'outre deux secrétaires d'État en titre, le département se trouvait dirigé par un troisième personnage, simple ministre d'État depuis le 25 juin 1659, mais ministre tout-puissant, considéré depuis plusieurs années comme le véritable arbitre des relations extérieures; et ce ministre, par ses qualités personnelles, par son crédit déjà ancien, par la volonté du prince, qui cependant lui trouve des défauts, prime absolument les deux Brienne : il représente une politique de rigueur hautaine, d'intransigeance brutale, tandis que le père et le fils prêchent toujours la conciliation et ne visent qu'au maintien de l'équilibre européen, quitte même à subir les prétentions envahissantes de l'Angleterre ou de la Hollande. Cette lutte se voit à chaque ligne des Mémoires de Brienne le père. Lionne et ses procédés l'emporteront.

Hugues de Lionne, sur qui nous espérons avoir prochainement une étude de fond, comptait trente années de service. Des séjours ou des missions multiples à Cherasco, alors qu'il n'était pas encore dans sa vingtième année, à Münster, à Francfort, en Italie, en Savoie, aux conférences de Cambray et de Madrid, l'avaient si profondément instruit sur chaque pays, sur chaque souverain ou chaque diplomate, sur le fort ou le faible, les penchants ou les antipathies de chaque nation, que c'était pour lui un jeu d' « ajuster » les dépêches et « toutes les écritures » arrivant de l'étranger en sorte qu'elles cadrassent avec la politique du Cardinal. Héritier de cette politique, Louis XIV le maintint dans « le plus noble des emplois qui regardent la conduite de l'État » : au dire des contemporains, il devint « le plus habile ministre des Affaires étrangères qui ait paru dans ce règne, et celui qui porta le plus haut la gloire, l'honneur et les avantages de la France. » On n'a que l'embarras du choix entre les éloges qui nous restent de lui comme ministre si ce n'est comme homme privé; sur ce point-là, le cardinal de Retz a écrit une page inoubliable. « Grand joueur, dit l'abbé de Choisy, grand dissipateur, sensible à tout, ne se refusant à rien, même aux dépens de sa santé, paresseux quand son plaisir ne le faisoit pas agir, infatigable, passant les jours et les nuits à travailler quand la nécessité y étoit, ce qui arrivoit rarement, n'attendant aucun secours de ses commis, tirant tout de lui-même, écrivant de sa main ou dictant toutes les dépêches, donnant peu d'heures de la journée aux affaires de l'État, et croyant regagner par sa vivacité le temps que ses passions lui faisoient perdre... »

Quiconque a déchiffré ses minutes et suivi son action en tout pays et en toutes affaires souscrira au jugement que, quelque trente ans après sa mort, l'auteur de l'*Histoire du Roi par les négociations* exprimait en ces termes, avec l'indépendance et le franc-parler qui caractérisent cet écrivain anonyme : « Un long usage des affaires, fortifié d'un naturel heureux, rendit le marquis de Lionne le plus habile et

le plus agréable négociateur de son siècle, fertile en grands
politiques. Jamais extérieur n'a été moins composé que le
sien. Les plus pénibles occupations lui laissoient un air
libre et dégagé qui bannissoit toute contrainte. Son visage
toujours serein, une vie simple et unie en apparence le firent
soupçonner d'aimer le plaisir et le repos; mais ce qui jus-
tifie combien il étoit laborieux, c'est que toutes les minutes
de ses lettres et de ses instructions sont de sa propre main,
ce qui peut-être n'a point eu d'exemples avant et depuis lui.
Personne n'avoit l'esprit plus fin et plus délié, et cette
finesse ne se développoit qu'à proportion des besoins. Hors
de là, elle demeuroit cachée à l'ombre de certains traits
naturels, qui séduisoient sans inquiéter. Habile à deviner les
hommes, les plus concertés discours ne lui dérobèrent ni les
doutes, ni la certitude qu'ils renfermoient obscurément.
Tous les équivoques des traités étoient présents à son esprit,
ou pour les éviter, ou pour s'en servir dans l'occasion; car
qu'est-ce que la politique n'a point inventé à la honte de la
vertu? Nulle adresse pareille à la sienne pour tourner les
esprits de tous les côtés où alloient les forces et les intentions
de ceux qui cherchoient à sonder les siennes. Rien d'égal à
son industrie quand il falloit cacher ce qui fait le fond d'une
négociation et répandre des choses qui, paroissant indiffé-
rentes, formoient par un enchaînement imperceptible le
point essentiel de ses desseins. Il avoit su allier des talents
si rares aux plus aimables qualités de la vie civile : il étoit
doux, affable, sans orgueil, ami sincère et constant et proprement le père et le protecteur des ministres du Roi dans
les pays étrangers; il faisoit valoir leurs services auprès du
maître, et ne leur dissimuloit à eux-mêmes ni leurs fautes,
ni la manière dont il avoit failli. Un seul défaut qu'on lui
reprochera à jamais, à cause de l'influence qu'il a eue sur
un long règne, a terni tant de dons exquis : c'est son adu-
lation perpétuelle envers son maître, et cette attention
funeste à le flatter en des passions qui n'étoient pas absolument nées avec lui, mais inspirées dès l'enfance, et que ce

ministre, le plus capable de tous d'en guérir un jeune prince qui l'aimoit et se confioit à lui, a nourries avec autant de soin qu'un homme vertueux les auroit combattues. »

Ce portrait ne serait-il pas à rapprocher, ligne pour ligne, du merveilleux caractère du plénipotentiaire, « caméléon et protée » que La Bruyère traça vingt ans plus tard?

Avant la mort de Mazarin, étant déjà arrivé à ce comble de crédit et de renommée que pouvait couronner une charge de secrétaire d'État, il avait essayé de racheter celle des Brienne, qui se trouvaient fort endettés; mais, tandis que le père eût volontiers traité pour un bon prix, le fils déclara qu'il se laisserait plutôt déchirer en pièces que de rendre sa survivance, et Lionne avait dû se résigner au seul titre de ministre d'État et aux vingt ou trente mille livres que le Roi y attachait comme traitement.

Néanmoins, dès 1661, Fuensaldagne considérait Lionne comme un vrai surintendant des Affaires étrangères. En effet, tandis que nos directeurs politiques ne préparent les dépêches qu'après en avoir discuté et décidé toute la substance avec le titulaire du département, c'est avec le Cardinal premier ministre, et, à partir du 9 mars, c'est avec le Roi lui-même qu'il travailla en qualité de ministre d'État. Lorsque, dès les jours suivants, le maître eut ordonné que toutes les lettres et dépêches de l'étranger, au moins pour les affaires d'importance, lui fussent adressées ou directement, ou sous le couvert de Lionne, indépendamment des détails secondaires ou annexes qui allaient aux Brienne, tout continua à être examiné, étudié, préparé entre le Roi et Lionne, avant de passer au conseil des Trois. Puis la décision prise sans que les secrétaires d'État intervinssent, ni même fussent présents, c'est Lionne encore, à la fois inspirateur et intermédiaire des volontés royales, qui livrait à MM. de Brienne les textes à mettre au net et à expédier. Cette procédure de travail explique pourquoi Lionne ne recourait jamais à un commis autrement que pour transcrire ses propres minutes en une écriture plus possible à lire.

Ce qui compliqua encore la situation de mars à septembre 1661, c'est qu'un autre ministre également membre du conseil des Trois avait une certaine participation dans la politique étrangère, au moins pour les négociations de second ordre.

Du vivant de Mazarin, l'actif Foucquet avait pris l'habitude de s'ingérer dans les affaires extérieures et de diriger même le service de certains agents secrets, à Rome par exemple, à Lisbonne, en Angleterre, en Hollande. Cela se voit dans ses *Défenses ;* rien qu'à Rome, il entretenait le chanoine Maucroix, l'abbé Benedetti, le musicien Atto, et tel était son crédit en ces matières que Louis XIV à son tour crut devoir tolérer cette ingérence dans quelques-unes des plus importantes négociations, comme la lutte avec le Saint-Siège, la succession anticipée au trône de Pologne, la préparation du traité avec la Suède. Une fois tombé du faîte, son rôle lui sera imputé à crime de lèse-majesté ; mais en 1661 nos Mémoriaux témoignent que son action revêtait un caractère officiel, plus officiel même que celle qu'exercèrent plus tard les ministres de la Guerre. Il prétend même dans ses *Défenses* que les autres ministres en faisaient autant ; mais on a peine à le croire, surtout à le prouver.

« M. de Lionne, dit-il, étoit celui qui étoit chargé des Affaires étrangères, comme en étant plus particulièrement instruit que les autres ; mais tous y étoient également admis selon leur connoissance, et je communiquois mes avis à M. de Lionne ; je lisois les nouvelles au conseil du Roi ; je proposois mes pensées et disois mon sentiment sur celle des autres ; aucune affaire des étrangers ne m'a été cachée ; aucune ne s'est traitée qu'en ma présence et sur laquelle le Roi n'ait trouvé bon que j'aie dit mon opinion, que j'aie fait des ouvertures, que je me sois chargé quelquefois de l'exécution. Il s'en est traité plusieurs au nom du Roi, il y en a eu d'autres ménagées par chacun de nous en son particulier selon ses habitudes, ou selon qu'on s'est adressé à lui ; le Roi ne nous a prescrit aucune règle particulière sur ce sujet ; il n'avoit point restreint et limité nos fonctions en cette matière, quoi que S. M. ait vu et su, et qu'on ait dit toutes ces choses en sa présence. »

Du reste, Lionne ne pouvait trouver à redire à cette ingérence de Foucquet, ayant de tout temps entretenu une amitié sincère et cordiale avec lui à tel point qu'il lui resta fidèle jusque dans la disgrâce, sans s'en cacher ni au Roi, ni à personne, et que le Roi répondit par « la générosité d'un Alexandre, » en déconcertant les envieux qui avaient déjà un candidat tout prêt à recueillir la succession, en consolidant Lionne dans tous ses pouvoirs, en le rassurant par de nobles paroles, en le réconciliant avec Le Tellier et avec le chancelier Séguier, en le soutenant contre le mauvais vouloir de Colbert et de la Reine mère, comme Mazarin l'avait fait souvent. Il est vrai que Lionne reconnut franchement que son ami était coupable d'avoir employé les finances de l'État pour s'assurer « des établissements à sa mode » ou même d'avoir pris « des précautions contre la puissance du Roi. » Brienne fils et l'abbé Arnauld ont consigné dans leurs Mémoires le souvenir de cette belle conduite du souverain et de son sujet, dont témoigne aussi certaine lettre du commis Dufresne à M. de Gravel : ni avant, ni après le 5 septembre, il n'y eut aucune altération dans leurs relations. Lionne écrivait ceci, le 30 novembre suivant, à l'agent des Condé en Pologne : « La disgrâce de M. Foucquet n'est point, par la grâce de Dieu et par la bonté du Roi, arrivée jusqu'à moi. S. M. n'en a rien rabattu de son affection, ni de sa confiance. Elle m'a fait la justice de considérer que je ne pouvois avoir aucune part imaginable aux sujets de mauvaise satisfaction que ledit sieur Foucquet a été assez malheureux de lui donner. ... Les cours n'ont guère vu tomber une personne de cette importance, et un de ses amis intimes être conservé en grâce et dans son même emploi d'une aussi grande confiance : c'est en quoi je ne saurois payer de mille vies l'obligation que j'en ai à S. M. »

Bien d'autres preuves, dont on trouvera plusieurs dans nos trois volumes, permettent d'affirmer que nul ministre de la première période ne fut mieux que Lionne apprécié, soutenu et récompensé ; mais cette position ambiguë et anormale derrière le père et le fils, qu'il dirigeait et dominait de fait, ne pouvait durer indéfiniment. En attendant un moment plus propice pour acquérir le département des Brienne, il commença, trois semaines après la mort de Mazarin, par enlever au fils son entrée et son service dans le conseil des Trois et fit même passer à Le Tellier, nous l'avons déjà dit, tout le détail des affaires intérieures relevant du département des Brienne. Ceux-ci n'eurent plus que l'expédition et la signature des dépêches, préparées presque toujours par Lionne après la séance du conseil ; le fils conserva l'amitié du Roi, même sa familiarité, sa confiance, et continua, sinon à assister aux séances, du moins à prendre connaissance du registre des Trois et souvent à l'apostiller d'*Exécutés* comme par le passé. C'est tout. Nous voyons cette révolution de palais se passer sans autre incident, MM. de Brienne étant trop discrédités, trop faibles, et d'ailleurs s'entendant trop peu ensemble, pour faire échec à l'action concertée entre Lionne et Le Tellier.

Leur influence dans le gouvernement, surtout à partir du mois d'avril, est donc presque négative, Lionne seul rapportant au conseil toutes les affaires d'ordre diplomatique, préparées préalablement avec le Roi, puis recevant de la bouche de celui-ci ses résolutions, rédigeant en conséquence la « substance » des dépêches à écrire par MM. de Brienne père ou fils, parfois même en minutant le texte intégral, comme il sera facile de le constater en maint endroit de notre commentaire ou dans la correspondance diplomatique. L'abbé de Choisy, toujours bien informé, dit même que le Roi prévint les Trois que telle était sa volonté, que Lionne ferait les affaires et que les Brienne, n'étant pas du conseil, n'auraient qu'à signer sans examen, ni discussion ; Foucquet essaya vainement de défendre les intérêts du fils.

Ainsi, pour ne citer que quelques exemples, nous voyons ce dernier retarder l'envoi d'un pouvoir à Gravel « parce qu'il a accoutumé de faire à M. de Lionne la faveur de lui soumettre ces sortes de pièces. » Réciproquement, les agents diplomatiques, communiquant avec M. de Brienne père par chaque ordinaire, offrent à Lionne de lui écrire une lettre particulière.

Les expéditions sont faites et signées par Brienne fils (il écrit en septembre que son père « a bien voulu tenir la plume » pendant le temps qu'il avait été retenu auprès du Roi en Bretagne, et ensuite auprès de sa femme malade), d'après le canevas préparé par Lionne, parfois avant la réunion du conseil, ou en travail commun avec le secrétaire d'État. Ainsi dans les dépêches que nous avons citées ou indiquées, sous la date du 30 juillet, Lionne termine par cette phrase un bref billet à l'archevêque d'Embrun : « Je travaillai hier avec M. le comte de Brienne sur la réponse qu'il avoit à faire à votre dépêche de Vitoria, pour vous informer des intentions de S. M. jusqu'à ce qu'il y ait quelque chose de réservé qui vienne par ma voie en suite de ce que le Roi vous a dit ; j'en userai de même et me contenterai de vous dire en trois mots que je suis, etc. »

Il en avait été exactement de même, un mois plus tôt, pour les lettres à M. de Lumbres et à Lubomirski, préparées par Lionne le 30 juin et le 1er juillet, puis expédiées par les bureaux de Brienne avec une annexe tout à fait confidentielle de Lionne.

Le 24 juillet, Lionne écrit au comte d'Estrades : « Je viens de travailler à un mémoire sur lequel M. le comte de Brienne formera sa dépêche. » Le 19 août, il est dit dans le Mémorial 415 : « Répondre à M. d'Estrades... ce que M. le comte de Brienne le père dira et conseillera, car je ne le sais pas assez bien pour vous en rien marquer. » C'est Lionne qui s'excuse à Brienne fils de n'être pas instruit des ordres du Roi. Le cas est unique.

D'ailleurs, cette interversion des rôles est reconnue sans ambages par Brienne le fils dans ses *Mémoires :* « M. de

Lionne étoit informé en droiture, par les ambassadeurs, des choses les plus importantes et leur écrivoit tous les ordinaires; mais les longs détails ne se mandoient qu'à moi, à qui toutes les dépêches s'adressoient, mon père s'étant déchargé sur moi de ce soin. Il n'y avoit que M. de Lionne et moi dans le conseil secret qui sussions lire, etc. »

Et, dans la seconde rédaction des mêmes *Mémoires*, il raconte que le Roi l'avoit prévenu en ces termes : « Lionne est assuré de mon affection, et je suis content de ses services. Je prétends, Brienne, que vous agissiez de concert avec lui dans les Affaires étrangères et que vous écriviez à mes ambassadeurs tout ce qu'il vous mandera ou dira de ma part sans nouvel ordre de moi ... » C'est exactement la contre-partie du passage de Choisy que nous avons cité plus haut.

Voilà aussi la raison d'être de l'écart que nous avons signalé plus haut, entre la date des minutes autographes de Lionne et celle où leur substance était inscrite au Mémorial 415, et celle où étaient signées et expédiées les dépêches du secrétaire d'État.

La prédominance de Lionne sur les deux Brienne s'accentua tellement avec le temps, qu'en 1662, Van Beuningen déclarait au gouvernement de Hollande que ces Messieurs « ne savaient ce qu'ils disaient et ignoraient la volonté du Roi sur les traités en cours. » En février 1663, le même plénipotentiaire demandant une pièce à Brienne père, alors que son fils était déjà disgracié, il répondit qu'il ne voulait pas « s'en mêler. » Il n'avait la confiance de personne : le 30 novembre 1661, nous voyons Lionne tancer l'ambassadeur Lumbres d'avoir laissé passer par les mains de Brienne une lettre où il parlait de deux affaires absolument secrètes : le traité avec la Suède et le projet de marier une fille de Mme la Palatine au fils du grand maréchal Lubomirski.

Enfin, quand il est bon qu'une nouvelle marquante soit portée à la connaissance du public et de l'Europe, c'est Lionne qui prépare l'article pour la *Gazette*, et la minute, soigneusement retouchée d'un bout à l'autre, se retrouve aujourd'hui dans sa correspondance.

Une si étrange situation n'eut son dénouement qu'en 1663.

Le Mémorial de Chantilly. — Il est temps d'expliquer ce que sont nos Mémoriaux, et, en premier lieu, celui de Chantilly, principal texte de la présente publication.

Au tome VII de l'*Histoire des princes de Condé*, p. 141, une simple note de M. le duc d'Aumale a signalé l'existence, dans les manuscrits qui composent aujourd'hui une des sections du musée Condé, de « l'original du *Journal des résolutions prises et des ordres donnés par le Roi sur les affaires courantes pendant les mois de mars à septembre 1661.* » Nous ne croyons pas qu'il en ait jamais été parlé ailleurs, ni non plus qu'on connaisse aucun manuscrit analogue.

D'où vient celui-ci? La reliure, de maroquin rouge entièrement fleurdelisé, est bien du temps et témoigne de son origine royale; mais comment ce registre est-il entré dans les archives de Chantilly au cours du xviiie siècle; c'est ce qu'on ignore, comme pour quelques autres manuscrits du Musée.

Le rédacteur d'un inventaire de l'an 1792 l'a décrit, sous le n° 357, en ces termes : « Registre des délibérations du conseil d'État du Roi, année 1661, dans lequel il se trouve, sur une feuille détachée, la ratification du traité de Blois passé le 12 décembre 1509, entre l'empereur Maximilien et Ferdinand V, roi d'Aragon, touchant l'administration des royaumes de Castille, Léon et Aragon. » Un inventaire subséquent, du xixe siècle, le mentionne aussi, et enfin, dans le catalogue numérique dressé par les soins du Prince lui-même en attendant l'inventaire raisonné, il a reçu le n° 565, mais toujours sans indication de sa provenance, ni du sort qu'il eut sous la Révolution, quand bibliothèque et archives des Condés furent partagées entre la Bibliothèque nationale et le palais Soubise, pour revenir à Chantilly, plus ou moins intégralement, sous la Restauration. Il n'a rien été changé au manuscrit de ce qu'il était en 1792, sinon que la ratification du traité de 1509, qui se trouvait égarée en pareil lieu, en a été retirée lors de la mise en ordre du musée Condé.

La reliure fleurdelisée est mobile : elle contient encore, comme autrefois, dix-sept cahiers d'un papier de 33 centimètres de hauteur sur 28 de largeur, présentant alternativement ces deux marques de fabrique : le sceptre surmonté de la fleur de lis, avec couronne royale au-dessus, et les écus accolés de France et de Navarre. La partie utilisée pour le conseil ne comprend que onze cahiers, six autres étant restés blancs; mais il y avait été intercalé, comme se rapportant au même temps des débuts de Louis XIV : 1° trois pages de décisions du conseil de conscience; 2° un fragment du journal autographe écrit par Colbert pour servir à l'histoire du Roi (appendice VII de notre tome II). En guise de chemise initiale, ou de feuille de garde, Brienne jeune a employé un placet se rapportant à une affaire traitée par le conseil le 2 avril (nous reproduisons ce texte en son lieu), et il y a inscrit ce titre, que nous a fait connaître la note de M. le duc d'Aumale : JOURNAL DES RÉSOLUTIONS PRISES ET DES ORDRES DONNÉS PAR LE ROI SUR LES AFFAIRES COURANTES.

Sur les onze cahiers, cent trente-quatre feuilles sont écrites, recto et verso, à mi-page, à raison de trente à quarante lignes par page. Le papier, malgré sa belle apparence, était détestable au point que, sous l'effet du temps et de l'humidité, beaucoup de pages se sont gâtées et se délitent par le simple toucher. Heureusement, peu de personnes les ont maniées depuis les années qui suivirent immédiatement 1661, et la preuve en est que, lorsque le conservateur adjoint du musée nous a remis ce précieux manuscrit, bien des pages conservaient encore la poudre d'or qui avait servi à sécher l'encre.

Il a été facile de déterminer les deux mains qui écrivirent le texte des délibérations : du 9 au 31 mars, l'écriture est celle de Brienne le jeune; du 1er avril jusqu'à la fin, c'est celle de Michel Le Tellier, beaucoup plus mauvaise encore, parfois indéchiffrable, comme bien le savent les habitués du dépôt de la Guerre, et c'est aussi son orthographe, si extraordinaire, — négligence ou ignorance, — que nous avons cru devoir en conserver, par curiosité, les noms de pays, de localités et de personnes.

Appelé d'abord à tenir ces cahiers, Brienne prit l'habitude de mentionner sur la moitié restée blanche des pages, en regard de chaque résolution, ou à peu près, une mention de l'exécution. A partir du 1er avril, les mêmes apostilles marginales : *Exécuté*, *fait*, etc., ne furent plus portées aussi régulièrement, soit par Le Tellier, soit par Brienne, qui, ayant cessé d'être le secrétaire-rédacteur, faisait cependant des corrections; ainsi, au 11 avril, Le Tellier avait écrit : « J'ai fait une lettre du Roi... » Brienne a substitué ces trois premiers mots : « M. Le Tellier [a], ... » C'est une preuve que, même dépossédé de la rédaction parce qu'il n'était pas un des Trois, Brienne conserva la libre disposition des cahiers.

Il est presque impossible de ne pas reconnaître dans un tel manuscrit le « livre » où l'ambassadeur de Venise apprit, vers le début du mois de mai 1661, que le Roi faisait inscrire par un secrétaire de son cabinet « les délibérations prises chaque jour par lui-même, sur toutes les matières et dans tous les conseils, et celles qui s'étaient succédé depuis la mort du Cardinal. »

Allant plus loin, et lisant au commencement des Mémoires de Louis XIV ces deux phrases : « Les Rois doivent, pour ainsi dire, un compte public de leurs actions à tout l'univers et à tous les siècles...; le commerce des livres et des historiens est le seul où les jeunes princes trouvent mille vérités sans nul mélange de flatteries, » nous supposons que les cahiers du conseil de 1661 durent être, dans sa pensée, le point de départ des Annales du gouvernement personnel qui débuta le 9 mars. Deux faits corroborent notre supposition : 1° la présence, encartée au milieu de ces cahiers, d'une feuille du Journal que peu après, en 1662 ou 1663, Colbert entreprit de rédiger pour satisfaire au désir généreux de son maître, et sur lequel nous allons revenir tout de suite; 2° le rappel, dans ce Journal même et dans les textes autobiographiques qui en dérivent, d'une grande partie des résolutions, même minimes, prises au conseil des Trois; et elles y sont si exactement reportées (sur les jansénistes, le cardinal de Retz, la recherche de la Noblesse, la répression du duel, la réformation de la justice, etc., etc.), qu'on peut faire encore cette autre supposition, sans trop d'invraisemblance, que, pour établir la rédaction première des Mémoires, Colbert et son maître se servirent du manuscrit de Chantilly comme étant le répertoire le plus intime et authentique, article par article, de ce qui avait été résolu et exécuté pendant les six premiers mois de 1661.

Ainsi, la succession chronologique des séances et des résolutions inscrites jour par jour sur les cahiers correspond à la récapitulation concise, abstraite, en forme de panégyrique, que Louis XIV et Colbert rédigèrent en premier lieu, que les historiographes royaux remanièrent ensuite; et notre manuscrit eût pu servir de fil conducteur à l'éditeur Dreyss, en même temps que de commentaire courant, lorsqu'il entreprit la tâche, plutôt bibliographique et littéraire, de débrouiller l'enchevêtrement touffu des diverses rédactions successives pour cette année 1661. Il ne connut pas davantage, de Colbert, ni l'autographe original des « Mémoires sur les affaires de finances de France pour servir à l'histoire, » ni cet autre fragment, intitulé : « Journal par chacune semaine de ce qui s'est passé qui peut servir à l'histoire du Roi, » que nous avons pu employer à diverses reprises d'après les copies conservées aux Affaires étrangères ou dans les Papiers de Clairambault, et incomplètement utilisées par Pierre Clément et par Chéruel. C'est une rédaction de 1663-1664, à laquelle, par conséquent, se rattache le feuillet de cette année-là intercalé dans notre Mémorial; mais le Journal comprend aussi toute une digression rétrospective sur les actes du Roi de mars à octobre 1661. Il ne nous appartient pas d'insister autrement sur l'historique de cette œuvre primitive de Colbert, que Chéruel étudia en 1881, ni d'indiquer comment les divers fragments s'en rattachent au travail d'ensemble repris ensuite, sous la direction du grand ministre, par des écrivains de son choix, plus capables que lui d'exécuter une œuvre trop littéraire et de trop grande portée.

Unique en son genre, notre texte de Chantilly ne constitue ni un journal, ni un plumitif, ni un procès-verbal, ni un « résultat, » au sens où ces diverses dénominations s'employaient dans les autres conseils. Ce n'est pas sans hésitation que nous l'avons qualifié du titre de Mémorial, qui, nous le savons, a toujours eu un sens particulier et spécial en diplomatie, comme on le verra précisément dans certains endroits de notre publication; mais il servait aussi pour désigner les recueils où certaines cours et compagnies enregistraient, *in memoriam*, des textes, actes ou résolutions auxquels leurs magistrats auraient besoin de se reporter plus tard : ici, c'est, pour le double service du Roi et de ses ministres, un enregistrement des résolutions prises par le premier, mises en expédition par les autres et, le plus souvent, cet enregistrement comprend l'indication des considérants que leurs bureaux ou commis avaient à développer dans l'expédition. On trouve le terme de *Mémorial*, en ce sens, dans l'*Introduction à la vie dévote*, pour désigner un journal écrit régulièrement à l'intention d'une dame que dirigeait saint François de Sales. Saint-Simon, aussi, parle des « Mémoriaux » que le roi Philippe V soumettait d'abord à ses conseillers Orry et Aubigny, et qu'il rapportait le lendemain au Conseil, « où il n'y avoit point à opiner, mais seulement à savoir, pour la forme, ce que le secrétaire d'État Rivas recevoit de lui pour expédier. »

MÉMORIAL A. É. 415. — Nous avons appliqué la même dénomination à un second recueil ou *memento* qui a été découvert au dépôt des Affaires étrangères assez à temps pour compléter le Mémorial de Chantilly en une de ses parties les plus importantes.

Comme provenance, comme étendue, comme variété des matières, ce second Mémorial est loin de présenter le même intérêt, la même importance que celui de Chantilly. C'est un simple cahier de 36 feuillets de petit papier, que les archivistes du dépôt des Affaires étrangères ont classé en tête du volume 415 du fonds FRANCE. Un commis y inscrivait, pour chaque jour où devait partir l'ordinaire de la poste, la « substance » des dépêches que Lionne avait préparées à l'adresse des agents de la France, et que l'un des deux Brienne devait faire expédier sous sa propre signature. Le jeune Brienne avait commencé à tenir cette sorte d'aide-mémoire dès la constitution du conseil des Trois; c'est lui qui en a rédigé le titre, comme il l'avait fait pour le Mémorial de Chantilly; de même qu'il a écrit sur celui-ci : JOURNAL DES RÉSOLUTIONS PRISES ET DES ORDRES DONNÉS PAR LE ROI, SUR LES AFFAIRES COURANTES, son commis a porté sur le cahier 415 un titre analogue : ORDRES DU ROI ET RÉSOLUTIONS DU CONSEIL SECRET DE S. M. ÉTABLI DEPUIS LA MORT DE M. LE CARDINAL MAZARIN POUR LA CONDUITE DE L'ÉTAT; puis, ce pompeux début : « Ce sera ici, proprement, que commencera l'année présente :

Annus novus a regimine novo. »

Ensuite viennent une explication du nouvel ordre des conseils, et cette définition du rôle que lui-même, Brienne, y devait tenir : « S. M. me donna ordre de ne parler point des Affaires étrangères, mais seulement en présence d'Elle ou de ces trois Messieurs, à mesure que les affaires viendroient, sans prendre pour cela de jour préfix, et pouvant ainsi, tous les matins qu'Elle s'assemble avec eux, m'y trouver pour parler de ces matières. » En conséquence de cet ordre, le jeune ministre en survivance assista à la séance des Trois qui se tint le 11 mars, et, après en avoir enregistré un bref compte-rendu dans le Mémorial de Chantilly, il fit également porter sur le cahier 415 l'ordre qu'il avait reçu de notifier la prise de possession « à tous les ministres étrangers », c'est-à-dire aux ministres accrédités auprès de la cour de France; tandis que l'exécution de l'ordre suivant : « Écrire au roi de Suède et à tous les princes de l'Alliance du Rhin, sur le sujet de la perte de Son Éminence, etc., » était pour Lionne, chargé des rédactions plus délicates, au moins en « substance, » — nous avons ses minutes autographes; — après quoi, Brienne le père ou le fils n'auraient plus qu'à faire expédier et signer. C'est un des exemples les plus frappants du dualisme de ce département déjà signalé plus haut, et qui sera expliqué plus loin.

Le 11 et le 23 mars, les 8, 18 et 20 avril, les 2, 8, 12 et 14 mai, le 18 juin, dans le manuscrit FRANCE 415, il ne s'agit que d'affaires intérieures du département des Brienne, en Provence, en Bretagne, dans les Trois-Évêchés; mais tout le reste du cahier n'a plus trait qu'aux relations extérieures et à la correspondance avec les ambassadeurs ou résidents du Roi en pays étranger : « Mander à M. de Thou..., faire remarquer à M. de Thou...; Envoyer à Rome le sieur d'Aubeville, et lui donner trois lettres de créance...; Mander à M. de Lumbres..., à M. Gravel..., à M. le cardinal Antoine..., au sieur de Chassan...; Il peut être écrit à M. de Thou...; Il peut être répondu à M. le cardinal Antoine...; Réponse à la lettre de M. Gravel. »

En somme, dirons-nous, le Mémorial des Affaires étrangères ne ressemble aucunement à l'incomparable *Journal de Torcy* que M. Frédéric Masson a publié en 1884, et qui fait pénétrer le lecteur dans tous les ressorts de la politique des années 1709 et 1710. Il doit être plutôt analogue à certain registre de 1548 dont Armand Baschet retrouva jadis la trace, et où un commis devait reporter « les expé-

ditions d'État et autres affaires traitées au conseil du Roi, »
c'est-à-dire un registre d'ordre de ce qui partait par des
courriers exprès ou par les ordinaires de la poste.

Ici, la date d'inscription est généralement en retard d'un,
deux ou plusieurs jours sur la résolution du conseil, même
sur la rédaction, en substance ou intégrale, préparée par
Lionne. Citons quelques exemples. Le Mémorial 415 répète,
sous la date du 14 mai, une résolution inscrite la veille au
Mémorial du Conseil, de reléguer deux magistrats provençaux en Normandie et en Picardie. La lettre « fort sèche »
que le Roi et les Trois décidèrent, le 23 mars, de faire
écrire à l'électeur de Trèves, avait été minutée quarante-
huit heures auparavant par Lionne, et n'est portée sur le
cahier 415 qu'à la date du 26. Le 21 mars, en conseil, on
décide la séparation des communautés de Provence : l'ordre
n'est envoyé que le 28, selon le Mémorial 415. Le 10 mai,
le conseil des Trois est avisé que Rome demande qu'il soit
sursis à l'enregistrement d'une déclaration envoyée pour cet
effet au Grand Conseil; le Mémorial 415 porte sous la même
date que le rapporteur a reçu ordre de surseoir. Le 17 mai,
une résolution est prise de réduire le droit de propine; le 19,
mention de l'envoi au cardinal d'Este. Même intervalle, aux
mêmes dates, pour une résolution concernant la reine Christine de Suède.

L'article du 20 août ne fut pas porté sur le cahier 415,
quoique Lionne l'eût minuté de sa propre main pour que
Brienne fît expédier la dépêche à l'adresse du cardinal
Antoine, et la minute olographe a été classée dans le fonds
ROME. Le 19 août, Lionne avait dicté au commis, sur le
premier conflit, avec Watteville : « Répondre à M. d'Estrades... ce que M. le comte de Brienne le père dira et conseillera, car je ne le sais pas assez bien pour vous en rien
marquer; » et Lionne fit la réponse. Cela est tout à fait
exceptionnel. L'article du 20 août est scindé en deux; la
seconde partie, qui indique en propres termes que les
dépêches pour Turin partirent par l'ordinaire de ce jour-là,

avait été minutée par Lionne, mais a été comprise dans un des transcrits de la correspondance de Brienne, et nous avons aussi les originaux des deux dépêches écrites en conséquence le 19 et le 20. Donc, dans bien des cas, non seulement Lionne préparait la substance des lettres à expédier par Brienne, mais il minutait aussi de sa propre main l'article à porter sur le Mémorial 415.

Une remarque encore, qui intéresse l'histoire du dépôt des Affaires étrangères. Selon l'habitude des archivistes de ce département, le commis paraît avoir souligné sur le cahier 415 les passages d'où ressortait à quel pays ou à quelle affaire chaque résolution ou « substance » se rattachaient, et devaient être reportées dans le registre correspondant, soit des diverses puissances, soit des affaires intérieures. L'indication est écrite en marge.

Enfin, le Mémorial 415 ne va pas plus loin que le 20 août, tandis que le Mémorial de Chantilly montre les Trois délibérant encore à Nantes le 3 septembre, avant-veille de l'arrestation de Foucquet; Le Tellier, confident presque unique du coup d'État, continue à tenir le compte-rendu de cette dernière séance du conseil qui travaillait si activement depuis le 9 mars.

A vrai dire, la séance du 3 septembre ne fut pas la dernière. En effet, le conseil se réunit encore de grand matin, chez le Roi, le 5 septembre, jour même de l'arrestation de Foucquet, et c'est au sortir de la chambre royale qu'elle eut lieu de point en point comme on l'avait préparée; mais cette suprême séance fut tenue simplement pour la forme, sans que les Trois eussent à y prendre des résolutions, et l'on conçoit que Le Tellier n'en ait tenu aucun compte au milieu de l'agitation générale.

Voilà bien des détails; mais ils expliquent la différence des deux mémoriaux et la connexité de l'un à l'autre qui, à première vue, embarrasserait le lecteur si nous en jugeons par la difficulté que nous avons eue nous-mêmes à déterminer leur caractère respectif. Encore n'y sommes-nous pas toujours parvenus : ainsi, le Mémorial 415 annonce nombre d'expéditions d'affaires ou de résolutions du Roi dont ne parle pas le Mémorial de Chantilly. Ces affaires se résolurent-elles en dehors du conseil des Trois entre le Roi seul et Lionne ou l'un des deux Brienne?

Voyons maintenant quels documents peuvent être utilisés pour l'explication et le commentaire de ces deux mémoriaux.

ARCHIVES ET DOCUMENTS MINISTÉRIELS. — Les départements ministériels de 1661 sont représentés très inégalement dans nos grands dépôts d'archives. Cette année-là fait défaut dans les registres de la correspondance du chancelier Séguier, au Cabinet des manuscrits. De la Maison du Roi et du Clergé (département de M. du Plessis-Guénegaud), des affaires de la R. P. R. (département de La Vrillière), de la Marine du Levant ou de celle du Ponant, il ne subsiste que des épaves éparses : des Finances, dont les papiers disparurent dans la catastrophe de Foucquet, Colbert seul conserva certains documents dispersés dans ses diverses collections. Mais, à la Guerre, la série des minutes de Le Tellier, sinon celle des lettres reçues par lui, a subsisté presque entière, et une partie de ses papiers, de ses registres, a trouvé asile au Cabinet des manuscrits. Le fonds le plus riche est celui des Affaires étrangères, dont nous exposerons plus loin la composition. Les séries des arrêts du conseil des dépêches ou de celui des finances, celle des registres du Parlement sont intactes aux Archives nationales.

Telles sont les ressources principales dont nous avons usé pour fournir sur chaque séance du conseil des Trois les éclaircissements et le commentaire nécessaires. De préférence, nous avons recherché les documents manuscrits et inédits, plutôt que les imprimés anciens et modernes; cependant, il faut donner une mention particulière à la *Gazette*, qui, arrivant alors à sa trentième année d'existence, et continuant à recevoir les communications politiques de Lionne comme jadis celles du cardinal de Richelieu ou même du roi Louis XIII, doit toujours être considérée comme une sorte de « livre de raison » du gouvernement royal, puisque le ministre Lionne et quelquefois Le Tellier y faisaient insérer des nouvelles de caractère officiel.

Archives diplomatiques. — Armand Baschet a raconté aussi minutieusement que possible l'histoire des archives diplomatiques qui nous restent de ce temps-là. Un article du testament de Mazarin chargeant Lionne de classer ses « papiers extérieurs, » sauf ceux des affaires d'Italie, confiés à Ondedei, indique que Lionne connaissait la nécessité de constituer un dépôt des archives du département; aussi durant ses onze années de service veilla-t-il à ce que les minutes, les dossiers fussent scrupuleusement conservés. Était-ce pour qu'ils passassent à sa succession personnelle suivant l'usage encore subsistant jusqu'à Mazarin lui-même? Nous n'en saurions décider, puisque c'est par un scellé fait aussitôt après sa mort, le 1er septembre 1671, qu'ils furent remis au ministre Pomponne, son remplaçant; mais ce scellé n'aurait-il pas été de pure forme ou n'avait-il pas pour but de soustraire à la curiosité d'héritiers indignes « certains papiers du Roi? » La même question se pose quand on voit, le 19 mai, Lionne demander au conseil des Trois la réintégration : 1° du rapport sur la Suisse rédigé par La Barde; 2° de la relation de Colbert de Vendières — le futur Croissy — sur sa mission à Rome; 3° des traités passés sous le ministère de Chavigny; 4° des papiers du président de Bordeaux, ambassadeur auprès de Cromwell.

Quoi qu'il en soit, le dépôt, dont la constitution régulière ne fut réellement consommée qu'entre 1688 et 1710, a toujours possédé un ensemble magnifique des minutes écrites par Lionne pour lui-même, pour le Roi ou pour les Brienne, et, grâce à l'obligeance des archivistes, nos confrères, nous y avons amplement puisé. Là, à côté de ces minutes ou des originaux, — quand il y a eu « restitution » des papiers personnels de diplomates du même temps, — nous avons retrouvé les « transcrits » particuliers que Lionne fit faire de la correspondance concernant Rome, l'ambassade du comte d'Estrades à Londres ou celle de l'archevêque d'Embrun en Espagne. Dans ce dernier, on voit quelques corrections de la main du ministre. Mais le plus beau, disons même le plus splendide de ces transcrits passa, sans doute en raison de la calligraphie, de l'illustration et de la reliure, dans la fameuse collection dite des *Cinq cents de Colbert*, peut-être ayant été exécuté pour Louis XIV lui-même. Relié en maroquin jaune à fleurdelisure pleine, portant sur le plat les armes royales et renfermant, outre des frontispices enluminés, la gravure du Roi exécutée par Van Schuppen d'après le portrait de Louis XIV que Mignard peignit en 1661, il a pour titre : *Mémoires, instructions et dépêches du Roi aux ministres au dehors ordonnées par S. M. au sieur de Lionne pendant l'année 1661*. Au dos : Affaires estrangères, 1661. Là, les textes, allant du 9 mars à la fin de décembre, sont rangés par pays : Italie, Allemagne, Espagne, Angleterre, Hollande et cours du Nord. On y retrouve même les articles de notre Mémorial France 415, avec ces indications, suivant la date : « Ce qui a été répondu à *telle* lettre, — ce qui a été écrit de la part du Roi à *tel* ambassadeur, — ce qui a été écrit en substance de la part du Roi... »

De Lionne dut encore venir le transcrit général, en trois volumes, de tous les mémoires, instructions et dépêches du Roi à ses « ministres du dehors » pour les années 1661 et 1662, qui figura dans les collections de Colbert, puis se trouvait au temps des continuateurs du P. Lelong (n° 30949) dans la bibliothèque de la ville de Paris.

Les Affaires étrangères possèdent même, pour l'Italie, en 1662, un transcrit des dépêches du Roi et de celles de Lionne, dont la reliure aux armes de celui-ci et l'illustration rappellent le manuscrit passé aux mains de Colbert.

La masse des minutes rédigées, écrites, corrigées, remaniées par Lionne lui-même, de cette graphie si reconnaissable, mais si difficile à déchiffrer, ne contient pas seulement les lettres qu'il écrivait pour son compte personnel ou pour les bureaux de MM. de Brienne, en vertu des décisions du conseil des Trois, mais aussi les lettres politiques qui devaient recevoir la signature du Roi lui-même, sans que d'ailleurs celui-ci eût pris une part directe à leur rédaction, comme l'explique ce passage de ses *Mémoires* :

« On remarque presque toujours quelque différence entre les lettres que nous nous donnons la peine d'écrire nous-même, et celles que nos secrétaires les plus habiles écrivent pour nous, découvrant en ces dernières je ne sais quoi de moins naturel et l'inquiétude d'une plume qui craint éternellement d'en faire trop ou trop peu. »

Nous y retrouvons aussi les minutes d'une bonne part des « lettres de la main, » c'est-à-dire lettres que le Roi « se donnoit la peine d'écrire lui-même. » Et un double problème se pose. En premier lieu, doit-on supposer que le Roi dictât les lettres politiques et que Lionne les mît sur le papier avec les remaniements et corrections qui se produisaient au fur et à mesure? Matériellement, cette hypothèse est inadmissible, et voici ce qu'en écrivait, il y a deux siècles, l'archiviste du Dépôt que Torcy chargea de rédiger l'*Histoire du Roi par les négociations de ses ministres*, c'est-à-dire d'après les dossiers et recueils formés à partir de 1661 : « Il ne faut pas s'imaginer que toute dépêche souscrite : Louis, soit toujours de la main du Roi, car, quelque laborieux qu'il pût être, il ne suffiroit pas à les dicter, soit à les écrire, ni même à en entendre la lecture, qui souvent n'est pas nécessaire, une bonne partie de ces lettres n'étant qu'une suite de ses premiers ordres. Néanmoins, parce qu'il importe à celui qui les reçoit de distinguer celles que le Roi a dictées de celles qu'il a seulement souscrites de sa main, le paraphe du ministre ajouté après le nom de Louis marque que S. M. a dicté ou au moins approuvé le contenu de la dépêche, ce que la simple signature ne dit pas. »

Cela est vrai non seulement pour les dépêches politiques partant du cabinet de Lionne, mais encore pour certaines des lettres dites « de la main », plus importantes que les missives de famille, de protocole, d'amitié, mais qui, comme celles-ci, après avoir été concertées et minutées entre le ministre et son maître, ou par le ministre seul, passaient aux mains de Toussaint Rose, le « secrétaire de la plume, » étaient relues par lui avec le Maître, très jaloux de maintenir un air de grandeur jusque dans son style, étaient ensuite transcrites par Rose sur un petit papier spécial, en cette imitation de l'écriture royale où le président excellait si remarquablement, et, enfin, recevaient le seing royal autographe.

Il existe nombre de transcrits de ces lettres-là ; une étude spéciale leur a été consacrée dans la nouvelle édition des *Mémoires de Saint-Simon*, et Morelly en avait publié un bon nombre sous le règne de Louis XV. On pense bien que dans le travail du commentaire courant nous avons eu souvent recours à ces précieux documents : ç'a été généralement sur les minutes mêmes, ou à leur défaut sur les transcrits faits par les soins de Lionne et particulièrement sur un recueil plus complet et plus sûr que les autres qui porte aujourd'hui le n° 3568 à la bibliothèque de l'Arsenal. Celui-là contient 160 lettres pour l'année 1661, dont 87 pour notre période de mars à août, soit 59 de plus qu'il y a dans le recueil Morelly. La première lettre est celle que, le jour même de la mort de Mazarin, le Roi adressa à son beau-père Philippe IV d'Espagne, et en marge se lisent ces deux notes du secrétaire de la plume, qui viennent à l'appui de ce que nous venons de dire des lettres de la main : « Cette lettre fut composée par M. de Lionne et raccommodée par le Roi même en quelques endroits où S. M. fit des corrections très judicieuses, absolument nécessaires. — En cet endroit : *Il est mort dans de tels sentiments de religion*, il y avoit : *comme un religieux dans sa cellule*, ce que S. M. retrancha comme trop bas. » En effet, le style du ministre, incisif souvent jusqu'à la brutalité, et souvent aussi jusqu'à la vulgarité, était loin d'égaler la majesté en toutes choses où excella son maître.

Si les originaux des documents émanés de Lionne sont encore dans leur dépôt originaire, il n'en est pas de même de ceux que les Brienne ou leurs commis eussent dû laisser en place lorsqu'ils furent forcés de quitter le ministère en 1663. On s'étonne même que le nouveau secrétaire d'État ne les ait pas retenus, puisqu'il en fit faire des transcrits qui sont encore au Dépôt, et que, la même année, Colbert acquit pour la Bibliothèque du Roi la collection historique du grand-père Brienne, mort depuis 1628. De ces originaux, minutes de lettres écrites ou dépêches reçues, le Dépôt ne possède que quelques bribes éparses et, par exception, deux volumes de la correspondance de Bretagne partant de l'année 1656. Le fonds de ces papiers était déjà dispersé ou distrait dès le temps du ministre Croissy. La *Bibliothèque historique* du P. Lelong signale un ensemble de minutes et d'originaux, de 1643 à 1661, qui ne formait pas moins de dix-huit volumes in-folio, plus deux volumes de lettres originales, avec les minutes d'expéditions, et deux volumes d'expéditions. Qu'est devenue cette série? Est-elle passée à l'étranger? Ne serait-ce pas celle que les propriétaires de la collection de Cheltenham sont disposés à céder aujourd'hui? La Révolution même, à laquelle l'histoire a dû certaines réintégrations inespérées, la Révolution n'a fait entrer aux Archives nationales, à la bibliothèque de la Chambre des Députés, surtout au Cabinet des manuscrits, que des articles isolés de cette correspondance ministérielle, tandis que d'autres lots plus considérables allaient jusqu'en Russie. En revanche, et c'est une bonne fortune dont nous avons bénéficié, il fut fait, sans doute sur l'ordre de Brienne fils, un transcrit des lettres expédiées par ses bureaux à partir, sinon du 9 mars 1661, au moins du 1er juillet suivant, et les copies en sont très nombreuses, aussi bien aux Affaires étrangères qu'au Cabinet des manuscrits. Nous nous sommes servi de l'exemplaire venant des collections

Harlay, ms. Français 15612. C'est le plus complet, croyons-nous, mais non le moins incorrect, et il a fallu parfois l'amender à l'aide du manuscrit 26 des Mélanges Colbert, ou du manuscrit 443 du fonds Clairambault.

Ni les Mémoires du même Brienne fils, dont nous avons reproduit un fragment dans notre tome Ier, ni son « Discours au Roi » cité dans notre tome II, ni le mémoire justificatif de son père (octobre 1662) sur l'état des affaires qui étaient en cours lors de sa disgrâce, manuscrit conservé au dépôt des Affaires étrangères, ne nous ont été d'un grand secours.

Une petite quantité de lettres du père et du fils de Brienne, sur les affaires d'Italie de 1660 et 1661, furent publiées en 1677 dans les tomes I et II des *Mémoires du cardinal Renaud d'Este* mis au jour par son secrétaire. Furent imprimés également, en volumes in-12, la correspondance du comte d'Estrades concernant l'Angleterre, et celle de Van Beuningen sur la négociation qu'il était venu diriger à Paris au nom des Provinces-Unies, les rapports de Gravel sur l'Alsace et l'Allemagne, les mémoires de la mission du chevalier de Terlon dans le Nord, de l'ambassade du président de Thou à la Haye.

L'*Histoire des traités de paix*, — depuis la paix de Vervins jusqu'à celle de Nimègue, — imprimée en 1725 sans nom d'auteur, mais qu'on sait être l'œuvre de Saint-Prest, garde du dépôt des Affaires étrangères et directeur de l'Académie politique, mort en 1720, contient un tableau raisonné et même développé de toutes les négociations qui se firent en 1661 et 1662 sous la direction du conseil des Trois. A proprement parler, c'est le résumé des travaux historiques qu'exécutèrent, sur la fin du règne de Louis XIV, les divers collaborateurs du service spécial de Saint-Prest. Aussi ce volume est-il un guide très sûr.

Avant de passer au détail des affaires extérieures dont le conseil eut à s'occuper de mars à septembre 1661, il est nécessaire de donner un aperçu de la situation générale.

AFFAIRES EXTÉRIEURES. — Au Nord, la paix rétablie entre le Danemark, la Suède et la Pologne va l'être aussi entre celle-ci et les Moscovites, grâce à la médiation de la France. Le champ nous est donc ouvert pour chercher dans cette direction un contre-poids aux ambitions du Saint-Empire, et déjà des négociations sont ouvertes; on travaille même à faire asseoir un prince du sang de France sur le trône des Jagellons. La monarchie autrichienne serait ainsi « encerclée » de toutes parts, comme elle l'est déjà sur notre frontière de l'Est par cette Ligue ou Alliance des princes rhénans que Mazarin considérait comme le nœud principal de la diplomatie française.

Du même côté, il reste à prendre une plus complète possession des parties de l'Alsace vendues par l'archiduc autrichien, à partager la Lorraine avec le duc Charles IV en attendant qu'on la lui prenne tout entière dès qu'il sera incapable de faire résistance. C'est l'affaire d'un *modus vivendi* provisoire.

En Angleterre, où la restauration des Stuarts est un fait accompli, et la gratitude de Charles II un fait acquis, la France n'aura plus qu'à resserrer l' « entente cordiale » pour peser sur l'Espagne et la Hollande.

L'Espagne ne se résigne que difficilement à subir les conditions et clauses que lui a imposées la paix des Pyrénées. Chicanes et griefs s'accumulent de ce côté-là, sous une politique d'inertie qui cache de l'impuissance.

En Hollande, il faut régler au mieux de nos intérêts les relations commerciales et certains points de la politique intérieure.

En Italie, avec le pape Alexandre VI, la situation, au temporel comme au spirituel, est toujours si tendue, que Louis ne peut envoyer à Rome un ambassadeur en titre.

Dans la Méditerranée, on se prépare à frapper un grand coup au profit de nos relations commerciales avec Alger, Tunis, le Maroc. A Constantinople, les relations diplomatiques ne sont pas encore rétablies depuis l'avanie infligée à notre représentant.

En somme, la situation est beaucoup plus favorable que lors des avènements de Henri IV et de Louis XIII : partout se négocient des traités d'alliance, de commerce, qui permettront de réparer les maux de la guerre, et Mazarin a déjà engagé les négociations de divers côtés. L'idée dominante léguée par lui à son royal élève est d'établir à jamais et en tout pays la suprématie de la monarchie française, et, sinon de réagir contre l'antique légende d'une préexcellence de la dignité impériale, du moins d'en restreindre l'effet et de couper court aux prétentions des héritiers espagnols de Charles-Quint. C'est en ce sens que le jeune roi s'empresse de notifier sa prise de possession du pouvoir personnel et sa ferme intention de soutenir l'honneur de la France, aussi loin qu'elle peut agir. — Déjà accepté ou sollicité comme arbitre entre les deux grandes puissances commerciales et maritimes, appuyé sur les alliés traditionnels qui ne laissent pas de faire bloc, qu'ils soient catholiques, protestants ou turcs, il entend ne pas reconnaître d'égal dans la Chrétienté et devenir le régulateur, le « modérateur, » comme on disait alors, de tout le concert européen.

Pour suffire à tant de tâches, on doit d'abord réorganiser la représentation diplomatique dans les États où elle a été suspendue pendant la guerre; Madrid et Londres seront donc confiés à des négociateurs déjà éprouvés, l'archevêque d'Embrun et le comte d'Estrades; La Barde retournera en Suisse pour le renouvellement traditionnel de l'Alliance; Gravel, le principal créateur de la Ligue du Rhin, est maintenu à Francfort pour toute l'Allemagne septentrionale; Chassan remplacera le chevalier de Terlon dans les royaumes scandinaves; Lumbres, à Varsovie, poursuivra la lourde besogne d'une candidature française; le poste de Turin reste aux soins d'Ennemond Servient, frère cadet du surintendant de ce nom; pour Rome, à défaut d'un ambassadeur, c'est un gentilhomme de confiance, parent et créature de M. Le Tellier, que l'on chargera de déblayer le terrain en attendant l'arrivée du duc de Créquy. Les fonctions délicates de commissaires aux limites d'Artois, de Flandre, de

Lorraine et d'Alsace sont remises aux mains de deux Colbert. Les postes d'envoyés, de résidents, d'agents publics ou secrets seront renforcés, munis des fonds nécessaires et astreints à une correspondance continue.

Le 17 juin, ordre sera donné au département des Affaires étrangères de fournir à Colbert un état général du personnel extérieur « auquel S. M. doit donner des appointements. » Le cardinal de Richelieu en avait fait faire un pareil en 1625.

Désormais, et il est bon que l'Europe entière en soit avisée, tous les fils des négociations aboutiront entre les mains du Roi; la connaissance des affaires, « à mesure qu'elles viendront, sans prendre pour cela de jour préfix, » leur étude et les décisions à prendre n'appartiendront plus qu'au conseil des Trois; le secret en sera assuré, soit dans la cour même, soit dans les bureaux des ministres et agents : plus d'indiscrétion, ni de manœuvres de contre-diplomatie. Toutes les dépêches d'importance seront adressées au Roi lui-même et, en outre, il veut qu'au retour en France chacun lui présente directement une relation complète qui permette de suivre la marche de toutes les affaires.

ANGLETERRE. — Fidèle à la politique de Mazarin, Louis s'empressa, dès le 11 mars, d'écrire au roi de la Grande-Bretagne qu'il entendait en toute sincérité « s'étreindre avec lui de la plus étroite amitié et union qui seroit en son pouvoir, et de rendre communs, autant qu'il seroit humainement possible, les intérêts de leurs deux États. » Ne fût-ce que par gratitude, le Stuart devait répondre cordialement à ces ouvertures, et presque tout son conseil l'y aida, surtout le chancelier Hyde, qu'un des historiographes de notre dépôt des Affaires étrangères a dépeint « plus profond et solide qu'agréable, très savant en loi, en religion et en sectes, ayant étudié les ressorts qui font mouvoir chaque groupe, et aussi expérimenté et précis qu'un géomètre. »

Moins sûr était l'ambassadeur Saint-Albans, arrivé à Paris depuis quatre ou cinq mois : « Premier ministre en l'affection de la reine, il avoit de l'agrément, de la politesse, de la droiture, de la hauteur, et il exerçoit à découvert la haine et l'amitié. Du reste, son génie étoit borné, et point capable des intrigues de cour... » Avec celui-là, la réserve était tout indiquée, et nos Mémoriaux prouvent qu'on préférait s'adresser directement à son maître et à Hyde, d'autant que l'ambassade à Londres n'était point occupée depuis le retour du président de Bordeaux, et nous n'y avions que des agents secondaires plus ou moins accrédités, Battailler, l'abbé d'Aubigny, Bartet, Labastide, ces derniers tout à la dévotion de Foucquet et uniquement propres à agir sous main, en dehors des voies officielles.

C'est ainsi que, sans tenir compte d'oppositions aussi vives au dedans de l'Angleterre qu'au dehors, on coopéra activement à la conclusion du mariage de Charles II avec l'infante de Portugal, à l'étroite union des intérêts de ce petit et nouveau royaume avec les intérêts conjoints de l'Angleterre et de la France contre l'Espagne et la Hollande. Le mariage de Monsieur, frère du Roi, avec Henriette Stuart ne contribua pas moins au resserrement des liens entre les deux cours.

Mais trop de questions capitales étaient engagées en dehors de celles-là pour que l'on tardât à désigner un ambassadeur.

Le choix du comte d'Estrades fut bon, mais quelque peu tardif, car Saint-Albans avait déjà commencé à discuter avec M. de Lionne la liberté de la pêche, où, pour mieux dire, l'empire des mers, comprenant jusqu'à nos établissements coloniaux de l'ouest de l'Afrique; l'appui à donner, sous main, sinon à découvert, aux armées portugaises; le rachat de Dunkerque à négocier, sous main aussi; les catholiques anglais à protéger et la liberté de conscience à défendre selon l'aspiration secrète de Charles Stuart; les négociations à mener avec les puissances du Nord et avec le

Grand Électeur, enfin un nouveau traité d'alliance et de commerce à préparer entre Paris et Londres.

Ces questions occupèrent les deux derniers mois du conseil, et nous n'avons pas craint d'en étendre le commentaire. Les documents abondent : correspondance de l'ambassadeur avec le Roi lui-même, avec Lionne et avec Brienne, faisant suite à celle de l'agent de Foucquet; originaux, copies et transcrits officiels, publications du temps, feuilles volantes, comme les *Lettres d'un gentilhomme anglais à ses amis* ou les placards imprimés à l'occasion de l'incident Estrades-Watteville, qui font voir combien le peuple anglais, et surtout la populace, étaient loin de partager les sentiments cordiaux de Charles II pour ses anciens hôtes de France. Ces sentiments étaient-ils bien sincères? Brienne père et d'autres contemporains prétendent que le roi Charles avait poussé sous main à une rupture entre la France et l'Espagne. Peut-être la question d'intérêt le ramena-t-elle à de plus sages tendances lorsqu'il sut que Foucquet lui-même, le parcimonieux dispensateur des subsides, consentirait à trouver deux ou trois millions qui aideraient la cour de Whitehall à soutenir le Portugal.

Provinces-Unies. — L'action diplomatique était double en Hollande; à côté de l'ambassadeur de Thou, plus goûté semble-t-il, du Roi que des ministres, M. de Lionne se servait de préférence de cet Abraham de Wicquefort, d'origine hollandaise, avec qui il avait pris de longue date des habitudes de confiance. Les lettres de Wicquefort sont à la fois plus nombreuses, plus régulières, plus intéressantes que celle de l'ambassadeur et roulent généralement sur des matières qui ne passaient pas devant le conseil des Trois. Évidemment, il n'y avait pas concert entre l'ambassadeur et l'agent. « Je parle, disait Wicquefort, avec autant de sincérité que si j'étois né sujet de S. M. et attaché à ce devoir par des considérations beaucoup plus fortes. Je ne veux croire que l'intention de M. l'ambassadeur ait été de me rendre de mauvais offices ; mais il a des personnes auprès de lui qui, par leur imprudence, font croire le contraire et ne font point les services du Roi. » Il s'agissait du secrétaire Bernarts, dénoncé par lui en avril. Lionne répond que le Roi apprécie fort ses rapports et qu'on profitera de ses « bons avis. » La correspondance continuant à être abondante, Lionne en fit faire un transcript.

La Haye était alors comme un centre où convergeaient toutes les affaires de l'Angleterre, de l'Espagne, du Portugal, du Brandebourg, de l'Allemagne et du Nord en général. Les Provinces-Unies voulaient renouveler avec nous, mais dans des conditions plus avantageuses, un traité d'amitié, de confédération et de commerce pour lequel Conrad Van Beuningen et deux autres ambassadeurs extraordinaires résidaient à Paris depuis le mois de janvier 1661. La négociation fut extrêmement laborieuse ; les ministres français se trouvaient partagés de tendances : Lionne, Foucquet, Colbert, adversaires irréconciliables de la Hollande, en face des deux Brienne, de Séguier et Le Tellier, de Thou, des Turenne aussi, et des La Trémoïlle, en qualité de protestants, si opiniâtrement fidèles aux anciennes traditions d'alliance avec les États-Généraux que Louis les accusait d'être de « vrais Hollandais. » D'ailleurs, Brienne père n'a dissimulé ses tendances ni dans ses *Mémoires*, ni dans le discours justificatif qu'il fit pour le Roi lorsque le traité eut été conclu.

La négociation complexe qu'on suit dans nos deux Mémoriaux comprenait les points suivants : une garantie réciproque des traités que la France et la Hollande avaient avec les autres puissances ; la garantie, aussi, du droit de pêche en mer, que l'Angleterre prétendait s'arroger exclusivement ; l'égalité de traitement pour les « sujets naturels » de part et d'autre ; les privilèges des compagnies de commerce que Foucquet avait créées en France pour faire concurrence au commerce hollandais ; la liberté des ports européens, étendue à toutes les parties du monde ; la protection des établissements des deux nations en Guinée; l'exécution des articles de la paix par lesquels la France s'était engagée à soutenir les réclamations des territoires usurpés sur ses alliés de Cologne, Neubourg, Münster, et sur l'ordre de Malte. Ce dernier point finit par rester dans l'ombre; mais aucun ne tenait plus au cœur des deux parties que le droit de fret, cette machine de guerre si heureusement imaginée par Foucquet, — qui y avait un intérêt direct pour sa flotte personnelle et ses entreprises de commerce, — contre le commerce de transport et de cabotage accaparé dans nos ports par les Hollandais. Or, ceux-ci, parallèlement aux négociations de Paris, demandaient à l'Angleterre et au Portugal un pareil renouvellement d'alliance et de commerce, et le représentant de Charles II à la Haye, Downing, encore plus radical et brutal que ne le fut Beuningen à Paris, fit longtemps échec aux efforts concertés de Lionne et de Jean de Witt. Louis XIV en montrait beaucoup de dépit. C'est seulement après le rappel de l'incapable de Thou que le comte d'Estrades, désigné pour le remplacer, parviendra, avec le concours de Colbert, à faire signer le nouveau traité; encore cet acte, du 27 avril 1662, fut-il dénoncé et rompu peu après par Louis XIV, en ressentiment des mauvais procédés du principal plénipotentiaire hollandais. L'histoire résumée et le commentaire de cette négociation se trouvent d'une part dans la correspondance de Beuningen avec le Pensionnaire, qui a été imprimée en 1725, d'autre part dans celle de Lionne avec Wicquefort et dans le « Discours » de Brienne père au Roi. Elle a été magistralement exposée par Ségur-Dupeyron dans ses *Négociations commerciales et maritimes du règne de Louis XIV*.

Toujours du côté des Provinces-Unies, il fallait habilement manœuvrer entre les partisans et les adversaires du petit prince d'Orange, sottement desservi par l'ambition et les maladresses de la douairière sa grand'mère. Cette question fut souvent traitée au conseil; Wicquefort l'a exposée amplement dans son *Histoire*, comme aussi la mission en France de Dohna et de Zulichem, dont parlent nos Mémoriaux. Qui se serait douté que, vingt-cinq ans plus tard, le Guillaume de 1661 deviendrait le plus redoutable adversaire de la France?

Le Roi tint à honneur d'étendre sa protection sur les catholiques très inégalement traités dans l'étendue des Provinces-Unies, mais repoussa avec une juste indignation la prétention de ces républicains à recommander directement à un parlement français un protestant angevin qui avait émigré chez eux.

Espagne. — Comme tout traité d'une si grande importance, la paix des Pyrénées, suivie du mariage de Louis XIV avec l'Infante, laissait cependant subsister en germe d'innombrables litiges entre la France et l'Espagne. Les griefs s'étaient accumulés dès avant la mort de Mazarin, sans qu'il pût obtenir satisfaction. Il faut dire que Philippe IV, âgé, très mal portant, n'ayant qu'un fils en bas âge, se concentrait tout entier dans sa lutte contre le Portugal et s'en rapportait à don Louis de Haro pour faire la sourde oreille et laisser dire la cour de France, d'autant qu'elle n'avait pas d'ambassadeur à Madrid. Cependant, nos ministres étaient heureux de trouver dans le comte de Fuensaldagne, installé à Paris comme ambassadeur extraordinaire, un plénipotentiaire droit, sage, conciliant, estimé de Hugues de Lionne; quand il mourut prématurément, sous le coup de la rupture momentanée du mois d'octobre 1661, en suppliant son souverain d'éviter une reprise d'hostilités insoutenable pour l'Espagne, le jeune Brienne fit de lui ce bel éloge : « Le décès de M. le comte de Fuensaldagne sitôt après son arrivée en Flandres a grandement touché ceux qui l'avoient connu et pratiqué. C'étoit un personnage de grand sens, un courtisan accort, un ministre intelligent, habile et prudent, en un mot, un homme sage et traitable, bon pour la paix et pour la guerre, et qui, en l'une et en l'autre, découvroit les véritables intérêts de son maître, et y alloit bien droitement. Telles personnes sont à regretter quand elles échappent au monde, et le monde est à plaindre à qui elles échappent. » Tout cela était si vrai, Louis XIV partageait si sincèrement ce sentiment que Fuensaldagne, en mars 1661, avait pu croire un moment que son concours personnel serait souhaité et demandé dans le Conseil.

Non moins conciliant se montrait, au fond, son illustre chef don Louis. De celui-là Brienne a dit : « C'étoit, de l'aveu de tout le monde, un chevalier d'honneur et de mérite, bien intentionné pour les intérêts de son prince et pour le repos de la Chrétienté, et il aimoit son maître d'une propre et noble affection ; homme droit et homme d'État, qui n'étoit pas pour donner des contretemps par passion ou par aucun emportement. »

Mais, en revanche, sur la frontière du Nord, où tant de régions populeuses, tant d'intérêts considérables nous ont été cédés par la paix, le marquis de Caracène n'est qu'un voisin difficultueux et rébarbatif, à suspecter et surveiller de très près pour ses empiétements, ses menées souterraines, ses violences contre les populations devenues françaises, contre nos juridictions diverses, contre le clergé et les maisons religieuses dont les liens avec Bruxelles ne doivent plus subsister, contre les grands seigneurs flamands dont les domaines sont exposés chaque jour à des incidents de frontière. Il en est de même en Roussillon et dans la partie de la Cerdagne devenue française.

L'exécution de certaines clauses externes de la paix eût dû être faite conjointement par les deux monarchies : réintégration des seigneurs napolitains, désincamération de Castro, etc. On n'obtint rien sur le moment, malgré l'insistance de la France, mais c'étaient là de simples détails en comparaison de l'assistance au Portugal, que Louis XIV entendait continuer contre les engagements formels de 1659, de l'alliance anglo-hollandaise qui enlèverait aux Espagnols leurs derniers soutiens, du droit de préséance de nos ambassadeurs sur ceux de l'Espagne. Aussi la négociation de l'archevêque d'Embrun, que nous voyons entrer à Madrid en juillet 1661, n'est-elle pas moins intéressante, à voir de près, que celle du comte d'Estrades à Londres. Lionne en fit recueillir soigneusement la correspondance et même revisa le principal transcrit. Un peu plus tard, l'archiviste Saint-Prest y consacra une de ces analyses historiques où il excellait. Enfin, pour les mois de mars et d'avril, nous avons pu faire un ample usage du Journal de l'ambassade de Fuensaldagne, dont malheureusement la bibliothèque municipale de Cambray ne possède qu'une partie.

Le conflit de préséance ou de prééminence auquel nous faisions allusion tout à l'heure n'entra dans sa période aiguë et décisive que quelques semaines après la chute de Foucquet, notre limite extrême; cependant, comme il avait pris naissance dès l'arrivée du comte d'Estrades à Londres, et fut le début de cette politique « impérialiste » de Louis XIV qui tint longtemps l'Europe en émoi, et que lui reproche son plus récent historien, nous avons cru devoir lui consacrer un appendice spécial.

Portugal. — A l'égard du Portugal, qui est en guerre avec Philippe IV depuis la scission de 1640, Louis XIV se trouve dans la situation la plus délicate. Cette guerre est d'une haute utilité pour tenir les Espagnols en échec, tout comme la Ligue du Rhin et la candidature du duc d'Enghien au trône de Pologne le sont pour gêner la politique autrichienne. En dépit des engagements solennels de 1659, et tout en ayant l'air de les exécuter ponctuellement, il est indispensable que la France continue, après comme avant la paix, à appuyer la maison de Bragance, à lui fournir des hommes, des officiers, des armes, de l'argent; sous quelle couverture? Ce double jeu, dont Mazarin avait confié la conduite à Foucquet, répugne au jeune Roi; mais ses ministres lui remontrent qu'en honneur et conscience, devant les manquements répétés de la cour d'Espagne et ses réclamations sans fondement, la politique exige qu'il favorise de tout son pouvoir l'alliance matrimoniale du roi d'Angleterre avec l'infante de Portugal, et que, cela fait, il se serve du même Charles II comme d'un intermédiaire, d'une couverture, pour assister le Portugal dans la lutte d'où dépend le bon équilibre de l'Europe occidentale, pour le soutenir aussi contre les Hollandais dans l'un et l'autre hémisphère, ou du moins pour aider au règlement de leurs différends. Ce fut l'objet d'une double action secrète, à la Haye contre Downing, à Londres avec le chancelier Hyde. Des délibérations de notre Conseil trahissent une constante préoccupation, chez le Roi lui-même, de concilier l'observation « religieuse » de la paix avec les intérêts de sa défense contre d'anciens adversaires dénués eux-mêmes de tout scrupule. La diplomatie française aida aussi bien à la conclusion du mariage de l'Infante, qui finit par être célébré à Londres le 31 mai 1662, qu'à celle du traité qui fut signé entre le Portugal et la Hollande le 6 août précédent, comme nous l'avons dit plus haut.

Autriche. — Du côté de Vienne et du jeune empereur, aucune action ne pouvait se produire directement pendant ces premiers temps du pouvoir personnel, puisque les rapports officiels étaient rompus de part et d'autre, par la prétention de Léopold à ne pas traiter en égal son « cousin et bon frère » le roi de France, et par la volonté bien arrêtée chez celui-ci de ne point laisser rabaisser sa dignité. Par un très singulier procédé, la chancellerie impériale essaya de notifier l'élection de Léopold, qui remontait déjà à trois ans, et à laquelle Mazarin, pendant un temps, avait songé à faire échec, dut-il « vendre sa vaisselle et se mettre en chemise. » L'indignation de Louis fut presque tragique. « De tous les rois de l'Europe, ceux de France, les plus anciens, les plus puissants sans conteste, pourroient seuls revendiquer l'héritage et la couronne de Charlemagne; les empereurs allemands ne sont que les chefs élus d'une république et n'ont pas plus de droit à se qualifier de chefs du peuple chrétien. » On peut voir, sur ce thème et sur cet épisode, la séance du 20 juillet et les documents réunis dans notre commentaire.

L'affaire Watteville fut une occasion de proclamer que la couronne de France entendait reprendre « ce même degré de prééminence sur toutes les autres qui étoit avant le règne de Charles-Quint, et faire quitter à la maison d'Autriche une prétention chimérique d'égalité que la vertu des rois Charles-Quint et Philippe II, la minorité de Louis XIII, et les grandes guerres qui l'avoient suivie lui avoient donné moyen d'introduire. »

A plus forte raison l'Empereur devait-il quitter à jamais les titres qui rappelaient sa domination passée sur l'Alsace, le Roussillon, l'Artois, etc. Sinon, le roi de France, lui aussi, ressusciterait les titres de roi de Naples, de duc de Milan, de comte de Flandre et d'Artois.

Ligue du Rhin. — Ce n'est pas à Vienne, ce n'est pas non plus à Ratisbonne, puisque la diète d'Empire ne se convoque plus, quoique généralement réclamée, c'est à Francfort, siège permanent de l'Alliance ou Ligue du Rhin, qu'est la vraie action de la diplomatie française. Aussi maintient-on auprès de l'Alliance un de nos meilleurs agents, Robert de Gravel. Ayant été, sous le Cardinal, le principal promoteur de cette confédération des princes allemands du Rhin, il en tient tous les fils entre ses mains actives et expertes, et la fait manœuvrer comme une véritable contre-partie de l'organisation d'Empire, avec siège permanent, directoire, état-major de généraux, armée organisée de vingt mille hommes (où la France doit fournir seize cents fantassins, huit cents chevaux et cinq canons), trésorerie bien fournie; et le tout indépendant de Vienne et de Ratisbonne. Créée, renforcée, et déjà renouvelée par Mazarin pour une deuxième période triennale, cette alliance avait toutes les prédilections de

Louis, et l'une de ses premières lettres « de la main » fut pour notifier aux princes allemands que la mort du Cardinal ne changeait point ses sentiments personnels. Il n'a guère tardé davantage à renouveler promesses et témoignages de gratitude à celui qui est le directeur et l'âme de la Confédération, M. l'électeur de Mayence, puis à prendre contact avec chacun des autres princes laïques ou ecclésiastiques qui en font partie, Messieurs de Cologne et de Münster, les ducs de Brunswick et de Würtemberg, les landgraves de Hesse, etc., comme avec ceux dont l'accession est tout indiquée et espérée, le Palatin, Trèves, Nassau, Neubourg, Saxe, Bavière, Darmstadt, Spire, Bade-Dourlach, Brandebourg, etc. Lionne et son maître prendront en main les intérêts des uns et des autres; ne s'est-on point engagé à « une assistance mutuelle contre quiconque voudroit troubler un des confédérés dans les droits de paix, de guerre, d'armes, d'alliance, qui leur appartiennent par le traité de Westphalie? » Comme la vénalité est la même dans toutes ces cours, du grand au petit, il faut que Foucquet y suffise, et, si l'argent manque, Lionne offre l'aide de son maître, sa protection, sa médiation. Les *Mémoires de Louis XIV* rappellent ce qui fut fait en ce sens pour éviter les scissions entre catholiques et protestants, pour servir les Brunswick, pour obtenir de la Hollande une compensation de Ravestein et une satisfaction à l'évêque de Spire, pour faire échouer les propositions de contre-ligue offertes par l'Empereur aux électeurs de Bavière, de Saxe et de Brandebourg.

Mazarin avait accepté les premières ouvertures de Rome pour la formation d'une croisade ou ligue contre le Turc, quoique la France fût depuis plus d'un siècle l'allié du potentat de Constantinople. Au printemps de 1661, on apprit que la Hongrie et la Transylvanie étaient menacées d'une invasion, que Venise se trouvait à bout de ressources dans son île de Candie. Au fond, il n'y avait eu qu'une simple démonstration armée du Grand Seigneur: mais les ministres de Louis XIV saisissent cette occasion de montrer à la Chrétienté ce que pouvait et voulait le groupement des intérêts anti-autrichiens en dehors de toute question religieuse, puisque les protestants y coudoyaient électeurs et princes catholiques. De Vienne et de Rome on demande des secours urgents, immédiats contre les invasions musulmanes. Louis XIV, qui aura à fournir sa part de contingent, mais se défie de l'Empereur, veut bien accéder à cette manifestation imposante, mais dicte ses conditions : point de subordination à la Diète impériale ni aux généraux de Léopold, point d'association avec Rome et les Italiens. Gravel manœuvre en conséquence auprès du directoire de Francfort et réussit très heureusement; Brienne et Lionne exultent à la perspective d'un échec pour le Saint-Siège, qui n'était parvenu nulle part à susciter la croisade nouvelle, et qui réclamait sans cesse le legs du cardinal Mazarin. « Cette affaire, écrit Gravel, ne s'est pas passée sans de très grandes difficultés, les uns s'étant déjà engagés à faire des offres particulières à l'Empereur, et tous les protestants faisant réflexion sur ce que ladite proposition vient en premier lieu de Sa Sainteté. » Mais, entraînée par le diplomate français, l'assemblée conclut, à la pluralité des voix, que, pour répondre aux généreuses intentions et aux puissantes raisons du Roi, les troupes des hauts confédérés marcheront avec les siennes, sous le commandement des généraux de l'Alliance, en la manière qui sera convenue. Aux yeux de Louis XIV, ce fait seul met en plein jour les intentions de la cour de Vienne : « Si ceux que le péril touche de plus près ne veulent pas profiter de cette bonne disposition, ce ne sera pas notre faute. » Puis, quand on sut le dépôt de la proposition, et finalement son vote par le conseil de l'Alliance, même la mise en marche de plusieurs contingents, c'est sur un ton de triomphe que les ministres transmirent cette grande nouvelle à Rome : « Vous le voyez ! A l'appel de la France, protestants et catholiques font cesser toutes divisions de croyance pour former la plus belle armée qui se puisse choisir en Europe. Voilà l'œuvre de cette

Ligue contre laquelle l'Autriche a tant déclamé bien qu'elle fût purement défensive; voilà surtout l'œuvre de notre souverain : le Saint-Siège lui refuse la moindre grâce, et c'est lui qui met en mouvement plus de vingt mille hommes aguerris, avec des chefs illustres, tandis que toutes les constitutions de l'Empire n'en auroient pu obtenir six mille... » Lionne, Brienne et leur maître étaient-ils de bonne foi, tenaient-ils à ce que leurs offres fussent acceptées? Quoi qu'il en fût au juste et au vrai, Alexandre VII ne fit aucun accueil à la nouvelle envoyée par un courrier exprès, et qui, selon l'expression des ministres français, aurait dû être reçue avec des actions de grâces solennelles. Le cardinal-protecteur ne s'était jamais fait illusion sur la gratitude de cette cour romaine, ni sur sa sincérité : « Sa maxime, disait-il, étant de laisser venir le monde en lassant ceux avec qui elle traite par ses façons ordinaires, et la pensée des ministres, surtout sous ce pontificat, étant que tout leur est dû, je douterai toujours qu'on puisse beaucoup gagner sur eux en leur accordant ce qu'ils attendent et remettant puis après à leur discrétion ce qu'on prétend d'eux..... Si le Pape prenoit à cœur l'importance de la Ligue, il lui devroit être facile de considérer que la France seule est capable de donner le mouvement à tous les autres, et, par conséquent, il devroit engager le Roi à faire valoir son zèle pour la religion en donnant à S. M. plus de sujet d'être satisfaite. » Mais Lionne et son maître connaissaient bien les vrais sentiments d'Alexandre VII et les influences autrichiennes qui dominaient à Rome; secrètement, ils avaient donné ordre d'éluder une signature immédiate en multipliant les difficultés. C'est de part et d'autre qu'on recula. Le Saint-Siège répondit par des contre-propositions de ligue italienne que lui-même, ni personne, ne devait croire praticables, et qui échouèrent complètement. De France, les pouvoirs pour conclure cette ligue furent envoyés au cardinal Antoine Barberin le 1er octobre, mais avec un avis secret de ne point aboutir à des engagements formels. La démonstration de juin 1661 n'eut donc point de suites. Deux ans devaient s'écouler dans ce *statu quo;* l'action militaire de la France contre ses amis les Ottomans ne se produisit qu'en 1664, avec l'éclat que l'on sait.

La correspondance échangée sur ces singulières péripéties entre Louis XIV, ses ministres et les représentants de la France à Rome est extrêmement intéressante, et nos derniers historiens ne l'ont pu épuiser; on en trouvera quelques fragments à l'Appendice de notre tome III.

Brandebourg. — Les prodigieux progrès du Grand Électeur de Brandebourg préoccupaient nos ministres chaque fois qu'ils le rencontraient en face d'eux, sur le Rhin, en Angleterre, en Autriche, en Pologne. Depuis vingt ans, on ne le tenait pas seulement pour le plus puissant terrien de tous ses collègues, mais pour l'arbitre de leur politique intérieure et le centre autour duquel le protestantisme allemand pourrait, avec l'appui de l'Angleterre, former une sorte de contre-ligue. Le détacher de l'Autriche avait été un des buts visés sans succès par Mazarin et par Brienne père; Lionne et Gravel s'y essaieront aussi vainement, malgré le concours de Wicquefort, qui avait été jadis au service du Brandebourg.

États du Nord. — Tous les efforts de Mazarin avaient tendu à rétablir la paix entre la Suède, le Danemark, le Brandebourg, la Pologne et les Moscovites; grâce à la médiation de Terlon et de Lumbres, les traités d'Oliva et de Copenhague ont été signés dans l'été de 1660, et celui de Kardis, entre la Pologne et le czar Alexis, va l'être en juillet 1661. Le 13 août suivant, la Suède renouvelle son accession à la ligue de Francfort. Pendant ce temps, le comte Tott, investi de toute la confiance du roi Charles, comme il avait eu celle de sa mère, vient conclure à Paris une convention commerciale et une alliance défensive et offensive pour le cas où la France aurait besoin d'une intervention militaire des Suédois en Pologne. On aboutira aux traités du 22 septembre 1661, du 18 janvier et du 30 décembre 1662, et le Danemark en fera tout autant. La reine Christine n'est plus pour rien dans cette négociation ; on ne s'occupe d'elle que pour éviter, soit économie, soit crainte d'embarras et de conflits, qu'elle ne reparaisse à Paris.

La correspondance de Suède est une de celles que, vingt ou trente ans plus tard, le ministre Croissy fit réunir et analyser par Saint-Prest; on a ce travail historique en double aux Affaires étrangères et à la bibliothèque de l'Arsenal.

Pologne. — Mazarin avait laissé en bonne voie l'entreprise qui tendait à assurer d'avance la succession de l'incapable Jean-Casimir, roi de Pologne, au fils aîné de Monsieur le Prince, choisi et appelé par la reine Louise-Marie. Louis XIV et ses ministres reprirent l'affaire avec ardeur du mois de mars au mois de juillet 1661, et il ne tint pas à leurs efforts, à leurs sacrifices, qu'elle ne tournât à la gloire du nom de Condé, n'assurât pour la France un point d'appui solide en plein centre de l'Europe et ne retint la République sur la pente où les dissensions intestines devaient fatalement aboutir à son démembrement. Aux résolutions du conseil des Trois, qui avait la tâche difficile, presque impraticable, de diriger, à une si grande distance de Fontainebleau, l'action des deux agents du Roi et de Condé, nous avons pu joindre un très ample commentaire, qui occupe la majeure partie de l'Appendice de nos tomes II et III; il fera connaître tout un fonds des archives de la maison de Condé à peine utilisé par l'écrivain à la fois français et polonais auquel on doit les plus récentes études sur le dernier Jagellon, sur Louise-Marie, sa très vaillante épouse, et sur cette turbulente et vénale aristocratie que la royauté élective ne pouvait maintenir.

Moscovie. — Des Moscovites il n'est question que pour terminer par une médiation active leur guerre interminable avec la république de Pologne : c'était un des obstacles à l'union des puissances du Nord contre l'Autriche et l'Empire.

Turquie. — Vis-à-vis de l'empire ottoman, on joue un double rôle; était-ce bien la politique du défunt Cardinal? Tout en consentant à prendre une part capitale, comme contingent, comme direction même, à une levée en masse de l'Europe centrale contre les invasions périodiques des musulmans, malgré l'affront infligé à son ambassadeur La Haye, malgré les prescriptions du jubilé du 2 mars, Louis XIV entend ne point s'aliéner les adversaires séculaires de la puissance autrichienne, encore moins les combattre. Aussi, le 14 juillet, envoie-t-il au Grand Seigneur l'assurance qu'il ne songe qu'à reprendre des relations amicales, et à rétablir entre eux deux « la bonne amitié et la bonne correspondance. » La Chrétienté n'a-t-elle pas tout avantage à ce que les Lieux Saints soient, sous le protectorat français, à l'abri des convoitises schismatiques ou hérétiques, et ne faut-il pas assurer un précieux débouché au commerce de Marseille?

Rome. — Une mésintelligence qui subsiste depuis l'avènement d'Alexandre VII au trône pontifical et durera autant que son règne ne permet d'obtenir du Saint-Siège aucune solution, pas plus au temporel qu'au spirituel, qu'il s'agisse de Castro et Comacchio usurpés par Clément VIII et Innocent X, de la croisade projetée contre les Turcs, des poursuites au criminel contre le cardinal de Retz, ou bien des doctrines jansénistes, des bulles attendues par les prélats et abbés français, des indults d'Artois et de Roussillon, de la question tant controversée du *non vacando in curia*. Comme conséquence, immédiate, la vacance de l'ambassade auprès du Saint-Siège se prolongera encore pendant toute l'année 1661.

Quand Mazarin est mort, les intérêts français n'avaient

d'autres défenseurs en cour de Rome que des agents secondaires ou secrets, et ce que notre Mémorial appelle trop pompeusement les « ministres du Roi » n'était en fait que les deux cardinaux protecteur et coprotecteur de la couronne de France, le cardinal-camerlingue Antoine Barberini, ancien protecteur, et trois ou quatre autres princes de l'Église pensionnés. Entre Mazarin lui-même et le pape régnant, tout Espagnol de cœur et défenseur attitré du cardinal de Retz, l'inimitié, la haine avaient été aussi vives d'une part que de l'autre, et le président Colbert, second frère de Jean-Baptiste, a piteusement échoué dans une mission qu'on lui avait confiée en 1660 pour réclamer des solutions de la cour de Rome; tout ce qu'on pouvait obtenir en choses minimes passait par le canal d'un Elpidio Benedetti, ou de quelque autre correspondant de Foucquet. En recevant son investiture, Lionne a affecté de faire savoir au Nonce que, n'ayant plus désormais à obéir au Cardinal, rien ne l'empêchera de mériter les bonnes grâces du Saint-Siège. Cette formule de pure courtoisie n'amena l'apaisement de part ni d'autre. Les lettres intimes de Lionne, quelquefois même ses dépêches officielles, attestent que ses sentiments ne s'adoucirent pas, et, quant au Pape, voici ce qu'écrivait encore, le 3 juillet suivant, l'ancien évêque de Fréjus : « C'est une chose abominable de voir le vicaire de Jésus-Christ porté d'une vengeance enragée contre la mémoire d'un mort... Sa haine contre M. le Cardinal est si grande qu'elle descend jusqu'à moi et jusqu'à mon neveu. »

Dans ces conditions, alors qu'à Paris ou à Fontainebleau on affectait de se passer du Nonce, l'envoi d'un ambassadeur à Rome eût été étrange; cependant, pour parer aux urgences, et elles ne manquaient point, on prit un moyen terme. Foucquet, particulièrement au courant des affaires de la cour pontificale, a raconté dans ses *Défenses* cet épisode des tout premiers temps du gouvernement personnel : Aussitôt après la mort du Cardinal, dit-il, le Conseil reconnut la nécessité de modifier l'attitude à l'égard du

Pape et de lui envoyer, sinon un ambassadeur revêtu de caractère, au moins un homme d'esprit, capable de se faire écouter des membres du Sacré Collège, et, par eux, d'amener S. S. à de meilleurs sentiments pour la France ; un homme qui, tout en se posant comme simple particulier, fût connu pour avoir des correspondances avec le Conseil, sans néanmoins prendre un titre officiel qui sonnât mal aux oreilles romaines, comme cela était arrivé pour Colbert de Vendières : il conserverait ainsi toute faculté d'avancer ou de reculer librement selon les circonstances. C'est l'abbé de Maucroix que Foucquet avait en vue ; mais, comme l'affaire allait s'arranger, Le Tellier pria Lionne et le Surintendant de ne point faire obstacle à ce que son parent d'Aubeville fût chargé de cette mission. On accéda à ce désir ; et, comme le Roi exprimait à Foucquet la pensée que d'Aubeville n'y serait bon en aucune manière, étant donnée la portée de cette désignation, Foucquet se chargea de suivre sous main, par Maucroix lui-même, qui s'occupait à Rome des affaires de sa famille, tout ce que ferait et dirait l'envoyé dans les lieux les plus considérables. Car le simple « gentilhomme envoyé, » arrivant sous les auspices et la dépendance du cardinal Antoine, n'avait ni l'autorité personnelle, ni la représentation nécessaire ; il ne possédait pas non plus la souplesse qui eût pu tenir lieu de ces qualités, et le fardeau d'affaires dont on l'avait chargé à l'impromptu se trouva au-dessus de ses forces. Presque tout resta au compte de l'ambassadeur qui le remplaça en 1662, et qui reprendra les affaires au même point où Colbert les avait laissées en 1660, sans que les relations entre les deux cours se fussent améliorées. Peut-être le défaut de bonne intelligence entre le cardinal Antoine ou son entourage et d'Aubeville, relégué par MM. de Brienne au second plan, et contraint de jouer un double jeu, de se prêter aux calculs de duplicité où se complaisait Hugues de Lionne, fut-il pour quelque chose dans ce résultat peu satisfaisant, ou même nul.

Au commentaire dont nous avons accompagné les divers

passages des Mémoriaux touchant ces négociations avec Rome, on peut comparer l'ouvrage souvent cité de Charles Gérin, les *Mémoires du cardinal d'Este*, écrits par son secrétaire intime et publiés dès 1677, les *Mémoires de Brienne père*, et, encore mieux, le manuscrit de l'*Histoire des négociations des ministres du Roi à la cour de Rome de 1661 à 1691*, autre œuvre de Saint-Prest.

ITALIE. — A part les deux questions de Castro et de Comacchio, qui n'avanceront point, malgré les engagements réciproques pris par la France et par l'Espagne dans l'instrument de paix, à part aussi le mariage de deux des nièces du défunt Cardinal avec le prince de Toscane et avec le connétable Colonna, nous n'avons que des faits sans importance en Italie ; on cherche surtout à faire valoir la médiation française dans les différends d'État à État, et à contrebalancer ainsi la mauvaise volonté de Rome à Mantoue, à Gênes, à Venise.

VENISE. — La République, qui continue son héroïque défense de Candie en souhaitant l'organisation d'une croisade générale des puissances de l'occident chrétien, peut considérer le legs des 600,000 livres du Cardinal comme applicable à cette destination ; mais la France n'en versera pas de sitôt le montant aux mains du Pape ; sans doute, dès le 26 mars, Louis XIV s'est empressé de faire assurer à l'ambassadeur Grimani qu'il « continuait dans son affection de tout temps pour les affaires de la République ; que, pouvant se dispenser de lui donner aucun secours, néanmoins il l'assisterait de trois cent mille livres en plusieurs termes, à condition de les employer par préférence à l'entretènement des troupes qui étaient en Candie et des Français que la République voudrait lever ; » mais le Roi et ses ministres craignent toujours que la croisade et les subsides ne tournent au profit de l'Empereur et au détriment de nos alliés naturels de Turquie, si l'on vient à passer de la défensive à l'offensive. Voilà pourquoi aussi on refuse de fournir un général français en place du prince de Modène, et on se borne à recommander le prince de Bavière-Sulzbach.

Savoie. — Rarement le nom de la Savoie paraît dans nos deux Mémoriaux. Ennemond Servient, frère d'Abel, y était ambassadeur depuis treize ans, tout en conservant les fonctions d'intendant à Pignerol. On se préoccupa de maintenir les bonnes relations avec le duc Charles-Emmanuel et de manifester des égards pour le représentant qu'il venait d'envoyer à Paris; on réussit même à régler avantageusement son différend pécuniaire avec la maison de Modène qui donnait tant de souci depuis trente-six ans; mais ni son projet de mariage avec une fille du duc de Saxe, ni ses visées passagères « en cas de vacance de l'Empire, » ni ses prétentions aux titres et honneurs de la souveraineté ne furent pris au sérieux.

Suisse. — Les Cantons suisses n'occupent nos ministres qu'au point de vue du renouvellement de l'alliance qui nous assure le service de leurs excellents mercenaires. La Barde, ayant déjà préparé ce traité, est renvoyé à Soleure pour le conclure. Là encore, la médiation française s'offre à apaiser les conflits entre catholiques et protestants.

Malte. — Cette même médiation s'exerce d'une façon très instante au profit de l'ordre de Malte, et, avec le concours des Anglais, finira par lui faire rendre la valeur d'une partie des biens confisqués sur le grand prieuré de Hollande. Les galères de la Religion, dont la coopération doit être si utile dans la Méditerranée, sont seules exceptées de la prohibition générale faite à nos marins de servir sous une bannière étrangère.

Afrique. — De l'autre côté de la Méditerranée, nous voyons Rominhac et le chevalier de Clerville négocier avec le dey d'Alger pour le rétablissement des comptoirs du Bastion-de-France, que se disputent d'avance d'avides compétiteurs. Bricard et le chevalier Paul engagent avec le dey de Tunis une autre négociation pour le rachat des esclaves chrétiens.

Sur la côte occidentale de l'Afrique, première tentative de la marine anglaise pour déposséder les commerçants hollandais, portugais et français qui avaient fondé les établissements de la rivière de Gambie. L'Angleterre prétend avoir seule le droit de naviguer et de faire le négoce jusqu'au cap de Bonne-Espérance, comme d'interdire aux marins hollandais et français la pêche dans un rayon de dix lieues autour des côtes anglaises; tel « un seigneur qui se réserve une étendue de terre pour la chasse et qui en exclut ses vassaux. » Louis XIV fait déclarer que, non seulement la France, mais aussi les rois du Nord et les Provinces-Unies ne reconnaissent ni supériorité, ni empire des Anglais sur mer. Il obtient gain de cause en menaçant directement le commerce des sujets de Charles II dans la rivière de Bordeaux.

Gouvernement intérieur. — Les instructions recueillies de la bouche du Cardinal mourant constituaient, au moins dans les grandes lignes, le programme politique que Louis XIV et ses divers conseils, mais surtout celui des Trois, suivirent fidèlement. En en comparant le texte avec notre Mémorial chronologique, puis avec les fragments du Journal de l'histoire du Roi que Colbert commença peu après à écrire sous la direction de son maître, on retrouve exactement tous les principes de Mazarin comme s'il eût encore présidé à leur application. C'est ce que va prouver une revue rapide, par ordre de matières, des affaires que le conseil des Trois traita entre le 9 mars et le 5 septembre. Cette espèce de brève synthèse n'aura pas besoin d'être alourdie d'un appareil de références, les sommaires qui suivent chaque volume et la Table générale qui termine le tome III permettant de se reporter sans peine soit à chacune des soixante-deux séances, soit au commentaire et aux pièces justificatives.

Religion. — En matière religieuse, les *Mémoires de Louis XIV* n'indiquent que sommairement cinq ou six des mesures qui furent prises dans le conseil des Trois : nomination de commissaires mi-partis pour refréner les entreprises et empiétements des protestants, rigueur contre les écoles réformées du faubourg Saint-Germain, expulsion des familles religionnaires de certaines villes de province, protection et secours aux catholiques de Dunkerque, intervention en faveur de ceux du pays de Gueldre, répression du jansénisme. « Je travaillois sans cesse, dit le Roi, à dissiper les communautés et les assemblées où se fomentoit cet esprit de nouveauté... » Dans d'autres chapitres, de-ci et de-là, un mot indique ce qui fut fait, et pour quelles raisons, quant à la distribution des bénéfices, quant à l'assemblée du Clergé, aux évêques, à la Sorbonne, à la police des congrégations ; enfin, quant aux conflits multiples avec le Saint-Siège.

Celui-ci, comme on l'a vu plus haut, n'entendait accorder son concours ni pour le fonctionnement de l'organisme religieux, ni pour le rétablissement du bon ordre et l'apaisement des esprits. Lionne était le ministre le moins fait pour amener Alexandre VII à des sentiments plus conciliants. Comme Bossuet le disait plus tard, au témoignage de son historiographe, « on eut cette politique d'humilier Rome et de s'affermir contre elle, et tout le Conseil suivit ce dessein. »

Dans le conseil de conscience, l'archevêque de Toulouse, Marca, ministre d'État depuis 1658, et qui ne devait se rapprocher du Saint-Siège qu'en 1662, fut l'inspirateur dogmatique. Le Tellier, chargé du détail de l'exécution, eût été volontiers plus prudent et pacifique, mais n'avait pas d'autorité personnelle. Le confesseur royal, François Annat, possédait toute la confiance de son pénitent : nous en avons un curieux témoignage dans l'article que Le Tellier eut ordre de faire insérer à la *Gazette* du 12 novembre, sur ce que « les nouveaux hérétiques, » — les jansénistes, — avaient fait courir le bruit, « dans quelques nouvelles débitées dedans et dehors, » d'une liaison trop étroite entre le Rév. Père et le surintendant Foucquet.

Depuis la mort de Louis XIII, la distribution des bénéfices, attribution essentielle du conseil de conscience, était aux mains de Mazarin qui faisait expédier les brevets par le secrétaire d'État en mois sur le simple vu des « certificats de la Congrégation, » portant sa seule signature à côté de celle du Père confesseur. Avant de mourir, il a réparti les sept évêchés vacants entre ses créatures, dressé de même à son gré la feuille des autres bénéfices et indiqué « très humblement » comment devaient être réparties ses dépouilles personnelles. L'abbé de Choisy rapporte que les volontés du mort furent respectées, et que le Roi modifia très peu la feuille, quoique, en outre des évêchés, elle comprît seize abbayes et plus de cent prieurés, canonicats ou chapelles. La *Gazette* annonça, le 19 mars, la distribution des évêchés ; mais on fit connaître aussi que désormais les brevets et lettres, en matières bénéficiales, ne s'expédieraient plus que sur le vu de la signature royale. Louis XIV a insisté longuement, dans ses *Mémoires,* sur cette réforme et sur les principes qui dominèrent depuis lors dans ses choix. Ce fut un de ses principaux soucis.

Le Tellier fut chargé de l'expédition des brevets : c'est pourquoi on retrouve, soit dans un registre spécial du Dépôt de la Guerre, soit en annexe au Mémorial de Chantilly, les feuilles de distribution d'avril, mai, juin et juillet 1661 : nous les avons reproduites dans nos tomes I et II, en y joignant même une notice spéciale, et certains registres du Cabinet des manuscrits ou des Archives nationales permettent de suivre le mécanisme de la distribution jusqu'à la fin du siècle. Autrement le conseil de conscience n'a pas laissé d'archives proprement dites, à supposer qu'il en eût jamais ; mais pour l'histoire des grandes questions de politique religieuse qui se décidèrent dans le conseil de conscience de 1661, sous la direction nominale du Roi et la direction effective, prépondérante de l'archevêque Marca, les Papiers de celui-ci ont été sauvegardés par Baluze. Nous les avons cités à plusieurs reprises.

Depuis l'été de 1660, le Clergé tenait sa grande assemblée décennale; mais les prélats se refusaient même à voter le don ordinaire tant qu'on n'aurait pas reconnu leurs « privilèges et immunités. » Quoiqu'un des premiers soins du jeune roi eût été de témoigner que cette opposition lui déplaisait, ce n'est qu'au bout d'un mois que le don fut voté, et bien au-dessous de la demande primitive. L'entente s'établit plus aisément sur les mesures rigoureuses à prendre contre les partisans actifs du cardinal de Retz, qui le croyaient appelé à la succession de Mazarin, tandis que, le jour même de la mort de celui-ci, on afficha une rigoureuse défense d'entretenir « aucune habitude » avec l'exilé « sous peine d'être pendu et étranglé, » et que le Roi fit entendre sa ferme volonté de ne le laisser jamais rentrer dans son palais de Paris. Nulle part mieux que dans les Mémoires du janséniste Hermant, on ne suit l'action parallèle, même en choses étrangères à cet ordre d'idées, de l'action des amis de Retz avec celle des jansénistes. Une détente ne se produira qu'à la fin de 1661, et la solution en 1662, Retz ayant fini par reconnaître que le régime nouveau serait solide et durable.

L'agitation dont les esprits avaient tant souffert au point de vue religieux ne permettait pas de tolérer les manifestations jansénistes, les empiétements et velléités d'indépendance du protestantisme, même les différends et conflits entre les églises ou les congrégations monastiques. On y remédia activement.

De quelque part que vinssent les manifestations jansénistes, Louis XIV s'estimait engagé par sa conscience, par son honneur, et par l'intérêt de l'État, à les réprimer; d'ailleurs, le P. Annat se chargeait de le lui rappeler. Lorsque les grands vicaires et les curés de Paris engagèrent leurs fidèles et leurs confrères à refuser la signature du Formulaire et à protester en faveur des solitaires de Port-Royal-des-Champs, des religieuses et pensionnaires de la maison-mère de Paris, ou bien des séminaires irlandais chez qui l'esprit de « nouveauté » subsistait, les rigueurs prirent un vrai caractère de persécution et eurent un retentissement pénible.

Les auteurs d'innombrables libelles, pamphlets et gazettes à la main, inspirés soit par les « nouveaux hérétiques », soit par les affidés du Cardinal en exil, furent activement traqués. M. de Gondrin, archevêque de Sens et primat des Gaules, le cardinal Grimaldi, archevêque d'Aix, le chapitre de Rouen, la Sorbonne même, dans la personne des docteurs à tendances suspectes, tels que Taignier ou Bernières, furent rappelés à l'ordre, réduits au silence, comme Mazarin l'avait demandé, ou même soumis à un régime inquisitorial. La publication du Missel en français est un épisode de cette petite guerre.

Louis XIV, dit Saint-Simon, étant « très ignorant en ces matières de religion, et environné de gens aussi ignorants que lui et dans les mêmes préjugés, et persuadé par les Jésuites que les jansénistes étoient ennemis de son autorité, se repaissoit de faire pénitence sur le dos des huguenots et des jansénistes, qu'il croyoit peu différents et presque également hérétiques. » Les premières rigueurs pendant les six mois qui nous occupent, furent plutôt pour ces derniers que pour les premiers ; même dans les incidents des temples protestants de Grenoble, de Bagnols en Languedoc, d'Eymet en Périgord, et du collège de Montauban, ou dans l'expulsion des réformés de la Rochelle, de Jametz et de Marville (deux villes du territoire nouvellement annexé), on croit entrevoir qu'il y avait alors presque une tendance à la tolérance et au maintien de la liberté de conscience dans les limites tracées par l'Édit. Colbert de Terron, à la Rochelle, donne nettement tort aux persécuteurs.

Quelques années plus tard, lorsque Louis XIV fit rédiger

ses *Instructions au Dauphin,* Pellisson s'en exprima ainsi :
« Quant à ce grand nombre de mes sujets de la R. P. R...,
il me semble que ceux qui vouloient employer des remèdes
violents ne connoissoient pas la nature de ce mal, causé en
partie par la chaleur des esprits, qu'il faut laisser passer et
s'éteindre insensiblement... Je crus que le meilleur moyen
pour réduire peu à peu les huguenots de mon royaume étoit,
en premier lieu, de ne les point presser du tout par aucune
rigueur nouvelle contre eux, de faire observer ce qu'ils
avoient obtenu de mes prédécesseurs, mais de ne leur rien
accorder au delà, et d'en renfermer même l'exécution dans
les plus étroites bornes que la justice et la bienséance pouvoient permettre... »

Si, par exception, il interdit désormais de nommer des
protestants à l'ordre de Saint-Michel, c'est qu'il lui semblait
impolitique d'accorder des faveurs personnelles à qui ne les
voulait pas mériter. Fermetures et suppressions de temples
ne devaient se multiplier que dans les années suivantes.

Contre les écoles réformées et les assemblées illicites du
faubourg Saint-Germain, contre les luthériens allemands,
contre les prédications dans les rues de certaines villes, contre
le Nîmois Descombes et ses libelles séditieux, ce ne sont que
des mesures de police.

Il ne faudrait donc pas, comme l'ont voulu Élie Benoist
et d'autres historiens du protestantisme, imputer au conseil
des Trois la persécution réclamée par l'assemblée du Clergé
de 1660-61.

N'est-ce point avec le même souci de tenir la balance
égale entre protestants et catholiques, ou du moins d'établir
une sorte d'arbitrage permanent entre eux, qu'aussitôt après
la mort du Cardinal furent institués les commissaires pour
les affaires de la R. P. R., avec mission de fonctionner parallèlement aux chambres de l'Édit dans l'ordre judiciaire?
Depuis trois ans, l'hostilité du Clergé avait entravé la création de cette juridiction nouvelle, qui put veiller à une exécution plus stricte des articles de l'édit de Nantes, couper

court, dans l'ordre civil et administratif, aux entreprises illégales des protestants et aux représailles violentes qu'elles provoquaient de la part des catholiques. Le 14 mars, Louis fait décider par le conseil que désormais, dans chacune des provinces mi-parties, l'intendant et un gentilhomme de la R. P. R. seront pourvus conjointement d'une commission spéciale et munis de pleins pouvoirs pour régler les affaires des religionnaires et leurs contraventions aux édits. Il ne tint pas à Louis XIV que cette création ne produisît les effets qu'on en avait espérés. Toutefois, était-il supposable que l'entente s'établît entre les commissaires, quelque soin qu'on eût pris de n'associer aux intendants que des protestants choisis pour leur crédit dans le parti et dans le pays tout entier, presque tous ayant rang dans l'armée royale? Notre Mémorial montre, dès le début, comme on le voit aussi dans les Histoires protestantes, sinon dans les *Mémoires de Louis XIV*, que presque toutes les contestations qui furent soumises à la juridiction amiable des commissaires ne reçurent point de solution directe. En définitive, il fallut régler une procédure spéciale pour le renvoi aux Parlements de ces « partages » et de certaines sentences cassées par le Roi ou par le Conseil. Élie Benoist s'est très ardemment élevé contre cette « guerre de chicane ».

Le Conseil eut souvent à s'occuper des ordres religieux, congrégations et couvents. Déjà le gouvernement de Mazarin avait jugé nécessaire d'arrêter la multiplication incessante d'établissements nouveaux qui tendaient à absorber et à retirer de la circulation une partie de la richesse publique. Par exception, le conseil de 1661 permit aux premiers adhérents de l'institution des Missions pour l'Extrême-Orient, mi-prêtres et mi-laïques, de s'organiser dans une humble maison du faubourg Saint-Germain ; mais, d'autre part, il interdit absolument à toutes congrégations et maisons religieuses, sauf les hôpitaux parisiens, de faire des prêts à fonds perdus, soit sur biens mobiliers, soit sur immeubles, en offrant de servir des intérêts beaucoup plus avantageux que ne le permettaient les ordonnances.

Presque partout l'antagonisme des divers ordres ou leurs conflits intérieurs exigeaient l'intervention de l'autorité royale, directement en France, indirectement auprès du Saint-Siège. C'est ainsi que le Conseil eut à s'occuper sans cesse des Célestins, des Cisterciens, des Carmes déchaux, des Augustins, des Capucins, des Bonshommes de Grandmont, des Bénédictins de Cluny et de Saint-Vanne, des Minimes de la Trinité-du-Mont à Rome; presque toujours, il parvint à soustraire les religieux nationaux à l'ingérence brouillonne de leurs généraux italiens, et à les remettre sous la juridiction des Parlements.

De même aussi, il était urgent de rompre les relations qui existaient entre les abbayes et couvents des pays cédés par la paix et leurs anciens supérieurs de nationalité étrangère; ainsi, en Artois, en Alsace, en Lorraine, en Roussillon, Lionne et Le Tellier s'y employèrent activement.

Leur maître eût voulu que, partout où la chose était possible, sa nomination prévalût sur le système d'élection ou de postulation de l'abbé par les religieux; c'est ainsi que, pour assurer au cardinal d'Este, comme Mazarin l'avait demandé, le généralat de l'ordre de Cluny et d'autres parties de la dépouille du feu Cardinal, il ne fallut pas moins que les ressorts d'une diplomatie secrète et l'habileté de M. de Gomont, déjà familiarisé avec les procédés de pression administrative. Mais, dans les territoires cédés par l'Espagne, pouvait-on réclamer le droit de nomination directe en vertu du vieux concordat de 1516, ou faudrait-il solliciter du Saint-Siège, à l'imitation des rois d'Espagne, un indult que l'hostilité du pape Alexandre VII rendait humiliant?

Ce fut l'objet d'une négociation interminable que nous voyons à peine finir avec l'année 1661, et le conseil de conscience poussa lui-même Louis XIV à se résigner.

De même pour exercer le droit de régale dans les apanages, ou dans un évêché vacant, encore plus pour obtenir les brefs de *non vacando in curia romana* sans que les magistrats gallicans y trouvassent à redire; sinon, il n'y avait d'autre ressource que de constituer des régies d'économat en attendant un temps plus favorable. Vuœrden faisait observer que, dans le pays cédé, où vaquaient plusieurs évêchés et où l'occupation militaire durait encore, « la régale n'était pas une juridiction simple, certaine ni arrêtée, mais une multitude de diverses juridictions, fiefs et autres biens amortis, parsemés et épars dans tous les bailliages, gouvernances et châtellenies tenus et appartenant jadis à l'église épiscopale. »

Le 27 mars, ordre fut donné d' « expédier une déclaration contre les religieux qui quittent leur cloître et vont errants et vagabonds sans avoir les marques de leur profession. » La règle était qu'ils rentrassent sous la discipline des provinciaux de leur ordre.

Intérieur. — A l'intérieur, on n'avait plus à craindre de cabales politiques, sauf peut-être un certain levain chez les Condés, quelques folles visions chez Foucquet et parmi ses clients; mais presque tous les ordres du royaume se ressentaient de la « confusion » qu'avaient produite tous ces éléments de désorganisation : dissensions civiles et guerre contre les Espagnols; le clergé séculier ou régulier troublé et divisé par les entreprises du jansénisme et par l'audacieuse rébellion du cardinal de Retz; des congrégations indisciplinées; des évêques habitués à la non-résidence; une noblesse, surtout dans certaines régions, encore prête aux violences, aux excès, regrettant peut-être le beau temps où elle tenait des assemblées; des gouverneurs encore persuadés que provinces, places fortes, garnisons et gens taillables ne relevaient que de leur bon vouloir; des compagnies judiciaires négligeant leurs fonctions pour entreprendre sur le gouvernement de l'État, et communiquant le même esprit d'insubordination aux corps d'officiers secondaires; une armée en pleine réforme, insuffisamment constituée et réglementée, manquant de cohésion et d'unité.

Sans presse, et en prenant le temps d'étudier chaque matière, comme il l'explique lui-même dans ses *Mémoires* pour l'année 1661, le jeune roi eut la satisfaction d'exécuter les diverses parties du programme qui lui avait été laissé en héritage.

Au centre du royaume, Sologne, Poitou, Auvergne, Vivarais, Anjou, le souvenir de la Fronde et de ses suites faisait redouter, peut-être plus que de raison, des explosions locales : il s'en produisit quelques-unes, mais sans importance, et facilement éteintes. « Je réprimai avec vigueur, dit Louis XIV, tous les mouvements qui sembloient approcher de la désobéissance, comme à Montauban, à Dieppe, en Provence et à la Rochelle, où je fis exécuter mes commandements avec toute la sévérité possible, ayant même donné ordre qu'ils fussent appuyés par des troupes en nombre suffisant pour vaincre la résistance qui auroit pu y être faite. »

Dans les grandes villes qui avaient été jadis des citadelles de la Fronde, comme Marseille et Bordeaux, on avait commencé depuis 1660 la construction d'imposantes citadelles capables de les tenir en bride : après la mort de Mazarin, ce fut un des premiers soucis de poursuivre les travaux et les armements avec une activité fiévreuse, de choisir des commandants énergiques et des garnisons fidèles, de faire élire des municipalités sages et dociles en place de magistrats aussi dangereux pour le service du Roi que pour le bien du peuple. Par des ordres de *veniat*, par la relégation, l'internement, même l'incarcération, on éloigna les boutefeux, quel que fût leur rang. Comme le dit l'historien provençal Papon, on humilia l'orgueil des seigneurs et l'on réprima la licence des peuples, en ne leur laissant « ni intérêts particuliers à défendre, ni chefs à se donner. » C'était un grand pas vers l'unification. Même politique dans Montauban, Grenoble, la Rochelle et généralement dans les villes dont l'édilité, consuls ou échevins, n'était pas suffisamment sûre.

Louis voulut surtout mettre fin aux exactions et sévices

de gentilshommes turbulents, séditieux ou criminels comme les Mallevault, les Lentilhac, les Nuaillé, les Espinchal, les du Puy-du-Fou, ou les assassins du marquis de Beaumont : « Je n'ai rien plus à cœur que d'empêcher qu'à l'avenir il se commette aucune violence impunément dans mon royaume », dit-il dans une lettre que nous avons citée.

Au-dessus de ces populations égarées et dévoyées, les princes et les grands seigneurs, pour qui les gouvernements de provinces étaient comme un apanage, puis, à un rang immédiatement inférieur, les gouverneurs particuliers de grandes villes et de places fortes avaient pris l'habitude de tenir la royauté en échec, d'usurper ses prérogatives, de se composer des garnisons à leur dévotion personnelle, d'appliquer les impositions ou les contributions de guerre à leur propre profit, de considérer les sujets du Roi comme gens taillables et corvéables à leur merci, sauf, s'il en était besoin, à glisser de l'indépendance dans la sédition et la rébellion. Il n'était que temps de retirer de leurs mains le pouvoir, dont ils faisaient cet abus, de les rappeler à l'exécution des lois et ordonnances qu'ils avaient pour charge unique de faire respecter, de restreindre au plus juste la durée de leurs commissions, leurs profits, même leurs appointements, de faire contrôler sévèrement leur conduite, etc. Mazarin, bien endoctriné par Colbert, s'était déjà mis à cette tâche; mais il restait beaucoup à faire, comme le prouvent, dans le Mémorial de 1661, les cas des maréchaux de Schulemberg à Arras, de la Ferté à Metz et Nancy, de Grancey à Thionville, de la duchesse d'Aiguillon au Havre, du marquis de Gordes en Provence, de Saint-Aunez à Leucate, de Bertault à Breganson, de Bar à Amiens. L'un s'appropriait sans scrupule le produit des impositions destinées à l'extraordinaire des guerres, ou prétendait lever des contributions comme au beau temps; cet autre, pour se faire des revenus, transformait la rade de Breganson en repaire de corsaires ou de bandits, et mettait la Méditerranée en coupe réglée; un autre encore, trop complaisamment et par intérêt, prêtait le concours de ses troupes aux exacteurs des impôts, des gabelles, des taxes publiques. Colbert a consacré une page de son Journal à la répression de ces abus par les moyens qui furent délibérés dans le conseil de 1661. « Dès lors qu'il se trouve de l'obstacle ou de la rébellion, il est de l'intérêt de la gloire du Prince, et de celui même de ses peuples, qu'il se fasse obéir indispensablement; rien n'établit avec tant de sûreté le bonheur et le repos des provinces que la parfaite réunion de toute l'autorité dans la seule personne du souverain... Le Prince n'en sauroit permettre le démembrement sans se rendre coupable de tous les désordres qui en arrivent... Au lieu d'un seul roi que les peuples devroient avoir, ils ont à la fois mille tyrans... » Quels sont ces tyrans? « Le gouverneur qui s'attribue des droits injustement, les troupes qui vivent avec dissolution, les gentilshommes qui tyrannisent les paysans, les receveurs, élus, sergents qui exercent dans leur détroit une insolence d'autant plus criminelle qu'elle se sert de l'autorité des Rois pour appuyer son injustice. »

Du gouverneur au dernier dépositaire de l'autorité royale, des parlements jusqu'aux juges locaux ou seigneuriaux, le Roi et son Conseil se chargeront de rétablir l'ordre, l'équité et la justice par le seul intermédiaire de l'intendant de province, sans que désormais il y ait place pour ces remontrances au Prince et ces députations en cour qui consomment sans effet la « plus claire et plus considérable partie des octrois de ville. »

De la police proprement dite, il n'est guère question dans les séances de notre Conseil que pour quelques cas où l'intérêt des familles exige l'intervention du Roi, — La Chevière, Varenne, Mallevault, Épernon; — pour la suppression des libelles politiques et religieux, impressions clandestines, gazettes à la main, etc.

Ce n'est pas comme mesure de police, mais plutôt comme mesure financière et dans l'intérêt commun des taillables que l'on décida, en mars 1661, de reprendre la « recherche des usurpateurs de noblesse » qui était arrêtée depuis quelques années par la compétition des parlements et des cours des aides. C'est au profit de cette dernière juridiction que, le 21 mars, « le Roi agrée la commission ; » mais quatre ou cinq ans s'écouleront encore avant que la recherche n'entre dans la période active.

Pays cédés ou conquis. — Les pays ou portions de pays cédés par la paix au nord, à l'est, au sud, en Artois, en Flandre et en Hainaut, dans la Lorraine, le Luxembourg, l'Alsace, le Roussillon et la Cerdagne, à Pignerol et dans le Briançonnais sont l'objet de soins particuliers : il s'agit de faire oublier à ces nouveaux Français leurs anciens maîtres, de gagner leur affection, d'assurer la délimitation et la sécurité des frontières, d'imposer l'unification religieuse, administrative, judiciaire, militaire, financière, de remédier à certains défauts des textes des traités; dans l'Artois, où l'intendant Courtin, très intime confident et familier de M. Le Tellier, déploie son zèle intelligent, on soulage les peuples par des surséances au payement de leurs dettes privées ou publiques et par la réduction des intérêts usuraires, par l'assujettissement des officiers et des privilégiés de tout ordre aux impositions, aux octrois; on prodigue les égards aux grands seigneurs dont le bien est en deçà et au delà des frontières, Chimay, Mérode, Aspremont, Espinoy, Mailly, Recourt; le pays d'Alleu est défendu contre les incursions et les représailles vexatoires du vice-roi espagnol; on travaille à une exacte délimitation.

En revanche, il ne devra plus subsister aucune relation officielle, soit avec les cours de justice (conseil de Malines) ou avec l'ambassadeur d'Espagne, soit avec l'internonce de Bruxelles et les supérieurs flamands des couvents devenus français, dont le personnel, inférieur comme supérieur, sera purgé de ses éléments étrangers. Nous avons dit cela plus haut.

Du côté des Pyrénées, on tient d'autant plus à une rapide

assimilation, que les Espagnols affectent de porter encore leurs anciens titres de Roussillon ; les difficultés, au point de vue religieux, concordat ou indult, y sont les mêmes qu'en Artois. Dans l'Alsace, cette « ancienne partie du royaume des fleurs de lis, » il y a une complication particulière : Louis XIV, et surtout ses ministres, hésitent à faire reconnaître la souveraineté française par les dix villes impériales composant la préfecture d'Haguenau, de crainte d'effaroucher les princes de la Ligue du Rhin : effectivement, ce sera une cause de ruine pour cette association dont Mazarin avait tant espéré.

A l'égard de la Lorraine, l'exécution du traité de Vincennes est encore plus difficile que celle de la paix des Pyrénées pour l'Artois ou pour le Roussillon : la ratification de l'instrument diplomatique, la prestation de foi et hommage pour le duché de Bar, l'évacuation des places par les troupes françaises et le licenciement des troupes ducales, le démantèlement de Nancy, la délimitation des parties cédées par Charles IV, la restitution de ses domaines particuliers, l'ouverture de la voie stratégique reliant le pays Messin à l'Alsace, etc., donnent lieu à des incidents continuels, où Louis XIV et ses ministres s'efforcent de ne rien brusquer, de faire même des concessions plutôt que de compromettre la cession qu'ils ont en perspective. Colbert et Le Tellier mènent tout avec l'intendant Saint-Pouenges, et surtout avec ce Charles Colbert (de Croissy) qui fait un nouvel apprentissage, à la fois politique, diplomatique et administratif. Du côté du duc, en dehors même de la négociation matrimoniale qui fait comme un intermède parfois comique, chaque jour c'est un marchandage perpétuel, pour ses domaines, ses fermes, ses salines, ses jardins menacés par la pioche des démolisseurs. La consigne est de fermer les yeux ; cette « politique de bascule » aboutira bientôt au traité de 1662.

Dans le pays Messin et sur la frontière luxembourgeoise, nous devons encore signaler une autre annexion, celle de Sierck et de sa banlieue, débouché naturel qui maintenant ne rappelle plus qu'un triste souvenir pour nous depuis le mois de juillet 1870.

Sans qu'il y eût annexion à proprement dire, la principauté d'Orange était alors occupée militairement sous prétexte d'attendre la majorité du jeune héritier de Nassau. Nous y voyons se produire en 1661 un incident plutôt financier que diplomatique, puisqu'il s'agissait de questions monétaires; peut-être se fût-il compliqué du côté de l'Angleterre, tutrice de Guillaume, si le roi Charles II ne s'était prêté à entendre raison.

Justice et compagnies judiciaires. — On a vu tout à l'heure à quel point le souvenir de la Fronde faisait un devoir de réprimer l'indocilité scandaleuse des compagnies judiciaires, surtout des plus hautes, dont l'exemple était pernicieux. Trop longtemps « elles avoient entrepris contre l'autorité du Roi et commis tant de crimes, toujours couverts sous des amnisties universelles, et négligé leurs véritables et naturelles fonctions pour entreprendre sur le gouvernement de l'État, qui ne les concerne en aucune façon. » L'expiation et l'épuration sont reprises au parlement de Provence, à Bordeaux, à Paris même; les derniers magistrats turbulents sont ou remplacés ou dispersés aux quatre coins de la France jusqu'à ce qu'ils fassent amende honorable. Le conseil d'État, seul arbitre souverain de la justice, casse les arrêts illégaux par lesquels le parlement de Rouen prétendait interdire le port d'autres étoffes que celles de la fabrication locale, ou les arrêts du parlement d'Aix proscrivant le loyalisme éprouvé du président de Coriolis. Défense est faite à la cour des aides de Paris de « travailler par écrit à des mémoires sur les affaires publiques, » plusieurs des meneurs « mal affectionnés » sont relégués au loin, et toute velléité de remontrances sévèrement repoussée. En règle générale, les remontrances, soit par députation, soit par suppliques écrites, sont interdites. Désormais, les arrêts du Conseil, à la seule condition qu'ils soient conformes aux ordonnances, vaudront règlement pour toutes les cours. Celles-ci abusaient des évocations, « uniquement propres à rendre les procès immortels » : la déclaration royale du 12 mars 1661 et l'arrêt du 8 juillet suivant y mirent ordre; Louis alla lui-même expliquer sa volonté au Conseil et chargea l'avocat général Talon de la notifier au Parlement. C'était une préface à la réformation de l'Ordonnance civile et à la suppression du titre de « cours souveraines. »

Les duels continuaient à être d'une fréquence désolante malgré la sévérité des lois en vigueur; en 1654, le maréchal de Gramont comptait que, depuis douze ans, neuf cent quarante gentilshommes avaient ainsi péri. La connaissance et l'instruction de ces crimes sont enlevées aux Parlements comme aux juges locaux, pour les attribuer en dernier ressort aux intendants ou à des magistrats plus sûrs, sinon même au Roi en personne.

L'abus des dispenses d'âge, de parenté ou de temps de service était réprouvé tout à la fois par le sentiment public, dont on trouve l'écho jusque dans Bourdaloue et La Bruyère, et par les hommes d'État comme Colbert, qui s'indignait à bon droit que cette facilité d'accès aux charges et offices détournât tant de milliers d'hommes actifs du commerce, de l'agriculture, de l'industrie, fût-ce même du métier des armes, pour ne donner que des juges ou des officiers sans capacité ni expérience. Louis XIV et le Conseil reconnaissent la nécessité d'y porter remède.

On prépare le rétablissement du droit annuel assurant l'hérédité des offices; mais aussi on réduit le nombre de ceux-ci comme contraire à la prospérité publique. C'est la même thèse de Colbert qu'on retrouve dans un édit d'août sur les sièges d'élections : « La meilleure part des habitants des villes, au lieu de se consacrer aux manufactures et autres arts nécessaires à l'usage de la vie, ne veulent plus s'adonner qu'à l'exercice des charges, et non seulement font défaut dans le commerce et les manufactures, mais multiplient le nombre des exempts des tailles au préjudice des pauvres et des gens de la campagne. » Déjà, en juin précédent, les arrêts avaient enjoint à tous les possesseurs d'offices de présenter leurs titres à une revision générale.

Les territoires nouvellement annexés dont nous parlions tout à l'heure, en Artois, en Roussillon, à Pignerol, à Sedan, en Alsace, comportaient un certain nombre de juridictions supérieures, conseils souverains ou provinciaux, qui ne pouvaient plus subsister dans la France royale à côté des présidiaux créés depuis le XVIe siècle et substitués presque partout aux bailliages. On entreprit de supprimer la plupart de ces conseils en reversant leurs magistrats dans le parlement le plus proche, et attribuant à celui-ci l'appel en dernier ressort. L'opération ne fut pas toujours facile, et elle entraîna aussi des conflits auxquels le Roi dut mettre ordre; mais c'était encore un pas vers cette unification complète qu'il souhaitait ardemment, d'une « forme de justice permanente et semblable à celle sous laquelle ses autres sujets vivoient si heureux depuis tant de siècles. » Le parlement de Metz profita de ce remaniement puisqu'il reçut l'Alsace et la Bresse en addition à son ressort d'appel. Là où la suppression ne fut pas immédiatement possible, en Artois, en Roussillon, des magistrats français, ou des hommes bien sûrs, furent mis à la tête des conseils d'origine espagnole.

Désormais, toutes les dépêches des parlements ou autres juridictions de province se centraliseront aux mains du Chancelier, au lieu de se perdre dans les dossiers du secrétaire d'État du département.

Guerre et armées. — Une école historique a entrepris tout récemment d'exalter la mémoire de Michel Le Tellier aux dépens de la gloire de son fils : tâche difficile, parce qu'il faudrait être en mesure de rapprocher dans un parallélisme constant et complet les actes de l'un et de l'autre, et même de rechercher jusque chez les ministres antérieurs si des actes de première initiative n'ont pas été oubliés par l'histoire ou mal interprétés.

Pour le peu de temps que nous avons à suivre ici le travail du futur chancelier, — déjà secondé, qu'on ne l'oublie pas, par son fils, successeur et rival, — on entend bien que notre intention est seulement de jeter un coup d'œil sur les mesures relatives à l'armée et aux affaires militaires dont la préparation et l'application incombaient en 1661 au secrétaire d'État de la guerre.

Celui-ci ne fit pas seulement preuve d'expérience et de jugement, comme son subordonné Saint-Hilaire en rend témoignage, mais aussi d'activité, de dévouement et de fermeté. Louis XIV était particulièrement jaloux de posséder tous les détails de l'organisation militaire; Le Tellier ne pouvait faire moins que de suivre l'exemple du maître.

La réforme, qui suivait toujours de longues périodes de guerre, avait été commencée, avancée même du vivant de Mazarin. Après le 9 mars, ce fut encore l'objet de toute une série de résolutions et de mesures dont le détail est révélé par le Mémorial de Chantilly. La réforme porta à la fois sur l'infanterie, sur la cavalerie, en commençant par la maison militaire du Cardinal, sur les corps étrangers et sur les garnisons des places de l'intérieur, si ce n'est de celles de la frontière et des villes nouvellement acquises à la France. Beaucoup de ces garnisons étaient composées de mortes-payes, « dépense inutile, » qui, selon les *Mémoires* de Louis XIV, profitait surtout aux gouverneurs et commandants. Dès le 10 mars, nous voyons Louis XIV s'enquérir immédiatement de ce que coûtait cette partie secondaire du budget militaire au temps de son père : sa pensée était de décharger les garnisons de tout ce qui pouvait se licencier, et de réduire gouverneurs ou commandants à leur juste dû. Suivant le calcul des *Mémoires* eux-mêmes, il fallut supprimer mille compagnies d'infanterie sur dix-huit cents, six cents cornettes de cavalerie sur mille, et cependant retenir assez d'officiers réformés, soit en les pensionnant, soit en les incorporant dans la garde du Roi, pour qu'il restât une possibilité de reconstituer les cadres au besoin.

En même temps que se faisait cette immense opération, on s'occupait de ramener la discipline dans les corps conservés sur pied et de rétablir la hiérarchie entre les gradés; de réprimer sévèrement les violences ou excès venant d'en haut et d'en bas; de sévir contre les fraudes tout en assurant la régularité des payes et l'intégralité des effectifs, ce que Mazarin n'avait point surveillé; d'une part encore, de soustraire l'habitant des places ou du plat pays aux exactions dont l'état de guerre avait invétéré l'abus, et d'alléger pour ce même habitant les charges de l'ustensile, « une des choses le plus à régler, » du logement, des impositions et contributions de guerre; d'autre part, de soustraire certains corps, dans les garnisons surtout, à l'influence personnelle des gouverneurs, et d'y substituer des troupes vraiment royales.

En maint endroit, on verra quelle difficulté le Trésor éprouvait à payer ou la solde de licenciement des troupes renvoyées, ou l'arriéré des corps en service. Ainsi, sur 1660, il était dû 61,000 l. aux compagnies suisses cantonnées dans la Lorraine, et 180,000 l., depuis treize ou quatorze ans, à la garnison de Nancy : on n'accorda rien à celle-ci, sous prétexte qu'il restait tout juste douze ou treize officiers et soldats qui remontassent à un temps si lointain. En juillet, les officiers de l'artillerie faillirent manquer de subsistance pour le second semestre; il fallut un ordre précis du Conseil à Foucquet pour qu'ils fussent traités comme le reste de l'armée. En juin, l'infanterie obtint le règlement d'un arriéré de deux mois, mais au détriment de la cavalerie.

Mêmes réformes aussi dans les états-majors, surtout dans celui de l'infanterie, lorsque la mort du dernier duc d'Épernon permit de supprimer la grande charge de colonel général, avec ses prérogatives intolérables, et de réorganiser le commandement dans tous les régiments de cette arme, en laissant à part celui des gardes françaises et les gardes suisses.

L'ordonnance du 28 juillet 1661 sur la hiérarchie de tous

les officiers, depuis le lieutenant-colonel jusqu'à l'enseigne, mit fin à des conflits qui se renouvelaient sans cesse dans les villes de garnison et troublaient le service aussi bien sur les frontières qu'à l'intérieur du royaume.

Pour la première fois, l'artillerie est constituée en un corps distinct et organique, non pas en supprimant la grande maîtrise qui est comme l'apanage des neveux du Cardinal, mais en consolidant les états-majors et l'autonomie du corps lui-même, en assurant son indépendance pour le plus grand profit du pouvoir royal, par la fixation de son budget et le relèvement de la solde et des appointements de l'officier inférieur.

Les fortifications, elles aussi, sont placées sous les ordres d'un commissaire général qui est Clerville, le grand éducateur de Vauban, et sous l'inspection d'un architecte d'origine italienne, Valperga. L'entretien des enceintes, citadelles ou forteresses par les villes ou les pays qu'elles protègent, l'établissement de casernes rudimentaires, l'expropriation des terrains militaires, la construction de citadelles à Marseille et Bordeaux, le démantèlement de Nancy et le renversement de son admirable enceinte font l'objet de nombreuses résolutions prises en conseil.

Finances. — Les documents proprement dits de l'administration des finances sous la surintendance de Foucquet et jusqu'à sa terminaison tragique n'existent plus. Saisis par l'autorité judiciaire et séquestrés pendant tout le procès du surintendant, ils furent ensuite envoyés dans le dépôt du conseil des finances au Louvre et ont disparu pendant la Révolution; des épaves seulement s'en retrouvent dans les collections de Séguier ou de Baluze.

Du budget, nous ne connaissons qu'un état sommaire des recettes et des dépenses de 1661, donné par l'*État de la France* de cette année-là; Forbonnais lui-même est à peu près muet, et Malet tout à fait incomplet. C'est plutôt dans les arrêts du conseil des finances, mais au prix de quels efforts et avec quelle incertitude! qu'il faudrait chercher un peu de lumière, et dans les états dressés par Colbert ou dans les carnets qu'il tint pour l'instruction du Roi à partir de 1662. Ces derniers documents font connaître les aliénations de revenus faites depuis 1643 jusqu'au 1er septembre 1661, et permettent la comparaison des revenus antérieurs à cette date avec ceux de 1662. Le total général pour 1661 aurait dépassé 84 millions, dont le Trésor ne recevait que 32 environ, déduction faite des charges et des pertes. Quand Foucquet tomba, il y avait 60 millions de dette flottante selon le mémoire de Colbert sur les affaires de finance « pour servir à l'Histoire du Roi. » Soit aux Archives nationales, soit au Cabinet des manuscrits, dans les collections du grand ministre, nous avons une partie des comptes de l'Épargne de 1661.

Lors de la prise de possession, Foucquet, connaissant mieux que personne l'état des choses, et ayant même la responsabilité du « brigandage public, » fut sommé de dire tout au vrai; mais, pour obtenir son pardon, peut-être même dans un fol espoir de devenir premier ministre, il montra une assurance imperturbable. Quant au présent, il promettait de sortir d'embarras et de trouver chez les traitants, quoique fortement exploités en 1660, de l'argent à dix pour cent, et non plus à quinze; en effet, Claude Girardin et les autres fournirent quelque vingt millions pour les besoins les plus urgents, sous la garantie personnelle du Surintendant. L'abbé de Choisy dit qu'il eut soin de grossir le budget des dépenses et de diminuer celui des recettes de façon que la situation difficile dégoûtât vite le Roi de suivre le détail des finances, mais que Colbert, « derrière la porte, » rectifia les chiffres et dévoila cette manœuvre en attendant le moment favorable pour mettre Foucquet à bas.

Le discours que le premier président Lamoignon prononça à l'ouverture de la Chambre de justice de 1662, puis l'instruction de septembre 1663 pour les maîtres des requêtes envoyés en mission dans les provinces font voir une situation presque aussi désespérée au lendemain de la paix que pendant la guerre. Il fallut prendre des mesures exceptionnelles pour le soulagement des frontières du nord et de l'est, obérées de dettes, ruinées par les opérations militaires, par les incursions ennemies, par les contributions arbitraires et tyranniques. Ce soulagement était de règle au lendemain d'une longue période d'hostilités.

Même dans le centre du royaume, le recouvrement des impositions se faisait souvent *manu militari*, et on ne put que restreindre ce procédé aux seuls cas de rébellion ouverte. De là une protestation, sévèrement réprimée, de la cour des aides de Paris; on n'admit pas davantage que le parlement de Toulouse se permît d'en délibérer.

De mars à septembre 1661, ce qui représentait la morte-saison du budget, le Conseil n'eut à s'occuper que des dons gratuits à obtenir des États provinciaux encore en session, ou de ceux qui se réuniraient l'année suivante. Ces pays d'États étaient à peu près rentrés dans l'ordre, sauf la Provence, qui avait laissé à Louis XIV un fâcheux souvenir de son voyage de 1660, et où des boutefeux de toute classe entretenaient un reste d'agitation et de résistance. Ouverte dès avant la mort de Mazarin, l'assemblée des Communautés tint bon encore pendant plusieurs mois, refusant de voter don gratuit, contributions, frais d'entretien des garnisons, etc.; elle ne céda que lorsqu'on lui eut enlevé ses chefs de cabale par des relégations, et qu'en dernier lieu elle se vit tout près d'être occupée militairement par un corps d'armée sous la conduite de ce maître des requêtes Machault, dont le nom seul terrorisait les peuples. Aussi saisit-on cette occasion pour retirer à la Provence une de ses « libertés » en la faisant rentrer, pour la vente du sel, sous le régime général des pays de « petite gabelle. » C'était là une unification de grande importance, et Colbert la consacra pour toujours; mais, pour commencer, elle servit d'épouvantail.

On eut soin aussi de retenir à Rome le principal prélat de

ces régions, le cardinal Grimaldi, qui avait jadis pris trop de crédit parmi les Provençaux et, de plus, était suspect d'attachement à la cause de Retz. Mais ces justes rigueurs n'empêchèrent pas que les États ne s'en attirassent encore d'autres dix ans plus tard.

Les sessions de Languedoc et de Béarn se passèrent sans incidents notables. Celle d'Artois était la première qui se tînt depuis l'annexion de ce pays : on crut bon de modifier la composition des États en réduisant considérablement le droit de la noblesse à y prendre séance, et les privilèges du pays en ne tenant aucun compte de ses doléances ou de ses députations. Quant au don gratuit, l'entente s'établit assez facilement ; il fut même possible d'en escompter la recette.

En 1661, comme en tout temps, la gabelle fut l'occasion de séditions locales, en Auxerrois, à Saint-Quentin, à Metz, en Rouergue, en Touraine, ou même régionales, dans le pays de Soule, en Normandie et dans le pays Messin, toutes immédiatement réprimées ; mais, pour parvenir à l'unification et à la fusion des diverses fermes entre lesquelles le royaume était partagé, le prix du sel fut relevé en Provence, en Dauphiné, en Lyonnais, en Languedoc, tandis que « pour faire connaître aux nouveaux sujets du Roi les avantages de sa domination, » une diminution était accordée aux Trois-Évêchés. La fourniture du sel aux pays voisins et alliés où il manque, Suisse, Valais, Savoie, Genevois, est continuée par la ferme des salins de Peccais.

Les peuples ne doutaient pas que leur jeune roi, en façon de joyeux avènement, ne fût tout disposé à diminuer les impositions ; effectivement, par une sorte de manifeste du 2 avril, signé : Séguier, Foucquet et Marin, il fit annoncer que les tailles de l'année 1662 seraient réduites de trois millions : « Le Roi veut donner de nouvelles marques de son affection paternelle pour ses sujets, et ne peut souffrir tout le délai qui seroit nécessaire pour les faire jouir des fruits de la paix, par le soulagement entier des charges extraordinaires qu'ils ont portées pendant la guerre à cause des grandes sommes qui sont dues pour la dépense du passé, et de la nécessité de fournir à celles que l'établissement de la paix a causées. Il a recherché par une exacte information ce qui se pourroit faire dès à présent pour faire goûter à ses peuples le commencement des douceurs de la tranquillité publique et leur montrer ce qu'ils doivent attendre à l'avenir de ses soins, de sa justice et de son application au gouvernement de son royaume, aussitôt que l'état de ses affaires le pourra permettre... »

Six mois s'étaient à peine passés, que des sinistres accidentels, et peut-être le pressentiment d'une disette, engagèrent à annoncer une nouvelle diminution d'un million sur l'impôt de l'année qui allait venir. Ainsi, dit la *Gazette*, « les peuples ne pourroient plus douter désormais d'être les sujets les plus heureux du monde, parce qu'ils ont un souverain qui n'a pour objet, dans tous ses travaux, que leur bonne fortune. » On voit dans les *Mémoires* sur quel fonds fut compensée cette nouvelle diminution.

Souvent la pénurie du trésor royal, objectée par Foucquet, fait que le Conseil hésite ou recule sur certaines dépenses, même d'importance capitale. La Suède, par exemple, ayant fait sentir le besoin de solliciter une avance de subsides, on écrit à Chassan : « Le Roi a trouvé ses finances tellement épuisées par les guerres passées que, pour les mettre dans l'ordre qu'elles doivent être, il ne peut consentir à aucune dépense extraordinaire pendant quelque temps, sans rompre bien des mesures. » Une autre fois, ayant à renouveler la pension d'un des plus gros clients romains, on essaie d'en réduire le chiffre de moitié, « ne voulant, après l'épuisement causé par de si longues guerres, s'engager à rien promettre que le Roi ne veuille et puisse accomplir avec fidélité, n'estimant pas de sa dignité et de sa grandeur d'en user autrement, particulièrement aujourd'hui qu'il a pris en main la direction de son État et de toutes ses affaires. »

De même, et avec une semblable parcimonie, nous voyons

délibérer sur la constitution de l'apanage et de la dot de Monsieur, frère du Roi, qui va épouser Henriette d'Angleterre; sur les dépenses du mariage d'une des filles de Gaston avec le prince de Toscane; sur la pension des deux autres filles, sur les subsides des princes allemands, sur les frais du démantèlement de Nancy et de la construction des citadelles de Marseille et de Bordeaux, sur les budgets des gouvernements de provinces ou de places, du parlement de Metz et du conseil souverain de Perpignan, sur les indemnités dues aux troupes licenciées ou sur la solde des troupes maintenues en activité de service; sur les frais, beaucoup plus considérables et s'élevant à trois ou quatre millions, de la candidature du duc d'Enghien au trône de Pologne, sur les gratifications à distribuer en Suisse, sur les budgets de l'artillerie et de la marine, organisées tout à nouveau, sur la rémunération de Turenne comme maréchal général, etc.; toutes dépenses extraordinaires retombant sur l'Épargne. Pour de semblables raisons, le Conseil fixe lui-même, en présence du Roi, les chiffres de dépenses minimes : 2,000 l. pour une meute de chiens anglais, 6,000 l. aux prédicateurs de la cour, 6,000 l. à l'abbesse de Fontevrault, obligée de se rendre aux eaux de Bourbon; des présents, des gratifications, des indemnités, des augmentations d'appointements, les frais du deuil du Cardinal, de la conduite d'une chaîne de forçats, etc.

Un article est à noter comme point de départ des gratifications et pensions aux savants, artistes et gens de lettres dont le souvenir reste inséparable du plus beau temps du Grand Règne. Douvrier, à qui nous voyons allouer mille écus le 22 juin, n'est guère connu aujourd'hui que de quelques curieux; mais c'était le principal de ces lettrés et compositeurs de devises que Mazarin et Colbert avaient choisis pour glorifier le Roi par des médailles aux pompeuses légendes; c'est lui, dit-on, qui inventa le *Nec pluribus impar*, dont les *Mémoires* expliquent la signification en une page bien curieuse. Aussi Douvrier fut-il définitivement inscrit sur les listes de gratifications pour une pension double de celle qu'on attribua ensuite aux poètes ou écrivains les plus illustres. C'est lui qui, avec Chapelain, provoqua la constitution de la Petite Académie en 1663; pourquoi n'y siégea-t-il jamais?

D'autres fois, le Conseil s'émeut et recule devant de trop grosses charges, comme le payement de 400,000 écus d'or dus au duc de Mantoue, ou du legs de Mazarin au Pape pour la croisade contre les Turcs. Il met tout en mouvement pour qu'on empêche un nouveau voyage de la reine Christine aussi dispendieux que le dernier; pour que les ambassadeurs n'abusent pas des courriers extraordinaires, « dépense tout à fait et toujours inutile; » pour que l'envoyé nouveau de Suède ne s'avise pas de demander de l'argent...

Nous entrevoyons Foucquet lésinant et, derrière lui, Colbert obtenant les crédits. Ne serait-ce pas lui aussi qui fit allouer 200,000 l. pour les travaux du Louvre et des Tuileries; qui fit continuer l'acquisition des maisons du voisinage à exproprier; qui, dans un autre ordre d'idées, poursuivit sans relâche la délivrance d'une collection de curiosités léguée au Roi par le comte Gualdi, mais que le Pape ne voulait pas laisser sortir de Rome?

Cependant Foucquet lui-même, comme amateur d'art, prêchait d'exemple. En envoyant le chanoine Maucroix à Rome, il ne le chargea pas seulement de surveiller ou diriger toutes les affaires politiques que Mazarin avait laissées à l'ordre du jour; Maucroix devait aussi « s'informer des curiosités et raretés, soit pour Monseigneur et Madame (Foucquet et sa femme), soit pour petits présents au Roi et aux Reines, » et se faire aider dans ses achats par l'abbé Benedetti.

C'est l'origine de ces missions qui bientôt permettront à Louis XIV lui-même, et avec quelle splendeur, de dépasser ces grands amateurs, les Richelieu, les Mazarin, les Foucquet, les La Vrillière, et tant d'autres personnages pour qui la passion des belles collections était alors inséparable de l'exercice du pouvoir et de la direction des affaires politiques. Colbert s'honora à engager son maître dans les mêmes traditions.

Colbert. — Même avant le coup d'État, et aussi bien dans l'administration que dans la finance, si le nom de Jean-Baptiste Colbert n'apparaît pas, pour ainsi dire, dans le Conseil, son rôle, son influence sont sensibles à tout moment et les documents en portent témoignage. Est-il nécessaire de rappeler ici ses antécédents, son initiation à tous les détails du gouvernement pendant les années passées auprès de Mazarin, sa vigueur à dénoncer naguère encore, en 1659 et 1660, le mécanisme occulte de toutes les surintendances, et à en prêcher la réforme? A bon escient, Mazarin l'a recommandé comme « un homme de confiance, bon valet, qui ne songera qu'à servir, ne pensera point à gouverner. » Dans ses tout derniers jours, le Cardinal a demandé pour lui la charge d'un des intendants des finances; mais, cette charge étant taxée trop haut, on a trouvé plus simple d'en créer une nouvelle et de la donner gratis à Colbert. Il en a été pourvu quelques heures avant la mort du Cardinal et a pris séance au Conseil huit jours plus tard.

Non seulement le Roi, mais la cour et la ville reconnaissent unanimement ses mérites, sa bonne foi, sa fidélité, sa capacité, ses facultés remarquables d'assimilation. Nous en trouvons une preuve bien significative dans la correspondance de Brienne, en août 1661. Le P. Duneau ayant donné avis de Rome que cette folle de connétable Colonna, sans doute à propos de la liquidation des affaires de Mazarin, s'emportait contre Colbert jusqu'à lui imputer des friponneries « où à peine les laquais pourroient tomber, et en si petites choses qu'il paroît bien que c'est la seule passion qui forme ces pesteries, » le secrétaire d'État répond, sans doute par ordre : « Il n'y a point d'homme de qui la fidélité soit en plus haute épreuve, et, s'il avoit été capable d'y manquer, il a été en sa main de détourner des millions d'or sans aucune

apprehension de recherche, et ce que je puis vous dire de
M. Colbert à l'égard de cette dame est qu'il a porté feu
M. le Cardinal à faire pour elle beaucoup au delà de son
intention et de son dessein. » Aussi sa clientèle et son crédit
ne firent que s'accroître au lendemain du 9 mars, comme le
prouve la correspondance improprement appelée Mélanges
Colbert, dont nous avons eu à faire un constant emploi,
presque toutes les résolutions du Conseil y trouvant leur
contre-partie.

D'ailleurs, Foucquet, dans ses *Défenses* devant la justice, fit observer qu'on avait tort d'incriminer sa gestion des
finances depuis le 9 mars, puisqu'il avait été soumis au
contrôle de Colbert, tout comme si c'eût été son supérieur.
Saint-Hilaire affirme que le Roi le faisait venir par un
escalier dérobé pour l'entretenir de la réforme des finances.
Déjà peut-être tenait-il cette partie des « rênes de l'empire, »
comme dit Saint-Simon, en faisant croire au Maître que lui
seul en serait capable. Pour ceux qui le connaissaient bien,
pour ses proches surtout, c'était tout au moins l'intermédiaire obligé, non seulement dans les questions financières,
mais pour les affaires intérieures et administratives. Ainsi,
en 1661, son cousin Saint-Pouenges et son frère le président
ne manquent pas de lui envoyer une fois par semaine la
copie de leurs lettres à Le Tellier, de même qu'ils écrivent
également une fois à Lionne et à Brienne.

Après le 5 septembre, le voile tombera ; Colbert occupera
la place vacante dans le conseil des Trois, de manière que
la Triade, « image de la céleste Trinité, » se trouvera
reconstituée, et, de ce jour-là, toute l'administration sera si
complètement son œuvre qu'il rédigera de sa propre main le
discours du Roi à la première séance, et dirigera l'exécution
des mesures prises aussitôt après l'arrestation du Surintendant pour rétablir un « ordre clair et facile » qui fasse
oublier quarante années de malversations. De cette réorganisation, Colbert fut encore l'historiographe : à la suite de
son Journal hebdomadaire de 1663, il a tracé un parallèle

entre l'état des affaires de finance au lendemain de la disparition de Foucquet, et les améliorations acquises dès la fin de 1662.

MARINE. — Quoique la marine relevât, pour le Levant, du département de Le Tellier, et, pour le Ponant, de celui des Brienne, Mazarin avait voulu que le conseil spécial qui s'en occupait, en même temps que du commerce maritime, se tînt chez le Surintendant. Celui-ci, après le 9 mars, conserva la même direction, « en raison, dit-il lui-même dans ses *Défenses*, des connoissances qu'il s'étoit acquises par les vaisseaux qu'il avoit et des voyages qu'il leur avoit fait faire afin de pouvoir mieux servir S. M. en toute nature d'affaires auxquelles il lui plaisoit de l'envoyer. » Et, en effet, on voit encore, dans ces *Défenses* et en maint autre endroit, qu'il s'était activement et fructueusement adonné, comme son père sous le cardinal de Richelieu, au « commerce de la mer, » et possédait nombre d'excellents bâtiments aussi propres à la guerre qu'au négoce, des établissements coloniaux, des comptoirs ou des compagnies très prospères aux Indes-Orientales, à Terre-Neuve, en Amérique, dans les mers où se pêche la baleine, sur la côte de Guinée, au Sénégal, à Madagascar, aux Antilles, à Cayenne.

Il n'en était de même ni de la marine royale, ni de notre commerce maritime. Colbert, dans ses réquisitoires contre Foucquet, a tracé un tableau navrant de la situation qui n'avait fait qu'empirer depuis la mort de Richelieu. De 1645 à 1661, il n'avait pas été construit plus d'une trentaine de navires; en dix ans, on n'avait pas vu sur mer plus de deux ou trois vaisseaux de guerre à la fois portant le pavillon de France. Hors de ceux-là, on pouvait compter dans les ports une vingtaine de bâtiments, mais incapables de naviguer ou coulés à fond, et six méchantes galères. Plus de cadres, ni de matelots : une chiourme réduite à huit ou neuf cents forçats invalides, bons pour l'hôpital; plus de marine marchande pour l'exportation ou l'importation, pour le cabotage, pour la pêche. Le 2 mai, le Conseil décide qu'il y a lieu de former une escadre de dix vaisseaux, représentant au total cinq mille trois cents tonneaux, pour « employer contre les corsaires de Barbarie. » Un mois se passe, et non seulement on reconnaît l'impossibilité de donner suite à cette entreprise, que réclamait tout le midi, mais on est obligé de demander à Foucquet quelques fonds pour maintenir sur mer l'escadrille déjà accordée au commandeur Paul à la même intention.

A la fin de l'été, la Provence se plaignant toujours des incursions et des descentes de ces mêmes Barbaresques, on voudrait au moins réarmer quelques galères : la chiourme fait défaut; il faut envoyer dans toutes les prisons et geôles du royaume « des personnes de confiance pour aller ramasser le plus grand nombre de forçats qu'il se pourra. » Cet ordre fut donné de Nantes le 5 septembre, jour même de la chute de Foucquet.

Si peu que le Roi ait de vaisseaux, ceux-ci manquent d'artillerie : on enlève aux places maritimes toutes les pièces pouvant servir sur mer.

La résolution étant prise de reprendre les travaux de construction et d'armement, il y a nécessité d'aller chercher dans la Baltique tout ce qui manque aux magasins de la marine, — y a-t-il même des magasins? — Ce sont des mâts, des planches, des bordages, du chanvre, du goudron, des canons, des boulets; deux seuls bâtiments se trouvent disponibles, deux flûtes; mais une seule appartient au Roi ! Tandis que telle est la pénurie de la marine de France, deux puissances de troisième rang, tout au nord de l'Europe, et en pleine paix, « ne laissent pas de mettre chaque année sur mer le tiers ou la moitié de leurs vaisseaux, sans autre nécessité que de les entretenir et leurs gens de marine, et, en ce faisant, protéger par leur présence en mer leurs sujets et leur négoce du mépris de leurs voisins, » au lieu que le peu de navires qu'on a essayé de faire sortir des ports de

France ont été obligés d'y rentrer tout aussitôt, tant ils se trouvaient « mal en ordre. »

Tout est donc à reconstituer de fond en comble ; nous ne pouvons voir dans notre période que des opérations préliminaires ; mais quelques-unes sont intéressantes, et, là encore, semblent trahir l'influence occulte de Colbert, qui en retirera le profit avant qu'il soit longtemps : création d'une commission d'enquête pour le rétablissement du commerce ; prohibition aux vaisseaux étrangers ou autres de « délester à l'entrée des ports et lieux préjudiciables ; » défense à tous sujets de S. M. de prendre sans sa permission la bannière d'aucun roi ou prince étranger, à la réserve de l'ordre de Malte ; rappel des matelots qui ont pris du service hors de France (au dire de Colbert, ils étaient six mille en Hollande) ; défense d'arborer sur les navires marchands le pavillon blanc du Roi au lieu du bleu à croix blanche ; ouverture d'un sommier des officiers de marine ; projet, — qui d'ailleurs n'eut de suite que beaucoup plus tard, — d'envoyer un maître des requêtes pour faire l'inspection des ports ; premières mesures pour assurer la réformation générale des forêts et la conservation des bois nécessaires aux constructions navales ; suppression des droits abusifs ou irréguliers que les gouverneurs des places maritimes et les seigneurs du littoral s'étaient arrogés au détriment de la navigation... Nous parlerons plus loin du droit de fret, qui fut si utile à la marine marchande.

Pour cette œuvre, le Conseil ou Colbert mettent en mouvement des marins, tels que Du Quesne, Paul ou Neuchèze, qui commenceront par purger la Méditerranée des corsaires qui l'infestent ; un habile et actif administrateur, Colbert de Terron, sous les ordres de son cousin, créera des ports, des ateliers de construction, des arsenaux, et enverra chercher tous les matériaux dans l'extrême nord ; un autre, La Guette, remettra sur pied la marine des galères et tous ses organismes, soustraits à l'influence du marquis de Créquy, le client de Foucquet.

De la renaissance de la marine viendra aussi la résurrection des entreprises coloniales qui avaient été si brillantes sous le cardinal de Richelieu, mais que le Surintendant semblait avoir confisquées à son profit personnel depuis six ou huit ans. Le 21 mai, Clerville, le grand ingénieur, est chargé de faire une enquête sur les établissements du Bastion-de-France, qui dépérissent entre le duc de Guise, ayant droit des propriétaires primitifs, et les concessionnaires privilégiés ; le 20 juin, Gargot, agent de Foucquet jusqu'alors, est autorisé par le Roi à organiser la pêche des morues dans l'île de Terre-Neuve, et, le 16 août, Foucquet et Colbert contresignent la charte de colonisation libre. Du même jour est daté un remarquable arrêt rendu à la requête du vice-roi de l'Amérique, M. de Feuquière : tous titres antérieurs de concession de colonisation devront être remis pour que le Roi puisse en faire la refonte et constituer des sociétés capables de répandre la doctrine de l'Évangile dans les nations infidèles et barbares en même temps que d'étendre le commerce de la France sur toutes les côtes de la terre habitable.

Commerce. — Le commerce intérieur était dans le même état de dépérissement général, et pour les mêmes causes que la marine et que le commerce maritime : plus de négoce, plus de transports et d'échanges entre les provinces, ni entre les ports ; plus de manufactures, plus d'industrie ; la marine marchande réduite à deux cents bâtiments et tout le commerce extérieur passé aux Hollandais.

Mais on peut dire que la prospérité qui va reprendre avant peu était en germe dans cette résolution prise en Conseil le samedi 2 avril : « Le Roi a commandé à M. le Surintendant de faire un projet de commission pour ceux que S. M. choisira pour avoir soin du commerce ; » et dans ces deux autres lignes de la séance du 8 : « Le Roi ayant entendu la lecture de l'arrêt dressé par M. le Procureur général pour le commerce, S. M. l'a agréé. » Nous avons donné le texte de cet arrêt dans le tome I.

« M. le Surintendant » et « M. le Procureur général, »

c'est-à-dire Foucquet sous cette double dénomination, aurait donc pris l'initiative d'une mesure si grande en conséquence, ou du moins en aurait eu l'honneur dans le conseil des Trois; mais, si l'on considère que, peu d'années auparavant, le diplomate Chanut avait déjà proposé une pareille commission, où il devait siéger avec MM. d'Aligre et d'Ormesson, et que celle du 10 avril 1661 fut composée des mêmes Chanut et d'Aligre, avec les deux intendants des finances Denis Marin et Jean-Baptiste Colbert, il en ressort avec toute vraisemblance que l'honneur doit être reporté, non plus au seul surintendant, mais aussi à ses illustres collaborateurs, et notamment au dernier, à Colbert, qui, dès la fin de 1664, transforma en conseil de commerce la commission de 1661 et réalisa les promesses de résurrection et de prospérité.

Le conseil des Trois prit quelques autres résolutions utiles : réduction des droits et impôts qui pesaient sur l'industrie des toiles en Normandie (un singulier exemple de protectionnisme local, d'ailleurs illégal, à Rouen); projets de Clerville et autres pour le rétablissement ou le développement de stations sur la côte barbaresque; défense des intérêts français en Guinée; lutte contre les Hollandais pour maintenir le droit de fret si cher à Foucquet et Colbert, et contre les Anglais, pour revendiquer la liberté de la pêche dans la mer du Nord; préparation des traités de commerce avec l'Angleterre, la Hollande, la Suède; interdiction de placer à fonds perdu des fortunes mobilières ou immobilières qui eussent pu s'employer au profit de l'État dans le commerce ou dans l'industrie.

On doit remarquer particulièrement non seulement dans notre Mémorial, mais aussi dans la *Gazette*, dans les *Mémoires* et dans les considérants de la déclaration du 19 mai sur le port des dentelles et passements à l'usage des hommes et de leur fabrication, quel souci le Roi eut de concilier le principe des édits somptuaires avec les besoins de l'industrie de certains pays, et de combattre l'importation des produits de l'étranger, aussi ruineuse pour les consommateurs que pour le pays lui-même.

Il n'est question, jusqu'en septembre, ni de l'agriculture, ni de l'alimentation publique. Cependant, et malgré les conditions heureuses où la récolte dut se faire dans une année chaude et splendide comme 1661, il faut que quelque pressentiment d'un prochain danger de disette, surtout des manœuvres d'accaparement des grains, eût été éprouvé, puisque, dès le 19 août, le Parlement interdit toute association pour le commerce des blés, toute tentative d'accaparement des grains.

Nous n'avons eu ici d'autre intention que de montrer d'un coup d'œil d'ensemble quels détails intéressants les Mémoriaux peuvent fournir pour l'histoire des débuts du règne absolu de Louis XIV; on verra mieux dans le commentaire que, malgré des lacunes regrettables, ce qui reste des archives ministérielles du temps suffit à expliquer la plupart des affaires en cours, et même leur caractère, leur portée dans l'ensemble de la politique intérieure ou extérieure adoptée par le jeune Roi sur les bases que Mazarin lui avaient posées.

Les textes qui vont suivre témoigneront aussi, une fois de plus, de l'effort singulier tenté par un prince novice, à l'aide de ministres remarquables, pour assurer à l'État qu'il doit et veut gouverner seul, par son action personnelle, incessante et par tout un système de réformes sociales et politiques, la suprématie européenne, l'éclat et la gloire dont le souvenir, encore vivant dans les ruines, reste toujours attaché à son nom.

Il me reste à rendre grâces enfin à deux grandes mémoires, très chères à mon cœur, qui les réunit déjà dans un même culte d'honneur, de piété et de reconnaissance éternelle : à celle de M. le duc d'Aumale et à celle de son fidèle serviteur, mon bien-aimé père, que la mort vient de rapprocher au royaume des ombres. L'un et l'autre, animés d'un goût égal pour les vieux textes de l'histoire de France, s'étaient intéressés personnellement de loin ou de près à cette œuvre que j'ose leur dédier avec autant d'émotion que d'humilité.

M. le duc d'Aumale avait, en effet, feuilleté attentivement le Mémorial fleurdelisé que nous publions; de sa main, il y avait écrit au crayon bleu, sur une fiche, le nom de l'érudit dont je ne suis que le très indigne disciple. C'était mon père qui, dans la pensée du créateur de la bibliothèque et des archives de Chantilly, aurait dû primitivement étudier ce Journal du Conseil de 1661. Qu'advint-il alors? Un voyage, ou l'exil peut-être, fit ranger en hâte le manuscrit que le Prince oublia ensuite de montrer à son confrère, et qu'une bonne fortune m'a amené à découvrir plus tard.

Sur l'avis et les encouragements de notre vénéré maître, M. Léopold Delisle, toujours favorable à l'essor des jeunes chartistes, la Société de l'Histoire de France a bien voulu m'en confier la publication. S'il s'y retrouve des erreurs, qu'on me les attribue; mais si les lecteurs y reconnaissent la marque d'une main habituée, une méthode sûre, des notes savantes et quelques appendices curieux, qu'ils en prennent soin, qu'ils en profitent pour le bien de l'histoire et de leur propre science; car le guide qui me suivit pas à pas à travers les documents, qui en décida le choix et l'ordonnance et me corrigea sans cesse, fut mon père, fort de l'expérience de toute une admirable vie d'études.

Maintenant qu'il a plu à Dieu, pour notre malheur, de le coucher à jamais dans la tombe, qu'il me soit permis de lui offrir publiquement à cette place un suprême hommage de tendresse, de gratitude, de respect filial. Au seuil du long travail qu'il éclaira jusqu'à son dernier jour de tant de précieux conseils, il me paraît infiniment doux et consolant de proclamer que je lui dois tout ce qui peut en faire le mérite.

JEAN DE BOISLISLE.

MÉMORIAUX
DU CONSEIL DE LOUIS XIV

DU 9 MARS AU 3 SEPTEMBRE 1661.

A. É. — Ordres du Roi et résolutions du conseil secret de S. M. établi depuis la mort de M. le cardinal Mazarin pour la conduite de l'État[a].

Ce sera ici, proprement, que commencera l'année présente :

Annus novus a regimine novo[1].

M. le Cardinal[2] ne fut pas plus tôt mort[3], que le Roi[4] fit appeler MM. Foucquet[5], Le Tellier[6] et de Lionne[7], pour leur donner à eux seuls la plus secrète part dans sa confiance. Il ordonna à M. le Chancelier[8] de ne rien sceller sans son ordre, et fit ensuite à MM. les Secrétaires d'État un pareil commandement pour les expéditions qui partent de leurs mains[9]. Il ordonna deux conseils par semaine, le lundi et le jeudi, pour les affaires courantes du dedans de l'État[10], où MM. le Chancelier, Surintendant[11], Secré-

---

a. Ce Mémorial, tenu par le jeune Brienne, secrétaire d'État en survivance de son père, pour l'usage particulier de leur département, est au dépôt des Affaires étrangères, vol. France 415, fol. 1-36.

taires d'État et M. de Lionne se trouveroient seuls. S. M. me[12] donna ordre de ne parler point lors des affaires étrangères, mais seulement en présence d'Elle ou de ces trois messieurs, à mesure que les affaires viendroient, sans prendre pour cela de jour préfix, et pouvant ainsi, tous les matins qu'Elle s'assemble avec eux, m'y trouver pour parler de ces matières[13].

M. C. — JOURNAL DES RÉSOLUTIONS PRISES ET DES ORDRES DONNÉS PAR LE ROI SUR LES AFFAIRES COURANTES[a].

Du 9ᵉ mars 1661, à Vincennes[14].

Le Roi a commandé qu'on envoyât 2,000 écus au sieur de Lisle[15] pour des vivres et autres choses nécessaires pour munir la citadelle de Marseille[16]; [*En marge :* Cela a été fait[17].]

Qu'on lui adresseroit des ordres de S. M. pour le sieur de la Guette[18] pour tirer des magasins de Toulon dix milliers de poudre, autant de mèche[19] et de plomb, à Marseille, pour ladite citadelle, comme aussi deux mille grenades[20]; [Les ordres ont été envoyés.]

Item, qu'il envoyera au port de Marseille les trois galères qui sont en état, lorsque le sieur de Lisle les demandera[21]. [Idem.]

1. Celui qui tient ce Mémorial, le jeune Brienne, a raconté au long les événements des 9 et 10 mars 1661 dans ses *Mémoires*, lesquels ont été publiés en 1828 par Fr. Barrière.

a. Ce Mémorial appartient au musée Condé, et y porte le nº 565 des manuscrits. C'est le jeune Brienne qui l'a commencé et qui le tiendra jusqu'à la fin du mois de mars; il a écrit le titre sur le revers d'un placet qui sera reproduit ci-après, séance du 2 avril, et dont il avait fait la feuille de garde du premier cahier.

Nous croyons en devoir donner à l'Appendice un nouveau texte, plus exact, d'après le manuscrit original de la première partie, s'arrêtant à la mort du Cardinal, et que Brienne acheva d'écrire le 20 février 1684. Ce manuscrit appartient actuellement à la Bibliothèque nationale, ms. Nouv. acq. fr. 6450.

L'épigraphe latine qu'on a ici semble être une traduction de la phrase prêtée par Brienne lui-même au Roi, dans la séance du 10 : « La face du théâtre change. » Le maréchal de Gramont, dans son récit, dit aussi : « Toutes les affaires changèrent de face à la cour. »

2. Jules Mazzarini, né en Italie le 14 juillet 1602, naturalisé français en avril 1639, créé cardinal le 16 décembre 1641, désigné par Richelieu pour lui succéder en décembre 1642, proscrit deux fois en 1651 et 1652, redevenu maître du gouvernement le 3 février 1653, a conservé le pouvoir jusqu'à sa mort. Il est officiellement qualifié duc de Nivernois, Dionzois et Mayenne, chef du Conseil du Roi et premier ministre d'État.

3. Mazarin, malade depuis le 9 février et installé au château de Vincennes, dont il est capitaine-gouverneur, vient d'y expirer dans la nuit du 8 au 9 mars, mercredi, « sur les deux heures et demie du matin, » comme le racontent tous les Mémoires du temps et la *Gazette* du 12 mars, p. 246-248. Cependant un journal contemporain tenu par le secrétaire de l'ambassadeur espagnol Fuensaldagne, et dont il sera parlé ci-après (note 10, p. 7, et séance du 10 mars, note 5, p. 15), prétend que le Cardinal était mort le mardi 8 mars, « entre les onze et douze heures du matin, » ainsi qu'un inconnu l'avait prédit chez le malade lui-même dès le 13 du mois précédent, mais que la cour aurait « célé sa mort jusqu'au 9. » On y trouve même, à cette date du 8, le détail des derniers instants, détail venant d'un agent secondaire chargé de tenir l'ambassadeur au courant. C'est sans doute sur un rapport analogue que certains nouvellistes, dont parle Guy Patin, prétendirent que la mort remontait même au 7, et que le Roi avait tenu immédiatement conseil « avec trois hommes seulement, savoir : MM. Foucquet, Le Tellier et de Lionne, les maréchaux de Villeroy et de Turenne étant demeurés dans l'antichambre, dont ils n'étoient guère contents. » Mais les documents authentiques et officiels, comme les récits de Louis XIV lui-même

recueillis par le président Rose et par J.-B. Colbert, ne permettent pas de discuter la date du 9.

4. Louis XIV, proclamé majeur le 7 septembre 1651, est dans sa vingt-troisième année quand la mort du Cardinal lui fait revenir tout le fardeau des affaires. Plusieurs des lettres « de la main » qu'il adressa immédiatement après aux parents du Cardinal et aux rois d'Espagne et d'Angleterre, pour leur annoncer cet événement, ont été imprimées en 1765, par Morelly, dans le tome 1 du recueil intitulé : *Lettres de Louis XIV aux princes de l'Europe, à ses généraux, ses ministres, etc., recueillies par M. Rose, secrétaire du cabinet, avec des remarques historiques*, et reproduites en partie, quarante ans plus tard, par le général de Grimoard, dans le tome V des *Œuvres de Louis XIV*, p. 6 et suiv.

La lettre à Charles II d'Angleterre, donnée peu exactement par Morelly, doit trouver place ici comme première manifestation de la politique qui sera suivie à l'égard de ce souverain. La minute, datée du 11 mars, est de la main de Lionne (A. É., vol. ANGLETERRE 75, fol. 8 et 165) : « Monsieur mon frère, j'ai cette confiance en votre amitié que tout ce qui me peut arriver de bien ou de mal ne vous touche de joie ou de déplaisir, comme, de mon côté, je prends en toutes occasions une très sensible part à tout ce qui vous regarde. C'est cette même confiance qui m'oblige aujourd'hui à vous communiquer le sujet qui m'est arrivé du plus grand déplaisir que j'aie ressenti dans le cours de ma vie, lorsqu'il a plu à Dieu d'appeler à soi mon cousin le cardinal Mazarin, et de me priver des bons conseils et des services d'un si digne et si fidèle ministre. Je suis assuré que, pour l'amour de moi, et pour l'estime aussi et l'affection dont vous honoriez mondit cousin, vous donnerez quelques regrets à sa mémoire, et particulièrement quand vous saurez qu'un des conseils qu'il s'est le plus appliqué à me donner pendant ses dernières et plus douloureuses souffrances a été de m'étreindre avec vous de la plus étroite amitié et union qui seroit en mon pouvoir, et de rendre communs, autant qu'il seroit humainement possible, les intérêts de nos États. C'est à quoi je vous puis assurer que j'ai de ma part une entière disposition, comme je m'appliquerai à le faire connoître en toutes rencontres, par les effets, à votre ambassadeur, qui aura souvent lieu de vous témoigner que je suis très sincèrement, etc. »

5. Nicolas Foucquet (1615-1680), vicomte de Melun et de Vaux, marquis de Belle-Isle-en-Mer, ancien maître des requêtes et intendant, a acquis la charge de procureur général au parlement de Paris en octobre 1650, et il y a joint un titre de ministre d'État et la commission de surintendant des finances (8 et 10 février 1653), d'abord en compagnie de Servient, puis seul à partir du 21 février 1659; c'est pourquoi Guy Patin écrivait de lui en 1655 : « Cet homme à petit collet, et grand ami des jésuites, possède deux charges qui sont incompatibles, ce qu'on ne souffriroit point dans un État bien réglé. » A la mort du Cardinal, il semble près d'atteindre la toute-puissance, et cependant il va être supplanté presque aussitôt par le crédit de J.-B. Colbert et sera obligé, en août 1661, de vendre sa charge de procureur général, puis disgracié et emprisonné le 5 septembre suivant. Mazarin avait voulu espérer qu'il s'amenderait, et Louis XIV connaissait déjà ses malversations; s'il le conserve dans la réorganisation nouvelle, c'est qu'il compte sur la vigilance de Colbert pour contrôler son service des finances jusqu'à ce que la marche des affaires permette de se défaire de lui. Voyez les *Mémoires de Louis XIV* pour l'année 1661 (rédaction Pellisson), dans l'édition Dreyss, tome II, p. 389, le *Journal pour servir à l'histoire du Roi*, pour 1663, dans le recueil des *Lettres et mémoires de Colbert* publié par P. Clément, tome II, p. 33-37, et les *Mémoires sur Foucquet*, par Chéruel, tome II, p. 89-245.

6. Michel Le Tellier (1603-1685), ancien maître des requêtes et intendant comme Foucquet, a remplacé Sublet de Noyers, le 13 avril 1643, à la secrétairerie d'État de la guerre, et il passera chancelier de France le 27 octobre 1677. Camille Rousset a publié une des lettres qu'il écrivit au sujet de la mort du Cardinal. Presque toute la cour avait cru qu'il deviendrait alors premier ministre, en raison de sa longue expérience. — Son fils Louvois, pourvu de la survivance dès 1655, avec un brevet de conseiller d'État et une charge de conseiller au parlement de Metz, vient à peine d'accomplir sa vingtième année, et néanmoins nous le verrons prendre une part active à l'exécution de beaucoup d'affaires, surtout dans les cas urgents, son père et lui agissant de concert avec Colbert contre le Surintendant.

Les papiers de Le Tellier sont en partie au dépôt de la Guerre, en partie à la Bibliothèque nationale.

7. Hugues de Lionne (1611-1671), après avoir servi sous son oncle Abel Servient, a eu, en 1642, une mission diplomatique à Parme, qui lui a valu le titre de conseiller d'État; il a possédé de 1646 à 1653 la charge de secrétaire des commandements de la Reine mère, puis a été envoyé en ambassade en Italie, en Espagne, à Francfort, à Turin, enfin a secondé Mazarin dans la négociation de la paix des Pyrénées, et est ministre d'État depuis le 23 juin 1659. C'est le rival heureux des deux Brienne père et fils, qu'il finira par supplanter à la secrétairerie d'État des étrangers, le 20 avril 1663, après avoir fait la plupart du temps leur besogne, et il gardera ce poste jusqu'à sa mort.

8. Pierre Séguier (1588-1672) a été fait garde des sceaux en 1633, chancelier de France en 1635, et on lui a rendu les sceaux en 1656, à la mort de Mathieu Molé. Il conservera la chancellerie jusqu'à sa mort. Les *Mémoires de Louis XIV* (tome II, p. 390) le reconnaissent « habile, mais point homme d'État, affectionné, mais point ferme aux grandes choses, âgé et infirme. »

9. Sont secrétaires d'État, outre Le Tellier, qui a la guerre et la marine du Levant : Brienne père, pour les affaires étrangères, la marine du Ponant et les pensions; M. du Plessis-Guénegaud, pour la maison du Roi et le clergé; M. de la Vrillière, pour les affaires de la religion prétendue réformée. Ces deux derniers, au dire de Louis XIV lui-même, sont « tout juste ce qu'il faut pour leurs emplois. » L'administration intérieure des provinces est partagée entre eux quatre comme il sera dit plus loin, p. 60.

10. Ceci est évidemment le « conseil des dépêches, » dont l'historique a été reconstitué dans *les Conseils du Roi sous Louis XIV*, par A. de Boislisle (1884), p. 90-108, et que décrivent les *Mémoires du jeune Brienne*, tome II, p. 215-220. On verra plus loin, p. 18 et 19-20, la dernière réunion du « conseil d'en haut. »

11. C'est Nicolas Foucquet, que nos *Mémoriaux* appelleront tantôt M. le Surintendant et tantôt M. le Procureur général.

12. Le rédacteur qui se présente personnellement ici n'est autre que Brienne fils. — Le père, Henri-Auguste de Loménie (1595-1666), comte de Brienne, a été secrétaire d'État de la mai-

son du Roi, en place de son propre père, de 1638 à février 1643, puis a succédé à M. de Chavigny comme secrétaire des affaires étrangères et ministre d'État (juin 1643); il sera obligé de céder ce poste à M. de Lionne le 3 avril 1663. C'est une créature de la Reine mère. Son collègue Le Tellier déclarait n'avoir vu homme plus intelligent aux affaires, moins ébranlé dans les dangers, moins étonné dans les surprises, plus fertile en expédients; néanmoins, il n'a pas de place au conseil des Trois, et il s'en montre fort dépité. — Le fils, Louis-Henri-Joseph (1636-1698), appelé communément le jeune Brienne, survivancier d'Henri-Auguste depuis le 24 août 1651 et conseiller d'État depuis le 12 septembre suivant, lui a été associé, avec la signature, en 1658, mais sera renversé avec lui par Lionne et Colbert, et aura une fin de vie extrêmement agitée : « Homme de la plus grande espérance de son temps en son genre, le plus savant, et qui possédoit à fond toutes les langues savantes et celles de l'Europe. » Voir les articles du père et du fils dans le *Dictionnaire de Moréri* et dans les *Mémoires de Saint-Simon*, éd. nouvelle, tomes V, p. 93 et 420-421, et XI, p. 471-475.

Les *Mémoires du jeune Brienne*, dont il a été parlé p. 2-3, donnent d'intéressants détails sur son rôle dans les conseils. Ayant le talent, ainsi que Lionne, de lire convenablement les longues pièces apportées au conseil secret, et de les lire vite sans que le Roi en perdît un mot, tandis que Le Tellier fatiguait par sa lecture lente et pénible, il offrit plusieurs fois à ce ministre de le suppléer; mais Le Tellier s'y refusait. « Peut-être, dit Brienne, qu'il ne vouloit pas qu'on vît ce qui étoit dans les lettres de M. Courtin, qui étoient extrêmement longues, et qu'il n'en lisoit que ce qu'il vouloit bien que tout le monde sût; il rendoit compte du reste à S. M. en particulier. » Et le Roi tenait tellement à tout connaître, qu'après avoir entendu au conseil secret les extraits faits par Brienne, il le faisait revenir pour lui lire les textes complets des dépêches des ambassadeurs. Louis XIV, dans ses propres *Mémoires*, éd. Dreyss, tome II, p. 390, dit que le fils ne s'entendait guère avec le père, vieux et « présumant beaucoup de soi, » et qu'il aurait eu « bonne envie de faire, » mais que, en raison de sa jeunesse, on était obligé de donner à Lionne la majeure partie de son emploi. En effet, beaucoup de minutes de lettres destinées à être signées Loménie ou Brienne sont rédigées et écrites par Lionne. Le Journal de l'ambassade espagnole dit (fol. 104) qu'on rencontra difficilement Lionne à son logis à partir du jour où il prit ce « grand et nouveau emploi qui consistoit en la surintendance de toutes les affaires étrangères, ensuite de quoi le Roi avoit commandé que toutes les lettres et dépêches étrangères s'adressassent à lui, et non pas à M. de Brienne. » La correspondance des deux Brienne, comme celle de Lionne, est aux Affaires étrangères; la Bibliothèque en possède quelques séries.

13. Ceci établit nettement la différence entre le conseil des dépêches (ci-dessus, note 10) et le « conseil secret, » ou, comme disaient des contemporains, le « conseil étroit, » dont nous allons suivre les travaux. L'un est semi-hebdomadaire, se compose de sept personnes, et traite les « affaires courantes du royaume. » Le second, qui n'aura pas de « jour préfix, » et qui, en fait, se réunira tous les jours, sauf le dimanche, quelquefois même le matin et après midi, ne sera composé que des trois personnages nommés seize lignes auparavant, plus le jeune Brienne pour les raisons particulières et dans les conditions qui viennent d'être indiquées à la page 7. Colbert, parlant de Foucquet (*Lettres et mémoires*, tome II, p. 33-34), a expliqué que le jeune roi crut devoir concentrer toute sa confiance sur ceux précisément que le cardinal défunt avait estimés pardessus tous autres. De son côté, Louis XIV a tenu à faire comprendre dans ses *Mémoires* (éd. Dreyss, tome II, p. 386-390 et 427-431, rédaction de Pellisson) pour quels motifs il ne voulut pas même leur adjoindre le Chancelier, ni les Brienne, ni les deux autres secrétaires d'État, ni surtout des « gens d'une plus haute considération, » ou « d'une qualité plus éminente. » Effectivement, ce qui fut le plus remarqué après la prise de possession par le Roi, c'est l'exclusion de tout prince, grand seigneur ou homme de guerre, et celle de la Reine mère elle-même, comme on le voit dans les rapports de l'ambassadeur vénitien et du Nonce à leurs gouvernements (Bibl. nat., copie des Dispacci, ms. italien 1850, fol. 30 v°, 31 et 46-47; lettre du Nonce, dans *Louis XIV et le Saint-Siège*, par Ch. Gérin, tome I, p. 110 et 111). Cf. les *Mémoires du jeune Brienne*, éd. Barrière, tome II, p. 217-220, les *Mémoires du P. Nicolas Rapin*, publiés par Aubineau, tome III, p. 108-109, et le recueil

des *Relazioni veneziane* imprimé en Italie, série Francia, tome III, p. 82-83, 86, 179 et 189.

Un personnage étranger, l'ambassadeur espagnol dont il sera parlé plus loin, p. 15, crut pendant quelque temps qu'il aurait une place, ou tout au moins une influence dominante dans le nouveau gouvernement, et peut-être Foucquet songeat-il à favoriser son intrusion. Du moins, Vuoerden, secrétaire de cet ambassadeur, rapporte, dans le Journal qui sera indiqué au même endroit, que son maître le lui donna à entendre : « Le gouvernement de l'État est partagé en trois personnes, dont pas un seul n'a l'autorité de faire résoudre le Roi à faire un coup fourré dans les affaires de Portugal, qui sont celles qui importent uniquement à la monarchie espagnole, et dont dépend le rétablissement de notre puissance. Davantage, quand ils auroient tous trois mauvaise volonté, ils ne l'oseroient témoigner, parce que les Reines, qui peuvent aider et nuire à chacun d'eux, se ligueroient contre le premier qui feroit cette proposition ; et, en tout cas, le Cardinal ayant tout pillé le comptant du royaume, et le Roi n'ayant pas un sol, il ne peut, quand il voudroit, nous nuire, car l'assistance qu'il pourroit donner seroit du comptant en dessous main, comme le pouvoit faire, et, en apparence, l'eût fait le Cardinal, et, quoique je ne m'en vante point ni ici ni en Espagne, je n'ai point fait peu pour confirmer le Roi dans le maintènement de cette sorte de gouvernement, lui ayant dit et persuadé, avec beaucoup de raisons, qu'il devoit retenir toute l'autorité et ne point permettre qu'il fût désormais le prétexte ni le bras d'un ministre, et qu'outre l'utilité qui reviendroit à son royaume, il prendroit sans doute plaisir à être arbitre et directeur de grandes affaires ; ce que le Roi a si bien compris, et il s'en est si bien souvenu, qu'avant-hier, dans le cabinet de la Reine, il me dit : « Monsieur le comte de Fuensaldagne, vous aviez
« bien raison de me dire que je prendrois plaisir en prenant
« connoissance de mes affaires ; je l'ai maintenant, et je le veux
« continuer. » — Mais, continua Fuensaldagne, il faut prendre garde de n'en rien découvrir ni ici, ni en Espagne, car, ici, ils prendroient peut-être d'autres mesures, et, en Espagne, ils m'attacheroient éternellement à Paris, d'où il importe que je sorte, et dont je veux absolument sortir. » (Ms. Cambray 683, fol. 107-108.)

Un dernier personnage n'est pas porté ici, et son nom ne paraîtra même jamais dans nos procès-verbaux ; cependant son rôle sera considérable, prépondérant même dans mainte occasion : c'est Jean-Baptiste Colbert, le bras droit du défunt Cardinal, le véritable légataire de son pouvoir et de ses maximes. Quoiqu'il n'ait d'autre titre, et depuis vingt-quatre heures seulement, que celui d'intendant des finances (8 mars), et qu'il ne doive prendre séance en cette qualité que le 16 mars, personne ne s'y méprend dès le premier jour : ses relations secrètes, mais constantes, avec le Roi, sont connues partout ; aussi ses correspondants et clients habituels continueront-ils à s'adresser à lui, directement, avec la même déférence que par le passé, et à briguer son appui auprès de Louis XIV comme ils le faisaient auprès de Mazarin. C'est donc lui qui étudiera nombre d'affaires pour le Roi, qui préparera les décisions pour le Conseil, et nous en retrouverons parfois les dossiers dans sa correspondance, heureusement conservée (Bibl. nat., mss. MÉLANGES COLBERT, vol. 102 et 103). De plus, il est déjà entouré d'une partie de ses proches, qu'il poste à toutes les avenues du pouvoir et qui lui sont absolument dévoués : le plus capable, son frère le président, lui communiquera en duplicata ses propres lettres à Le Tellier ou à Brienne. Quand six mois se seront écoulés, les finances reviendront à Colbert par la chute de Foucquet, chute dont il aura été le principal artisan en mettant au jour ses coupables pratiques et ses malversations, et il le remplacera alors au conseil étroit.

Ce qu'avaient pu être les dernières recommandations du Cardinal mourant, nous l'apprenons d'un texte authentique venu de Louis XIV en personne par l'intermédiaire du secrétaire de son cabinet le président Rose, et conservé dans deux copies principales, dont l'une est maintenant à la bibliothèque Sainte-Geneviève (ms. 2014, in-quarto, fragment publié dans le tome I, p. 535-536, des *Lettres et mémoires de J.-B. Colbert*), et l'autre est au dépôt des Affaires étrangères (vol. ESPAGNE 64 de la série *Mémoires et documents*, fol. 103-106), avec ce titre : « Mémoire dont le Roi même dicta la substance au sieur Rose, secrétaire de son cabinet, et relut tous les articles après les avoir fait étendre en sa présence, au château du Louvre, le 10 mars 1661. » Nous ne saurions reproduire en entier ce texte, si important qu'il soit, mais seulement résumer le sens des principaux avis du Cardinal, « que j'ai recueillis le mieux que j'ai pu, » dit Louis XIV.

Pour l'Église, réserver les bénéfices aux gens de capacité, de piété, de dévouement; traiter la noblesse comme le bras droit du souverain; honorer la magistrature, mais sans lui permettre de s'émanciper, ni de s'occuper d'autre chose que de rendre à tous une justice égale; soulager autant que possible les classes imposables; choisir avec discernement les serviteurs de l'État; rester seul maître et garder la disposition des grâces en faveur des gens fidèles et capables; empêcher toute division dans le Conseil; chercher dans les avis de chacun le meilleur parti à prendre, mais se réserver les résolutions; éloigner quiconque entreprendrait de faire rien sans ordre; ne tolérer ni scandale ni libertinage; enfin, ce dernier précepte que Pierre Clément n'a pas reproduit, mais qui est dans le texte des Affaires étrangères (fol. 105 v°) : « Ne plus souffrir ni la secte des jansénistes, ni seulement leur nom, et employer pour cet effet tous ses soins et toute son autorité... » Là s'est arrêtée brusquement la rédaction : « Le Roi, dit son secrétaire, par de certaines intrigues cessa de dicter la suite de ces Mémoires. »

Ces préceptes, on les lui va voir mettre en pratique avec le concours des trois ministres que le mourant avait désignés le 8 mars (*Lettres de Colbert*, tome I, p. 534, de même source) : « M. Le Tellier, comme ayant une parfaite connoissance des affaires du dedans; M. de L[ionne] de celles du dehors, et M. Foucquet comme ayant de très grandes lumières et ressources pour les finances, suivant qu'il seroit estimé bon ou mauvais de la part du Conseil. »

14. Mazarin avait fait comme sa propriété du château de Vincennes, quoiqu'il n'en fût que simple capitaine et concierge. La cour s'y est installée depuis le 13 février pour veiller au chevet du malade.

15. Ce personnage, dont le nom reviendra plusieurs fois, et à qui le Roi attribuera (ci-après, p. 67) une compagnie nouvelle d'infanterie avec la lieutenance de la citadelle de Marseille, pourrait être identifié avec Guillaume de Lisle, seigneur de Taulane et du Bousquet, capitaine d'infanterie dans le régiment de Courbons, ou plutôt avec son cousin Claude, qui s'était marié à Marseille le 15 décembre 1658 et y fit souche.

Les deux branches obtinrent confirmation de leur noblesse le 5 avril 1669. Voir Artefeuil, *Histoire héroïque de la noblesse de Provence*, tome II, p. 77-81.

16. Le Tellier écrivit en conséquence au sieur de Lisle, le 11 mars (A. G., vol. 168, fol. 167). — Les troubles de la Fronde avaient été suivis, à Marseille, de graves conflits avec le nouveau gouverneur de Provence, M. de Mercœur-Vendôme, mari d'une des nièces du Cardinal, quoiqu'il eût apporté des lettres d'abolition pour tous délits commis depuis le 12 août 1649. Il s'est produit en 1659 une succession de mouvements séditieux, qu'on a réprimés très rigoureusement, mais non sans peine. De nombreuses lettres relatives à cette époque et à ces faits ont été publiées par François Ravaisson dans les *Archives de la Bastille*, tome I, p. 29-53. Lors du voyage de 1660, Louis XIV n'a voulu entrer que par une brèche dans cette ville turbulente entre toutes; il a fait désarmer les habitants et a ordonné que, outre le fort Saint-Jean, une citadelle fût construite à Saint-Nicolas pour « tenir en bride le boute-feu des guerres civiles » (*Mémoires de Louis XIV*, tome II, p. 402; A. É., vol. France 1725, *passim*). Le chevalier de Clerville, grand ingénieur, a dirigé la construction, chaque communauté du pays devant, en vertu d'une ordonnance du 26 janvier 1660, fournir un homme par feu pour faire office de pionnier ou de maçon, et la ville payant une somme de soixante mille livres pour le logement de la garnison pendant la durée des travaux (A. N., E 1712, fol. 142).

Ce souvenir sera consacré plus tard, par l'Académie des inscriptions, sur la médaille n° 54 de l'*Histoire métallique de Louis XIV* : Massilia arce munita. 1660.

17. Les notes marginales que nous intercalons entre crochets à la suite des paragraphes du Mémorial en face desquelles elles ont été inscrites, sont, pour le Roi, comme un contrôle immédiat de l'exécution de ses ordres et décisions. Presque toutes émanent de Brienne, même pour la suite des procès-verbaux qui sera rédigée par Le Tellier.

18. Louis Testard de la Guette, sieur de Sancy, lieutenant de l'artillerie de France, a été nommé intendant des galères et de la marine du Levant à Toulon le 18 juin 1659. Révoqué en 1664, il mourra le 10 avril 1665.

19. Mèches d'étoupe servant à enflammer l'amorce des canons et des mousquets.

20. C'est La Guette qui a avisé le Cardinal, le 8 mars (A. É., vol. FRANCE 911, fol. 28), de l'urgence de pourvoir à la sûreté de Marseille, et, le 9, il a adressé au secrétaire d'État de la province (A. É., vol. FRANCE 1726, fol. 166) un mémoire où lui et MM. de Lisle, de Mérinville, d'Oppède, de Pilles, d'Erlach, personnages que nous verrons souvent reparaître, expliquaient que, craignant des mouvements séditieux en raison de la maladie du Cardinal, ils ont voulu approvisionner la citadelle de toutes les munitions nécessaires, et que La Guette, en tant qu'intendant de la marine du Levant, leur a déjà fait remettre « dix milliers de poudre, dix milliers de plomb, huit milliers de mèche, mille grenades à main, trois pièces de canon de vingt-quatre livres de boulet, trois coulevrines, six, ou même douze affûts, et huit cents boulets. » Sur les instances de La Guette, ils demandaient que cette sortie de munitions fût contrôlée dûment par le garde des magasins de la marine et approuvée par le secrétaire d'État, quoique déjà opérée sans ordre de la cour. Ce mémoire n'arriva au ministre que le 16; le 11, on avait envoyé six mille livres à M. de Lisle, et, le 21, vingt mille livres seront affectées à la continuation des travaux de la citadelle.

21. La *Gazette* (p. 281) annoncera cette nouvelle, de Marseille, le 15 avril : « On équipe ici la galère du duc de Mercœur pour aller escorter quatre barques qui viennent de Toulon chargées de munitions de guerre pour notre citadelle, où l'on établit hier la garnison. »

M. C. — Du 10ᵉ mars, à Paris[1].

Que les agents du Clergé[2] seront mandés pour demain au lever de S. M.; [Exécuté, et le Roi leur a parlé[3].]

Qu'on lui représentera les états des garnisons des places faits du règne du feu Roi et depuis l'avènement de S. M. à la couronne; [Le Roi les a vus, et a réglé ce qu'il vouloit sur ce sujet[4].]

Que l'on aille trouver Fuensaldagne[5] de sa part pour lui dire, touchant l'affaire de l'incamération de Castro[6], que le Roi a déjà écrit à S. M.[7] en termes de grand ressentiment sur le procédé désobligeant qu'il a tenu en ce rencontre; et, au même temps, il faudra donner copie audit comte de cette lettre du Roi, ajoutant que, si le roi catholique estime qu'il faille faire quelque chose de plus de la part des deux rois, S. M. y sera disposée de son côté et envoyera ordre à ses ministres à Rome[8] d'agir et de parler à S. S.[9] dans la même conformité que l'ambassadeur d'Espagne[10] aura ordre de faire. [On lui a parlé.]

1. On est revenu s'installer à Paris aussitôt après la mort du Cardinal, et la journée a commencé par une réunion plénière du conseil d'État d'en haut : voir ci-après, 11 mars, p. 18-19.

2. Réunie le 25 mai 1660 à Pontoise, mais transférée à Paris le 30 septembre suivant, sous la présidence nominale du Cardinal et la présidence effective de l'archevêque de Rouen et des évêques de Viviers et d'Autun, l'assemblée générale décennale du Clergé a élu pour agents l'abbé Colbert de Saint-Pouenges et l'abbé de Faget. Elle enverra présenter au Roi ses compliments de condoléance sur la mort du Cardinal, le 13 mars, et nous allons suivre ses travaux jusqu'à sa séparation, le 21 juin. Les éléments du commentaire seront fournis par la collection des *Procès-verbaux des assemblées du Clergé* imprimée en 1770, tome IV, p. 460 et suivantes, et par les papiers originaux de l'archevêque de Toulouse, Marca, conservés à la Bibliothèque nationale, mss. Baluze 110-115.

Le protestant Élie Benoist a caractérisé ainsi la tenue de 1660-1661, dans son *Histoire de l'édit de Nantes*, tome III, p. 342 : « Cette assemblée donna proprement le premier mouvement aux affaires qui se sont ainsi terminées par la Révocation, et il faut remarquer que les mesures avoient été si bien prises pendant le ministère du Cardinal, que la mort même de ce prélat n'en retarda pas l'exécution. » Mais, avant de s'occuper des religionnaires, Louis XIV va prendre des mesures urgentes contre le jansénisme et donner cette satisfaction au Clergé (*Procès-verbaux*, p. 606-622).

3. L'abbé de Choisy raconte, dans ses *Mémoires*, tome I, p. 100, que, le président de l'assemblée étant venu le 10 mars prendre les ordres du Roi, Louis XIV répondit que c'était à lui qu'on s'adresserait désormais. Il s'agit, pour l'instant, de mettre à exécution la délibération prise par l'assemblée le 1er février, contre les jansénistes, et déposée le 15 entre les mains du Roi : voir ci-après, 9 avril. L'arrêt de confirmation ne sera rendu que le 13 avril; il est en original aux Archives nationales, dans le registre du Conseil E 1713, fol. 51-54. Du Plessis-Guénegaud le remettra le 20 avril à l'abbé de Faget; l'assemblée en votera l'impression, et, le 13 juin suivant, on recevra le bref confirmatif du Pape (*Procès-verbaux*, p. 616-617).

4. Voir la séance du 5 avril.

5. Alphonse Perez de Vivero, comte de Fuensaldaña, vicomte d'Altamira, gouverneur et capitaine général de l'État de Milan, a pris une part active à la dernière guerre, mais est plus propre à la diplomatie qu'aux affaires militaires, et il occupe le poste d'ambassadeur extraordinaire du roi Philippe IV à Paris depuis la paix des Pyrénées, le duc de Sermoneta faisant l'intérim à Milan. Mazarin, en souvenir de leurs bonnes relations pendant la négociation de 1659, lui a laissé une « grosse horloge à boîte d'or. »

C'est le Journal de son ambassade que nous avons déjà cité ci-dessus, p. 3, 8, 9 et 13, et qui sera souvent utilisé dans le commentaire. Il a été rédigé en français, avec beaucoup de verve et d'esprit, par son secrétaire le baron Michel-Ange de Vuoerden, bien connu pour la part qu'il prit plus tard à la politique et aux intrigues de Louvois, et même pour divers ouvrages sur l'histoire de la première partie du règne de Louis XIV. Ce Journal s'est retrouvé dans les papiers de Vuoerden actuellement conservés à la bibliothèque de la ville de Cambray. Il y porte le n° 683, est entièrement autographe, et débute par des souvenirs rétrospectifs et des dissertations préliminaires sur divers points des négociations de Fuensaldagne : après quoi commence (fol. 61) le Journal proprement dit, qui ne part que du 6 février 1661 (le secrétaire ayant redouté jusqu'alors de com-

mettre une indiscrétion professionnelle), pour s'arrêter au
6 avril. Là, l'auteur annonce une seconde partie, qui peut-être
eût conduit jusqu'à la mort de l'ambassadeur ; mais cette suite
n'existe point, quoi qu'en dise le catalogue des manuscrits de
Cambray, et cela est regrettable pour nous, car Vuoerden,
ayant rejoint la cour à Fontainebleau le 27 avril, y resta, en
deux fois, plus de quatre mois, et dut en rapporter bien des
souvenirs. Le 25 septembre, M. de Fuensaldagne reçut ses
patentes de gouverneur et capitaine général des Pays-Bas, qui
lui étaient promises depuis longtemps ; mais il tomba malade
en arrivant à Cambray, et mourut le 21 novembre 1661. Dans
une suite d'articles publiés en 1870, au tome XXX des
Mémoires de la Société d'émulation de Cambray, M. C. de
Vendegies a donné non seulement la biographie de Vuoerden
et la bibliographie de ses travaux historiques ou littéraires, mais
aussi une partie des articles du *Journal de l'ambassade*. C'est,
il est vrai, avec si peu d'exactitude, que mieux vaudra faire
d'après le manuscrit même les citations propres à éclairer
chaque passage de nos Mémoriaux où il est question des relations du Conseil avec l'ambassadeur de Philippe IV.

6. Le duché de Castro, contigu au Patrimoine de Saint-
Pierre, a été enlevé aux Farnèse de Parme par le pape Innocent X, en représailles du meurtre de son généralissime, et
incaméré, c'est-à-dire réuni au domaine de la Chambre apos-
tolique ; mais, par l'article 100 de la Paix, Louis XIV et Philippe IV ont promis leurs bons offices pour obtenir un règlement
amiable, et, s'appuyant sur des bulles du pape Paul III, les Farnèse réclament une prorogation de délai pour racheter leur
ancienne propriété. Le Roi, dès la première visite du Nonce,
s'est plaint amèrement à lui que le Pape n'eût point jusque-là
montré aucun souci de faire droit à ses instances, et, pour plus
de détails, il l'a renvoyé à Lionne et à Brienne. Cette conférence
est rapportée, d'après le Nonce lui-même, dans le livre de
M. le comte de Moüy sur *l'Ambassade du duc de Créquy*,
tome I, p. 95, et dans la copie des dépêches de l'ambassadeur
vénitien, avec qui Fuensaldague s'en entretint (Bibl. nat., ms.
italien 1850, fol. 72 v°). On doit voir en outre, sur la même
négociation, *Louis XIV et le Saint-Siège*, par feu M. Charles
Gérin, tome I, p. 171-179, et le recueil des *Instructions aux*

ambassadeurs et ministres de France à Rome, publié par M. Hanotaux, tome I, p. 38-54, 74-75, 112-114. Malgré les instances de Louis XIV auprès d'Alexandre VII et de ses successeurs, le règne finira sans que l'affaire de Castro ait une solution définitive. Ci-après, 19 avril.

7. C'est Philippe IV, roi d'Espagne et beau-père de Louis XIV (1621-1665).

8. Depuis l'échec de Hugues de Lionne au conclave de 1654, il n'y a plus d'ambassadeur à Rome, ni même de ministre du Roi accrédité en titre ; mais, au mois d'octobre 1660, Mazarin, se sentant finir, a fait effort pour réconcilier la France et Alexandre VII en envoyant auprès du Saint-Père un chargé des affaires, Charles Colbert de Vendières, ci-après, p. 37, qui avait toute sa confiance comme frère puîné de Jean-Baptiste. Ce Colbert a trouvé, au sein du sacré collège, l'appui des cardinaux d'Este, Orsini et Antoine Barberini, les deux premiers étant protecteur et co-protecteur des affaires de France, pensionnés à 36,000 livres, et le concours des cardinaux Grimaldi, Mancini et Maidalchini, nommés jadis à la recommandation du Roi ; néanmoins, il a échoué dans sa mission, comme on va le voir plus loin. C'est pour gagner le Pape que, en 1662, on lui enverra le duc de Créquy comme ambassadeur.

9. Fabio Chigi, de Sienne, élu pape le 7 avril 1655 sous le nom d'Alexandre VII, a été détesté en tout temps de Mazarin, qui ne lui accordait qu'une « littérature superficielle et pédantesque » et un « zèle de grimace » pour les intérêts de la religion. Tout espagnol de cœur, ce pontife continue la politique d'Innocent X contre les jansénistes, mais toutefois ne veut pas se prêter aux poursuites contre leur ami le cardinal de Retz, et il marquera souvent la même animosité à l'égard de Louis XIV qu'à l'égard du Cardinal. Voir les *Lettres de Colbert*, tome VI, p. 238 et 483-484, et *Louis XIV et le Saint-Siège*, tome I, p. 221-282.

10. Louis Ponce de Léon, nommé ambassadeur d'Espagne à Rome en juin 1659, sera fait gouverneur de Milan en septembre 1661, puis deviendra conseiller d'État en février 1666. Il fera mauvais ménage avec d'Aubeville lorsque celui-ci sera envoyé à Rome par Louis XIV.

A. É. — Du xie mars 1661, à Paris.

Le Roi avoit fait assembler le jour d'auparavant, dans la chambre de la Reine mère où les conseils se tenoient ci-devant, tout celui dont il avoit accoutumé de se servir[1], composé des princes, des ducs et des ministres d'État seulement[2], pour leur faire entendre de sa propre bouche qu'il avoit pris la résolution de gouverner lui-même son État sans s'en reposer que sur ses propres soins (ce furent ses termes), et les congédia bien honnêtement en leur disant que, quand il auroit besoin de leurs bons avis, il les feroit appeler[3].

Je me suis trouvé[4] aujourd'hui pour la première fois dans le conseil secret de ces trois messieurs[5] et de S. M.

J'ai eu ordre d'écrire à tous les ministres étrangers[6] la résolution que S. M. avoit prise de gouverner elle-même son État, afin qu'ils en donnassent part aux princes pour lesquels ils servent[7].

Écrire au roi de Suède[8] et à tous les princes de l'Alliance du Rhin[9] sur le sujet de la perte de S. Ém., avec des termes qui expriment la véritable douleur que S. M. en a ressentie, et la grandeur de la résolution qu'elle a prise sans appréhender la peine ni le travail, et se faisant à elle-même un scrupule des devoirs de la royauté pour n'avoir point d'excuse de se dispenser des moindres affaires[10].

M. C. — Du 11 mars.

Le Roi a résolu de faire toute sorte de perquisitions

contre ceux que le cardinal de Retz enverra ici[11] ; [On y travaille incessamment[12].]

De faire chasser ceux qui ne sont plus résidents[13], à cause des gazettes à la main[14], avertissant M. Paul de ne s'en point servir, le distinguant des autres[15]. [Fait.]

Le Roi a commandé qu'on expédie ses ordres pour tirer des troupes du Dauphiné pour la Provence, en cas que l'on en ait besoin[16], et ce lorsqu'on fera partir les cinq compagnies et demie suisses qui sont licenciées[17], ajoutant que, si M. d'Oppède[18] juge que leur départ puisse nuire, qu'il le fasse différer et en donne avis. [Les ordres ont été envoyés[19].]

1. C'est le « conseil d'État d'en haut, » dont il a été donné une notice historique dans *les Conseils sous Louis XIV*, p. 64-89.
2. Les princes sont MM. de Condé, de Longueville, de Vendôme, de Soissons, de Guise ; les ducs et grands seigneurs qui avaient été admis au nombre des ministres d'État depuis la réorganisation de 1653, et qui, selon l'expression de l'un d'eux, le maréchal de Gramont, « faisoient une figure si distinguée, » mais n'auront plus d'action au Conseil, sont : Turenne, Épernon, Villeroy, Arpajon, Gramont, Plessis-Praslin. Sont également ministres d'État le président de Maisons, l'archevêque Marca, Foucquet, Brienne père et Lionne.

Voir ci-après, p. 67, une lettre du prince de Condé sur cette séance du 10 mars, où finit l'ancien ordre de choses.

3. « Le 10 mars, » dit Vuoerden (fol. 96), « le Roi tint assemblée générale des princes et pairs, maréchaux et ministres, pour déclarer sa volonté sur l'état des affaires. Jamais il n'y eut si belle cour qu'en cette occasion. » Le jeune Brienne ne parle (éd. Barrière, p. 154-158) que d'une réunion qui avait été tenue dès sept heures et demie du matin, où se trouvaient les secrétaires d'État avec le Chancelier et les trois membres du conseil secret ; c'était le conseil des dépêches : ci-dessus, p. 6.

Brienne donne le texte de deux discours distincts, l'un adressé à tous les assistants, l'autre au Chancelier. C'est dans le premier que Louis XIV aurait prononcé ces mots : « La face du théâtre change, » que Brienne a traduits en latin pour servir d'épigraphe à son Mémorial particulier. Selon Vuoerden (fol. 98 v°), la résolution du Roi fut si nettement exprimée, que, le 14 mars, le chancelier Séguier refusa de rendre public un arrêt qui venait de lui être commandé en faveur de l'abbé d'Anchin, tant qu'il n'aurait pas pu en parler au Roi. Cf. les *Mémoires de l'abbé de Choisy*, tome II, p. 100.

4. C'est Brienne fils, qui n'était que secrétaire d'État.

5. Foucquet, Le Tellier, Lionne.

6. Les ministres des puissances étrangères accrédités à Paris.

7. Lionne fut chargé de pareille communication aux ministres du Roi près les puissances; voici la « substance » de la lettre qu'il prépara pour l'ambassadeur en Pologne (A. É., vol. Pologne 16, fol. 30) :

« ... L'avis de la perte que nous avons faite de Mgr le Cardinal... L'excessive douleur que S. M. en a ressentie et témoignée, quoique, par les longues souffrances de S. Ém. et par la qualité de son mal, on dût être, il y a longtemps, préparé à ce malheur.

« Que S. M., en ce fâcheux accident, a fait paroître la grandeur de son âme et sa fermeté, en ce que les larmes qu'elle a données en abondance à cette perte ne l'ont pas empêchée de s'appliquer aussitôt aux affaires et de former à l'instant une ferme résolution, qui sera bénie de tous ses peuples, de prendre Elle-même en main la direction et le régime de son État, sans s'en reposer à l'avenir que sur ses propres soins, dont on a grand sujet de se promettre toute sorte d'avantages, parce que l'application que S. M. y donne est incroyable, aussi bien que la prudence et le jugement qu'Elle fait paroître dans tous les ordres qu'Elle donne incessamment à chacun de ses officiers, ministres et serviteurs, selon sa fonction et son emploi.

« Que le Roi désire que ledit sieur de Lumbres, après avoir donné part, à son nom, de la mort dudit sieur Cardinal au roi et à la reine de Pologne, y ajoute qu'il a reçu ordre exprès de S. M. de les assurer que non seulement ce fâcheux incident ne change rien à ce qui leur a été mandé par le retour du sieur Akakia, et, depuis encore, confirmé de vive voix par le sieur

Caillet, sur l'affaire qu'ils savent, mais qu'à présent que S. M. régit seule son État, Elle est d'autant plus échauffée et incitée à n'omettre aucun moyen ni diligence qui soit en son pouvoir pour faire réussir un projet qu'Elle estime et sait être d'un avantage de la dernière considération et à cette couronne et à la Pologne.

« Que, pour être bien persuadé de cette vérité, il suffit de faire réflexion sur les extrêmes appréhensions que témoigne la maison d'Autriche du bon succès de notre dessein, et sur les diligences contraires qu'elle fait pour le traverser ;

« Qu'ainsi S. M. désire et entend que le sieur de Lumbres redouble, s'il est possible, son application et ses soins en cette affaire, et donne continuellement avis à S. M. de ce qui s'y avancera, pendant qu'on l'assure qu'au premier jour, ou par personne expresse ou autrement, on fera remettre à Danzig ou les galanteries, bijoux et médailles qu'on a promis d'envoyer, ou les dix mille écus même, en espèces, qu'on avoit retenus ici pour être employés, ainsi que l'on vient de dire, en médailles, suivant ce qu'avoit témoigné désirer la reine de Pologne. »

Il s'agissait, comme on le verra bientôt, de la candidature d'un Condé à la succession du trône de Pologne.

8. Le roi de Suède est Charles XI, né le 24 novembre 1655, et qui a succédé le 23 février 1660 à son père, Charles-Gustave Wasa, celui-ci n'ayant régné que six ans. La minorité de cet enfant fait que les Suédois « ne pensent qu'à se conserver et affermir leurs dernières conquêtes et à maintenir leurs affaires. » Mais leur amitié, aussi bien que celle des autres États du Nord, Danemark, Brandebourg, Pologne, Russie, est de la première importance pour la France, et, jusqu'à ses derniers jours, le cardinal Mazarin a travaillé à rétablir la paix entre eux ; c'est par sa médiation, et sous la garantie de Louis XIV, qu'ont été signés en 1660 les traités d'Oliva et de Copenhague, et que, en juillet 1661, le traité de Kardis mettra fin aux hostilités entre Moscovites et Polonais.

L'archiviste Saint-Prez fit plus tard un historique des négociations de 1661 avec la Suède, qui se trouve au dépôt des Affaires étrangères, Suède, série *Mémoires et documents*, vol. 11 et 12.

La lettre à écrire au roi de Suède est ainsi minutée « en

substance » de la main de Lionne (A. É., vol. Suède 26, fol. 36), à la date du 11 mars :

« La perte que le Roi vient de faire du plus digne ministre qui ait jamais servi cet État, l'affliction que S. M. en a ressentie avec raison; et qu'on croit que le roi de Suède aussi ne sera pas touché d'une médiocre douleur, ayant perdu un serviteur qui avoit, en toutes occasions, fait paroître tant de partialité pour tous les intérêts et pour tous les avantages de la Suède.

« Que le Roi a résolu de prendre lui-même en main le régime de son État, et qu'un des plus grands soins qu'aura S. M. sera de cultiver, affermir, et augmenter, s'il est possible, l'amitié, l'étroite union et l'alliance qui a été depuis si longtemps contractée entre sa couronne et celle de Suède, dont l'une et l'autre ont reçu en leur particulier tant d'avantages, et eu lieu aussi d'acquérir tant de gloire par les preuves éclatantes qu'elles ont données de leurs bonnes intentions pour le bien public, pour la tranquillité de l'Empire et pour la préservation des droits et des privilèges des princes leurs amis, qui, avant cette union des couronnes confédérées et l'action de nos armes, vivoient dans une oppression qui alloit bientôt les réduire à un véritable esclavage.

« Que le roi de Suède s'assure donc que, S. M. ayant sucé avec le lait toutes ces maximes dont elle s'est si bien trouvée, Elle ne s'en départira pas aujourd'hui qu'Elle a résolu de donner toute son application à régir Elle-même son État sans s'en reposer que sur ses propres soins.

« Qu'Elle prie ledit roi de prendre confiance entière à ces vérités... »

Nous verrons arriver à Paris, en juin, un ambassadeur suédois, qui signera un traité d'alliance le 22 septembre 1661.

9. Il s'agit de la Ligue ou Alliance du Rhin que Mazarin a organisée en 1658, comme corollaire des articles 7 et suivants de la paix de Westphalie, et en vue d'assurer l'influence de la France sur les princes de l'Allemagne du Nord, sans distinction de religion. L'électeur de Mayence en a été le premier promoteur; Gravel, ministre de Louis XIV auprès des princes allemands, a eu l'honneur de conclure cette association pour trois ans, puis de la renouveler, le 31 août 1660, et même de l'étendre. Brienne

père fait entendre dans ses *Mémoires*, éd. Michaud et Poujoulat, p. 172, qu'il n'appréciait guère cette politique.

10. La « substance » du « Mémoire de ce qui peut être écrit par le Roi à tous les princes de l'Alliance du Rhin » se trouve en copie corrigée de la main de Lionne, sans date, aux Affaires étrangères, vol. ALLEMAGNE 149, fol. 474-475 :

« Qu'après tant de bénédictions que le Ciel a versées abondamment sur la personne du Roi et sur son royaume, dont la dernière, qui a été la paix de la Chrétienté, sembloit avoir pleinement rempli tous ses souhaits, il a plu enfin à Dieu de le visiter par l'une des plus grandes afflictions qu'il fût capable de ressentir, en retirant à soi M. le Cardinal, que son zèle pour le bien public et la gloire de son État, sa fidélité à toute épreuve et ses longs et importants services lui avoient rendu extrêmement cher et recommandable.

« Que le Roi trouve quelque soulagement à sa douleur en la communiquant à ses amis qu'il sait qui y prendront part, comme N., et particulièrement quand ils se souviendront de ce que ledit sieur Cardinal, par ses soins et ses bons conseils, a contribué par deux diverses fois au rétablissement du repos dans l'Empire.

« Que, Dieu ayant permis qu'il ait assez longtemps vécu pour pouvoir informer pleinement le Roi de toutes les meilleures maximes de bien régir son État, S. M., après la perte d'un si digne ministre auquel, avec raison, elle avoit la dernière confiance, a pris la résolution de ne se reposer plus à l'avenir de l'administration de ses affaires sur personne aucune que sur Elle-même et sur ses propres soins, prenant en main la direction entière et tout le régime de son État, avec toute l'application dont Dieu la rendra capable pour correspondre au devoir de la royauté et à l'obligation qu'ont les souverains de veiller eux-mêmes incessamment au plus grand bien de leurs sujets et leur rendre justice; qu'un des soins plus particuliers qu'aura S. M. sera la religieuse observation de ses alliances, et que, celle qu'Elle a contractée avec les princes du Rhin de l'une et de l'autre religion étant, sans doute, l'union sur la foi et l'amitié de laquelle S. M. fait le plus de fondement, Elle veut bien assurer et donner sa parole royale à tous les princes ses confédérés qu'Elle n'aura rien plus à cœur, en général, que de cultiver cette alliance, la fortifier et la protéger, et de donner en particulier à chaque allié, aux rencontres qui s'offriront, toutes les preuves effectives d'estime et de tendresse qui seront en son pouvoir.

« Que ce sont les assurances que S. M. a voulu leur donner par avance dans cette conjoncture, en attendant que le sieur Gravel, qu'Elle est sur le point de renvoyer à Francfort, leur puisse expliquer plus en détail ses sentiments sur tout ce qui regarde le bien public de la Chrétienté, le repos de l'Empire et les avantages de l'Alliance. »

Colbert a expliqué le but de la Ligue en deux endroits de son *Journal* pour 1663. En premier lieu, il dit (*Lettres*, tome VI, p. 485) : « Le cardinal Mazarin, dans les deux ou trois dernières années de sa vie, avoit tellement persuadé divers princes de l'Empire que la maison d'Autriche ne cherchoit que le temps et l'occasion de rompre le traité de Münster et de recommencer la guerre en Allemagne, qu'il leur avoit fait conclure une alliance ensemble pour maintenir ledit traité envers et contre tous ; et pour cet effet, en cas de besoin, ils devoient mettre une armée sur pied, levée et soudoyée par tous ces princes, chacun pour sa part et portion. Dans cette alliance étoient entrés : le Roi, le roi de Suède, l'électeur de Mayence, l'électeur de Cologne, le landgrave de Hesse-Cassel, le landgrave de Hesse-Darmstadt, le duc de Neubourg, le duc de Würtemberg, les ducs de Brunswick, et quelques autres. Cette Alliance tenoit une députation ordinaire à Francfort, avoit nommé les officiers généraux de son armée, auxquels elle donnoit des appointements, ce qui affoiblissoit extraordinairement l'autorité de l'Empereur. » Louis XIV ne fait donc que reprendre l'œuvre du Cardinal, que Colbert, encore, a caractérisée ainsi (p. 487) : « Comme la seule puissance de la maison d'Autriche est toujours à considérer, soit pour en tirer des avantages par la foiblesse, soit pour craindre son élévation, il résolut de faire toutes choses possibles pour la tenir toujours en échec dans le milieu et aux deux extrémités de ses États, et, pour cet effet, de soutenir, fortifier et augmenter l'Alliance du Rhin, par le moyen de laquelle il tiendroit dans l'Empire une puissance plus grande que celle de l'Empereur, et expressément élevée contre lui... » Cf. quelques pages de M. Vast, dans son recueil des

Grands traités du règne de Louis XIV, tome I, p. 65-78 et 104, et *la Diplomatie française à la cour de Saxe*, par B. Auerbach (1888), p. 117 et suivantes.

11. Jean-François-Paul de Gondy (1613-1679), second cardinal de Retz, nommé coadjuteur de son oncle à l'archevêché de Paris, avec le titre d'archevêque de Corinthe *in partibus*, en 1643, a pris la part la plus considérable aux guerres civiles de la Fronde, sans que Mazarin, qui le redoutait entre tous, pût s'opposer à ce qu'il reçût le chapeau en septembre 1651; mais, par la suite, il a été étroitement emprisonné pendant quinze mois, de 1652 à 1654. C'est durant ce temps que l'archevêché de Paris lui est revenu par la mort de son oncle, et il n'a pu en prendre possession. Évadé enfin du château de Nantes et réfugié d'abord à Rome, où Lionne, son ennemi personnel, est allé réclamer, vainement d'ailleurs, son extradition ou sa condamnation par le Pape, il erre maintenant de pays en pays, sans vouloir se démettre de l'archevêché, et en laisse l'administration à ses deux grands vicaires, mais compte bien recueillir la succession de Mazarin. Voir les *Procès-verbaux du Clergé*, tome IV, Pièces justificatives, p. 82-119. — En 1661, Retz réside sur le sol anglais. C'est à Londres que lui est parvenue la nouvelle du décès de Mazarin, et Guy Patin écrivait, le 9 mars : « Le cardinal de Retz est en Angleterre, mais fort mal dans l'esprit du roi Louis XIV par la suggestion du cardinal Mazarin, qui a eu peur de lui jusqu'après sa mort. Le roi d'Angleterre a fait prier le Roi qu'il permette au cardinal de Retz de se déclarer dans Londres, où il est caché il y a longtemps. C'est la reine d'Angleterre qui en a porté la parole au Roi et à la Reine mère, qui ont été fort étonnés de cette demande, et qui ont pris terme pour y répondre. Le roi d'Angleterre a fait dire qu'il avoit de l'obligation à ce cardinal de Retz, le conseil duquel lui avoit si bien servi pour se faire rétablir dans Londres... Ce matin, dans la chambre du Roi, où plusieurs attendoient qu'il fût levé, M. l'évêque de Rodez, ci-devant précepteur du Roi, a reçu commandement de sortir et de se retirer en sa maison : on croit que c'est qu'il avoit dit quelque chose en faveur du cardinal de Retz. »

C'était un nouveau schisme en perspective, comme le disent les *Mémoires de Louis XIV* (rédaction Pellisson), tome II,

p. 376-377 : « Il ne s'agissoit plus seulement de quelques docteurs particuliers et cachés, mais d'évêques établis dans leur siège, capables d'entraîner la multitude après eux, de beaucoup de réputation, d'une piété digne en effet d'être révérée tant qu'elle seroit suivie de soumission aux sentiments de l'Église, de douceur, de modération et de charité. Le cardinal de Retz, archevêque de Paris, que des raisons d'État très connues m'empêchoient de souffrir alors, ou par inclination, ou par intérêt, favorisoit toute cette secte naissante, ou en étoit favorisé. »

12. Au premier bruit de la maladie de son persécuteur, Retz s'est persuadé que les portes de Notre-Dame allaient se rouvrir devant lui, et il est venu jusqu'à Valenciennes. Son autorité sur le clergé et sur la population de Paris étant toujours à craindre, on s'est hâté, le 8 mars, de faire afficher et publier à son de trompe une ordonnance qui était prête depuis le 3, « portant défense à tous les sujets du Roi de ne point écrire, ni traiter, ni avoir aucune habitude avec le cardinal de Retz, perturbateur de l'État, sous peine d'être pendu et étranglé. » Cela, dit Vuoerden (fol. 94 v°), diminua beaucoup les espérances de ses partisans. L'ordonnance, dont nous avons un placard aux Affaires étrangères, vol. Rome 143, fol. 8, avait paru dans la *Gazette*, et Louis XIV, fidèle exécuteur des résolutions de Mazarin, tint à déclarer dans son premier conseil que le cardinal fugitif ne rentrerait jamais en France, « à cause des séditions et troubles qu'il avait dessein d'y exciter, et parce qu'il avait toujours traversé la paix des deux couronnes par les avis secrets qu'il avait donnés à don Luis de Haro, ainsi que Monsieur le Prince pouvait en témoigner. » C'est par le chanoine janséniste Hermant que nous connaissons cette scène (Gazier, *les Dernières années du cardinal de Retz*, p. 99-102). On verra plus loin, au 29 avril, que la reprise des procédures réclamées en cour de Rome sera une des premières démarches ordonnées au chargé des affaires de France; mais, en même temps, et sous main, les ministres travailleront à un accommodement qui se conclura en 1662, le cardinal renonçant alors à son archevêché pour aller finir ses jours dans la retraite princière de Commercy.

Comme Louis XIV, Colbert a exposé dans son *Journal* pour 1663 (*Lettres*, tome VI, p. 481-482) combien la religion souffrait de cette résistance de Retz à abandonner un archevêché dont il était indigne, de la persistance de quelques docteurs et de trois ou quatre évêques à soutenir l'hérésie janséniste, du refus de divers prélats à souscrire et faire souscrire le Formulaire de 1656 « sous prétexte que, l'assemblée qui l'avoit dressé, étant faite purement pour affaires temporelles, ne pouvoit pas décider d'autres matières, et particulièrement de celles de foi et de doctrine, ou, en tout cas, ne pouvoit pas obliger les autres évêques à suivre leurs décisions; » enfin, de l'infection de la même hérésie dans les deux maisons de Port-Royal et, probablement, dans l'Oratoire. On voit que Louis XIV ne perdit pas un instant pour agir.

13. S'agit-il d'agents étrangers n'ayant plus la qualité de résidents officiels? Tout cet article est difficile à interpréter.

14. L'ambassadeur vénitien écrivit à son gouvernement, le 22 mars (B. N., ms. italien 1850, fol. 69) : « Le Roi conserve plus que jamais son affectueuse gratitude pour la mémoire du défunt Cardinal, et, quelques impressions ayant paru où elle n'étoit pas bien traitée, il les a fait supprimer et porter à la Bastille, et a ordonné qu'on fît défense dans toutes les provinces de rien répandre de cette nature, même en Flandre, où les gazettes continuoient à paroître. » Cf. la lettre de Guy Patin datée du 9 mars même. Mazarin avait déjà sévi, entre 1656 et 1660, contre les rédacteurs ou colporteurs de ces gazettes, qu'il estimait être inspirées par Retz et par Condé. Les poursuites vont recommencer, et c'est ainsi qu'en août 1661 un certain Mathurin Hesnault, qui prétendait avoir eu l'agrément du Cardinal pour composer des nouvelles à la main, sera banni avec Daniel Chauveau; en décembre, Marcelin Delaye sera fustigé et banni pour cinq ans, etc., et une dizaine de prisonniers de cette catégorie se trouveront alors à la Bastille (Depping, *Correspondance administrative*, tome II, p. 548-550; Fr. Ravaisson, *Archives de la Bastille*, tome I, p. 261-262; Fr. Funck-Brentano, *les Prisonniers de la Bastille de 1659 à 1789*, p. 15). Leur métier n'en continuera pas moins de prospérer : en 1666, il faudra prendre encore des mesures rigoureuses, et, en 1670, Colbert écrira au lieutenant général de police : « S. M. désire que vous continuiez de faire une recherche exacte de ces sortes de gens, et que vous fassiez punir sévèrement ceux que vous avez fait arrêter, étant très important pour le bien de l'État d'empêcher à l'avenir la continuation de pareils libelles. »

15. « M. Paul » pourrait être ce jurisconsulte gallican, antiromain et antijésuite, qui publia à Caen, le 20 décembre 1663, une lettre contre le décret de l'Inquisition de 1609 (B. N., Impr., Ld⁴ 361); mais nous ne faisons là qu'une pure supposition.

16. Sur l'état des esprits imparfaitement calmés par le passage de la cour à travers la Provence en 1660 et par la fermeté rigoureuse de M. de Mercœur (ci-dessus, p. 12, note 16), voir les lettres écrites à Brienne par M. de Mérinville et par le premier président d'Oppède, le 8 et le 22 mars (A. É., vol. France 1726, fol. 150-151 et 178), une lettre du parlement d'Aix au Roi (*ibidem*, fol. 162), une lettre de M. de la Guette à Mazarin (A. É., vol. France 911, fol. 28-29), une lettre du premier président au Chancelier (*Archives de la Bastille*, tome I, p. 54). Informé de la mort du Cardinal, le parlement d'Aix répondra par « de nouvelles assurances de ses bonnes intentions pour le bien de l'État et le repos de la province » (*Gazette*, p. 305). Nous verrons plus loin que les mouvements de troupes étaient réclamés pour venir à bout de la mauvaise volonté des Communautés du pays, alors assemblées à Lambesc. Les ordres du Roi furent transmis le 15 par MM. de Brienne, qui avaient la Provence dans leur département (A. G., vol. 168, fol. 170 *bis*).

17. La paix permet de licencier une partie des compagnies suisses ou de les réduire en demi-compagnies (A. N., O¹ 12, fol. 301-304). On verra celles de Marseille partir le 29 mars, pour rentrer dans leur pays.

18. Henri de Forbin-Maynier, baron d'Oppède et comte palatin, premier président du parlement d'Aix depuis le 19 septembre 1655 (le quatrième de cette famille), fait en outre fonction de lieutenant général avec le commandement en Provence lorsque le gouverneur est absent. Quoique jadis on l'eût vu très ardent frondeur, il a regagné l'estime du Roi et celle de Mazarin par son attitude énergique et loyale contre les séditieux de 1659. Sa correspondance avec le ministre est aux Affaires étrangères, vol. France 1725 et 1726.

19. Ci-après, 21 mars.

A. É. — Du XIIe mars.

Ordre au sieur du Perrier, conseiller au parlement de Provence, de se rendre à la cour de S. M. pour lui rendre compte de sa conduite[1].

M. C. — Du 12 mars.

Le Roi a commandé à M. de Lionne d'écrire à Bartet[2] de faire connoître à M. d'Aubigny[3] qu'il ne seroit pas bon qu'il vînt ici en cette conjoncture, où les partisans du cardinal de Retz se font entendre qu'ils attendent son retour pour l'avancement des affaires dudit cardinal[4]. [Il a écrit; mais Bartet n'a pas reçu la lettre, étant déjà parti de Londres.]

MÉMOIRE DES CHOSES QU'IL Y A A FAIRE TOUCHANT
M. LE DUC DE LORRAINE[5].

La foi et hommage qu'il doit rendre au Roi pour les terres du duché de Bar[6] qui relèvent de la couronne et le domaine réservé audit sieur duc dans l'étendue du chemin cédé à S. M. pour aller de Metz en Alsace[7]; [Il l'a faite.]

L'échange de la ratification du Roi avec celle que M. le duc de Lorraine doit faire après qu'il sera arrivé dans ses États[8];

Les ordres du Roi pour rétablir M. de Lorraine dans ses États en conséquence du traité;

Pour tirer des places de Lorraine (à l'exception de Nancy) toutes les garnisons qui y sont, commençant par celle de Bar, où M. de Lorraine se doit retirer pour expédier sa ratification;

Pour tirer de la Lorraine le régiment d'infanterie de la Ferté[9] et les dix compagnies d'infanterie qui y sont en garnison, comme aussi pour faire aller les gardes de M. le maréchal de la Ferté dans le gouvernement de Metz[10]; [Expédié.]

Item, pour réduire le régiment d'infanterie de la Ferté, qui est en garnison à Nancy, à huit compagnies, de cinquante hommes chacune;

Et pour y envoyer dix[a] compagnies des gardes[11]; [Elles sont parties.]

Plus, les ordres pour la subsistance aux dépens de la Lorraine de huit compagnies du régiment de la Ferté[12];

Et pour la démolition des fortifications de Nancy[13];

Lesquels ordres il faut concerter avec M. de Lorraine[14].

Le Roi a résolu que M. de Pradelles[15] aille commander à Nancy lorsqu'on y envoyera les dix compagnies des gardes; [Il est parti[16].]

Qu'on traite avec M. le duc de Lorraine pour faire obliger les fermiers des salines[17] au payement de la subsistance des huit compagnies de la Ferté;

Qu'on lui parle aussi de quelque somme en argent pour la démolition à faire par les ordres du Roi ou de ceux qui seront préposés[18]; [On lui a parlé.]

Que Clerville[19] aille à Nancy pour régler la forme de cette démolition et y préposer quelqu'un pour la faire exécuter; [Il est parti[20].]

Que les poudres et autres munitions de guerre demeureront dans Nancy jusques à la fin de la démolition;

Que ce qui en restera sera voituré ensuite à Metz suivant les ordres particuliers du Roi qui en seront lors expédiés;

a. *Deux* corrigé en *dix*.

Qu'il sera pris dans les magasins de Nancy la poudre dont on aura besoin pour faciliter la démolition ; [Les ordres ont été envoyés.]

Que les sieurs de Saint-Pouenge[24] et président Colbert[22] seront commis pour vaquer à l'exécution du traité fait avec M. de Lorraine ; [La commission et l'instruction leur ont été envoyées[23].]

Que, par l'instruction, il leur sera prescrit d'avoir l'œil incessamment à la démolition de Nancy et d'écrire toutes les semaines pour rendre compte de tout ce qui s'y passera ; [On leur a mandé ainsi.]

Qu'il sera pourvu à la dépense qui sera à faire pour donner moyen auxdits commissaires de vaquer à ladite commission ;

Que les eaux de Luxembourg seront conduites au Louvre[24].

Dudit jour 12 mars.

Le Roi a résolu qu'on enverra en Angleterre une personne, avec des lettres de crédit et quelque somme considérable, pour une affaire importante à l'État dont M. le Procureur général s'est chargé[25]. [Il est parti.]

Le Roi a accordé à M. de Turenne 24,000 livres par an pour ses appointements de la charge de maréchal général des camps et armées, et l'ordonnance a été expédiée[26].

Le Roi a résolu, sur l'instance que M. de Fuensaldagne, ambassadeur extraordinaire d'Espagne, a faite à S. M. afin qu'elle trouvât bon que Montgeorges[27] soit renvoyé en France pour être puni par ordre de S. M. de la peine de mort portée par l'ordonnance qui lui défendoit d'aller en Portugal, que Sadite M. répondra qu'elle est fort disposée de faire châtier ceux qui sont allés en Portugal ; mais, comme, par l'ordre du royaume, le jugement en appartient aux juges établis pour connoître de telles affaires, elle appréhenderoit que leur jugement ne répondît pas à ce que ledit sieur comte lui propose. [Le Roi a commandé à M. de Lionne de lui aller dire cela de la part de S. M., ce qu'il a fait[28].]

1. François du Perrier, baron de Flayosc et seigneur de Ventabren, avait succédé à son père, comme conseiller au parlement de Provence, le 16 octobre 1634. C'est un petit-fils de François du Perrier l'ami de Malherbe, et toute sa famille est fort en estime dans le monde lettré. En suite d'une « mortification » infligée par lui au président de Coriolis, le premier président d'Oppède a demandé son châtiment par une lettre du 26 février 1661 que Fr. Ravaisson a publiée dans les *Archives de la Bastille*, tome I, p. 53. Après les vicissitudes qui vont être racontées plus loin, il sera créé marquis de Flayosc en 1678, et mourra en 1692. Ci-après, p. 44 et 53-54.

2. Isaac Bartet, fils d'un commerçant de Pau, après avoir servi le duc de Bouillon à Rome, puis Jean-Casimir Wasa, qui l'envoya comme son résident à Paris lorsqu'il eut été élu roi de Pologne, a rendu de grands services, durant la Fronde, à la Palatine et à Mazarin lui-même, qui, en 1651, le récompensa par une charge de secrétaire du cabinet du jeune roi, et l'employa à diverses négociations. C'est lui qui, en 1660, est allé chercher à Rome la dispense pour le mariage de Louis XIV et l'a portée à Madrid. A la fin de la même année, le Cardinal lui a confié une mission en Angleterre. Il en va revenir dans les derniers jours de mars ; mais, « ayant été trouvé avec des lettres du cardinal de Retz » (*Journal de Vuoerden*, fol. 120 v°, et *Mémoires de Nicolas Rapin*, tome III, p. 109-110), il sera forcé d'abandonner sa charge et, relégué loin de Paris, n'obtiendra plus qu'en 1690 la permission de revenir saluer le Roi. Il finira ses jours chez les Villeroy, à Neufville sur le Rhône, en 1707, âgé de cent

huit ans selon Brossette. Sa correspondance d'Angleterre, jusqu'en 1661, a été amplement utilisée par feu M. Chéruel.

3. Ludovic Stuart, dit l'abbé d'Aubigny, est un fils cadet du deuxième duc de Lennox, dont la maison, issue des Stuarts, et à moitié française depuis le xve siècle, possède la terre d'Aubigny en Bourbonnais. Il a reçu l'abbaye d'Hautefeuille en 1647 et un canonicat de Notre-Dame de Paris en 1653, par la protection du jeune roi d'Angleterre réfugié à Paris ; mais, lorsque celui-ci est allé reprendre possession du trône, l'abbé s'est démis de son canonicat pour le suivre et devenir le grand aumônier de la reine Henriette. C'est à Paris, cependant, qu'il mourra, le 3 novembre 1665, âgé de quarante-six ans, et en passe de devenir cardinal. Nicolas Rapin, dans ses *Mémoires*, et Sainte-Beuve, dans divers volumes de son *Port-Royal*, ont donné d'intéressants détails sur cet ami dévoué de Retz, de Port-Royal et des jansénistes, au milieu desquels il représentait la modération et l'amabilité.

4. Exilé loin de la cour, à Saumur, puis retiré en Bordelais, Bartet écrira à M. de Lionne, le 24 avril (A. É., vol. FRANCE 910, fol. 305), une lettre qui donne de curieux détails sur sa personnalité, sur son rôle, et sur les circonstances où il fut disgracié, sans doute à l'instigation de Le Tellier.

5. Charles IV de Lorraine-Vaudémont (1604-1675), devenu duc de Lorraine en 1624, avait perdu plusieurs fois ses États, et, finalement, avait été tenu en prison, pendant six ans, par ses alliés les Espagnols. Il n'a obtenu sa liberté qu'après la paix des Pyrénées (articles 62-78), à laquelle, d'ailleurs, il n'a point voulu donner son adhésion. Au commencement de 1660, il est venu s'installer à Paris, dans l'hôtel de Guise, et, depuis lors, il a suivi les déplacements de la cour pour négocier avec Mazarin et Lionne un traité, non moins dur que la Paix, qui a été enfin signé à Vincennes le 28 février 1661. Cet acte stipule le démantèlement de Nancy aux dépens du duc, la reconnaissance de la suzeraineté du Roi sur son duché de Bar, la cession à la France du Clermontois, de Moyenvic, Sierck, Sarrebourg et Phalsbourg, l'ouverture d'une route militaire à travers la Lorraine, etc. Le duc va recouvrer le reste de ses États, mais sans autre place forte que Marsal.

6. Le duché de Barrois, qui était depuis le xve siècle l'apanage des aînés de la maison de Lorraine, se divisait en Barrois

mouvant, ou Barrois royal, relevant de la couronne de France, comme il est dit ici, — c'est la partie située en deçà de la Meuse, — et en Barrois ducal, ou marquisat de Pont-à-Mousson, au delà de la Meuse, appartenant au duc en pleine souveraineté. Louis XIII s'en était saisi lors de la rupture de 1633, et la propriété en avait été réservée encore à la France, en totalité, par l'article 63 de la Paix. Mazarin n'a consenti à la restituer au duc Charles IV, par le traité de Vincennes, que moyennant assurance que ce prince garantirait le retour de tous ses États, après lui, à la couronne de France, et avec cette condition (article 17 du traité), que « la mouvance subsisterait comme par le passé, et que le sieur duc en prêterait au Roi l'hommage qu'il est tenu de prêter pour les terres mouvantes tant de Barrois que celles du chemin (ci-après, note 7), huit jours après la signature. » On verra ci-après, p. 62 et 64, régler les formules de l'acte d'hommage.

7. Aux termes des articles 13-15 et 18 du traité du 28 février, modifiant l'article 69 de la Paix, ce chemin stratégique « servira aux sujets du Roi et à ses troupes, quand il voudra, pour aller de Metz en Alsace sur ses terres sans toucher aux États du duc. » Depuis le dernier village du pays Messin, entre Metz et Vic, jusqu'à Phalsbourg, il sera large d'une demi-lieue de Lorraine en tous endroits, et les limites en seront prises de bonne foi par des commissaires mi-partis. Une pareille emprise sur les meilleures portions de la Lorraine en rend la souveraineté imaginaire et donnera lieu à de nombreuses contestations; mais le « chemin royal » sera maintenu par l'article 14 de la paix de Nimègue.

8. Les ratifications se feront le 27 mars et le 20 avril (Bibl. nat., ms. fr. 4240, fol. 361-377). — Ce ms. 4240, dont nous aurons l'occasion de nous servir souvent, et qui fait partie des Papiers Le Tellier, comprend les transcrits de nombre de pièces relatives à la Lorraine, notamment des dépêches et ordonnances du Roi auxquelles se réfèrent souvent, sans en donner le texte ni même le sens précis, les minutes de la correspondance journalière du ministre conservées au dépôt de la Guerre; le dépouillement en a été donné dans le tome III du *Catalogue des manuscrits français de la Bibliothèque* (1881), p. 679-682. Le ms. 4240 comprend les pièces de 1661, tandis que les transcrits de lettres et expéditions, depuis l'année 1643, qui

composent la série cotée 4168 à 4195 du même fonds, ne dépassent pas la fin de 1660. Le registre O¹ 12 des Archives nationales reproduit une partie des pièces de 1643 à 1660, mais disposées par ordre de matières, en façon de formulaire, et non plus dans l'ordre chronologique, souvent même sans les dates.

9. Ce régiment d'infanterie, levé en 1651, deviendra le régiment de la Sarre. C'est aujourd'hui le 51.ᵉ régiment de notre infanterie de ligne, actuellement en garnison à Beauvais.

10. Henri, marquis de la Ferté-Senneterre, ou plutôt Saint-Nectaire (1599-1681), lieutenant général des armées en 1646, créé maréchal de France en 1651, possède depuis lors le commandement des troupes royales en Lorraine, auquel il a joint, en 1656, le gouvernement des pays Messin et Verdunois, avec le gouvernement particulier de Metz. Il sera fait duc et pair de la Ferté-Nabert, en novembre 1665, pour avoir reconquis à nouveau la Lorraine. « Ce maréchal, » dit l'abbé de Choisy, « quoique un peu brutal, avoit bien servi dans la dernière guerre, et ne s'étoit pas enrichi autant qu'on le disoit. » Outre son régiment d'infanterie, il en avait un de cavalerie et un de dragons : ci-après, séance du 8 avril.

11. Il s'agit des gardes françaises.

12 et 13. Ci-après, séance du 23 mars.

14. Toutes ces stipulations, comme celles qui suivront, sont conformes au traité du 28 février, dont le texte a été publié par Du Mont, dans le tome IV du *Corps diplomatique* de 1700, et par dom Calmet, dans son *Histoire ecclésiastique et civile de la Lorraine*, tomes III, p. 582-583, et IV, p. DLXII-DLXIX.

Ç'a été la dernière œuvre de Mazarin ; lui et Lionne en ont travaillé et discuté avec rigueur toutes les clauses. Le duc Charles, malgré ses concessions, et en dépit de ses protestations de bonne volonté et d'attachement à la France, sera forcé, pendant la période d'exécution, de subir des exigences multiples de la part du gouvernement royal.

15. François de Pradel, capitaine aux gardes, tout dévoué à Mazarin, a gagné le grade de maréchal de camp à la bataille de Rethel et est lieutenant général depuis 1657. Sa commission, du 25 mars 1661, pour commander à Nancy, est dans le ms. fr. 4240, fol. 386-387. Par la suite, il sera placé à la tête de divers corps d'armée, aura des gouvernements, devien-

dra lieutenant-colonel du régiment des gardes en 1667, et ne mourra que le 17 juin 1690, conservant jusqu'au bout son commandement des gardes. C'était, dit Bussy-Rabutin, « un soldat de fortune, honnête homme, mais qu'on trouvoit à point nommé pour faire certaines besognes. » Ci-après, 19 et 21 mars.

16. La *Gazette* annonça le 21 le départ de Pradel.

17. L'article 12 du traité de février, modifiant l'article 70 de la paix de 1659, avait stipulé la restitution au duc des salines de Rosières, Château-Salins, etc., mais moyennant qu'il continuât le bail passé le 1er février 1658 au nom du Roi, et que son fermier fournît toujours le pays Messin dans les mêmes conditions qu'auparavant, tant que le Roi n'exploiterait pas Moyenvic. L'ordonnance en conformité de cette clause sera rendue, au nom du duc de Lorraine, le 10 mai (Bibl. nat., ms. Mélanges Colbert 102, fol. 555). Ces salines constituaient une grande prospérité pour un pays éloigné de la mer; on eût pu exploiter en outre celles de Marsal, Salonne, Sarralbe, et toutes les sources donnaient un si riche produit, que le prix de revient, à la fin du siècle, passait pour n'atteindre que le huitième, à peine, de ce qu'il était en France. La vente aux pays allemands constituait à elle seule un bénéfice énorme.

18. Voir une dépêche du Roi à M. de Pradel (Bibl. nat., ms. fr. 4240, fol. 400-402).

19. Louis-Nicolas, chevalier de Clerville (1610-1677), fameux mathématicien que Colbert et Louvois emploieront plus tard à des entreprises considérables avant Vauban, puis avec lui, est ingénieur des armées, maître de mathématiques de la maison du Roi et maréchal de camp. Il deviendra bientôt commissaire général des fortifications et réparations des villes de France, et obtiendra, en 1671, le gouvernement de l'île d'Oléron, où il mourut six ans plus tard.

20. Clerville dut partir le 26 d'après la *Gazette*. Il avait déjà été chargé, en 1654, du démantèlement de Clermont-en-Argonne.

21. C'est un autre Jean-Baptiste Colbert, seigneur de Saint-Pouenges et de Villacerf, auteur de la branche de ce nom et marié à une sœur de M. Le Tellier. Celui-ci l'a pris comme principal commis des bureaux de la Guerre, avec une charge de correcteur, puis de maître des comptes à la Chambre de Paris, et un titre de maître d'hôtel du Roi. Enfin, depuis

1657, il fait fonction d'intendant en Lorraine ; mais, n'ayant plus d'attributions fixes par suite de la réintégration du duc dans ses États, il obtiendra, le 15 mai, l'intendance de Soissons, vacante par l'élévation de M. de Villemontée à l'évêché de Saint-Malo, puis passera à celle de Picardie (1662), sera fait conseiller d'État, et mourra en avril 1663. C'est lui, sans doute, qui avait été le premier artisan de la fortune des Colbert par son alliance avec les Le Tellier et par ses fonctions de premier commis depuis la chute de M. de Noyers. Sur son rôle dans le traité de Lorraine, voir les mss. fr. 4240 et 4244-4247.

22. Charles Colbert (1629-1696) est le troisième frère du futur contrôleur général, qui, le pressentant appelé aux plus hautes destinées, lui a ouvert la carrière administrative et judiciaire, ainsi que celle des armes à Colbert-Maulévrier et celle de l'Église à l'abbé Colbert. Il porte encore le surnom de Vendières, mais sera bien plus célèbre comme marquis de Croissy et ministre des affaires étrangères à partir de 1679. D'abord agent du Cardinal et intendant des armées en 1654, il a acquis en 1656 une charge au parlement de Metz ; puis, en 1657, il a été détaché pour organiser l'Alsace en qualité de président du Conseil souverain de cette province, d'où le titre de président qui le distingua longtemps des autres Colbert. En outre, il a suivi MM. de Gramont et de Lionne dans leurs missions en Allemagne, a assisté aux réunions de l'Alliance du Rhin en 1659, est allé en 1660 à Vienne, pour déterminer l'Empereur à ne plus contrarier les négociations avec la Suède et le Brandebourg, et de là en Pologne, pour y poser les premiers jalons d'une candidature du fils de Condé. Enfin, le 12 octobre 1660, il a été envoyé à Rome, pour y accommoder les litiges de Castro et de Comacchio ; mais il en est revenu sans avoir pu obtenir autre chose que deux audiences du Pape. Son rôle en Lorraine comme « conseiller aux conseils d'État et privé, intendant de justice, police et finances ès villes, pays et évêchés de Metz, Toul et Verdun, et pays Messin, et villes et pays cédés par les traités d'Espagne et Lorraine aux duchés de Lorraine, de Bar et de Luxembourg et comté de Chiny, » sera de contrôler et surveiller l'action de son cousin Saint-Pouenges, lequel représente le parti Le Tellier, ainsi que le montrent deux lettres de lui, dans

les Mélanges Colbert, vol. 102, fol. 725 et 738. Il sera revêtu, au commencement de 1662, d'une charge de président au mortier de nouvelle création, puis d'une charge de maître des requêtes en 1663, ensuite de diverses intendances, sans cesser d'avoir des missions diplomatiques.

23. La nomination de ces commissaires avait été stipulée de part et d'autre dans l'article 25 du traité de Vincennes. L'instruction pour Saint-Pouenges et le président Colbert, datée du 22 mars, est en minute aux Affaires étrangères, vol. Lorraine 38, fol. 153-157, et leur commission, du 23, est en copie dans les Papiers Le Tellier (Bibl. nat., ms. fr. 4240, fol. 387 v° à 400), à côté de la copie de leurs procès-verbaux, mss. 4244-4247.

24. C'est pour le service du palais de Luxembourg, au temps de Marie de Médicis, que l'adduction des eaux de Rungis a été entreprise en 1612 et achevée en 1624, sur une longueur de six mille six cents toises, la dépense étant couverte par un droit d'entrée sur les vins. Depuis lors, les réservoirs de distribution du palais assurent le service de la rive gauche de la Seine, et même de la rive droite. Sur un total de cent douze pouces, soixante sont réservés pour les maisons royales; Sauval, dont les *Recherches* furent écrites entre 1660 et 1670, dit : « Le château des eaux est situé entre le faubourg Saint-Jacques et le faubourg Saint-Michel. Elles servent pour les maisons royales à Luxembourg, à la Croix-du-Trahoir, pour les écuries du Roi, au Palais-Royal. » L'adduction jusqu'au Louvre a sans doute été reconnue désirable depuis l'incendie du 6 février 1661, qui a consumé une partie de la galerie des Rois, les combles de la bibliothèque, de la salle « des Comédies domestiques » et du salon situé au-dessus de la salle des Antiques. L'eau y avait manqué autant que les appareils d'extinction. C'est là qu'un frère lai du couvent des Augustins s'est distingué par sa vaillance extraordinaire, et Louis XIV, parlant de ce sinistre dans une lettre du 23 mars à son beau-père (recueil Morelly, tome I, p. 9-10), dira : « L'accident n'en fût pas demeuré là, si Dieu, par un miracle visible, n'eût arrêté le cours des flammes, faisant changer le vent tout à coup. » — Nous ne saurions dire s'il fut donné suite au projet de faire venir les eaux de Luxembourg par le Pont-Neuf; mais, en 1664, quand Colbert établira le programme des travaux à confier au cavalier Bernin, il deman-

dera tout un service de réservoirs, avec des appareils contre l'incendie (*Lettres de Colbert*, tome V, p. 253 et 257). Ensuite, un arrêt du 22 avril 1671 ordonnera l'établissement de nouvelles fontaines au Palais-Royal, à Saint-Roch, à la rue Richelieu, et, un siècle plus tard, le marquis de Marigny fera de grands travaux pour amener au Louvre l'eau du Pré-Saint-Gervais ou de Belleville, prise à la fontaine de la Croix-du-Trahoir.

25. L'affaire « importante à l'État » qui nécessite une mission secrète en Angleterre est expliquée par ce passage des *Mémoires de l'abbé de Choisy*, tome I, p. 123 : « Le Roi avoit mis en délibération dans son Conseil s'il pouvoit en honneur et en conscience secourir le Portugal, et ses trois ministres avoient conclu qu'il le pouvoit, n'étant pas plus obligé que le roi d'Espagne à observer tous les articles du traité de paix, et que, puisque les Espagnols ne lui faisoient aucune raison sur quatre-vingt-quatre articles de griefs que l'archevêque d'Embrun leur avoit proposés à Madrid, il en pouvoit faire autant de son côté et compenser l'un par l'autre. Il prit donc la résolution de le faire, mais le plus secrètement qu'il se pourroit, et chargea Foucquet de cette négociation à l'insu des autres ministres. Foucquet se servit pour cela d'un nommé La Bastide qui avoit eu quelques habitudes à Londres du temps de Cromwell : il fit résoudre le roi d'Angleterre à épouser la princesse de Portugal, et lui promit de lui faire donner par le Roi deux cent mille écus par an, qui seroient employés au secours du Portugal. » Une rédaction des *Mémoires de Louis XIV*, qui est sans doute de Pellisson (éd. Dreyss, tome II, p. 447-448), révèle encore plus précisément comment agit l'envoyé de Foucquet : il offrit au tout-puissant chancelier Hyde, pour qu'il décidât son maître à épouser l'Infante de Portugal, mais « sans lui demander que son amitié, » un demi-million dont on l'avait muni en lettres de crédit sous prétexte de faire des achats de plomb. La démarche se trouva superflue : « Hyde, disent les *Mémoires*, refusa mes offres avec d'autant plus de mérite qu'en même temps il avoua à cet envoyé qu'il étoit lui-même d'avis du mariage de Portugal pour l'intérêt du roi son maître, à qui il le fit, après cela, parler en secret. » L'agent, qui s'appelle Labastide de la Croix et est un gentilhomme de Rouergue, continuera à servir secrètement la cause portugaise jusqu'à l'arrestation de Foucquet. Voir ci-après, 1er, 16 et 26 avril.

26. Henri de la Tour-d'Auvergne, vicomte de Turenne (1611-1675), fils puîné du duc de Bouillon et d'une fille du prince d'Orange, maréchal de France depuis 1643, ministre d'État et colonel général de la cavalerie légère, avait reçu le 5 avril 1660, à Montpellier, les provisions de maréchal général des armées du Roi (*Mémoires de Saint-Simon*, tomes V, p. 278, et XIII, p. 296). L'original de ces provisions, venant des Papiers de la maison de Bouillon, est aux Archives nationales, K 118ᴮ, n° 99², et on voit par une autre pièce, n° 116, que, pour ses appointements et sa pension du Conseil, Turenne toucha, en 1661, deux sommes de 38,000 l. et de 18,620 l.

27. L'Espagne et le Portugal, celui-ci toujours soutenu par la France, étaient en guerre depuis la scission de 1640 et la proclamation du duc de Bragance comme roi; mais la paix des Pyrénées a stipulé expressément que Louis XIV cesserait de continuer aux sécessionnistes ses secours en argent et en hommes. Philippe IV n'a pas hésité à abandonner les meilleures places des Pays-Bas plutôt que de laisser aux Bragance le secours de la France, et il a pris toutes précautions à cet endroit dans l'article 60 de la Paix et dans le n° 3 des articles secrets. Néanmoins, par l'intermédiaire du comte de Soure, le deuxième roi de Portugal, Alphonse-Henri de Bragance, continue à faire embaucher des officiers français restés sans emploi depuis 1659. Parmi ceux-ci s'est distingué François Gaulmin, dit le chevalier de Montgeorges, capitaine de chevau-légers depuis 1650, et, les manœuvres du Portugal préoccupant au premier chef la diplomatie espagnole, comme on l'a vu p. 9, Vuoerden raconte les faits dont il est question ici dans un des chapitres préliminaires de son *Journal* (fol. 19): « Don Juan d'Acosta, comte de Soure, dit-il, traita encore avec le sieur Mongeorge, lieutenant-colonel de Foix, fils de M. Gaulmin doyen des maîtres des requêtes, lequel s'engagea à la levée d'un régiment de cavalerie et négocia un rendez-vous à l'île d'Oysant (Ouessant), en Bretagne, appartenant au marquis de Sourdéac : ce qui étant su de Monseigneur (l'ambassadeur Fuensaldagne) par un de ses gentilshommes, j'en donnai part à M. Le Tellier, qui procura ordre du Roi de se saisir de Mongeorge et le mettre à la Bastille ; mais ses amis, sans doute, l'en avertirent : il partit pourtant de Paris en diligence, et se rendit en Bretagne auprès de ses gens. S. Exc., ne se contentant point d'avoir obtenu ordre du

Roi dans toutes les provinces d'empêcher ces levées, me commanda d'envoyer un homme en Bretagne exprès, que je cherchai de confiance, et ce à dessein d'apprendre deux choses, savoir : l'effet que faisoient les défenses du Roi, et l'état de la levée de Mongeorge. Cet homme nous donna avis, par la correspondance que j'avois avec lui, qu'un courrier du cabinet, nommé Héron, avoit été à Brest, au Conquet et autres ports, où il avoit fait publier les ordres du Roi portant que, sous la peine d'être pendu et étranglé, personne du royaume n'allât servir en Portugal, ce qui mit Mongeorge au désespoir, car, de six cents hommes qu'il avoit entrepris, il n'en put jamais joindre la moitié, et, n'eût été que l'accès de l'île d'Oysant est impossible, le prévôt de Rennes, qui se mit en campagne, eût dissipé ce qu'il y avoit. Il a passé depuis, avec cette malheureuse troupe, aux côtes de Portugal, où il a été pris par une frégate de Biscaye, et, si on suit la raison d'État et de justice, et le sentiment de S. Exc., ces gens doivent être tous pendus, ce qui empêcheroit que désormais aucun François ne songeroit d'épouser une si injuste et malheureuse querelle. »

28. La première ordonnance du Roi « pour empêcher les levées d'hommes dans le royaume, sur la frontière de Picardie et dans le Hainaut, pour aller servir en Portugal, » datée du 26 octobre 1660 (B. N., ms. fr. 4195, fol. 228), est transcrite dans le *Journal de Vuoerden*, fol. 20 et 21. Le 8 février 1661 (*ibidem*, fol. 63), Vuoerden et son ambassadeur ont obtenu de Louvois qu'il fût défendu derechef d'aller prendre parti contre les Espagnols et enjoint aux Français déjà en route de revenir sous peine « d'encourir l'indignation du Roi et d'être punis comme rebelles infracteurs du traité de paix. » Pour mieux calmer M. de Fuensaldagne, Le Tellier lui a proposé de dresser lui-même la nouvelle ordonnance, qui a été signée à Vincennes le 27 février, et Vuoerden en a transcrit encore le texte (fol. 86 *bis;* A. N., O^1 12, fol. 450). Toujours à propos du Portugal, Vuoerden a consigné dans son *Journal* (fol. 21 v° et 22) quelques détails qui peuvent prendre place ici, se rapportant à des questions traitées dans la suite du présent Mémorial : « Je ne puis omettre, dit-il, une particularité de ce qui m'est arrivé chez M. de Lionne, où Monseigneur m'avoit envoyé remontrer vivement, et avec une forte expression, le déplaisir qu'il avoit de voir

qu'on souffroit tacitement que le comte de Schonberg, qui
avoit des charges même dans la maison du Roi et des autres
en France, allât servir en Portugal. M. de Lionne me dit
d'abord qu'assurément c'étoit contre l'intention du Roi, et
qu'il en seroit châtié sans doute; mais, après avoir fait
quelques excuses, il leva la voix et dit, presque ces propres
termes : « Je conçois assez la politique de M. le comte de
« Fuensaldagne. Il se plaint tout haut et nous prévient dans
« le sujet que nous en avons, afin de ne point souffrir nos
« remontrances. C'est une affaire très peu importante que
« quelques désavoués aillent servir en Portugal : cela ne retar-
« dera point les affaires d'Espagne; mais dites-lui, de ma part,
« qu'avec la même ponctualité qu'il souhaite que la France
« observe le traité en tout ce qui est en faveur de votre parti,
« il procure aussi qu'on satisfasse la France en tout ce qui la
« regarde et ceux qu'elle a compris dans la Paix. On ne paye
« point la dot de la Reine, dont les deux termes sont échus;
« on ne satisfait point le duc de Modène en ce qui lui touche;
« à Naples, le comte de Peñeranda ne veut pas rétablir les
« seigneurs napolitains exilés et leur ordonne la prison d'un
« château lorsqu'ils parlent de leur rétablissement; Mme de
« Chevreuse n'est point payée. Voilà bien des manquements
« pour un, et je ne saurois céler à M. le comte de Fuensal-
« dagne qu'en cas qu'on ne satisfasse point à ces articles et à
« tous les autres du traité, la France ne tiendra point non plus
« celui du Portugal et permettra au printemps que, non point
« une troupe à la dérobée, mais un corps de cinq ou six mille
« hommes, y aille servir. »

On vient de voir que Louis XIV, moins soucieux de ses engagements que de la nécessité politique, avait envoyé en Angleterre un agent secret chargé d'assurer par des voies indirectes
d'autres secours au Portugal. L'abbé de Choisy conte encore,
au tome I de ses *Mémoires*, p. 123-124, comment, par la suite,
le monarque sut mettre sa conscience en repos : « Il envoya le
comte d'Estrades en Angleterre sans rien lui dire de la négociation secrète que Foucquet avoit entre les mains. Le roi d'Angleterre pressa d'Estrades d'écrire au Roi en faveur des Portugais;
mais le Roi répondit qu'il vouloit exécuter fidèlement le traité
des Pyrénées. Le roi d'Angleterre répliqua qu'Henri le Grand
n'avoit pas été si scrupuleux, et qu'après la paix de Vervins

il n'avoit pas laissé de donner de gros subsides aux Hollandois : à quoi le Roi répondit qu'il se feroit toujours honneur d'imiter le Roi son grand-père, et qu'il n'avoit jamais rien fait contre sa parole, puisqu'en signant la paix de Vervins il avoit averti le roi d'Espagne qu'il devoit de grandes sommes d'argent aux Hollandois, ses bons compères, et qu'il ne prétendoit pas leur faire banqueroute. Ainsi, d'Estrades, tout habile qu'il étoit, fut joué par les deux rois sur les affaires du Portugal, jusqu'à ce que, Foucquet ayant été arrêté, le Roi lui découvrit tout le mystère, et défendit à La Bastide de s'en plus mêler. » Les *Mémoires de Louis XIV* s'expriment presque textuellement de même.

Colbert s'intéressait au sort de Montgeorges : une lettre à lui adressée le 25 mai 1661 (ms. MÉLANGES COLBERT 102, fol. 721) dit qu'on espère que l'officier français sera bientôt en liberté, et que ses amis l'attendent par la voie de Viane. Il revint plus tard en France, et périt dans la dernière campagne de Turenne, venant d'être fait brigadier de cavalerie pour une belle action que racontent les *Mémoires de Saint-Hilaire*. C'était l'oncle d'un autre Montgeorges, capitaine aux gardes fort estimé, mais à qui ses relations avec la belle Mme Ticquet faillirent coûter cher en 1699 (*Mémoires de Saint-Simon*, éd. nouvelle, tome VI, p. 434-437).

M. C. — Du 14e mars[1].

Le Roi a commandé à M. de Brienne de parler aux ambassadeurs d'Hollande du prêche qui se fait dans le faubourg Saint-Germain, chez eux[2], et de leur dire qu'il a été surpris d'apprendre que ce prêche se faisoit en françois contre l'usage pratiqué de tout temps[3]. [Il l'a fait, et ils lui ont fait excuse.]

Le Roi a commandé qu'on écrivît à Calais[4] et ailleurs pour savoir si les troupes d'Espagne font quelque mouvement[5]. [Il a été écrit.]

Le Roi a commandé qu'on expédie à M. de Bar[6] des provisions du gouvernement de la ville et citadelle d'Amiens, au lieu de sa commission, et d'en faire autant de la charge de bailli[7]. [Exécuté.]

Dudit jour, 14 mars.

Le Roi a résolu qu'il seroit conféré avec MM. du Plessis[8] et de Villeroy[9], maréchaux de France, sur la construction du Château-Trompette[10]; [Cela a été fait.]

Que les provisions de M. le Premier[11], touchant la citadelle de Marseille, seront réglées sur la déclaration faite par S. M. pour le nouvel établissement des magistrats de l'hôtel de ville de Marseille[12]; [Expédiées.]

Qu'il sera expédié une ordonnance de 200,000 livres pour les bâtiments[13]; [Expédié.]

Que le général des Célestins sera averti de ne rien faire en France contre ce qui a été convenu avec ses prédécesseurs, ni aux bulles des Papes. [On l'a averti[14].]

Le Roi a renvoyé la requête des députés de la noblesse d'Artois aux commissaires de S. M. aux États de ladite province pour lui donner leur avis[a] après en avoir conféré avec ceux desdits États[15]. [Fait.]

Le Roi a résolu que l'on envoyeroit les ordres pour faire venir à sa suite les deux personnes qui sont le plus chargées de l'émotion excitée dans Auxerre contre un exempt des gardes du corps : c'est Bernier, maire de la ville[16]; [Envoyés.]

Comme aussi pour faire venir à la suite de S. M. le sieur du Perrier, conseiller au parlement de Provence[17]; [Envoyés.]

De faire valoir à M. le comte de Fuensaldagne ce qui a été fait pour un bénéfice sis dans la ville d'Hesdin

a. On a biffé *à S. M.* après *avis.*

en faveur de l'abbé d'Angchien[18]; [Le Roi l'a commandé à M. de Lionne, qui l'a fait.]

De remettre aux habitants de Pamiers[19] l'élection de leurs consuls à l'ordinaire, sans s'arrêter à celle qui a été faite depuis peu; [L'ordre a été envoyé.]

D'ériger en comté des terres appartenantes à M. de Matignon[20]; [Fait.]

Qu'il sera fait mention, dans les lettres d'apanage de Monsieur, que les comtés de Limours et de Montlhéry sont distraites du duché de Chartres et n'y sont pas comprises[21]. [Fait.]

Le Roi a commandé que l'on expédie des lettres d'attache[22] adressantes aux évêques pour l'exécution du bref du Pape qui défend le Missel en françois imprimé depuis peu par les soins du sieur Voysin[23];

Que l'on envoye ordre aux Capucins de se retirer de Libourne[24]; [Envoyé.]

Que l'on expédie des commissions dans les provinces, pour les affaires de ceux de la Religion, à l'intendant et à un gentilhomme de la Religion, pour les contraventions aux édits[25].

Le Roi a défendu de plus expédier des dispenses d'âge à des officiers des parlements et autres semblables compagnies[26].

Le Roi, par arrêt du Conseil, a renvoyé à M. de Bezons[27] le procès d'un homme accusé de duel pour être jugé par lui à Montpellier, à la charge de l'appel; et, sur ce qu'il étoit demandé de le renvoyer au parlement, le Roi a résolu que M. de Bezons feroit le procès jusques à sentence définitive exclusivement, et qu'il envoyeroit ensuite les procédures à S. M.[28]. [On lui a envoyé tous les ordres là-dessus.]

L'acte de foi et hommage que M. le duc de Lorraine doit rendre au Roi a été arrêté tant pour le duché de Bar, à cause des terres qui en relèvent, que pour celles qui lui appartiennent en propriété dans le chemin réservé au Roi par le traité[29]. [Il a fait ledit hommage dans les termes que le Roi a voulu en substance comme doit un vassal lige[a].]

Le Roi a commandé que tous les Secrétaires d'État communiquent à M. le Chancelier les dépêches qu'ils recevront des parlements et des provinces[30], pour ensuite prendre les ordres de S. M.[31].

1. Le dimanche 13, Vuoerden écrit dans son *Journal* (fol. 98) : « La cour commençoit à se ressentir du changement arrivé par la mort du Cardinal. Les princes et les principaux de France se plaignoient de n'avoir aucune part aux affaires pendant que trois bourgeois, disoient-ils, gouvernoient l'État. Le maréchal de Villeroy, qui fut un des plus prompts et plus hardis à parler au Roi de cette disposition, eut ordre de se retirer de la cour et d'aller en son gouvernement de Lyon. Le maréchal de Turenne ne céla point son déplaisir à la Reine mère; mais ce qui est plus étrange, c'est que le bruit étoit général que le Cardinal, durant sa maladie, avoit choqué la Reine mère et l'avoit mise mal dans l'esprit du Roi, et même fourni des mémoires contre elle, ce qui se confirmoit par le procédé du Roi, qui agissoit de son chef sans donner grand'part à la Reine mère. De plus, je sais d'original que, le duc de Lorraine lui ayant proposé, il y a un mois avant la conclusion de son traité, l'alliance de son neveu, héritier de Lorraine, avec la Hortensia, pour mettre fin, comme il disoit, à la persécution de sa maison et de son pays, la Reine lui répondit : « Ne vous abaissez point « jusque-là; le Cardinal ne vivra pas toujours, et vous aurez le « temps de faire vos affaires. » Enfin, tout le monde étoit en suspension... »

2. Les ambassadeurs extraordinaires de Hollande, qui avaient eu leur première audience du Cardinal le 26 janvier, sont :

---

a. Les six derniers mots ont été ajoutés après coup à la suite de *en substance.*

Jean, baron de Ghent, primat du pays de Fauquemont; Conrad van Beuningen, conseiller d'Amsterdam; Juste de Huybert, pensionnaire de la ville de Ziérikzée. Ils logent rue de Tournon, dans l'ancien hôtel d'Ancre, spécialement aménagé pour les ambassades extraordinaires, aujourd'hui caserne municipale. Leur mission est de négocier des « traités d'amitié et confédération et de commerce convenables à la constitution du temps et des affaires, qui puissent assurer la durée de la paix par une bonne et ferme union entre les États et la France et établir une mutuelle correspondance entre les deux pays, afin de leur en faire goûter les fruits avec avantage. » Ils ont présenté un premier mémorandum le 3 février, et la commission pour négocier avec eux sera donnée le 10 avril à MM. Séguier, de Villeroy, de Brienne père et fils, Le Tellier et de Lionne (Papiers Séguier : Bibl. nat., ms. fr. 17561, fol. 53 et 82-87). Nous verrons plusieurs incidents de cette négociation laborieuse. — L'ambassadeur ordinaire des États est, depuis 1650, Guillaume Boreel, baron de Vanhove et seigneur de Druynbecke.

3. Déjà, en 1657, le Clergé avait provoqué une démarche très pressante auprès des États-Généraux pour qu'ils prescrivissent à leur ambassadeur de cesser ces prêches en français, qui faisaient fort mauvais effet parmi le peuple de Paris, et de ne plus laisser célébrer des mariages dans sa chapelle. M. Boreel, prenant très mal les observations du Chancelier, a répondu que, comme représailles, il demanderait qu'on interdît de célébrer la messe en latin dans la demeure de M. de Thou à la Haye, ville où les catholiques ne pouvaient assister au service de leur religion chez les ministres étrangers. C'est sur une plainte du curé de Saint-Sulpice à l'assemblée du Clergé en septembre 1660, et sur une instruction de l'abbé de Fortia, que les instances ont été réitérées. M. de Thou, ambassadeur à la Haye, a fait savoir que les États obtempéraient à la demande du Roi et que leur représentant à Paris n'aurait plus qu'un ministre hollandais. « Je pense, ajoutait-il, qu'il a pu entrer dans les plaintes quelque zèle des Pères de la Mission, qui peuvent un peu exagérer les choses. Pour les catholiques qui sont dans ces provinces, ils n'ont jamais joui d'une si grande liberté, et je les exhorte, autant que je puis, d'en user avec retenue et discrétion, afin de se la conserver. » Louis XIV se

félicitera, dans ses *Mémoires* (éd. Dreyss, tome II, p. 418 et 419), de ce que toutes « assemblées et écoles cessèrent dès qu'il eut fait entendre qu'il ne vouloit souffrir ces nouveautés. »

4. Est gouverneur de Calais le comte de Béthune-Charost.

5. Par la paix de 1659, articles 35-41, l'Espagne a abandonné : en Artois, Arras, Hesdin, Bapaume, Béthune, Lillers, Lens, Saint-Pol, Thérouanne, Pas ; en Flandre, Gravelines, le fort de Philippe, l'Écluse et Ham, Bourbourg, Saint-Venant ; en Hainaut, Landrecies, le Quesnoy et tous leurs bailliages ; Mariembourg, Avesnes et Philippeville en échange de la Bassée et de Berghes-Saint-Wynoch ; en Luxembourg, Thionville, Montmédy, Damvilliers ; les prévôtés d'Ivoy, Chavancy et Marville ; Rocroy, le Câtelet et Clinchamp ; sans compter, au midi, le comté de Roussillon et la portion de la Cerdagne située en deçà des Pyrénées. Aire et Saint-Omer, en Artois, ont été réservés pour l'Espagne.

6. Guy de Bar, ancien serviteur très fidèle du cardinal de Richelieu, puis capitaine aux gardes et maréchal de camp, ayant eu la garde des princes en 1650 et 1651, a reçu pour récompense le grade de lieutenant général et un brevet de conseiller d'État, puis le gouvernement d'Amiens et le grand bailliage de Picardie. C'est un homme tout dévoué à Foucquet. « Fort connu, dit Saint-Simon, pour avoir mieux gardé Monsieur le Prince, M. le prince de Conti et M. de Longueville, dans leur prison, que le dépôt d'argent que le maréchal de Schulemberg lui avoit confié. » Il mourut, fort vieux, en 1695.

7. La commission de Guy de Bar était du 29 août 1653, et il avait un brevet d'assurance de 300,000 livres depuis le 13 novembre 1655. Les provisions en forme furent expédiées le 15 mars 1661 ; elles sont transcrites dans le registre municipal d'Amiens coté BB 68, fol. 64 v°. Vers la fin de l'année, le lieutenant criminel d'Amiens ayant mal organisé l'élection des échevins en l'absence du gouverneur, le Roi fera rendre un arrêt de cassation (Arch. nat., E 1714, n° 143, 28 octobre 1661) ; le lieutenant général aux bailliage et présidial sera également poursuivi pour d'autres griefs (*ibidem*, n° 135). De Bar conservera le gouvernement jusqu'à sa mort et sera remplacé alors par son fils.

8. César de Choiseul, comte du Plessis-Praslin (1598-1675), maréchal de France depuis 1646, ministre d'État depuis février 1653, sera créé duc de Choiseul en 1662.

9. Nicolas de Neufville (1598-1685), marquis de Villeroy, a été gouverneur du jeune roi et est maréchal de France depuis 1641. C'est lui qui sera créé chef du conseil royal des finances le 15 septembre 1661, et il deviendra duc et pair en 1663.

10. Depuis les événements de la Fronde bordelaise, Mazarin s'était occupé sans relâche d'agrandir et transformer le Château-Trompette afin de tenir en bride une population « qui commençait toujours les séditions et la révolte, » et la bourgeoisie elle-même y a vu un moyen de « se sauvegarder de la canaille. » En effet, cette forteresse, placée du côté de la Gironde, avec le fort du Hâ du côté des Landes, devaient constituer un système de défense à la fois extérieure et intérieure. Les volumes 102 et suivants de la correspondance de Colbert et les tomes I, V et VI de ses *Lettres et mémoires* contiennent un grand nombre de lettres sur cette construction. Les directeurs des travaux étaient Poupart et Lombard; au premier, Le Tellier écrit, le 26 mars, que le Roi, ayant vu ses plans en présence des deux maréchaux, qui connaissaient le château pour l'avoir étudié en passant à Bordeaux avec la cour, est résolu à mener l'entreprise à bonne fin, mais veut connaître les devis (A. G., vol. 168, fol. 198). Nous verrons la suite.

11. On appelait « Monsieur le Premier » le premier écuyer de la petite écurie du Roi, charge très importante occupée depuis 1645 par Henri de Beringhen (1603-1692), lequel, après avoir succédé à son père comme premier valet de chambre en 1620, était devenu conseiller d'État, grand maréchal des logis, général des postes, mais avait été réduit par l'hostilité du cardinal de Richelieu à se retirer pendant douze ans en Allemagne et en Hollande, et n'était rentré que depuis la mort de Louis XIII. Créé premier écuyer le 10 août 1645, il aura le cordon bleu à la prochaine promotion de 1661 et conservera toute la faveur du Roi pendant trente ans encore.

12. On peut voir dans la correspondance des Brienne, A. É., vol. France 292-294, et B. N., ms. fr. 4195, dans l'*Histoire de Provence*, par Bouche (1664), tome IV, p. 554 et suiv., et dans l'*Histoire d'Aix*, par Pitton (1666), p. 460 et suiv., quels partis s'étaient formés contre M. de Mercœur, sous la direction du premier consul Louis de Vento, puis du patriote Niozelles, en vue de maintenir le « règlement du sort » pour la nomination des consuls, des officiers municipaux et du conseil de ville, com-

posé de trois cents membres. De là l'énergique répression dont il a été parlé ci-dessus, p. 12. Un édit signé à Marseille même en mars 1660, et commençant par un exposé de l'origine des troubles et de leur caractère, a conclu en ces termes : « L'expérience nous a fait connoître que le gouvernement des villes est très dangereux entre les mains des magistrats municipaux et politiques, soit pour notre service, soit pour l'intérêt du public... » Cet édit a donc supprimé tous les officiers municipaux, remplacé les consuls par deux échevins, réduit le conseil politique à soixante-six membres, et rétabli, comme au xvie siècle, pour présider les assemblées de ville, un viguier-gouverneur qui se nomme de deux ans en deux ans, doit être gentilhomme de nom et d'armes, mais ni Marseillais, ni Provençal, ni marié à une Marseillaise. Il a un logement affecté pour lui et une garde de six hallebardiers, reçoit trois mille livres de la ville pour son entretien, garde toutes les clefs des portes, et nomme les portiers de la porte Réale et de celle de la Chaîne.

13. Depuis la disgrâce de Sublet de Noyers en 1643, son ancien commis Antoine Ratabon est surintendant et ordonnateur général des bâtiments du Roi, arts et manufactures de France, à l'exception du palais de Fontainebleau, qui ne sera réuni que le 8 mai 1661 à son département. Sous l'impulsion de Mazarin, et surtout de Colbert, le Roi a résolu de « faire continuer incessamment le bâtiment neuf de son château du Louvre et palais des Tuileries, pour être joints ensemble suivant l'ancien et magnifique dessein des Rois ses prédécesseurs, et, en même temps, achever le superbe château de Chambord et rétablir ceux de Saint-Germain-en-Laye et Fontainebleau, pour lesquels ouvrages S. M. sera obligée de faire de très grandes et extraordinaires dépenses, » de même que pour « achats de maisons et héritages, bustes, figures, bronzes, marbres, peintures, sculptures, tapisseries, construction de machines, fontaines, canaux, et autres ornements et embellissements » (A. N., E 344, fol. 418, arrêt du 30 avril 1661, corrigé de la main de Colbert). Quoique Colbert ne doive devenir qu'en 1664 surintendant en titre, c'est à lui que Ratabon s'était adressé l'année précédente (A. É., vol. France 910, 9 avril 1660) pour obtenir les premiers fonds destinés aux travaux du Louvre et des Tuileries, et c'est lui

qui fera inscrire au budget de 1662 un crédit de deux millions pour les bâtiments. Des arrêts sont rendus depuis 1660 pour l'acquisition des maisons, hôtels ou masures qui couvrent le terrain entre le Louvre et les Tuileries (A. N., E 1713, n° 33, et E 1714, n° 69). Mais la somme de 200,000 l. dont il est question ici ne représente que l'allocation annuelle aux trésoriers des bâtiments pour les gages des officiers, l'entretènement des maisons royales, etc., en dehors des constructions neuves, dont la dépense se règle comptant à l'Épargne depuis le 1er janvier 1660. Voir l'arrêt indiqué du conseil des finances du 30 avril 1661 ; les *Lettres du cardinal Mazarin*, tome IX, p. 488; le ms. Mélanges Colbert 102, fol. 771-772; les *Lettres de Colbert*, tomes II, p. 54, 61, 66, et V, p. 245-265; les *Comptes des bâtiments du Roi*, tome I, p. xvi, etc. Les comptes de l'Épargne, au deuxième quartier de 1661, mentionnent des versements pour les bâtiments neufs du Louvre et des Tuileries.

14. Le général des Célestins, qui furent sécularisés au siècle suivant, est l'abbé de Solmona, dans les Abruzzes, et, depuis plusieurs mois, il demande à venir visiter les couvents de son ordre établis en France (A. É., vol. Savoie 56, fol. 262-263, et vol. 57, fol. 2). Brienne lui écrira, le 18 mars (vol. Rome 143, fol. 19-20), que des bulles ou brefs du Saint-Siège interdisent sa venue en France, où la réforme est en vigueur, tant que sa propre maison n'y aura pas été soumise, et il le priera de veiller à ce qu'aucune innovation ne trouble cette réforme chez des religieux « de fort louable observance et de bonne édification, qui ont même l'honneur d'être secrétaires de la maison et couronne de France. » Sinon, liberté serait laissée à chacun d'eux de se pourvoir par-devant le Parlement, qui est « établi pour conserver les droits de tout le monde. »

15. Depuis 1640, il n'y avait plus de convocation des États de la partie française de l'Artois, tandis qu'ils se réunissaient à Saint-Omer pour la partie demeurée espagnole. L'annexion étant faite par la paix des Pyrénées, le Roi a déclaré son intention de revenir aux anciennes formes ; mais, tandis que tout seigneur de terre pouvant prouver cent ans de noblesse paternelle et maternelle avait jusque-là le droit d'y siéger, l'intention du Roi est de n'y laisser entrer qu'un nombre restreint de gentilshommes, et c'est pour réclamer l'ancien privilège, entre autres points contestés, que deux députés de la

noblesse sont venus en cour. Voir *Mémoires de l'Académie d'Arras*, tome XXXII (1860), p. 79-83.

En repartant le 10 février, ces députés ont annoncé à Vuocrden (son *Journal*, fol. 67) le succès de leur mission : « Ils avoient obtenu, à la fin, que leur province seroit gouvernée par États comme du temps de l'obéissance d'Espagne, qu'ils avoient eu confirmation de tous leurs privilèges, et que les deux points à décider étoient que les abbayes ne seroient pas commendataires, et que les habitants d'Artois ne payeroient point l'entrée et sortie du royaume, ce qui étoit remis au Conseil du Roi et devoit se vuider après la tenue des États. Ils ajoutoient, dans le discours confident, qu'ils avoient eu bien de la difficulté à obtenir leurs fins, et qu'ils avoient eu pour maxime de lasser les ministres par leur constance et en ne leur cédant rien à la chaude, manière d'agir avec les François fort efficace, car, étant bouillants comme ils sont, il les faut tenir en haleine par la froideur, qui gagne plus sur eux que toute sorte de prompts raisonnements. » — Les États ont été convoqués en conséquence pour le 8 mars 1661 (A. N., O^1 12, fol. 58; B. N., ms. fr. 17567, fol. 17-18), et l'examen de la requête renvoyé au duc d'Elbeuf, comme gouverneur de Picardie et d'Artois, et aux deux autres commissaires royaux, MM. Courtin et Talon (A. G., vol. 168, fol. 172 et 179). On verra ce qu'il advint de la session. Par un arrêt du 9 juillet, dont les considérants historiques sont fort curieux (Arch. nat., E 1712, fol. 276-278), la noblesse sera assujettie à toutes les impositions.

16. Le sieur Duneau, capitaine-exempt des gardes du corps, s'étant rendu à Auxerre le 5 mars pour appuyer l'exécution d'arrêts du Conseil qui condamnaient les officiers du grenier à sel à restituer une somme de 33,446 livres due par eux en conséquence du retranchement de leurs droits et gages prononcé en juillet 1648, le populaire s'est porté contre lui et ses compagnons, sous la conduite du « soi-disant » maire Bernier et d'un lieutenant du juge-prévôt, les a poursuivis avec « blasphèmes, injures et violences, » a rompu le bâton de l'exempt, foulé aux pieds la casaque et la bandoulière d'un de ses gardes, traîné celui-ci dans la geôle, etc. Pendant ce temps, les portes de la ville avaient été fermées, et les cloches sonnaient le tocsin. Sur procès-verbal de l'intendant Bouchu, un premier arrêt du Con-

seil a ordonné d'abord l'arrestation et le jugement des meneurs par cet intendant, à Dijon, pour voies de fait et rébellion ; un second, du 17 mars, rendu au profit des quatre compagnies des gardes du corps contre les officiers du grenier à sel, non seulement ordonnera la restitution des papiers de l'huissier et le recouvrement de la somme due, avec envoi au Conseil des informations de M. Bouchu, mais déclarera en outre l'emprisonnement du garde du corps « injurieux, tortionnaire et déraisonnable, » et ordonnera au maire, sous peine de contraintes par toutes voies, « de restituer les bâton d'exempt, casaque et bandoulière » (Arch. nat., E 1714, n° 47).

Thomas Bernier, avocat à Auxerre, n'était que « gouverneur du fait commun » de cette ville, ayant été élu à cette charge pour trois ans en septembre 1660, et il n'est qualifié que de « soi-disant maire » dans l'arrêt du Conseil du 17 mars ; le maire s'appelait Étienne Fernier : voir Chardon, *Histoire de la ville d'Auxerre*, tome II, p. 239, et l'abbé Lebeuf, *Histoire du diocèse d'Auxerre*, éd. Quantin, tome III, p. 582. On trouve dans les Mélanges Colbert, à la date du 2 mai suivant (vol. 102, fol. 505-506), une lettre de Bernier remerciant le futur ministre d'avoir mis le comble à ses bienfaits en le faisant relâcher, et auparavant, fol. 386, une lettre de M. Bouchu rendant compte des violences dont avait été victime l'exempt Duneau, et de l'arrêt du Conseil qui a réglé l'affaire. Au mois de novembre 1661, Bernier viendra auprès de Colbert pour exposer en cour l'état déplorable des finances de la ville, et il sera député aux États de Bourgogne en 1662.

Comme possesseur des domaines de Seignelay et autres, Colbert était directement intéressé aux affaires de l'Auxerrois.

Les registres du conseil du Parlement contiennent (A. N., X^{1A} 8392, fol. 362) un arrêt pour enquérir sur des placards qui furent affichés à Auxerre le 19 mai 1661, où Henri IV était représenté ayant une blessure au côté droit, avec l'image d'un poignard ou baïonnette, la légende I. N. R. I., et ces mots latins : *Explicanti præmium dabitur*.

En décembre 1660, on avait anobli, pour sa vaillante conduite dans les troubles, Me Thomas Marie, lieutenant général au bailliage et siège présidial, maire de la ville depuis dix ans (A. N., X^{1A} 8662, fol. 309).

17. Le Tellier écrivit en conséquence à M. d'Oppède le

15 mars (A. G., vol. 168, fol. 170 *bis*). On a vu, p. 32, que ce premier président, ayant été témoin des mauvais procédés du conseiller du Perrier envers M. de Coriolis, avait demandé au Chancelier d'en tirer punition. Nous aurons la suite au 7 avril.

18. C'est Anchin, très riche abbaye de l'ordre de Saint-Benoît, fondée en 1079 au diocèse d'Arras, dans une île de la Scarpe, aujourd'hui commune de Pecquencourt. L'affaire de l'abbé d'Anchin en 1661 nous est expliquée par ce qu'en dit Vuoerden dans son *Journal*, sous la date du 9 février (fol. 63 v° et 64) :

« M. de Calonne, abbé d'Anchin, étant venu à Paris et s'étant adressé à Monseigneur pour ses intérêts en question, S. Exc. me commanda d'en prendre connoissance et de faire telle visite et tels devoirs que je jugerois convenir, en son nom, pour ledit abbé. Le premier étoit un procès pendant devant le conseil privé du roi très chrétien pour le prieuré de Saint-George-lez-Hesdin, que ledit abbé soutenoit être un simple office, et non bénéfice, par conséquent que le Roi ne l'avoit pu donner pendant la guerre, comme il avoit fait, à un certain D... du Foret, religieux de Pontoise, de laquelle difficulté il y avoit un préjugé qui est un arrêt donné au temps de Henri II sur pareille instance. Or, comme le droit dudit abbé étoit clair, il n'y avoit qu'un rapporteur indifférent à espérer pour gagner le procès ; mais, comme il se trouva que le sieur Gaulmin, doyen des maîtres des requêtes, étoit nommé pour cela, homme savant, mais d'une réputation moins favorable, et de plus irrité contre ceux qui sont attachés à l'Espagne par la prison de son fils Mongeorge, lequel, comme j'ai dit, est présentement prisonnier en Espagne avec son régiment de cavalerie qu'il conduisoit en Portugal, je trouvai bon de demander des commissaires au Chancelier, comme je fis, et je proposai, par le choix du sieur de Ballesdens, son secrétaire, les sieurs d'Ormesson, Verthamon et La Fosse, conseillers d'État...

« Le second intérêt dudit abbé est la prétention que l'abbaye d'Anchin, si importante pour la conservation de Douay en cas de rupture, étant sur l'Escarpe et d'une situation très avantageuse, soit déclarée indépendante d'Artois, ce que la France n'entend pas, et ledit abbé disoit qu'on pouvoit prouver à peu près qu'elle n'étoit ni Hainaut, comme est Pecquencourt tout voisin, ni Artois, mais du pays d'Ostrevant... S. Exc.

le fortifia dans son bon dessein et dit qu'il eût un peu de patience, qu'il n'allât ni aux États d'Artois, ni d'Hainaut, et que, soit par la raison, soit par la négociation, il tâcheroit de faire rester l'abbaye sous l'obéissance de S. M., mais surtout qu'il ne falloit dire mot ni aux amis, ni aux ennemis, de cette affaire, dont l'importance et le succès dépendoient en partie du secret qui s'y devoit garder. » — Hesdin et le comté de Saint-Pol étaient revendiqués à la fois par le bailliage de Montreuil et par les conseil et gouvernance d'Arras. L'abbé finit par gagner, et le Chancelier lui conseilla d'aller, avant la publication de l'arrêt, remercier le Roi, qui avait pris connaissance de l'affaire comme de toute autre. On verra que la question des bénéfices d'Artois était fort compliquée, et pour quelles raisons.

19. La création d'un présidial à Pamiers, en 1646, avait amené une lutte entre les nouveaux magistrats et les consuls de la ville; ceux-ci ont consenti en apparence à reconnaître la juridiction royale, le 10 mars 1661, mais se soulèveront encore contre elle en 1662, et c'est seulement en 1676 qu'un édit, réduisant les consuls de six à quatre, soumettra leurs délibérations à la surveillance de l'intendant (J. de Lahondès, *Annales de Pamiers*, tome II, p. 191-193 et 270-274). — Pamiers a pour évêque depuis 1644 M. de Caulet, très ardent partisan des jansénistes et de Port-Royal.

20. François de Goyon, sire de Matignon (1607-1675), gendre du président de Bercy et lieutenant général des armées depuis 1652, avec plusieurs gouvernements en Normandie, avait déjà obtenu en juillet 1651 l'érection de sa baronnie d'Orbec en comté. Il sera fait cordon bleu à la promotion de décembre 1661. Sa conduite a été douteuse pendant la Fronde; mais, depuis trente ans et plus, cette famille exerce un pouvoir absolu dans tout le pays de Saint-Lô. — C'est précisément en 1661 que parut l'*Histoire du maréchal Jacques de Matignon*, par J. de Callières.

21. L'apanage de Monsieur, frère du Roi, qui épousera le 31 mars sa cousine Henriette d'Angleterre, vient d'être constitué pour lui et sa descendance masculine, à l'occasion de ce mariage; il se compose des duchés d'Orléans, de Chartres, de Valois et de la seigneurie de Montargis, jusqu'à concurrence d'un revenu annuel de deux cent mille livres (lettres du 31 mars 1661 : X^{1A} 8392, fol. 337 v°, et 8662, fol. 275 v° à 282), qui sera

doublé en 1672 par l'adjonction du duché de Nemours, des comtés de Dourdan et de Romorantin, etc. Cet apanage n'était constitué si largement que grâce à l'amour que la Reine mère portait à son fils cadet, dit Saint-Simon, et en vue du mariage; voici comment commençaient les lettres patentes de 1661, qui furent enregistrées le 10 mai : « Nous désirons donner à notredit frère moyen d'entretenir plus honorablement sa maison selon la dignité du sang dont il est, et aussi le mettre en état de soutenir avec éclat l'honneur de l'alliance qu'il pourra prendre, quelque grande qu'elle puisse être, et pourvoir aux enfants mâles qui descendroient de lui en légitime mariage. » Montlhéry et Limours avaient fait partie du précédent apanage de 1627. Louis XIV s'est réservé aussi Blois et Chambord. En attendant que le revenu de l'apanage soit doublé, il y ajoute deux brevets de pension de cent mille livres chaque, et, le 18 avril, il signera un troisième brevet de 560,000 l. sur l'Épargne, pour fournir à l'entretènement annuel (A. N., K. 541, n°s 17, 19 *bis* et 20).

22. On dénomme lettres d'attache des « lettres de chancellerie que le Roi donne soit sur des bulles du Pape, soit sur des ordonnances d'un chef d'ordre hors du royaume, pour les faire exécuter » (*Dictionnaire de l'Académie*). Les « lettres d'attache sur un bref du Pape donné de son propre mouvement pour condamner la traduction du Missel romain en langue françoise » sont datées du 4 avril (A. É., vol. ROME 143, fol. 23).

23. Sur les instances de Mme la princesse de Conti, et peut-être avec la collaboration d'Antoine Arnauld, l'abbé Joseph de Voisin, ancien magistrat bordelais entré dans les ordres et devenu prédicateur du prince de Conti, son aumônier et son collaborateur littéraire, avait imprimé une « Traduction du Missel en langue vulgaire autorisée par l'Écriture sainte et par les Saints Pères et les docteurs de l'Église, par les décrets des conciles et des Papes, et par l'usage de l'Église gallicane. » C'était là, disait-on, un premier pas, dans le sens janséniste, vers la célébration des offices en français, et néanmoins les deux grands vicaires de Paris avaient donné leur approbation (23 juillet 1660). Mazarin a dénoncé cette entreprise au Saint-Siège comme « une innovation dangereuse, un attentat contre l'entier usage de l'église gallicane, qui n'eût pu se faire que du consentement des évêques et du Pape, etc. » Celui-ci a demandé

au Cardinal d'obtenir une condamnation de l'assemblée du Clergé sur requête de l'évêque Ondedei ; l'assemblée s'est prononcée en ce sens, le 7 décembre 1660, et, le 4 janvier suivant, la Faculté de théologie a rendu une déclaration « pour désapprobation des versions françoises, tant du *Messel* imprimé depuis peu de jours, que de la Sainte-Écriture et de l'Office de l'Église, qui ont été publiées sous le nom de quelques docteurs de la même Faculté, et la censure d'un certain livre de prières imprimé en françois chez J. Lemire. » Un arrêt du Conseil, en date du 16 janvier (E 1713, fol. 5), a prescrit l'exécution de la délibération du 7 décembre ; Voisin en a appelé aux grands vicaires qui lui avaient donné leur approbation, et, quoique condamnés par quarante-cinq évêques, les grands vicaires ont fait publier au prône une nouvelle ordonnance, du 19 janvier, « pour l'instruction et consolation de ceux qui voudront entendre ce qui se dit en latin au saint sacrifice de la messe, et aussi pour servir à réfuter et détruire les calomnies et impostures des hérétiques... » Cette ordonnance des grands vicaires a été publiée le 23 janvier dans toutes les paroisses du diocèse, et l'assemblée du Clergé s'est bornée à manifester du mécontentement ; mais, à son tour, la Sorbonne est intervenue derechef : d'où nouvel arrêt du 19 février, signé : Séguier (A. N., E 1713, fol. 24), et réitérant l'ordre d'exécuter la délibération du Clergé et de faire surseoir à toutes les décisions des grands vicaires contre l'examinateur de la Faculté. Dans l'intervalle, le bref pontifical du 12 janvier étant arrivé, et le président de l'assemblée l'ayant apporté au Roi, celui-ci l'a renvoyé au Chancelier, tout en ordonnant qu'on s'adressât à lui-même. Le 6 avril, l'agent Saint-Pouenges remettra les lettres d'attache dressées par le Chancelier. Par la suite, l'évêque d'Autun fera un recueil des auteurs qui avaient condamné l'usage de la langue vulgaire, et Vitré l'imprimera pour l'usage des prélats et des diocèses. Voir les *Procès-verbaux des assemblées du Clergé*, tome IV, p. 623-633, et Pièces justificatives, p. 151-153, et les *Dispacci*, ms. italien 1850, fol. 25 v°.

Le 21 janvier 1661, Sébastien Cramoisy a obtenu un privilège (A. N., E 1713, fol. 11) pour imprimer au Louvre et débiter la traduction en français des Épîtres et Évangiles de toute l'année, faite par le P. Ant. Girard, de la Compagnie de Jésus.

24. Ces Capucins s'étaient emparés de la chapelle royale de

Notre-Dame de Condat, près Libourne, avec la connivence des habitants, et ils y tenaient bon malgré un arrêt du Conseil et des lettres patentes du 9 mars. Il faudra encore, pour leur faire rendre la chapelle aux Récollets, deux arrêts du 27 mai et du 23 juillet (A. N., E 1714, n° 99).

25. En 1658, dans les circonstances racontées par Élie Benoist (*Histoire de l'édit de Nantes*, tome III, p. 267-273), les protestants avaient demandé la nomination de commissaires non suspects pour examiner leurs doléances, et Mazarin avait paru accueillir cette requête; mais tout ce que le parti put obtenir alors fut l'attribution des affaires des religionnaires au conseil des dépêches, au lieu du conseil des parties, avec promesse que le Roi désignerait dans chaque province des personnes de « qualité, suffisance et capacité requises, » de l'un et l'autre culte, pour aller informer sur place de ce qui avait pu se faire contre l'édit, et que, en cas de partage d'avis, il réglerait lui-même les différends. Malgré les instances du prince de Conti pour le Languedoc, le projet était resté sans exécution, faute d'entente entre les agents du Clergé et le secrétaire d'État La Vrillière. Le 20 mars 1661, l'assemblée du Clergé présentera au Roi un mémoire général des abus qui faisaient souhaiter que le jugement des litiges fût remis aux parlements, non aux chambres de l'Édit, et les prélats concluront que l'envoi projeté de commissaires mi-partis ne remédierait à rien, puisque, outre la dépense, il y aurait des « partages » continuels à juger par le Conseil, etc. Le Roi répondra que son intention est bien de nommer des commissaires, mais qu'il examinera la convenance d'attribuer aux parlements la juridiction en appel comme l'assemblée le souhaitait (*Procès-verbaux*, tome V, p. 529, 565 et 604-606). Les *Mémoires de Louis XIV* disent (tome II, p. 418) que cette création avait pour but de réprimer les entreprises des religionnaires et de les réduire dans les termes accordés sous les règnes précédents.

C'est seulement le 15 avril 1661 que seront expédiées les commissions « pour informer des entreprises, contraventions et innovations faites à l'édit de Nantes, à celui de 1629, et autres déclarations données en conséquence. » Benoist a donné le texte de celle de l'intendant de Bezons et de son adjoint, le protestant de Peiremales, lieutenant particulier ou avocat du Roi au siège présidial de Nîmes, pour le Languedoc. L'intendant Bouchu et le sieur de Fernex, protestant, seront désignés pour la Bourgogne et la Bresse, M. de Sarron-Champigny et le sieur de Montclar-Beaufort pour le Dauphiné et le Lyonnais, M. Hotman et le conseiller Vigé en Guyenne, etc. Comme les religionnaires s'empressèrent de décliner l'autorité des commissaires et de se réclamer des chambres de l'Édit miparties, il fallut, le 18 octobre suivant, ordonner que les décisions des commissaires seraient exécutoires immédiatement nonobstant appellation et opposition. Voir, dans le livre de Benoist, tome III, p. 145-152, les « Maximes à observer au jugement des partages. »

26. Il sera encore parlé de ces dispenses plus loin, séance du 31 mars.

27. Claude Bazin de Bezons (1617-1684), ancien avocat général au Grand Conseil, est intendant en Languedoc depuis 1653, conseiller d'État et membre de l'Académie française. Ses fils deviendront, l'un maréchal de France, l'autre archevêque de Bordeaux.

28. Dès la minorité, et pendant la Fronde même, un groupe de docteurs de Sorbonne s'était prononcé, le 30 mai 1651, pour que le Roi ne tolérât le duel en aucun cas; un édit très sévère avait été rendu en conséquence au mois de septembre suivant, et M. Ollier, curé de Saint-Sulpice, avait alors organisé une association de gentilshommes jurant de ne se battre jamais, dont un des premiers adhérents fut le marquis de Fénelon qui éleva Monsieur de Cambray. Un autre édit a été rendu en mai 1653, sous l'influence du Clergé (*Gazette*, p. 842-843, 911-912 et 995), et les États de Languedoc, inspirés par le prince de Conti, se sont associés en 1655 au projet de poursuivre désormais les duellistes, quels qu'ils fussent, avec la plus grande rigueur, comme d'ailleurs le Roi s'y était engagé par serment lors de son sacre : voir l'Introduction aux *Mémoires de D. de Cosnac*, tome I, p. xxviii et suivantes, et la *Gazette* de 1655, p. 150 et 201-207, où sont reproduites une lettre du Roi à M. de Conti et la réponse. Depuis lors, il a été fait des exemples très sévères (*Gazette* de 1655, p. 317, 424, 506, de 1656, p. 312, et de 1658, p. 200 et 320; Loret, *la Muze historique*, tome II, p. 175 et 467; *Voyage de deux jeunes Hollandais à Paris*, p. 414-415; A. N., O¹ 12, fol. 16 v° et 128-129, et E 346ᴮ, fol. 162 et 166). Louis XIV ne manquera plus une occasion de sévir contre ce qu'il appelle

« cette peste de faux honneur » dans une lettre au premier président de Fieubet, du 30 septembre 1661 (recueil Morelly, tome I, p. 89-90). Dans ses *Mémoires* pour l'année 1663 (éd. Dreyss, tome II, p. 377), il se félicitera d'avoir prouvé, « par la guérison déjà avancée d'un mal si invétéré, qu'il n'y en avoit point où il fallût désespérer du remède. » Son désir eût été d'y être aidé par les provinces, particulièrement par les pays d'États, et, ayant déjà obtenu du Languedoc une contribution pour fournir aux frais de poursuites, à recouvrer d'ailleurs sur les confiscations et amendes, il a demandé une pareille délibération aux Provençaux; mais ceux-ci s'y sont refusés (archives des Bouches-du-Rhône, C 39, fol. 227 v° et 232, mars 1661). Par son ordre, le 5 juillet 1661, Le Tellier écrira cette lettre circulaire aux gouverneurs, intendants et lieutenants criminels (A. G., vol. 169, fol. 132) : « Monsieur, il est assez inutile que je vous entretienne des nouvelles précautions que le Roi désire être apportées pour faire perdre l'usage des duels et pour procurer l'observation exacte de ses édits et déclarations sur ce fait-là, puisque vous en devez être pleinement informé par la dépêche que S. M. vous écrit, à laquelle je n'ajoute ces lignes que pour vous témoigner que vous ne sauriez prendre de soins qui lui soient plus agréables, ni contribuer à aucun effet qu'elle ait plus fortement à cœur que celui-là... » Nous rencontrerons, d'ailleurs, plusieurs autres décisions dans le courant de l'année. C'est ce souvenir que la médaille n° 67 de l'*Histoire métallique* a consacré : SINGULARIUM CERTAMINUM FUROR COERCITUS. M DC LXII.

La déclaration royale d'août 1679 réglera définitivement la procédure criminelle.

29. Voir ci-après, 15 mars, p. 64.

30. L'administration intérieure du royaume est partagée en quatre départements entre les secrétaires d'État (ci-dessus, p. 6) : 1° à Brienne père, les provinces de Champagne, Provence, Bretagne, Metz, Toul et Verdun, et les parlements d'Aix, Rennes et Metz, avec les affaires étrangères, la marine du Ponant et les pensions; 2° à La Vrillière, les provinces de Languedoc, Bayonne, Guyenne, Brouage, Aunis et la Rochelle, Touraine, Anjou, Maine, Bourbonnais, Nivernais, Auvergne, Picardie, Normandie et Bourgogne, les parlements de Toulouse, Bordeaux, Rouen et Dijon, avec les affaires de la religion prétendue réformée

(R. P. R.); 3º à du Plessis-Guénegaud, Paris et l'Ile-de-France, l'Orléanais, le Blaisois, le Berry et le Béarn, les parlements de Paris et de Pau, avec la maison du Roi et le Clergé ; 4º à Le Tellier, les provinces de Poitou, Saintonge, Angoumois, la Marche, Limousin, Lyonnais, Dauphiné et Catalogne, et le parlement de Grenoble, avec la guerre, le taillon, l'artillerie et la marine du Levant.

31. Vuoerden dit, le 12, dans son *Journal*, fol. 97 vº : « Le Roi s'est hautement déclaré qu'il vouloit avoir connoissance de toutes les affaires généralement, travaillant dès huit heures du matin, et a dit qu'il entendoit que tous ses sujets françois s'adressassent à lui, et les autres dont il n'entendoit pas la langue missent leurs intérêts par écrit, et qu'il leur feroit droit lui-même. » Et, le 17 (fol. 101) : « Je fus longtemps auprès du marquis de Louvois, fils de M. Le Tellier, qui me fit un long narré de la façon que le Roi travailloit lui-même aux affaires, et qu'il y employoit cinq ou six heures chaque jour ; qu'il avoit défendu aux secrétaires d'État de rien signer sans son ordre, au Chancelier de rien signer sans son ordre, et au Surintendant de ne rien disposer sans son ordre. Il ajouta que le mémoire que je lui donnai de quatre affaires de la part de S. Exc. seroit lu au Roi, et qu'il y auroit résolution le lendemain à dix heures. » Cela est raconté d'ailleurs dans les *Mémoires de Louis XIV*, tome II, p. 429-430. Pour plus de précaution, le Roi exigea que chacun des secrétaires d'État lui livrât le lundi une liste de toutes les expéditions faites par les commis dans la semaine précédente (*Lettres de Colbert*, tome VI, p. 469), et c'est à même fin, sans doute, que le Mémorial du musée Condé porte les indications marginales d'exécution.

M. C. — Du 15 mars.

Le Roi a résolu d'écrire au roi d'Espagne en faveur de M. l'électeur de Cologne[1] ; [Il a été écrit[2].]

Et que M. de Brienne écrira plus au long à dom Louis de Haro[3] sur le même sujet. [Fait.]

Le Roi a commandé à M. le Surintendant de faire payer 12,000 livres à M. le comte de Nassau[4], à compte de la pension dudit sieur électeur[5]. [Fait.]

S. M. a résolu de donner audience à l'envoyé de l'évêque de Münster[6]. [Fait.]

Le Roi a commandé à M. de Lionne de porter sa réponse à M. le Nonce[7] sur l'envoi d'un gentilhomme[8] à Rome pour traiter de la ligue qu'il a proposée contre le Turc de la part de S. M.[9]. [Fait.]

Le Roi a résolu de persister à obliger M. le duc de Lorraine de reconnoître S. M. pour son souverain seigneur lorsqu'il lui fera hommage à cause du duché de Bar et des terres dont la propriété lui appartient dans le chemin cédé à S. M.[10]. [Il l'a fait avec cette clause-là[11].]

Le Roi a commandé à M. de Lionne d'être présent lorsqu'on proposera les conditions du mariage d'entre Mademoiselle et M. le prince Charles de Lorraine[12].

Le Roi a commandé que l'on envoye au sieur de la Guette le mémoire de Bricard[13] pour donner son avis à S. M. sur les propositions du roi de Tunis[14]. [On l'a envoyé.]

1. L'archevêque-électeur de Cologne est depuis 1650 Maximilien-Henri de Bavière-Leuchtenberg (1621-1688), cousin germain du duc régnant, et tout dévoué à la France comme les Fürstenberg ses coadjuteurs.

2. Louis XIV écrivit au roi d'Espagne, le 23 mars (A. É., vol. Espagne 42, fol. 53, minute corrigée de la main de Lionne), qu'il lui recommandait le comte de Nassau, envoyé à Madrid par Monsieur de Cologne pour demander un dédommagement des deux places de Mariembourg et de Philippeville cédées à la France par l'article 39 de la Paix, et la réparation des dégâts faits par l'armée espagnole dans le pays de Liège.

3. Louis Mendez de Haro y Sotomayor, etc. (1598-1661), sixième marquis del Carpio et de Heliche, deuxième comte-duc d'Olivarès, premier ministre du roi Philippe IV et généralissime de ses armées, a été créé duc et grand d'Espagne, sous

le nom de La Paz, en souvenir de la négociation du traité des Pyrénées conclu par lui en 1659. Il mourra à Madrid le 17 novembre 1661.

4. Le comte régnant de Nassau est Jean-Louis de Nassau-Weilbourg-Sarrebrück (1625-1690), major général à l'armée du cercle du Haut-Rhin. Il fait instance auprès du Roi pour que le duc de Lorraine soit obligé de lui restituer Hombourg, Saarwerden et Herbitzheim, conformément aux traités de Münster et de Vincennes (A. É., correspondance de Nassau, vol. 1, fol. 193-197).

5. L'électeur de Cologne a été un des premiers adhérents de la Ligue du Rhin, et il prétend même avoir droit à deux voix supplémentaires dans le directoire, comme évêque souverain de Liège et d'Hildesheim; l'argent de la France l'encourage à renouveler son adhésion (A. É., vol. Cologne 3).

6. L'évêque de Münster, en Westphalie, était depuis 1650 ce prélat guerrier, Christophe-Bernard von Galen (1604-1678), dont le marquis de Ségur a raconté l'histoire. Son envoyé s'appelle Mathieu Korf, dit Smisinck ou Schmissing. L'évêque vient de triompher, après un long siège, de ses sujets de Münster; il est l'allié de la France et membre très chaud de la Ligue du Rhin : aussi demandera-t-il à Louis XIV d'empêcher que les Hollandais ne se mêlent de ses affaires particulières, et de le traiter aussi favorablement que les autres princes (A. É., vol. Münster 1, fol. 125, 9 avril).

7. Le Pape a pour représentant à Paris, depuis 1659, Celio Piccolomini (1609-1681), archevêque de Césarée, qui sera promu cardinal en 1664, archevêque de Sienne en 1671.

8. Ci-après, p. 70, note 10.

9. Dans les dernières semaines de son existence, Mazarin a fait des ouvertures au Nonce pour l'organisation de cette ligue, à laquelle Christine de Suède avait pensé jadis, soit pour secourir Candie, soit pour délivrer la Méditerranée des corsaires barbaresques; mais le temps s'est perdu en pourparlers, et, voulant soulager sa conscience, le Cardinal a disposé en faveur du Saint-Siège, comme on le verra plus loin, d'une somme de 600,000 livres amassée par lui des libéralités de son maître. En recevant la bénédiction *in articulo mortis*, il a répété que tout était réglé par son testament, et Colbert raconte même qu'il en avait donné un billet au Nonce. Mazarin mort, on se

demanda tout d'abord que deviendrait un projet fort complexe par lui-même, puisqu'il n'aboutissait qu'à faire une union et comme une croisade de l'Europe chrétienne contre le Turc, allié traditionnel de la France, au profit de l'Autriche, son ennemie héréditaire. Est-ce par ambition, par piété, ou bien par ressentiment de l'affront infligé récemment à son ambassadeur à Constantinople, que Louis XIV a résolu de prendre une large part à l'action militaire en Hongrie, comme il le faisait déjà dans l'île de Candie au profit des Vénitiens ? Ses *Mémoires* ne s'en expliquent pas (éd. Dreyss, tome II, p. 418).

Un pouvoir fut adressé aussitôt au cardinal Antoine Barberin, comme coprotecteur de la nation de France, et Lionne y faisait parler ainsi son maître (A. É., vol. Rome 143, fol. 209) : « Dans le péril présent dont la Chrétienté est menacée du côté de la Hongrie par l'irruption des Infidèles, nous n'avons rien cru plus digne de notre piété et du titre glorieux que nous portons de fils aîné de l'Église, que d'entendre volontiers aux ouvertures qui nous ont été faites, au nom de N. S. P. le pape Alexandre VII, par le sieur Piccolomini, archevêque de Césarée, son nonce près de nous, d'entrer dans une ligue avec tous les princes chrétiens pour la défense de la cause de Dieu... » Voir les *Mémoires de Brienne père*, éd. Michaud et Poujoulat, p. 163. — L'Espagne va donner son adhésion en avril, et l'électeur de Cologne s'engagera pour deux mille hommes; mais le duc de Savoie s'excusera (*Gazette* de 1661, p. 442, 446, 473, 552, etc.). Cette négociation est l'origine de l'expédition que Louis XIV envoya en Hongrie en 1664, comme membre prépondérant de l'Alliance du Rhin.

10. Ci-dessus, p. 29 et 33-34.

11. L'acte du serment de fidélité et de l'hommage lige rendus au Roi par M. de Lorraine, à cause du duché de Bar, le 22 mars, se trouve aux Affaires étrangères, vol. Lorraine 38, fol. 146-151, et est imprimé dans l'*Histoire généalogique* du P. Anselme et dans les Preuves de dom Calmet, tome IV, p. dlxxi et dlxxii. Le Tellier et Brienne jeune l'avaient rédigé. Suivant le feu comte d'Haussonville, il fut rendu dès la première sommation, et sans que les formules eussent été portées à la connaissance du duc. Celui-ci sera mis en possession le 4 avril (*Gazette*, p. 353-354 et 427).

En 1699, le duc Léopold, fils de Charles IV, vint rendre le

même hommage à Versailles, et Saint-Simon a insisté longuement sur les circonstances et le sens de cette cérémonie, dont on a des représentations gravées (*Mémoires*, éd. nouvelle, tome VI, p. 27 et 391-395).

12. « Mademoiselle, » l'unique fille issue du premier mariage de Monsieur Gaston l'oncle du Roi, est Anne-Marie-Louise d'Orléans, duchesse de Montpensier, dite « la Grande Mademoiselle » (1627-1693). Malgré son énorme fortune, elle finira par ne point se marier, même avec Lauzun. — Le Lorrain est ce célèbre Charles-Léopold-Nicolas-Sixte, dit prince ou duc Charles (1643-1690), qui, quoique héritier présomptif de son oncle Charles IV, n'aura ni le duché de Lorraine, à la mort de celui-ci, ni le trône de Pologne en concurrence avec Michel Wiecniowiecki, puis avec Jean Sobieski, mais acquerra une grande illustration comme général des armées impériales, et refusera de rentrer en Lorraine à la paix de Nimègue plutôt que de subir les conditions imposées par la France. Son esprit d'indécision lui a déjà fait manquer la main de Marie Mancini, nièce du Cardinal, qui va épouser le connétable Colonna (11 avril), et c'est pourquoi le Cardinal lui-même a mis Mlle de Montpensier en avant; celle-ci raconte dans ses *Mémoires* quelles étaient les visées du ministre et du Roi. Mazarin mort, M. de Lionne est allé, un matin, prendre de la princesse une décision positive : « Je n'aurai point d'autre volonté que celle de S. M., » a-t-elle répondu. Il s'agit maintenant de s'entendre avec le duc de Lorraine sur les « articles et conditions » de la cession de ses États à son neveu; le duc les posera ainsi : « Cent cinquante mille livres, sa vie durant, sur les salines de Lorraine, cinquante mille en terres et seigneuries dans le duché, pour les posséder en tous droits de haute, moyenne et basse justice, sous la souveraineté du roi de France, et cent mille livres de rente sur des terres et seigneuries sises en France. » On verra plus loin la suite.

13. Blaise de Bricard est un gentilhomme marseillais député à Tunis par M. de Mercœur pour réclamer au nom du Roi les esclaves français (Plantet, *Correspondance des beys et des consuls de Tunis*, tome I, p. 156 et 164-171 ; *Mémoires de la congrégation de la Mission*, tome II, p. 91). Dès juin 1660, Bricard et le chevalier Paul ont négocié ; le dey a demandé six mois de réflexion.

14. Était alors roi ou dey de Tunis El Hadji Mustapha-Laz, qui régna de 1653 à 1665, traita avec la Hollande et l'Angleterre en 1662, et sous qui la suzeraineté effective de la Porte prit fin. Ce n'est qu'à la fin de 1665 que le duc de Beaufort signera avec lui un traité pour le rachat des esclaves.

M. C. — Du 16 de mars[1].

Le Roi a nommé M. le cardinal d'Este[2] à l'abbaye de Saint-Vaast d'Arras[3], vacante par le décès de Mgr le Cardinal[4].

Le Roi a commandé qu'il soit payé comptant à M. de Villarceaux[5] la somme de 3,000 livres pour acheter des chiens en Angleterre[6]; [Fait.]

Et 2,000 livres à M. de Rochebrune[7]. [Fait.]

Le Roi a résolu qu'il seroit envoyé un homme à Rome afin de poursuivre auprès de S. S. le procès du cardinal de Retz, et qu'il lui seroit donné charge d'entendre les propositions qui lui seront faites sur le sujet de la ligue à faire avec les princes chrétiens contre le Turc[8];

Qu'il sera fait quelque dépense pour empêcher les impressions dans Paris sans permission[9]. [Il a été donné de l'argent pour cela.]

Le Roi a commandé à M. de Lionne de dire positivement à M. le Nonce que S. M. envoyera à Rome une personne de sa part pour entendre les propositions de S. S. sur la ligue, et lui expliquera le sujet de mécontentement qu'a S. M. de la conduite passée du Saint-Père[10]. [Il lui a dit.]

Le Roi a résolu[11] que la garnison de la citadelle de Marseille sera composée d'une compagnie des gardes suisses et de trois compagnies françoises, sans Provençaux, l'une sous le nom de M. le Premier[12], de cent cinquante hommes, l'autre de cent hommes, sous le nom de Lisle[13], et la troisième de cinquante hommes, sous le nom du sieur de Saignon[14], qui commandera dans le fort Saint-Jean, où il y aura cinquante hommes détachés desdites trois compagnies[15]. [Cela a été fait.]

1. Ce jour même, 16 mars, le prince de Condé écrivait à la cour de Pologne, au sujet des premiers conseils de Louis XIV (M. C., série P, vol. 24, fol. 115) : « Il n'y a rien de changé depuis le dernier ordinaire. Le Roi continue de se servir de M. Foucquet, de M. Le Tellier et de M. de Lionne. Ce sont les trois à qui la confiance de S. M. est partagée. Le Roi les fait travailler sous lui tous les jours... Ces messieurs sont les seuls dont il se sert pour l'ordinaire, et, lorsqu'il tient quelque conseil extraordinaire, ce qui arrive assez souvent, il me fait l'honneur de m'y appeler, M. de Turenne, M. le maréchal de Gramont, et M. le maréchal de Villeroy et M. le maréchal du Plessis-Praslin. La Reine mère a grand crédit, et le Roi vit admirablement avec elle et lui parle de toutes les affaires ; mais le Roi prend connoissance lui-même de tout et en ordonne comme il lui plaît. » Cf. ci-dessus, p. 19, notes 1 et 2.

2. Renaud d'Este (1618-1673), frère cadet du duc régnant de Modène, mais élevé en France, est cardinal depuis 1641, a eu l'évêché de Montpellier de 1653 à 1655, et est protecteur des affaires de France en cour de Rome ; à ce titre, il a commencé en 1654 la campagne contre Retz, et, en juin 1660, il a soulevé un conflit sur le droit d'asile. C'est comme un ambassadeur officieux de la France à Rome : aussi Alexandre VII le tient-il en aversion. Pour récompenser ses services, on va lui donner une belle part de la dépouille de Mazarin, ainsi que celui-ci l'avait voulu ; mais le Pape n'accordera les bulles qu'en 1668.

3. L'abbaye Saint-Vaast d'Arras, très riche maison de l'ordre de Saint-Benoît, donne jusqu'à 300,000 livres de revenu annuel. Il y a aussi à Douay un collège de Saint-Vaast, comptant trois à quatre cents élèves et administré par des bénédictins anglais, qui voudrait, au dire de Vuoerden (fol. 88 v°), conserver sa

personnalité espagnole et ne pas suivre le sort de l'abbaye.

Pour Courtin comme pour M. de Fuensaldagne, c'était là une des plus graves conséquences des articles 28, 32 et 57 de la Paix que de faire rétablir les abbés et abbesses de nomination espagnole qui avaient été spoliés pendant la guerre; nous avons une liste des bénéficiers dépossédés et de ceux nommés par la France, dans le *Journal de Vuoerden*, fol. 80-82. On a déjà vu le cas de l'abbé d'Anchin, ci-dessus, p. 54; mais les commissaires s'étaient entendus pour ne rien décider tant que subsisterait la mauvaise volonté du gouverneur Caracène. A Saint-Vaast, l'abbé étant mort depuis la prise de possession de l'Artois, le Roi a interdit de lui élire un successeur jusqu'à nouvel ordre, en invoquant l'article 41 de la Paix, qui transfère à la France « tous droits de régales, patronage, gardienneté, juridiction, nomination, prérogatives et prééminences sur les évêchés, églises cathédrales, abbayes, dignités, et autres bénéfices du pays d'Artois » (arrêt du 11 septembre 1660 : A. N., E 1712, fol. 108; *Journal de Vuoerden*, fol. 44 v° et 58-60). Les États, au contraire, prétendent, et c'est avec beaucoup de vraisemblance, que leur pays doit être soumis, non pas au régime du concordat français, antérieur à la possession de l'Artois par Charles-Quint, mais bien à celui du concordat espagnol de 1565, qui comportait la nomination sur présentation de trois religieux. Voir leur cahier de 1660, dans la *Correspondance administrative* publiée par Depping, tome I, p. 564 et suivantes, et une suite de mémoires, dans la correspondance diplomatique de 1661, vol. Rome 143, fol. 170-206. Colbert de Vendières a déjà échoué auprès du Pape; son successeur Aubeville ne sera pas plus heureux, et le Roi finira par se contenter d'un indult spécial en 1662.

4. Sur les innombrables bénéfices de Mazarin, voir ci-après la séance du 26 mars.

5. Louis de Mornay, marquis de Villarceaux (1619-1691), d'abord capitaine des chevau-légers du duc d'Anjou, tient la charge de capitaine de la meute des chiens du Roi, qui rapporte une quinzaine de mille livres, et dont il obtiendra la survivance pour son fils, Charles de Mornay-Villarceaux, le 12 février 1673; mais elle sera supprimée comme sinécure en 1691. Le Musée britannique possède un mémoire autographe de Villarceaux sur cette charge et sur ses démêlés avec les grands

veneurs (ms. Additionnel 24207, fol. 17-21). Ce fut un grand ami de Ninon de Lanclos et de Mme Scarron.

6. La meute de Villarceaux, comptant soixante-dix chiens, chassait à courre le lièvre et le renard, et il lui fut alloué 2,582 l. pour l'entretènement de quarante chiens d'Angleterre durant l'année 1660 (A. N., K 118 ^{B}, n° 117). Louis XIV avait une véritable passion pour les chiens, mais surtout pour ceux dont il se servait à la chasse au fusil.

7. Un sieur de Rochebrune avait travaillé au projet d'établissement d'une ferme qui devait être très productive et faire vendre beaucoup d'offices; trois mois plus tard, comme il sera en mesure de remettre ce projet aux mains de l'intendant des finances Marin, le Roi lui assurera en récompense, une fois l'affaire examinée, le vingtième denier du produit net, par arrêt du 25 juin (A. N., E 346 ^{B}, fol. 128). Est-ce de lui qu'il s'agit ici, et pourrait-on, de plus, l'identifier avec Gabriel de Rochebrune qui était, en 1659, prévôt général des monnaies en Lyonnais, Dauphiné, Auvergne, Bourbonnais et Languedoc?

8. Il a été parlé du cardinal de Retz le 11 mars, p. 25-27, et de la ligue contre les Turcs le 15 mars, p. 63-64.

9. Ce sont toujours les partisans de Retz, du jansénisme et de Port-Royal qui font la principale clientèle de ces imprimeries non autorisées. Ainsi, en 1659, le libraire Preuveray a été mis à la Bastille pour publication de livres jansénistes, notamment des lettres des curés de Paris, de la censure contre le P. Pirot, des mandements épiscopaux, et c'est un des motifs qui ont provoqué une délibération du Clergé. Celui-ci a encore dénoncé, le 21 février 1661, l'apparition de livres de même nature. D'autre part, nous avons vu, p. 19 et 27, les mesures prises contre le commerce des gazettes à la main.

C'est peut-être à la présente décision du 16 mars que se rattache un arrêt important pour l'histoire de l'Imprimerie royale, et aussi pour celle du Conseil, rendu le 21 mars, sous la signature du Chancelier (A. N., E 1713, fol. 35), et dont voici l'objet. Le titre d'imprimeur ordinaire du Roi était alors usurpé par des typographes tels que Cisterne, Chesneau, La Caille, Ménager, Thiboust et Léché, qui n'avaient obtenu que par surprise des brevets de retenue. Un nommé Facier, pourvu cependant de lettres du grand sceau, n'avait pas été reçu, « tant à cause de la nullité des lettres, que des condamnations prononcées contre lui

pour l'impression et la vente de plusieurs libelles contre l'État. »
René Baudry, qui n'avait le droit d'imprimer que des ouvrages
dits de « dominoterie » et des affiches de comédie, s'étant,
au mépris des règlements, logé hors de l'Université, auprès
des gens d'affaires, était accusé d'attirer indûment à lui leur
clientèle. Tous ces gens, se disant imprimeurs du Roi, ne débi-
taient cependant que des billets d'enterrement, des gazettes
burlesques, des catéchismes, des alphabets, des factums ou
autres pièces volantes. « Voulant donc, dit l'arrêt, que les arts,
qui ont été négligés pendant la guerre, et particulièrement
ceux qui sont considérables dans l'État, soient curieusement
exercés à présent que la France est dans le repos et qu'elle
jouit des douceurs de la paix, et connoissant de quelle importance est à son service et au public l'imprimerie et la beauté
des caractères, le soin des corrections et la perfection où
Robert, Henry et Charles Estienne, Turnèbe, Morélius et Frédéric Morel, tous trois professeurs de S. M., comme aussi un
autre Robert Estienne, interprète du Roi en la langue grecque,
Vascosan, Patisson et autres, ont autrefois porté les divers
ouvrages qui étoient confiés à leur expérience, » le Roi réser-
vera exclusivement aux seuls Estienne, Cramoisy, Rocolet,
Lepetit et Langlois le droit de se qualifier ses imprimeurs et
d'imprimer les expéditions signées par ses secrétaires d'État,
ou émanées de son service, des conseils et des compagnies
souveraines, défense étant faite aux autres de se qualifier imprimeurs des princes, compagnies, communautés ou corps.

10. Cf. la séance précédente, p. 62-63. On sait à la cour, et
bientôt cela sera confirmé par diverses lettres de Rome (A. É.,
vol. Rome 141, fol. 27 et 52; B. N., ms. Mélanges Colbert 102,
fol. 392), que l'ambassadeur espagnol et les cardinaux de
l' « escadron volant » agissent auprès du Pape pour qu'il
obtienne le rétablissement du cardinal de Retz par l'intermédiaire des Majestés anglaises, en garantissant qu'il n'entre-
prendra rien contre le gré du Roi. Nous verrons la suite.

11. A. G., vol. 168, fol. 175 et 182, minutes de lettres à
M. de Mérinville, du 18 mars. Voir ci-dessus, p. 19 et 28.

12. Ci-dessus, p. 49, note 11.

13. Ci-dessus, p. 11, note 15. Le Tellier lui annoncera, le
1er avril (A. G., vol. 168, fol. 222), que le Roi l'a choisi pour
être lieutenant dans la citadelle, sous M. de Beringhen, aux

appointements de 400 l. par mois, et capitaine d'une compagnie de cent hommes de la garnison aux appointements de 100 l.

14. Guillaume-François de Cardebas de Bot de Tertulle, sieur de Saignon, gentilhomme provençal. Sa commission pour commander le fort Saint-Jean, aux mêmes appointements de 400 l., est dans les Papiers Le Tellier, ms. fr. 17567, fol. 179. Voir les extraits du compte de l'Épargne, dans les Papiers de l'abbé de Dangeau, ms. fr. 22641, fol. 203 et 248.

15. Ci-dessus, p. 28 et 49-50. C'est le jour de la présente séance, 16 mars, qu'est arrivée la lettre écrite par M. de la Guette le 8, demandant des ordres pour tirer des magasins de la marine, à Toulon, les munitions de guerre destinées à la citadelle de Marseille, comme il a été dit p. 13. M. de Pilles rendra compte de la réduction des troupes suisses le 29 mars, mais reviendra, le 1er avril, sur les inconvénients de cette mesure (A. G., vol. 516, fol. 70), en ces termes : « Un peu étonné et surpris, Monsieur, de la résolution prise d'affoiblir les troupes que S. M. avoit destinées pour favoriser la construction de sa citadelle, je jugeois qu'on pouvoit l'avoir informée d'un meilleur état qu'elle n'est, et qu'elle avoit cru sa garnison capable de la pouvoir bien garder, comme aussi que les habitants de la ville se tiendroient bien soumis dans leurs devoirs pour se rendre plus dignes de la confiance qu'on prenoit en eux, » etc.

M. C. — Du 17e de mars.

Le Roi a commandé à M. de Lionne de traiter avec M. le duc de Lorraine pour arbitrer les frais de la démolition de Nancy en argent, et, pour cette fin, de lui promettre d'ôter les huit compagnies de la Ferté et d'y envoyer d'autres troupes[1].

S. M. a accordé la charge de premier président au parlement de Bretagne à M. d'Argouges[2], lui laissant la liberté, c'est-à-dire à son choix, de payer la somme de 20,000 écus pour les affaires du Roi, dont il sera remboursé dans quelque temps[3]. [Fait.]

Le Roi a trouvé bon de se contenter de 1,200,000 livres pour le don gratuit des États de Languedoc[4].

Le Roi a ordonné qu'un Allemand qui est à l'académie chez del Campo[5] ait à sortir du royaume à cause qu'il fait exercice public de la religion luthérienne; [L'ordre a été donné.]

Que M. le Lieutenant civil[6] se transportera dans le lieu où s'assemblent toutes les semaines ceux de la religion prétendue réformée, pour leur défendre de continuer à l'avenir et informer de ce qui s'est fait par le passé[7];

Qu'il s'emploiera aussi pour empêcher les écoles établies de nouveau dans le faubourg Saint-Germain pour ceux de la Religion[8]. [Elles ont été défendues.]

Le Roi a commandé à M. le comte de Brienne d'écrire au procureur général du parlement de Rennes de faire informer de ce qui s'est passé dans une émotion arrivée dans ladite ville, et de rendre compte à S. M. de ce qu'il aura avancé[9]. [Il a écrit.]

Le Roi a commandé qu'on expédie ses ordres pour faire conduire dans la Bastille le frère de M. le marquis de Varenne, à la prière de ses parents[10]; [L'ordre a été donné.]

Comme aussi pour tirer des prisons un garde de la prévôté de l'hôtel[11] qui a été arrêté avec son hoqueton et ses armes sans permission de S. M.[12]. [Fait.]

Le Roi a commandé qu'il soit expédié une déclaration contre les religieux qui quittent leur cloître et vont errants et vagabonds sans avoir les marques de leur profession[13]; [Fait.]

Et une autre en faveur des payeurs des gages des compagnies de justice, qui porte qu'ils ne pourront être traduits par les saisissants ailleurs qu'en la compagnie dont ils seront payeurs [14]. [Fait.]

    1. On verra la suite au 25 avril.

    2. François d'Argouges, baron du Plessis-Pâté (1622-1695), ancien conseiller au Grand Conseil et intendant des maison et finances de la Reine mère, qui lui léguera 30,000 livres, restera premier président jusqu'en 1676, et passera alors conseiller d'État, puis conseiller au conseil royal des finances.

    3. Guy Patin rapporte ceci, le 29 mars : « La Reine mère vouloit lui en faire donner la commission pour rien, il y a deux mois; le Mazarin l'en empêcha, et vouloit avoir sa charge de maître des requêtes. Celui-ci ne la voulant pas donner, on en resta là. Le Mazarin mort, la Reine mère la lui a fait donner pour rien, et ensuite il a vendu sa charge de maître des requêtes 350,000 livres. » (*Lettres*, tome III, p. 350.) D'après les *Mémoires de Monglat*, Mazarin voulait tirer 100,000 écus de M. d'Argouges, ce qui était la somme payée par M. de Lamoignon pour la première présidence de Paris ; on voit que le Roi, sans donner la charge gratuitement, se contente de beaucoup moins.

    Le président sera installé le 28 mai à Rennes (*Gazette*, p. 529-530), et, après avoir subi quelques « traverses, » il finira par gagner l'estime générale. Son prédécesseur était M. de Cucé. Ses lettres pour la pension ordinaire de 6,000 livres seront enregistrées à la Chambre des comptes le 16 juillet suivant.

    4. Les États de Languedoc se composent des trois archevêques et vingt évêques de la province, de vingt et un barons, et des représentants des villes épiscopales et diocésaines ; l'archevêque de Narbonne est toujours président depuis 1630. La session de 1661 a été ouverte en janvier par des discours du prince de Conti, comme gouverneur, et de l'intendant Bezons ; elle se clora le 10 avril, après qu'on aura satisfait aux intentions du Roi (*Histoire du Languedoc*, éd. Roschach, tome XIV, col. 760-775, 780-783, 788-790; *Gazette*, p. 377). Le 19 février, Bezons a demandé deux millions, comme en 1660; mais les États voudraient faire déduire sur l'année écoulée la dépense des troupes qui avaient accompagné le Roi. On verra la suite au 2 avril.

5. Il s'agit d'une de ces nombreuses académies renommées surtout pour l'éducation hippique des jeunes seigneurs de la France ou de l'étranger, et dont Nemeitz, les deux voyageurs hollandais ou Michel de Marolles parlent plus ou moins longuement. Les meilleures étaient celles de Du Plessis, d'Arnolfini, de Mesmont et de François d'Elcampe. Ce dernier, un des écuyers de la grande écurie du Roi, a fait paraître en 1658 un *Noble art de monter à cheval* dédié au grand écuyer comte d'Harcourt. Les protestants étrangers fréquentent volontiers sa maison; mais, quoique fort estimé, il sera condamné en 1666 pour crime de fausse monnaie, et son exécution à la Croix-du-Trahoir, le 16 avril, sera marquée par une grosse émeute (*Journal d'Olivier d'Ormesson*, tome II, p. 454). — Ces académies étaient sous la surveillance officielle du grand écuyer, avaient de nombreux privilèges, et prétendaient même jouir du droit d'asile; mais, l'année précédente, une académie protestante a été supprimée à Montauban sur la demande du Clergé, et, d'autre part, un luthérien étranger a été expulsé de Paris, sous prétexte de dettes (*Procès-verbaux du Clergé*, tome IV, p. 532).

6. Dreux d'Aubray, comte d'Offémont et seigneur de Villiers (1600-1666), ancien maître des requêtes, lieutenant civil en la prévôté et vicomté de Paris depuis 1643, sera empoisonné en 1666 par sa fille Mme de Brinvilliers.

7. On a vu, p. 43 et 47, les mesures déjà prises à propos de prêche donné en français chez les ambassadeurs hollandais. Cf. le compte rendu des actes de l'agence du Clergé antérieurs à la réunion de 1660, dans le tome IV des *Procès-verbaux*, p. 522-523, et les doléances de l'assemblée contre le protestantisme, dans la session de 1660-61, p. 590-602.

8. Il est regrettable que M. Douen n'ait presque rien donné pour l'année 1661 dans son ouvrage sur *la Révocation à Paris*, tome I, p. 215-217. Une lettre de Le Tellier au lieutenant civil, 26 avril (A. G., vol. 168, fol. 299), parle d'assemblées illicites tenues rue Saint-Honoré.

9. On avait beaucoup à se plaindre des juridictions inférieures de cette province, qui eussent dû réprimer les mouvements séditieux; un arrêt du 23 juin suivant (A. É., vol. France 911, fol. 88) est conçu en ces termes : « Les troubles et émotions populaires, qui sont si fréquents en la ville de Rennes,

viennent en partie de ce que, les magistrats qui y doivent faire la police s'étant rendus négligents de faire porter aux sergents qui les y doivent assister les casaques et marques qu'ils doivent avoir, et qu'ils portent en effet dans toutes les autres grandes villes du royaume pour les rendre plus autorisés, le peuple, n'appréhendant plus en eux ces marques extérieures d'autorité et s'étant habitué à ne les plus craindre, a, dans la suite aussi, commencé de manquer et de respect et d'obéissance pour les magistrats mêmes, qui, faute d'avoir des ministres qui aient le crédit nécessaire pour les faire bien obéir dans les moindres occasions de tumulte, ne les peuvent plus contenir, ce qui rend le peuple de la ville mutin et cause tous les désordres qui y arrivent si souvent, et dont les exemples sont encore récents... » Voir *ibidem*, fol. 138 et 181, deux autres arrêts, du 12 août et du 27 octobre, évoquant au parlement le jugement de voleurs ou contrebandiers acquittés par les présidiaux et maréchaussées. Le procureur général est M. Huchet de La Bédoyère, très mal noté.

10. Joseph-Alexandre de Nagu, simple lieutenant au régiment de Jonzac, qui mourut en 1723 lieutenant général, était marquis de Varennes depuis 1658, date de la mort de son frère aîné à la tranchée devant Gravelines ; mais il n'est question nulle part, dans les Papiers de la Bastille, d'un frère cadet. — Le titre de marquis de Varennes était porté aussi par un fils puîné de René III, marquis de Mailly, et de Marguerite de Monchy.

11. Le grand prévôt de France (c'était alors le père de l'auteur des *Mémoires de Sourches*) avait seul compétence pour la police et la justice ordinaire dans les maisons royales et à la suite de la cour, à moins que l'affaire ne fût renvoyée par lettres patentes à la grand'chambre du Parlement, et l'inculpé mis à la Conciergerie.

12. Les archers du grand prévôt portaient des hoquetons « couverts d'anciennes broderies et paillettes, à fond incarnat, blanc et bleu, avec massue d'Hercule » (*État de la France*, éd. 1661, p. 165-168).

13. Nous n'avons pas trouvé cette déclaration. Fut-elle rendue? Une précédente, du 7 juin 1659, avait interdit tout établissement de communauté religieuse sans permission et lettres patentes.

14. Une déclaration réglant les saisies et arrêts qui se faisaient entre les mains des receveurs et payeurs des compagnies de justice fut signée le 19 mars (Arch. nat., X^{1a} 8392, fol. 344 v°, et 8662, fol. 298).

M. C. — Du 18 de mars.

Le Roi a commandé à M. Le Tellier d'aller dire à Mme la duchesse d'Orléans qu'il falloit que Mlle d'Orléans épousât M. le duc de Florence fils, ou bien qu'elle se fasse religieuse[1]; [Fait.]

A M. le Surintendant, de payer, pour le mariage de Mlle d'Orléans avec le prince de Florence[2], 300,000 liv. dans quinze jours, et les 600,000 livres restants en deux termes de trois mois en trois mois.

Sur ce que M. de Fuensaldagne s'est plaint[3] de ce qu'il a été mis dans le dernier traité fait par M. l'évêque d'Orange[4] sur le fait de la Cerdagne que le roi d'Espagne ne feroit point fortifier Livia, quoique le Roi s'en fût départi en le lui abandonnant purement et sans condition, le Roi a dit lui-même audit comte qu'il persiste aux paroles que feu M. le Cardinal avoit données à dom Louis d'Haro de la part de S. M., c'est-à-dire qu'il laissoit en liberté le roi catholique de faire ce qu'il voudroit, témoignant pourtant qu'il seroit bien aise que les choses demeurassent en l'état où elles sont à Livia, parce qu'autrement il seroit obligé aussi de fortifier quelque poste de ce côté-là[5].

Le Roi a commandé à M. de Lionne de faire plainte à M. de Fuensaldagne de ce que le vice-roi de Naples ne veut pas rétablir dans leurs biens ceux qui se présenteront, ce qui est contre le traité de paix⁶. [M. de Fuensaldagne a écrit au vice-roi.]

Le Roi a commandé à M. le Surintendant de supprimer la Chambre souveraine de Bresse⁷ moyennant les 800,000 livres que ceux du parlement de Dijon payeront⁸, et que, pour indemniser les officiers de cette chambre-là, on crée une chambre d'augmentation au parlement de Metz, dont le ressort sera augmenté de l'Alsace, du Hainaut et du Luxembourg⁹.

Le Roi a résolu qu'il sera créé un présidial en Alsace;

Qu'il sera fait quelque imposition dans les Évêchés pour assurer les gages dudit présidial¹⁰.

Le Roi a commandé à M. le Surintendant de faire payer aux dix compagnies suisses ce qui leur est dû de reste de l'année passée, montant à soixante-un mille tant de livres¹¹; [Fait.]

De payer 6,000 livres aux Jésuites pour avoir prêché au Louvre¹²;

De payer les livrées des Cent-Suisses¹³ et autres; [Fait.]

Et neuf mille tant de livres pour le deuil de M. le Cardinal¹⁴. [Fait.]

Dudit jour 18 mars.

Le Roi a commandé à M. le Surintendant de faire payer 1,000 écus au sieur de Beaulieu, apothicaire de S. M.¹⁵. [Fait.]

De faire donner les aides de Corbie¹⁶, qui se montent à trois mille tant de livres, à M. de Podvitz¹⁷. [Fait.]

1. Marguerite-Louise, dite Mlle d'Orléans (1645-1721) et connue plus tard sous le nom de Madame la Grande-Duchesse, est

l'aînée des filles issues du second mariage de Monsieur Gaston
avec Marguerite de Lorraine. La négociation de son mariage,
de pure politique, avec le fils du grand-duc Ferdinand III de
Toscane, avait été commencée en 1658 par le Cardinal, puis
retardée, sur les questions d'argent, jusqu'à la mort de Monsieur Gaston, et l'on a cru pendant un temps que, au lieu du
prince de Toscane, ce serait Charles de Lorraine, neveu du duc
(ci-dessus, p. 65, note 12), ou même ce dernier en personne. Le
13 janvier 1661, les deux Brienne, Le Tellier, Foucquet, et M. Le
Peletier, celui-ci comme chef du conseil et surintendant des
affaires de la duchesse d'Orléans, ont été chargés de conclure
avec l'évêque de Bonsy, agent accrédité du grand-duc. Leur
pouvoir, délivré en Conseil par-devant le Roi, sa mère, son
frère, et plusieurs princes, ducs-pairs et grands officiers, dit :
« Nous aurions donné d'autant plus volontiers notre consentement, que nous avons toujours eu une estime et une amitié
particulière pour nos cousins le Grand-Duc et le Prince son
fils, et que c'est le moyen de renouveler et confirmer l'alliance
qui est déjà entre nous, et qui a été établie par deux princesses
de leur maison qui ont été reines de France... » Le Roi a consenti à fournir l'argent, l'argenterie et les habits, car Monsieur
n'avait rien laissé à ses filles du second lit; mais il entend
que le mariage se fasse sans tenir compte des répugnances de
la jeune princesse, et qu'il n'y ait plus de retard.

Plusieurs contemporains rapportent que Le Tellier se rendit
par ordre du Roi chez la duchesse d'Orléans pour lui intimer ses
volontés telles que les exprime notre Mémorial. Les articles de
mariage seront signés le surlendemain, 20 mars (A. N., K 541,
n° 9), le Roi donnant 300,000 écus, contre renonciation à l'héritage du duc d'Orléans, et se chargeant de faire conduire la
princesse en Italie. Le contrat se signera le 18 avril, suivi des
fiançailles (*Gazette*, p. 380), et le mariage sera célébré par procureur le jour suivant, l'épousée partant aussitôt pour Florence. Voir le récit et les documents dans le livre de M. Emma-
nuel Rodocanachi : *les Infortunes d'une petite-fille d'Henri IV*,
p. 1-48 et 481-483; L. de Warren, *Marguerite de Lorraine,
duchesse d'Orléans* (1883), p. 34-38; les *Mémoires de Mlle de
Montpensier*, tome III, p. 507-520, etc. Le prince Charles
reviendra encore à Mlle de Montpensier.

2. Côme III de Médicis (1642-1723), dit le prince de Toscane ou de Florence, succédera à son père le 24 mai 1670 ; mais sa femme l'abandonnera cinq ans plus tard, pour revenir vivre à Paris.

3. Le 16, Vuoerden étant allé présenter les plaintes de son ambassadeur à M. de Lionne, celui-ci a répondu que le Roi continuait à connaître de toutes les affaires par lui-même, et qu'il « prendroit ce même jour la résolution. » Une lettre en conséquence fut adressée à M. Courtin le jour suivant (A. G., vol. 165, fol. 84).

4. Hyacinthe Serroni (1617-1687), dominicain d'origine romaine et créature des Mazarin, fait évêque d'Orange en 1647, vient d'être nommé au siège de Mende en février 1661 (A. G., vol. 171, fol. 52 et 62), mais ne prendra possession qu'au mois de novembre. Ayant été aussi visiteur général et intendant de l'armée du prince de Conti en Catalogne, Roussillon et Cerdagne, on l'avait choisi en 1659 comme commissaire pour régler la frontière franco-espagnole et annexer la Cerdagne. Il sera créé archevêque d'Albi en 1676.

5. Llivia, ancienne capitale de la Cerdagne, ayant le titre de ville, *ciudad*, les commissaires espagnols refusaient de la comprendre dans les trente-trois *villages* de ce pays cédés à la France par la paix des Pyrénées. Ils eurent gain de cause, et, aujourd'hui encore, Llivia forme, dans notre département des Pyrénées-Orientales, une enclave reliée à la ville espagnole de Puigcerda par un chemin neutre. C'est là que Serroni et les commissaires espagnols avaient signé, le 12 novembre 1660, le règlement des limites (Bibl. nat., ms. fr. 4240, fol. 347; articles de M. Ph. Torreilles, dans la *Revue d'histoire et d'archéologie du Roussillon*, tome I, 1900, p. 21-32).

6. Le titulaire de la vice-royauté de Naples est, depuis 1659, Gaspard de Bragamonte y Guzman, comte de Peñaranda. La *Gazette* (p. 526) annoncera en mai 1661 qu'il a été obligé par le peuple et la noblesse soulevés de s'enfermer dans son palais.

On a vu ci-dessus, p. 42, que M. de Lionne faisait grief à l'Espagne, entre autres points contestés, de ne pas exécuter l'article 28 de la Paix qui stipulait la réintégration des Napolitains exilés à la suite des révoltes de 1647 à 1656 contre les vice-rois Arcos et Oñate.

7. Créée en février 1659 pour remployer les officiers de la Cour des aides de Vienne, qui venait d'être supprimée, et pour réduire le ressort du parlement de Dijon, la Cour souveraine de Bresse va être supprimée à son tour par un édit de mai 1661 (Arch. nat., E 1717, fol. 1-2). Louis XIV cherche à faire disparaître partout ces juridictions exceptionnelles. En 1659, on avait décrété une imposition spéciale de trente mille livres pour construire un palais à la cour de Bourg; celle-ci disparaissant, on fera rentrer à l'Épargne le produit de cette imposition, par arrêt du 15 juin (A. N., E 346^B, fol. 104).

8. Par une lettre adressée à Condé le 1er février 1661 (M. C., série P, vol. 24, fol. 39), nous voyons que c'est ce prince qui avait obtenu le retrait d'un projet de création de présidial à Autun et l'annexion de la Bresse au parlement de Dijon. Cette annexion sera consommée par l'édit de mai déjà cité. En même temps qu'elle rendra toute son importance à la capitale bourguignonne, on fera remise de 200,000 livres de taxes à la province, et on réduira à 35 sols le prix du minot de sel, porté à 50 sols depuis 1659. D'ailleurs, les magistrats de Dijon payeront une partie des frais de cette opération en prenant 76,000 livres d'augmentations de gages sur la ferme des gabelles.

9. Le parlement de Metz avait été substitué en 1633 à la Chambre impériale de Spire, et sa rétribution assignée sur la nouvelle gabelle du sel établie en même temps. Transféré à Toul de 1648 à 1658, il n'est revenu à Metz que moyennant le payement de 200,000 livres par cette ville. A la paix, on vient d'augmenter son ressort du présidial de Sedan, de tous les lieux détachés du duché de Lorraine, de Thionville, des prévôtés détachées du Luxembourg et du Hainaut; on y ajoute enfin l'Alsace et le conseil provincial qui sera substitué au conseil supérieur ou souverain, au lieu du présidial dont il va être parlé à l'article suivant. En même temps, ce parlement est partagé en deux semestres et décoré des titres et attributions de Chambre des comptes, de Cour des aides, de Cour des monnaies et de Cour des eaux et forêts, afin de rappeler le temps où Metz était capitale. Pour pouvoir y replacer les officiers de Bresse et d'Alsace, il sera créé par l'édit de mai 1661 quatre offices de présidents, vingt de conseillers, deux de chevaliers

d'honneur, sans finance nouvelle. Un arrêt du 30 juin suivant (A. N., E 346ᴮ, fol. 431) et un autre du 18 novembre (E 1717, fol. 1-2) compléteront le ressort que Richelieu avait jadis entendu affecter à cette cour en la créant. En raison de la jonction du département d'Alsace à celui de Metz, les appointements du président Colbert furent augmentés de 7,200 livres (B. N., ms. fr. 22641, fol. 211 v°).

10. Un présidial sera créé en novembre 1661 à Sedan, un autre à Mouzon, des prévôtés à Sarrebourg, Phalsbourg, Montmédy, etc.; mais, comme on vient de le voir, c'est par un conseil provincial ressortissant en appel au parlement de Metz que sera remplacé le conseil supérieur d'Alsace établi en 1657 à Ensisheim, sous la présidence de Charles Colbert, et composé de deux conseillers de Metz, d'un abbé, d'un gentilhomme et d'un docteur du pays. Après la paix de Ryswyk, il redeviendra conseil supérieur jugeant en dernier ressort, et le parlement de Metz sera réduit aux Trois-Évêchés.

11. On voit en effet, dans le ms. de l'abbé de Dangeau 22641, fol. 189 v°, qu'il fut payé 60,000 livres d'arriéré, et les dix compagnies doivent être celles qui avaient été réduites de moitié, comme il a été dit p. 28. Selon l'*État de la France*, chaque capitaine recevait par mois, pour sa compagnie complète et ses officiers, 4,202 livres 2 sols, et, d'après les comptes de l'Épargne de 1661, la dépense mensuelle était de 138,000 livres pour l'effectif total à trente compagnies.

12. C'est le P. Texier, de la Compagnie de Jésus, qui prêche le carême au Louvre (*Gazette*, p. 331, 355 et 356). Voir une lettre de M. Le Tellier au P. Annat, de la même Compagnie, confesseur du Roi : A. G., vol. 168, fol. 322, 2 mai.

13. « Les Cent-Suisses, » disait alors l'*État de la France,* « ont un habit par an, qui est fixé à 40 écus pour les officiers. Les gardes suisses, outre l'habit ordinaire, ont encore un autre habit de cérémonies pour les dimanches et fêtes, et la dépense de ces deux habits est plus ou moins considérable à une année qu'à l'autre, lorsque la livrée est plus chère. Cette livrée est fournie tous les ans par les marchands qui fournissent la livrée du Roi, et le capitaine donne seulement un reçu que les Suisses de la garde sont bien vêtus. » En 1661,

le trésorier des écuries paya 12,000 livres pour les habits des Cent-Suisses, dont 2,000 pour l'augmentation des « chamarrures, » et leur capitaine le marquis de Vardes avait depuis 1657 une somme annuelle de 6,000 livres pour ses propres livrées. Depuis des années, les payements de ces corps se trouvaient arriérés, de même que « les dépenses les plus nécessaires et les plus privilégiées de la maison du Roi et de sa propre personne, contre toute bienséance » (*Mémoires de Louis XIV*, tome II, p. 366). Le 12 septembre 1656, Foucquet écrivait à Mazarin : « Ce qui reste de l'aliénation des aides servira au courant de la maison du Roi et de la Reine, de M. le duc d'Anjou et autres; nous sommes fort pressés des gardes du corps, de la chambre aux deniers pour la reine de Suède, des Suisses et gardes françoises, du duc d'York, et mille autres inévitables. » En 1657, le payement des gardes du corps a été assigné sur les revenants-bons de la Bourgogne, et celui des gardes suisses sur diverses autres généralités (A. N., E 343ᴬ, fol. 431 et 433, et E 343ᴮ, fol. 193).

14. La cérémonie funèbre aura lieu à Notre-Dame le 8 avril, avec toute la pompe possible. Nous en avons des descriptions dans la *Gazette*, p. 332-342, et dans les registres des compagnies qui y assistèrent. Selon les comptes de l'Épargne (ms. fr. 22641, fol. 189 et 202), il fut payé 33,000 livres pour ce service, 9,600 livres pour les habillements de deuil, etc.

15. Un sieur de Beaulieu figure dans l'*État de la France* de 1661 comme apothicaire ordinaire du Roi pour le trimestre d'octobre. Il avait sans doute soigné le Cardinal.

16. Beaucoup de droits d'aides ont été aliénés pendant la dernière guerre, et c'est ainsi que le Cardinal lui-même avait acquis en 1656 ceux de l'élection de Mayenne, dont le fermier lui versait 18,000 livres par an, et ceux de Mortagne et Verneuil, rapportant 40,000 livres. Généralement, ces aliénations se sont faites à si vil prix, que leur rachat sera ordonné en juillet 1662 (*Mémoires de Louis XIV*, tome II, p. 476-477). On peut citer ce curieux exemple que J.-B. Colbert avait obtenu du Cardinal, en 1656, « permission et ordre » de prendre les aides du département d'Houdan comme équivalent d'une gratification de 40,000 livres qu'il lui avait fait accorder par le Roi. Le calcul était établi, au denier cinq, sur le pied d'un

revenu annuel de 6,000 livres : en novembre 1661, ayant déjà touché plus de 34,000 livres pour ces cinq années et voulant donner le bon exemple, Colbert consentira à restituer la jouissance des aides moyennant qu'on lui verse le complément de ses 40,000 livres (Arch. nat., E 1713, fol. 211-212). C'est par l'aliénation des aides d'Amboise, Montrichard, etc., que l'on a payé l'hôtel de Frontenac pris pour l'achèvement du Louvre (arrêt du 10 novembre 1660 : E 344, fol. 164).

17. Henri, comte de Podevils (1615-1696), d'abord engagé au service du duc de Weimar, puis passé, à la mort de ce prince, au service de la France, est retourné en Pologne en 1648. Rappelé par Turenne, qui l'appréciait, il a levé en 1651 un régiment de cavalerie de son nom, est devenu brigadier en 1657, puis général-major de la cavalerie étrangère, et a été envoyé en 1659 au secours des princes de l'Alliance du Rhin; mais la paix est survenue, et, par un ordre du 18 avril 1661, son régiment sera licencié, en ne conservant que sa propre compagnie. Replacé comme général-major de l'armée envoyée en Allemagne, sous Coligny, en 1664, il reviendra encore commander en Guyenne, sous M. de Saint-Luc (1665-1668). Ensuite, sa profession de luthéranisme faisant obstacle à son avancement, Louis XIV et Turenne lui firent proposer le commandement de l'armée du duc de Brunswick, chez qui il devint général-feldmaréchal, président du conseil de guerre et gouverneur de Hanovre. Il mourut à Hambourg le 16 juillet 1696.

M. C. — Du 19 mars.

Le Roi a commandé à Rose[1] d'aller défendre de sa part à M. le premier président de la Cour des aides de plus recevoir dans sa maison des officiers de sa compagnie pour travailler à des mémoires par écrit sur les affaires publiques[2]. [Fait.]

S. M. a accordé à M. de Pradelle 600 livres par mois, par forme d'appointements, tant qu'il sera dans Nancy[3]. [L'ordonnance en a été expédiée.]

1. Toussaint Rose (1615-1701), seigneur de Coye, que plus tard on appela le président Rose quand il eut acheté une charge à la chambre des comptes de Paris (1684), avait été avocat aux Conseils, secrétaire du cardinal de Retz, puis de Mazarin, et il n'est devenu secrétaire du cabinet, ou de la plume, qu'en 1657, ayant déjà un brevet de conseiller d'État. C'est à lui que nous devons le précieux recueil, déjà cité, des lettres « de la main, » c'est-à-dire des lettres soi-disant autographes, mais où il savait imiter merveilleusement l'écriture du Roi. Celui-ci le fera élire à l'Académie française en 1672.

2. On verra plus loin, 30 mars, p. 118-119, les mesures rigoureuses prises contre la Cour des aides.

3. Ci-dessus, 12 mars, p. 35, et ci-dessous, 21 mars.

M. C. — Du 21ᵉ mars.

Le Roi a commandé l'expédition des ordres aux troupes logées sur la frontière de Champagne d'aller à Nancy au temps qu'il leur sera commandé par M. de Pradel, lieutenant général et commandant pour son service à Nancy[1]. [Les ordres ont été envoyés.]

S. M. a accordé 6,000 livres à Mᵐᵉ l'abbesse de Fontevrault pour son voyage aux eaux[2]. [L'ordonnance a été expédiée.]

Le Roi a ordonné qu'il sera sursis à l'expédition de la commission de M. de Verthamon, maître des requêtes, pour la marine[3].

Le Roi a accordé au sieur Séneschal, maréchal des logis des gendarmes de S. É.[4], 250 livres par mois pour subsister à la suite de S. M. en attendant qu'Elle lui ait donné un établissement[5]. [L'ordonnance a été expédiée.]

Le Roi a agréé la commission pour la recherche de ceux qui ont usurpé le titre de noblesse[6].

Sur l'avis donné à M. de la Vrillière[7] d'une assemblée faite en Auvergne par des gentilshommes pour se battre, le Roi a résolu que la procédure commencée par le prévôt des maréchaux sera continuée jusques à sentence définitive inclusivement[8]; [On a envoyé les ordres nécessaires pour cet effet.]

Que M. le Surintendant fera fonds pour la conduite de ceux qui sont condamnés aux galères dans les provinces[9].

Le Roi a commandé qu'on dépêchât un courrier en Provence pour envoyer 20,000 livres pour la citadelle de Marseille[10]; [Il est parti, et tous les ordres ont été expédiés en cette conformité.]

Pour faire séparer l'assemblée des Communautés[11] en cas qu'elle n'accorde pas à S. M. la somme qu'on lui demande[12];

Pour faire venir à la suite du Roi[13] le président de Cormis[14];

Pour faire savoir à M. de Mérinville[15] que le Roi persiste aux résolutions prises à Aix l'année dernière, que la maladie de S. É. avoit fait un peu relâcher, mais qu'à présent on agira plus puissamment que jamais[16];

Que M. de Gordes a eu ordre de retourner à Rheims[17], et que Mérinville se serve des troupes de Dauphiné, s'il en a besoin[18].

Le Roi a réglé le payement des gouverneurs des places ci-après nommées ainsi qu'il s'ensuit[19] :

Au gouverneur d'Arras, 30,000 livres; à celui de Bapaume, 15,000 l.; Hesdin, 20,000 l.; Béthune, 20,000 l.; Graveline, 20,000 l.; Saint-Venant, 15,000 l.; Landrecy, 15,000 l.; Le Quesnoy,

15,000 l.; Avesnes, 20,000 l.; Philipeville, 15,000 l.; Mariembourg, 15,000 l.; Mommédy, 15,000 l.; Damvilliers, 15,000 l.[a]; Thionville, 20,000 l.; Cirque[20], 8,000 l.; Sarbourg et Phalsbourg, 10,000 l.

1. Ci-dessus, p. 83.
2. L'abbesse du puissant couvent de Fontevrault est, depuis 1637, Jeanne-Baptiste de Bourbon, dite de Sainte-Maure, fille naturelle du roi Henri IV et de Charlotte des Essarts, légitimée en 1608. Le Clergé est intervenu en 1655, auprès du Pape, pour qu'on n'établît pas à son profit une pension sur l'abbaye du Relecq (*Procès-verbaux du Clergé*, tome IV, Pièces, p. 122-124). En 1664, le Roi lui confiera la garde de Mlle de Montalais, compromise dans les intrigues contre Mlle de la Vallière, et leur permettra d'aller ensemble aux eaux (*Archives de la Bastille*, tome I, p. 279-280). A sa mort, en 1670, elle sera remplacée par la sœur de Mme de Montespan.
3. C'était sans doute une inspection des ports de mer comme un autre maître des requêtes l'eut vingt-cinq ans plus tard.
François de Verthamon (1605-1697), comte de Villemenon, de Sernon et de la Ville-aux-Clercs, maître des requêtes depuis 1653, pourvu d'un brevet de conseiller d'État le 15 septembre 1657, avait été envoyé avec M. de Bezons, en avril 1659, pour juger les séditieux de Provence, et s'était si mal conduit, qu'on avait dû le rappeler au bout de deux mois (*Archives de la Bastille*, tome I, p. 38-52). En 1666, convaincu d'avoir faussement accusé d'incontinence l'archevêque Péréfixe, il sera chassé pendant cinq ans de la cour et de Paris. Mais ne s'agirait-il pas, tout aussi bien, de Michel de Verthamon de Bréau, maître des requêtes depuis 1651, marquis de Manœuvre depuis 1653, et gendre de l'ancien garde des sceaux d'Aligre?
4. La maison civile de Mazarin fut licenciée peu après sa mort, les médecins payés, les meubles vendus (ms. MÉLANGES COLBERT 102, fol. 536); mais il avait aussi une maison militaire tout analogue à celle du Roi : cent gardes à cheval, créés en novembre 1643, sous les ordres de M. de Noailles;

a. Après *Damvilliers*, on a biffé *Jametz, 10,000 l*. Cette place faisait partie des domaines d'Argonne cédés au prince de Condé.

cent mousquetaires, créés le 25 février 1648, qui passèrent au service de Louis XIV et devinrent les mousquetaires noirs ; une compagnie de gendarmes, commandée par Navailles, celle dont il est question ici, et une compagnie de chevau-légers, qui sera licenciée par ordre du 12 avril (A. G., vol. 168, fol. 258 et 432).

5. Ce Sénéchal obtint une ordonnance de 750 livres pour le premier trimestre. Suivant sa requête (ms. Mélanges Colbert 102, fol. 365 et 366) et suivant l'*Abrégé chronologique de la maison militaire du Roi*, il avait jadis possédé une charge de maréchal des logis dans la compagnie des gendarmes écossais, et allait y passer guidon quand Mazarin le prit à son service ; après la mort de son maître, il s'est retiré d'abord en Angleterre, puis reviendra à Paris pour obtenir, avec la protection du roi Charles II, une enseigne qui vaquait par le départ du fils de M. de Schonberg pour le Portugal, et il la vendra pour 45,000 livres au marquis de Beaumont.

6. Louis XIV s'est promis de débarrasser la noblesse « d'un nombre infini d'usurpateurs sans aucun titre, ou avec titre acquis à prix d'argent sans aucun service » (ses *Mémoires*, tome II, p. 377), et Colbert, de son côté, a hâte de faire rentrer ces faux nobles dans la masse des contribuables.

Une déclaration du 8 février 1661 vient de remettre en vigueur celles du 15 mars 1655 et du 30 décembre 1656 qui avaient chargé les Cours des aides, à l'exclusion de tous autres juges, de procéder à la recherche de ces usurpateurs de noblesse et de vérifier s'ils avaient droit à la qualification d'écuyer ou de chevalier prise par eux dans les actes publics ou privés. Comme, d'un autre côté, les Parlements prétendaient s'immiscer dans la recherche, notamment celui de Toulouse par un arrêt du 8 mai 1659, le Conseil, après avoir cassé cet arrêt, a ordonné, le 21 février 1661 (A. N., E 345^A, fol. 261), la reprise des opérations par les seuls commissaires représentant les Cours des aides. Le 5 mai suivant pouvoir sera donné au traitant Thomas Bousseau de se faire communiquer toutes minutes de notaires ou de greffiers par-devant les juges locaux, et d'en tirer des extraits en forme, avec défense expresse aux détenteurs des minutes d'y faire aucune modification ; l'arrêt, très important et très soigneusement travaillé, sera signé par MM. Séguier, Foucquet et Marin

(A. N., E 345ᴬ, fol. 261 et 336). Entre temps, le parlement de Toulouse aura rendu encore, le 31 mars, un arrêt interdisant à tout porteur de titres de marquis, comte, vicomte ou baron de s'en servir dorénavant sans avoir justifié de leur légitimité par-devant le procureur général, et ce à partir du mois suivant la publication de l'arrêt, sous peine de dix mille livres d'amende et de réunion des fiefs titrés indûment au domaine royal (*Histoire générale du Languedoc*, éd. Roschach, tome XIV, col. 790). La recherche proprement dite des faux nobles ne sortira de la période de préparation que quelques années plus tard, pour durer presque un demi-siècle; les *Mémoires de Saint-Simon* (éd. nouvelle, tome XII, p. 364-365) nous apprennent, comme d'ailleurs ceux des autres contemporains, pourquoi cette recherche, au lieu de faire réimposer à la taille beaucoup d'usurpateurs avérés, produisit tout le contraire : « On sait comment elles se font. Ceux qui en sont chargés ne sont pas du corps de la noblesse, et, plus que très ordinairement, le haïssent et ne songent qu'à l'avilir; ils dépêchent besogne, leurs secrétaires la défrichent, et font force nobles pour de l'argent. Ainsi est le proverbe qu'ils en font plus qu'ils n'en défont. »

Un petit *Traité de la noblesse*, que publia en 1700 le partisan Belleguise, chargé de la poursuite des faux nobles, précise les principes qui furent suivis en une grande quantité de cas litigieux. Chérin fit paraître, en 1788, un *Abrégé chronologique* des édits, déclarations, arrêts, etc., rendus sur le fait de cette recherche.

7. Louis Phélypeaux (1598-1681), seigneur de la Vrillière et de Châteauneuf-sur-Loire, baron d'Hervy, conseiller d'État depuis 1620, devenu secrétaire d'État à la mort de son père (26 juin 1626), commandeur-prévôt et maître des cérémonies des ordres du Roi en 1643, a le département de la Religion P. R., qui restera dans sa descendance jusqu'en 1775, et l'Auvergne est une des provinces qui en dépendent (ci-dessus, p. 60).

A défaut des papiers et correspondances de la Vrillière, nous avons un registre des arrêts en commandement expédiés par lui en 1661 (A. N., E 1714) et quelques dossiers de la R. P. R. (A. N., série TT).

8. Cette organisation de procédures contre les gentilshommes d'Auvergne aboutira, en 1665, à la tenue de Grands Jours dont la chronique a été écrite par Fléchier. Pendant le carême de 1661, un combat de six contre six, entre soldats du Roi, ne put être poursuivi, le juge seigneurial ayant détruit les informations et réduit l'affaire aux simples proportions d'une rencontre (B. N., vol. Mélanges Colbert 104, fol. 148; Depping, *Correspondance administrative*, tome II, p. 9-10). Voir ci-après, p. 130, etc.

9. C'est-à-dire pour conduire au bagne de Toulon les individus condamnés à la peine des galères. C'est ce qu'on a appelé, jusque dans le xixe siècle, la « chaîne. » M. de La Guette, comme on le verra plus loin, s'occupait tout particulièrement de rétablir la chiourme, dégarnie par la restitution à Philippe IV des forçats espagnols, napolitains, siciliens, etc., en conséquence de l'article 107 de la Paix. Diverses lettres de lui, de 1662 à 1664, ont été publiées par Depping dans le tome III de la *Correspondance administrative*, p. 874-878.

10. Ci-dessus, p. 13, note 20.

11. Depuis 1639, les États particuliers de Provence n'existent plus; mais, chaque année, on réunit dans une ville différente, sous le nom d' « assemblée des Communautés, » les seuls représentants du tiers état, qui, avec l'assistance de deux évêques, de deux élus de la noblesse et des consuls d'Aix, « procureurs-nés et joints de la province, » présidés tous par l'archevêque d'Aix, et en présence des commissaires du Roi, discutent et votent le don gratuit et les contributions supplémentaires demandées par la cour, règlent et ordonnancent les travaux et dépenses intérieurs de la province. C'est tout ce qui est resté de l'ancienne représentation provinciale.

La session de 1661 se tenait à Lambesc depuis le 6 mars. Nous en avons la correspondance officielle au dépôt des Affaires étrangères, vol. France 910, 911 et 1726, et les actes des procureurs du pays, avec une relation sommaire de la tenue, sont dans le registre original de leurs délibérations conservé aux archives du département des Bouches-du-Rhône, C 39.

C'est précisément à l'issue de la tenue de 1661 que le prévôt Honoré Bouche fera hommage aux procureurs de sa *Chorographie ou Description de Provence, et Histoire chronologique du même pays*, et qu'ils en voteront l'impression gratuite en deux volumes in-folio, qui parurent à Aix en 1664. Deux ans plus tard vint l'*Histoire de la ville d'Aix* (1666), par J.-S. Pitton, non moins intéressante pour notre époque.

12. Conformément à une instruction du 13 janvier (A. É., vol. FRANCE 1726, fol. 136-137; archives du département des Bouches-du-Rhône, C 39, fol. 295 et suiv.), et quoique le Roi eût promis en 1660 de ne plus rien imposer sur la province, les commissaires royaux ont demandé qu'elle fournît : 1° une somme de 600,000 livres, comme contribution à la subsistance des troupes, moyennant quoi elle serait exempte de les loger; 2° 233,000 livres pour l'entretien des garnisons; 3° 285,440 livres pour l'entretien du régiment d'infanterie de trente compagnies spécialement préposé à la garde des villes et places de la côte; 4° le payement en deniers des « fastigages » et ustensiles de ce régiment, à raison de dix-huit deniers par soldat; 5° l'entretien de la garnison des citadelle et forts de Marseille, « comme n'en ayant point de plus nécessaire au repos et à la tranquillité publique et à la sûreté du commerce. » Les représentants des Communautés ont répondu par une offre unique de 200,000 livres, et encore moyennant que la province serait exemptée de tous « édits et nouveautés, » ainsi que du logement et entretien des troupes en quartier, en route ou en passage, du régiment de Provence et des garnisons. Sur cela, les commissaires royaux ont fait entendre que, si l'assemblée ne « donnoit plus de contentement, » ils en aviseraient le Roi : au moins fallait-il qu'un chiffre « pût leur donner moyen de rendre leurs bons offices au pays, disposer S. M. de s'en contenter, et lui continuer ses grâces dans le temps présent que Sadite M. prend connoissance des affaires d'État après la mort de Mgr le cardinal Mazarin, premier ministre d'État, ce qui devoit obliger l'assemblée de faire un effort extraordinaire pour maintenir les privilèges, libertés, formes et usages du pays, à faute de quoi il étoit à craindre que Sadite M. ne fît faire ladite levée par des ordres de rigueur et par la voie des troupes; et, pour ce sujet, ladite assemblée devoit porter son offre à la somme de 300,000 livres » (reg. C 39, fol. 299). La réponse étant encore insuffisante, ces lettres patentes seront expédiées le 23 mars : « De par le Roi comte de Provence.

Très chers et bien amés, des considérations très importantes au bien de notre service ne permettant pas que vous teniez plus longtemps votre assemblée et nous obligeant de la congédier présentement quelque prétexte que vous eussiez de la continuer encore quelques jours pour les intérêts de ladite province ou les nôtres, nous vous écrivons cette lettre pour vous ordonner qu'aussitôt qu'elle vous aura été rendue, vous ayez à vous séparer et à vous en retourner en vos maisons, sans vous informer des motifs qui nous portent à en user en ce rencontre de cette manière, nous réservant de rappeler ladite assemblée en un autre temps, ainsi que nos officiers le pourront requérir. N'y faites donc faute, car tel est notre plaisir » (A. É., vol. FRANCE 1726, fol. 181). Le 25, une lettre de la main (recueil Morelly, tome I, p. 16-17) avisera le premier président de la venue d'instructions propres à assurer le repos de la province et le maintien de l'autorité royale. Le 29 (FRANCE 1726, fol. 197 v°), le lieutenant général Mérinville répondra : « Je ne crois point que l'assemblée se porte à satisfaire et contenter V. M., à moins que des troupes du Dauphiné n'entrent dans cette province. Cela étant, je ne fais nul doute qu'elle ne vienne à la raison. » Nous verrons la suite plus loin.

13. C'est ce que l'on appelait un *veniat* : ci-après, p. 93. Voyez les *Mémoires de Saint-Simon*, éd. nouvelle, tome XVII, p. 202, et comparez ci-dessus, p. 29, 44 et 53, l'ordre pareil expédié au conseiller du Perrier.

14. Louis de Cormis, marquis de Briançon, avait servi d'abord aux armées, puis avait succédé à son père comme avocat général au parlement d'Aix, et, au bout de dix ans, il était passé président à mortier (1650). Pitton raconte son rôle dans les événements de 1659. En 1660, on lui a offert de se démettre au profit de son fils et de prendre l'intendance de Roussillon. Selon Jean Chapelain (*Lettres*, tome II, p. 163, 233, 282), c'était « un fort honnête homme, grand amateur de lettres. » Il s'occupait surtout de généalogies. On verra plus loin, au 11 avril, ce qu'il devint. — Un autre Cormis jouait un rôle important comme syndic des Communautés.

15. François III des Monstiers, comte de Mérinville et de Rieux, lieutenant général depuis 1650, ancien gouverneur de Roses, puis de Narbonne, a la lieutenance générale du gouver-

nement de Provence depuis 1660. Il mourra en janvier 1672.

16. C'est-à-dire pendant le séjour fait par la cour en Provence durant les premiers mois de 1660, alors que fut ordonnée et entreprise la construction de la citadelle de Marseille, et que l'administration municipale a été transformée (ci-dessus, p. 49-50). Le registre des procureurs contient, fol. 216 v° à 223, les réponses qui avaient été faites alors, le 21, le 23 et le 24 février, aux remontrances de l'assemblée, par le Roi et par Mazarin. On y voit aussi, fol. 202-253, à la suite de quelles négociations laborieuses Mazarin avait consenti à n'exiger de l'assemblée que 750,000 livres, ce qui, avec les autres dépenses, représentait plus de 764 l. par feu d'imposition. La correspondance de 1660 remplit le volume France 1725, aux Affaires étrangères.

17. François de Simiane de Pontevès de Carces, marquis de Gordes (1622-1680), ancien lieutenant des gardes du corps et gouverneur du Pont-Saint-Esprit, grand sénéchal de Provence du 12 octobre 1656 au 19 août 1659, a été forcé de se démettre à l'occasion des troubles, et Mérinville l'a remplacé dans ce poste comme lieutenant général. Sa relégation a sans doute pour cause des manœuvres de nature à entraver l'action de son successeur; mais elle ne sera pas longue : le 4 novembre, le Roi lui écrira (A. É., vol. France 1726, fol. 278-279) que, « pleinement satisfait de sa conduite et de sa déférence, » il lui permet de revenir en cour ou d'aller partout à son gré, et, le 20 avril 1662, il sera nommé chevalier d'honneur de la reine Marie-Thérèse en place du duc de Bournonville, forcé de se démettre. Le 31 décembre 1661, il sera fait chevalier des ordres, en même temps que son successeur Mérinville.

18. Ci-dessus, p. 28. Mérinville répondra, le 29 mars (A. É., vol. 1726, fol. 197), que les compagnies licenciées ont reçu des « routes » pour retourner en leur pays, mais que cent cinquante hommes, avec la compagnie d'Erlach, resteront jusqu'à nouvel ordre dans la citadelle, « présentement munie de tout ce qui est nécessaire pour l'empêcher d'insulte et de surprise. » Cf. le registre des procureurs C 39, fol. 295-296.

19. Il s'agit des places frontières nouvellement acquises par la Paix, et où quantité d'officiers, dit Guy Patin, venaient d'être envoyés, « apparemment pour donner ordre au gouvernement

de ces places, de peur de quelque changement en cas que notre premier ministre meure, peut-être pour s'assurer de quelque gouverneur qu'on soupçonne d'infidélité. » On en trouve la liste, avec les noms des gouverneurs, dans l'*État de la France* de 1661 et dans le volume A. G. 165, fol. 31-32, ainsi que le budget de chaque état-major, pour l'année 1661, dans les extraits des comptes de la guerre recueillis par l'abbé de Dangeau, ms. fr. 22641, fol. 231. Voir ci-après, 5 avril, p. 147-149.

20. C'est la ville de Sierck, prise en 1643, et qui, aux termes de la Paix, eût dû être rendue au duc de Lorraine; mais celui-ci y a renoncé par l'article 5 de son traité du 28 février, et la France prendra en outre trente villages dans les dépendances. Possédant Sierck, elle tient la Moselle depuis Metz jusqu'à Trèves.

A. É. — Du 23 [mars].

Envoyer les ordres à MM. d'Oppède et de Mérinville pour séparer l'assemblée des Communautés de Provence en cas qu'elle ne se résolve point à donner satisfaction à S. M.[1].

Veniat à M. le président de Cormis pour se rendre à la suite du Roi[2].

Ordre à M. le marquis de Gordes de partir dans vingt-quatre heures de Paris pour se rendre à Reims[3].

M. C. — Du 23 mars.

Le Roi a trouvé bon d'accorder 40,000 livres de douaire à Mme la princesse d'Angleterre par le contrat de mariage de Monsieur[4];

Qu'il sera fait la même chose pour l'entretènement de Mme la princesse d'Angleterre qu'il a été fait pour Mme la duchesse d'Orléans[5].

Le Roi a commandé qu'on examine ce qui regarde Locate[6]; [Fait.]

A M. de Lionne, de proposer à M. de Lorraine qu'on ôtera de Nancy les troupes de M. de La Ferté en donnant cinq mille livres par mois tant que la démolition durera;

Qu'outre cela, il fournira trois mille personnes valides de ses États, et les payera pour travailler*a* à ladite démolition[7].

Le Roi a trouvé bon qu'on écrive à M. l'électeur de Trèves[8] que S. M. le décharge d'envoyer vers elle une ambassade pour lui faire compliment, en considération de sa lettre sur le voyage de son suffragant en Espagne[9]. [Fait.]

1. Ci-dessus, 21 mars, p. 89-91.
2. *Ibidem*, p. 91.
3. *Ibidem*, p. 92.
4. Henriette-Anne d'Angleterre (1644-1670), fille du roi Charles Ier et de la reine, fille d'Henri IV, était cousine germaine de Philippe, duc d'Orléans, frère de Louis XIV, qu'elle va épouser. La dispense de parenté arrivera de Rome le 24, et le mariage, annoncé officiellement le 26, sera célébré le 31, au Louvre. Nous avons vu plus haut, p. 55-56, le Roi augmenter l'apanage de son frère à l'occasion de cette alliance. Le 21 mars, en remerciant le roi Charles de ses condoléances sur la mort du Cardinal, il lui a écrit, par une lettre de la main (recueil Morelly, tome I, p. 8) : « Je suis assuré que... vous donnerez quelque regret à sa mémoire, et particulièrement quand vous saurez qu'un des conseils qu'il s'est le plus appliqué à me donner pendant ses dernières et plus douloureuses souffrances a été de lier avec vous la plus étroite union qui seroit en mon pouvoir, et de rendre communs, autant qu'il seroit humainement possible, les intérêts de nos États... »
5. Il s'agit de Marguerite de Lorraine (1615-1672), dont le mariage avec Gaston d'Orléans s'était fait contre la volonté de Louis XIII, mais avait été finalement approuvé par ce roi mou-

a. Avant *travailler*, on a biffé *faire*.

rant, et confirmé par la Régence le 27 avril 1644. On voit dans les Mémoires de sa belle-fille Mlle de Montpensier quelle était sa situation précaire quand elle devint veuve le 2 février 1660. Le Roi lui abandonnera en 1662 la jouissance des comtés de Limours et de Montlhéry, séparés, comme on l'a vu, p. 45, de l'apanage de Monsieur (A. N., X^{1a} 8663, fol. 21 v°).

6. Leucate, à trente-six kilomètres S. de Narbonne, était une place importante de cette frontière par sa situation entre la mer, un étang et des rochers inaccessibles. Au mois de juillet, nous en verrons donner le commandement, en suite de la trahison de Saint-Aunez, à M. de Talhouët, des gardes du corps.

7. Par le traité du 28 février, il avait été convenu que la garnison française de Nancy ne se composerait plus que de quatre cents hommes pendant le temps de la démolition, et que le pays se chargerait de leur entretien, tandis que les autres troupes que le Roi jugerait bon d'y envoyer resteraient à son propre compte. Un article particulier, conforme à ce qui est dit ici, sera signé par Lionne et le duc Charles le 31 mars (A. É., vol. LORRAINE 38, fol. 158-162); il est reproduit dans l'*Histoire de la Lorraine* de D. Calmet, tome IV, col. DLXII. Le Roi en avisera le maréchal de La Ferté, Saint-Pouenges et M. de Pradel par dépêches du 2 avril : Bibl. nat., ms. fr. 4240, fol. 403 v° à 407.

8. Charles-Gaspard de Leyen, archevêque-électeur de Trèves depuis 1652, devait tout au Roi; mais il l'a froissé en ordonnant à son envoyé d'aller saluer les Espagnols avant les Français, et en se laissant inscrire dans le traité de paix comme ami et allié de Philippe IV. C'était le seul des princes du Rhin qui fût dans ce cas et n'eût pas encore adhéré à l'Alliance. Réclamant la suffragance des trois évêchés de Metz, Toul et Verdun, il pensait se servir du canal de l'ambassadeur Fuensaldagne pour gagner les bonnes grâces de Louis XIV ou de ses ministres; mais Lionne reçut très mal ces ouvertures, et c'est seulement six mois plus tard, pour le gagner enfin à l'Alliance, qu'on lui fera avoir gain de cause à Rome (12 octobre 1661). C'était celui des princes rhénans que Louis XIV tenait le plus à détacher de l'Autriche (ses *Mémoires*, éd. Dreyss, tome II, p. 415; lettre de la main, du 27 août 1657, dans le recueil du président Rose).

9. L'explication de cet incident sera donnée dans le Mémo-

rial de Brienne, ci-après, p. 99. Dès le 21 mars, Lionne a préparé une lettre du Roi pour l'électeur de Trèves (sa minute autographe, A. É., vol. Trèves 4, fol. 13). Le 6 mai, le prélat remerciera Lionne d'avoir plaidé auprès du Roi « son innocence » et obtenu le pardon de la faute commise par son suffragant « contre ses ordres. » L'original de sa lettre est au même volume, fol. 14.

M. C. — Du 24ᵉ mars[1].

Le Roi a ordonné que MM. Quatrehomme[2], Pussort[3] et Bouvot[4], conseillers en la cour des aides de Paris, se retireront incessamment, savoir : Pussort à Perpignan, Quatrehomme à Pignerol, et Bouvot à Quimper-Corentin; que le commandement leur sera fait par un exempt des gardes de S. M., et qu'un valet de pied les accompagnera jusques auxdits lieux[5] ; [Fait.]

Qu'il sera fait instance au grand maître de Malte[6] sur la conduite du chevalier de la Bretesche[7]. [Fait.]

Dudit jour 24 mars.

Le Roi a commandé qu'il soit expédié une ordonnance de S. M. portant défense à tous ses sujets de prendre la bannière d'aucun autre roi ou prince sans sa permission, à la réserve de celle de Malte, et qu'il sera écrit au grand maître qu'il répondra de ceux qui armeront sous sa bannière[8].

1. A cette date du 24 mars, le registre du Conseil E 343ᴮ renferme un grand nombre d'arrêts rendus contre les religionnaires.
2. Louis Quatrehomme avait été reçu conseiller en la Cour des aides, à la place de son père, le 27 novembre 1631. Vuoerden raconte le 26 mars, dans son *Journal* (fol. 107), qu'il vient de recevoir un « billet d'une dame » le priant d'intéresser

l'ambassadeur d'Espagne en faveur de Quatrehomme, afin que son exil soit « modéré et réduit à Chartres. » M. de Fuensaldagne a refusé d'intervenir, pour ne pas avoir l'air de « prendre un pied autorisé en France. »

3. Antoine-Martin Pussort, reçu conseiller en la même compagnie le 19 mars 1624, sera remplacé en 1664.

4. Benoît Bouvot, reçu le 2 mars 1654 et remplacé en 1665.

5. Selon une lettre de Guy Patin en date du 29 mars, ces trois conseillers, « dignes d'être nommés, » étaient exilés à la requête des partisans pour avoir protesté contre un nouvel impôt sur le vin, qu'ils estimaient contraire au soulagement du peuple. Les députés de la compagnie ont été admis, le 21, à exposer leurs trois sujets de plaintes : recouvrement de la taille avec des fusiliers et par « solidité, » perception de l'entrée du vin sur les bourgeois comme sur les cabaretiers, exigences des fermiers des gabelles pour le châtiment des faux-sauniers. Le Roi a répondu que les gens de la compagnie mal affectionnés seraient punis, et que le Chancelier ferait savoir ses volontés. Cependant les trois exilés n'allèrent pas plus loin que leurs maisons des champs, et nous verrons que le Roi finit par adoucir leur relégation, et même accorder leur rappel.

6. Raphaël Cotoner, bailli de Majorque, a été élu grand maître de l'ordre des chevaliers de Malte le 6 juin 1660, contre le gré de la France.

7. François de Pomereu de La Bretesche, fils du prévôt des marchands de ce nom et reçu à Malte en 1642, a été capitaine de cavalerie et major à vingt ans, mais s'est retiré à Malte en 1652, pendant la proscription de Mazarin, et y a fait la course durant plusieurs années. Devenu capitaine d'une galère de France, il parviendra au grade le plus élevé dans ce corps, celui de chef d'escadre, méritera le surnom de « César des galères, » et mourra bailli de la Religion, à Marseille, le 3 novembre 1694. En août 1659, lui et le chevalier de Valbelle avaient armé deux navires de guerre et fait avec succès la course contre les Algériens ; mais, au retour, l'Amirauté de Toulon les a poursuivis au criminel et condamnés par contumace à la peine de mort, le 3 août 1660, ainsi que leurs officiers, comme nous l'apprend un arrêt de décharge

accordé le 10 mai 1661 à l'un de ces officiers, le capitaine Cyprien Chabert (A. É., vol. France 911, fol. 69). On peut voir aussi, sur La Bretesche, une lettre du cardinal Mazarin au chevalier Paul, datée du 9 avril 1660 (Mélanges Colbert, vol. 52ᵉ, fol. 109).

8. Une ordonnance fut rendue à Fontainebleau le 14 août; nous en avons un original, contresigné par Brienne, aux Affaires étrangères, vol. France 911, fol. 139, et un second, simplement signé du Roi, fol. 140; mais une autre minute, corrigée de la main de Colbert (A. N., Marine, A⁶, fol. 72, et KK 931, fol. 129), porte la date du 9 octobre suivant, comme le texte imprimé dans le *Recueil des édits de la marine* de 1677, p. 15-17. En voici les considérants : « Sa Majesté étant informée que plusieurs particuliers capitaines, maîtres et patrons de vaisseaux, étants à la mer et allants en voyages de long cours, au lieu de porter seulement l'ancien pavillon de la nation françoise, prennent la liberté d'arborer le pavillon blanc pour en tirer avantage dans leur commerce et navigation, au préjudice, le plus souvent, de l'honneur qui y est dû, qu'ils sacrifient, dans les rencontres, à leur intérêt particulier, n'étants pas en état de pouvoir obliger ceux qui le doivent à le rendre, ou ne sachant pas la manière dont il en faut user en pareilles rencontres, d'où il arrive des inconvénients au mépris de la réputation des forces maritimes de S. M. et à la diminution des prérogatives de son pavillon, auquel, par cette raison, les capitaines, gouverneurs et commandants dans ses forteresses négligent souvent de rendre le salut ainsi qu'il s'est toujours pratiqué : à quoi S. M. voulant pourvoir, Elle fait très expresses inhibitions et défenses à tous capitaines, maîtres et patrons de vaisseaux particuliers, ses sujets, de porter le pavillon blanc, qui est réservé à ses seuls vaisseaux, et veut et ordonne qu'ils arborent seulement, allants à la mer, ou en quelque autre rencontre que ce puisse être, l'ancien pavillon de la nation françoise, qui est la croix blanche dans un étendard d'étoffe bleue, avec l'écu des armes de S. M. sur le tout; ordonne pareillement à tous capitaines, gouverneurs et commandants dans les forteresses, châteaux et places maritimes, de saluer ses vaisseaux commandants portant le pavillon blanc en qualité d'amiral, vice-amiral, contre-amiral et chef d'escadre, toutes fois et quantes qu'ils passeront devant ou y aborderont, ainsi qu'il s'est de tout temps pratiqué; le tout sur peine de désobéissance... » — C'est en partie

l'origine de cette question du « salut » qui prendra une si grande importance.

A. É. — Du 26 [mars].

Écrire une lettre fort sèche à M. l'archevêque de Trèves pour lui dire que S. M. a reçu la justification qu'il lui a faite de la faute que commit son suffragant lorsque, lui ayant été dépêché pour faire de sa part au Roi et au roi d'Espagne un même compliment sur la Paix, n'ayant pas rencontré justement S. M. sur sa route, il alla en Espagne devant que d'avoir vu le Roi. On peut employer dans cette lettre les termes de pardon et autres de cette force[1].

M. C. — Du 26 mars[a].

Le Roi a commandé à M. de Brienne de répondre à M. l'ambassadeur de Venise[2] que S. M. continue dans l'affection qu'Elle a toujours eue pour les affaires de la République[3], et qu'il n'y a point d'efforts qu'Elle ne fasse pour l'aider à chasser les Turcs du royaume de Candie quand ladite République[b] sera en état de l'entreprendre, préférant cette dépense à toutes les autres que S. M. est obligée de faire ailleurs, mais qu'étant bien informée que la République ne peut que se mettre sur la défensive[4], bien que S. M.[c] pourroit se dispenser de lui donner aucun secours, néanmoins qu'Elle[d] l'assistera de trois cent mille livres, en plusieurs termes, à condition que, sur cette partie-là, il sera pris

a. Cette date a été ajoutée après coup, sur la marge.
b. *Ladite République* remplace *elle*, biffé.
c. *S. Maté* remplace *Elle*, biffé.
d. *Elle* est en interligne, au-dessus de *S. M. le fera*, biffé.

par préférence l'entretènement du corps de troupes qui est en Candie et des François que la République voudra lever⁵. Il faudra y ajouter que M. le Cardinal, ayant considéré que S. M. avoit beaucoup d'affection pour ladite République, a, de son consentement, envoyé au Pape six cent mille livres pour les employer contre le Turc, et qu'elle interposera ses offices auprès de S. S. afin que cette somme soit employée à leur secours⁶.

Dudit jour 26 mars.

Le Roi a commandé qu'il soit prescrit de sa part à celui qui a la direction des fortifications du Château-Trompette⁷ de les régler sur le pied du plan qu'il a adressé à M. Le Tellier en ce qui regarde la mer, observant que ladite fortification puisse servir et ait du rapport avec l'ancien dessein de la fortification du côté de la ville, marqué de jaune dans ledit plan, S. M. se réservant de lui donner ses ordres sur ladite fortification qui est du côté de la ville, lorsqu'on sera en état d'y travailler; [On lui a mandé tout cela.]

Qu'il envoie le mémoire des ouvrages qui peuvent être faits l'année courante, ce qu'il y a d'argent sur les lieux, et ce qu'il lui faudroit envoyer d'argent pour cela;

Qu'ensuite il adresse le mémoire des matériaux qu'il faudra acheter durant l'hiver, et le prix, ensemble ce qui sera nécessaire pour faire la dépense de l'année prochaine⁸.

Le Roi a résolu qu'avant que de rien exécuter de ce qui est porté par le dernier traité avec M. de Lorraine, M. le duc de Lorraine licenciera toutes ses troupes⁹;

Qu'il sera écrit à M. de Bouchu [10] de différer l'élection de l'abbé de Clugny [11] pour trois mois, et cependant ordonner aux religieux des autres maisons de se retirer; [On lui a écrit [12], et même le Roi a parlé aux députés qui étoient ici.]

Que la requête de M. d'Aspremont sera renvoyée au Grand Conseil pour y procéder comme il eût été fait avant l'arrêt du Parlement donné durant la guerre [13].

Dudit jour 26 mars.

Le Roi a résolu que le différend d'entre M. le prince de Simay [14] et M. de Bercy [15] sera renvoyé par-devant les commissaires nommés pour les limites [16], pour en donner avis à S. M.; [On leur a écrit.]

Qu'il sera ordonné de sa part à M. de Bercy de surseoir toutes poursuites [17]; [Fait.]

Qu'il sera écrit à MM. les cardinaux d'Est [18] et de Mancini [19] pour leur faire savoir la résolution de S. M. à l'égard des bénéfices vacants par le décès de S. É. [20], à condition qu'ils obtiendront un bref du Pape sur les vacances dans la cour de Rome [21]; [Fait [a].]

Qu'il sera établi des œconomes pour l'administration du temporel des abbayes qui leur sont destinées [22].

1. Par la lettre indiquée ci-dessus, p. 96, le Roi accorde le pardon demandé en raison de la confession ingénue du suffragant, « qui ne doit pas avoir grande intelligence des affaires du monde. »

2. Cet ambassadeur, qui s'appelait Alvise Grimani, avait été contraint par le sénat vénitien, en 1658, d'accepter le poste de Paris. Il y restera jusqu'en janvier 1663, sa principale mission étant d'obtenir la formation d'une ligue contre les Turcs, qui

a. Brienne avait écrit, au-dessous de cette apostille : *Du 27e mars*, puis a biffé.

font de grands préparatifs, et la désignation d'un général du corps français. Nous avons sa correspondance officielle, pour l'année 1661, dans la transcription des *Dispacci* déposée à la Bibliothèque nationale, ms. italien 1850, et la relation qu'il présenta à son retour est dans le recueil des *Relazioni* publié à Florence, tome III, p. 69-119.

3. C'est seulement le 14 mai que la *Gazette* donnera cette information de Venise, 16 avril (p. 446) : « Le Sénat a reçu la nouvelle de la mort du cardinal Mazarin avec d'autant plus de déplaisir que la République en attendoit la continuation des grandes assistances qu'il avoit commencé de lui donner avec tant de générosité. » Cf., dans le ms. italien 1850, fol. 25 et 74, deux lettres de l'ambassadeur sur cette mort.

4. On peut suivre dans la *Gazette* de 1660, p. 1212-1214, 1219-1220, et de 1661, p. 4-5, 13-21, 54, 77, 102-103, 169, 170, etc., les dernières opérations de l'armée qui continuait dans Candie une lutte « furieuse et perpétuelle » de dix-neuf années. « Venise, disait la *Gazette* (p. 13), appelle tous les princes chrétiens à son secours dans cette favorable conjoncture de leur réunion, qui leur donne un si beau moyen de l'assister, et... elle reçoit bien volontiers tant d'illustres associés pour rendre sa partie plus assurée... » Cf. le *Journal* de Colbert, au tome VI des *Lettres*, p. 484.

5. L'ingénieur Millet de Jeure, commissaire général de l'armée auxiliaire et président du conseil de guerre à Candie, venait de déposer sa relation de la campagne passée, avec un rapport qui concluait, sur « les choses qui semblent plus essentielles et absolument nécessaires pour le recouvrement du royaume de Candie, » à une augmentation du contingent et des subsides français. L'ambassadeur Grimani, qui avait eu connaissance de ce document, et le nonce Piccolomini obtinrent des audiences du Roi et des ministres pour appuyer le projet de ligue européenne dont il a été parlé ci-dessus, p. 62-64, et surtout pour faire désigner un général français à la place du feu prince Alméric de Modène, mort le 14 novembre 1660. La réponse fut qu'on se bornerait à laisser le même effectif jusqu'à la fin de la campagne, sous les ordres du chevalier de Grémonville, déjà chargé de l'intérim, et à verser la somme indiquée ici au procès-verbal (A. É., vol. TURQUIE 6, fol. 74-85; B. N., ms. italien 1850, fol. 32-44, 52-59,

74-77, 89-106, 113 v° et 140-143; A. G., vol. 168, fol. 264-265, lettre de Le Tellier à l'intendant Robert, chargé des troupes à Candie). A en croire le Nonce, et pour les raisons déjà dites plus haut, p. 63-64, Louis XIV n'était nullement décidé à se déclarer contre les Turcs (Gérin, *Louis XIV et le Saint-Siège*, tome I. p. 223-226), et, d'après la lettre du 1er avril de l'ambassadeur vénitien, il avait été tenu un conseil spécial où MM. de Condé, de Turenne et de Villeroy siégeaient à côté des trois ministres. Par la suite, Grimani essaiera vainement d'obtenir que Turenne, ou le duc de Noirmoutier, ou le Marcin du prince de Condé acceptent le commandement du corps expéditionnaire.

6. Ci-dessus, 15 mars, p. 63-64. En faisant ce legs au Pape, Mazarin a protesté que « rien n'était si important que de s'opposer fortement aux entreprises du Turc contre la Chrétienté, » et, en effet, il eût souhaité que les bonnes volontés des princes de l'Alliance du Rhin fussent dirigées de ce côté. Cependant Lionne et Le Tellier objectèrent par ordre du Roi que rien ne garantissait le bon emploi par l'Empereur de ces 600,000 livres, et, quand les héritiers du Cardinal délivrèrent, le 6 avril, des lettres de crédit sur Lyon, le Roi s'opposa à ce qu'elles fussent payées autrement qu'entre les mains des Vénitiens. Le Pape ne touchera son legs qu'en avril 1662.

7. Ci-dessus, p. 49.

8. Nous avons, dans les Mélanges Colbert, vol. 102, fol. 456, l' « Abrégé de la dépense par estimation qu'il convient faire pour mettre en sa perfection le front de la fortification du Château-Trompette de Bordeaux, du côté de la rivière, » dressé pour Le Tellier par l'ingénieur Poupart, le 14 avril, et transmis, en original ou en double, à Colbert, qui dirigeait toute l'entreprise, ainsi que des lettres du même Poupart et de son collègue Lombard, 14 et 22 avril. Plus tard, il sera accordé un fonds de 100,000 livres pour le mois de juillet (*ibidem*, vol. 103, fol. 55-58). Lorsque, vingt ans après, Vauban reprit ces travaux, le choix de l'emplacement lui parut tout juste suffisant « pour réprimer les émotions soudaines d'une populace facile à prendre feu et se mutiner, sans savoir bien souvent pourquoi, et dont les premiers mouvements étant une fois arrêtés, tout le reste se dissipe de lui-même et se réduit à rien dans un instant » (*Archives historiques de la Gironde*, tome XXXVIII,

publié en 1903, p. 231-274, etc., avec plan). Parmi les plans du temps conservés au Cabinet des estampes, portefeuille V^a 60, une épure coloriée représente le château « comme il se pourroit faire se servant de tous les travaux qui étoient faits lorsque le Roi y arriva, » et, sur une autre, le quai depuis la porte du Caillou jusqu'à celle du Chapeau-Rouge est figuré avec des teintes de jaune et de bleu. On verra la suite aux 15 et 22 juin.

9. Ci-dessus, p. 95. La réponse de Saint-Pouenges à cet ordre, datée du 2 avril, est au dépôt de la Guerre, vol. 245, fol. 204. On verra ci-après, p. 157 et 159-161, quelles nouvelles concessions furent arrachées au duc de Lorraine.

10. Claude Bouchu, marquis de Lessart, ancien conseiller au parlement de Metz, puis au Grand Conseil, maître des requêtes depuis 1654, est intendant de Bourgogne depuis 1656. Il passera conseiller d'État semestre en 1672, et mourra, toujours intendant, en 1683.

11. Mazarin est l'abbé défunt de Cluny qu'il s'agit de remplacer; mais Louis XIV veut attendre. Le 20 juin et le 1er juillet, il fera encore « très expresses inhibitions et défenses aux prieur et religieux de l'ordre de Cluny de s'assembler, ni de procéder pendant le reste de la présente année à aucune élection d'un abbé chef et général dudit ordre de Cluny » (A. N., E 1712, fol. 262).

12. Voir la lettre adressée à Bouchu le 29 mars (A. G., vol. 168, fol. 207), où il est dit que le Roi désapprouve l'intervention intéressée du duc de Mercœur et du comte d'Harcourt dans cette affaire, et entend être obéi. La réponse de Bouchu à Colbert est dans le volume 102 des Mélanges, fol. 386, 31 mars.

13. D'une très grande étendue et contenant plus de deux cents localités habitées, le comté d'Aspremont séparait la Lorraine du Barrois et coupait les Trois-Évêchés; en outre, il prétendait posséder tous les droits régaliens et souverains en dépit d'un arrêt du parlement de Metz du 30 octobre 1656. Le titulaire, Charles II, comte d'Aspremont et de Dun, dont la famille était dépossédée depuis un demi-siècle par les ducs de Lorraine, avait profité de la guerre pour faire accueillir ses revendications au parlement de Paris, s'était hâté de rendre hommage au Roi, avait levé des troupes avec son assentiment, et s'était emparé

du château et des terres environnantes. Sa requête actuelle sera renvoyée au Grand Conseil le 8 avril (A. N., E 1712, fol. 198). L'affaire étant encore sans solution quand le duc Charles signera le traité de Marsal, il stipulera la cassation des arrêts rendus à son détriment : M. d'Aspremont en appellera à la justice, même à la force des armes, et enfin, ruiné par cette longue lutte, il s'estimera heureux de faire le très singulier mariage de sa fille Louise-Marguerite avec son adversaire (4 novembre 1665). Voir le *Journal* de Colbert, dans le tome VI de ses *Lettres*, p. 476; un mémoire du 15 janvier 1662, contre les prétentions de M. de Lorraine, dans le ms. BALUZE 112, fol. 44-47; l'*Histoire de la réunion de la Lorraine*, par le comte d'Haussonville, tome III, p. 227-234; les *Mémoires de Saint-Simon*, éd. nouvelle, tome IV, p. 333, etc.

14. Philippe de Ligne, deuxième fils d'Alexandre, prince de Ligne et d'Arenberg, et d'Anne de Croÿ, héritière de Chimay aux Pays-Bas espagnols, possède cette principauté depuis 1648, par le décès d'un frère aîné. Dans les négociations de 1659, on avait songé à acheter tout son bien pour constituer au prince de Condé une souveraineté du pays d'entre Sambre et Meuse.

15. Charles-Henri Malon, seigneur de Bercy près Paris, ancien conseiller au Grand Conseil, fait maître des requêtes en 1634, puis intendant en Languedoc, enfin président au Grand Conseil par la résignation de son père, en vertu de lettres enregistrées le 21 mai 1636, mourut en 1676. « Le meilleur esprit, le plus éclairé, mais le plus méchant de tous les maîtres des requêtes, » disent les portraits de 1663.

16. On a déjà vu, p. 52 et 67-68, fonctionner ces deux commissaires; ce sont MM. Courtin et Talon, dont il sera parlé plus loin, p. 113, et ils avaient été chargés, par commission du 6 avril 1660 (B. N., mss. fr. 4195, fol. 118-132, et 4240, fol. 297-299), de régler de concert avec les délégués espagnols toutes les questions relatives à la délimitation des nouvelles frontières du côté des Pays-Bas et les litiges y afférents; mais l'impossibilité de s'entendre avec le gouverneur espagnol par intérim, M. de Caracène, ne leur a pas encore permis de s'occuper d'autre chose que quelques affaires d'intérêt privé, comme celle du prince de Chimay, et Mazarin a même suspendu les opérations depuis le jour des Rois de 1661, en attendant que le gouvernement revînt des mains de M. de Caracène à celles du comte de Fuen-

saldagne, plus accommodant. Vuoerden a résumé (*Journal*, fol. 43-46) la première période des travaux de la commission; nous avons des transcrits de la correspondance et des procès-verbaux dans les volumes de la Guerre 165 à 167 et dans les Papiers Le Tellier, B. N., mss. fr. 4241-4243. Les décisions des commissaires étaient souveraines, comme on va le voir dans l'affaire Chimay, et un arrêt du Conseil du 30 juin pourvoira aux frais du règlement des limites (A. N., E 346ᴮ, fol. 550), les conférences ayant alors repris.

17. L'article 40 de la Paix portait que le prince de Chimay abandonnerait au Roi la juridiction ordinaire, les rentes et les profits dont il jouissait dans l'enceinte de la ville d'Avesnes, que l'Espagne l'en indemniserait, et qu'il conserverait seulement ce qui lui appartenait hors de la ville, sous la souveraineté et le haut domaine de la France; mais ce « plat pays » lui était contesté par MM. d'Espinoy et de Guise, comme créanciers très anciens de sa maison, et il s'agissait de décider si le parlement de Paris, ou bien les commissaires Courtin et Talon, devaient juger de la validité de leurs prétentions respectives. Aucune solution n'était intervenue avant la mort du Cardinal, par suite de complications dont rend compte une lettre de Courtin transcrite par Vuoerden; cependant, vers la fin de février, ce dernier, bien stylé par l'agent du prince, et peut-être intéressé aussi à la cause de M. de Chimay, avait obtenu le concours actif de son maître. Il raconte ceci le 4 mars : « Le président de Bercy, cessionnaire, ou en tout ou en partie, de l'action de M. de Guise sur M. le prince de Chimay, me vint trouver le matin et, par un raisonnement plein de pompe et de confiance, m'étala le mérite de cette action, concluant à ce que Son Exc. ne se mêlât point dans cette affaire, ce qu'il ne pouvoit sans injustice, ou du moins qu'il souffrît d'être informé de la cause. Je lui répondis que Son Exc. ne prenoit aucune connoissance des affaires des particuliers, bien plus n'en étant point requis, comme je ne croyois pas qu'il le fût du prince de Chimay; que je n'avois ni commission, ni habitude avec ledit prince; et je fis tout ce que je pus pour lui quitter l'ombrage qu'il avoit que cet intérêt fût connu et soutenu de la part de Son Exc., afin d'agir avec moins d'obstacle en son temps. » Depuis lors, Vuoerden a multiplié les démarches auprès des ministres pour venir à bout d'un adversaire aussi retors que l'était M. de

Bercy, et parlant au nom d'un prince tel que le duc de Guise. Les traités anciens, depuis Madrid jusqu'à Vervins, et jusqu'à la paix des Pyrénées, étaient favorables; mais il fallait s'adresser au Roi lui-même pour annuler la valeur des arrêts que les Guise avaient obtenus du Parlement au temps de la Ligue (1590 et 1593), contre le duc d'Arschot, auteur des Chimay, et sur lesquels le président de Bercy, ayant acheté sans doute à vil prix l'action des Guise, comptait pour triompher. Il fallait donc ramener le procès du terrain judiciaire sur le terrain diplomatique, conformément aux articles 108 et 112 de la Paix, et soutenir l'arrêt du conseil d'en haut déjà obtenu en février au profit du prince de Chimay. Vuoerden nous a transmis le texte espagnol du mémorandum que son ambassadeur alla lire, le 25 mars, à sept heures et demie du matin, à M. de Lionne. Celui-ci « prit l'affaire d'un bon biais, et répondit qu'il y voyoit clair, qu'il en parleroit au Roi, et qu'il ne croyoit pas que le Roi voulût soumettre Avesnes au parlement de Paris. » En effet, le 30, Vuoerden sera avisé que le Roi, « ayant considéré la justice de la requête du prince de Chimay et la recommandation pressante de M. le comte de Fuensaldagne, avoit ordonné que la prétention de la maison de Guise et du président de Bercy, à la charge dudit prince, seroit remise et jugée par les commissaires députés pour l'exécution de la Paix; que l'arrêt donné touchant la cause des sieurs d'Espinoy tiendroit sans aucune altération. » Louis XIV fera notifier sa volonté au Chancelier et à M. Le Tellier, et dira lui-même à l'ambassadeur d'Espagne de compter sur son autorité dans cette affaire. Le 2 avril, Vuoerden retournera chez Le Tellier, pour terminer les choses. « Je parlai, dit-il, à M. le marquis de Louvois, et lui donnai les requêtes, tant du prince de Chimay que des sieurs d'Espinoy, pour coucher l'arrêt en suite de ce que le Roi a ordonné le 30 mars. Il m'arriva une chose remarquable, qui est qu'ayant parlé à M. de Louvois, et n'ayant point d'autre affaire, je me tins par curiosité dans la cour, avec le sieur Malengreau, agent dudit prince, et ce à dessein de remarquer la grande foule de prétendants dont M. Le Tellier étoit obligé de se défendre; et, m'ayant aperçu au-dessus de quantité de personnes qui l'environnoient, il fendit la presse, et vint à moi demander ce que je souhaitois : je dis que je ne croyois pas avoir l'honneur de lui parler, ayant dit et donné mes affaires à M. de Louvois, mais que Son Exc. m'avoit envoyé là pour solliciter l'expédition de l'arrêt, qu'il promit de commander au plus tôt, et il ajouta que le Roi même l'avoit chargé de dire au président de Bercy qu'il se désistât de la voie du Parlement et suivît celle qui lui seroit marquée. » Le lendemain, 3 avril, Lionne viendra à l'hôtel de l'ambassadeur annoncer officiellement que Louis XIV a fait prier le Chancelier « qu'il n'écoutât plus désormais les créditeurs, tant de la maison de Guise, ou le sieur Maslon, *aliàs* président de Bercy, leur cessionnaire, ni les sieurs d'Espinoy, en aucune instance contre le prince de Chimay, mais qu'ils tiendroient le chemin de justice que le Roi même leur avoit ouvert par-devant les commissaires à députer. » Enfin, le 6 avril, une conférence sera tenue chez Le Tellier avec Vuoerden, le sieur du Fresnoy et l'agent du prince de Chimay, « pour minuter ensemble le narré et le dispositif de l'arrêt qui doit expliquer les volontés du Roi et régler les parties. » On a un rapport de Courtin, du 4 août suivant, au dépôt de la Guerre, vol. 911, fol. 102-103.

Le diplomate espagnol fut très fier d'avoir si vite gagné la cause de ses clients; mais le différend restait sans solution quant à la place d'Avesnes, et nous voyons dans le *Journal* de Colbert (*Lettres*, tome VI, p. 465) que Louis XIV s'en plaignait encore en 1663. Il ne prendra fin qu'en 1706, au profit du duc d'Orléans.

18. Voir ci-dessus, p. 66-67.

19. François-Marie Mancini (1606-1672), beau-frère de la sœur de Mazarin, créé cardinal le 5 avril 1660 à la nomination de la France, réside à Rome, où il soutient le parti du Roi. Prêtre médiocre, dit Charles Gérin, mais que Mazarin avait fait faire cardinal de préférence à un Français, quoiqu'il n'eût ni valeur, ni relations. C'est l'exécuteur testamentaire du Cardinal pour les biens d'Italie.

20. J.-B. Colbert, jusqu'à la mort du Cardinal, avait administré ses abbayes, représentant cinq à six cent mille livres de rente, de même que ses trois duchés, ses domaines de la Fère et de Vincennes, ses gouvernements d'Alsace, d'Auvergne, de Brisach et de Brouage. Le 15 mars, on s'est empressé d'interdire à tous magistrats et économes de s'ingérer dans la gestion des bénéfices (A. N., E 1714, fol. 39), et, le 2 juin, un arrêt du Conseil (E 346A, fol. 261) coupera court à toutes les procédures

ouvertes sous prétexte de réparations. Le partage des bénéfices du Cardinal va se faire suivant ses intentions entre les fils de ses nièces, ses « domestiques, » ses créatures, ses collaborateurs, et aussi entre les hauts dignitaires de l'Église attachés à la politique française ; le jeune Brienne a raconté cette répartition, d'une façon piquante, dans ses *Mémoires*, ms. nouv. acq. fr. 6450, p. 312-316, et éd. Barrière, tome II, p. 134-139 et 215.

21. « Un bénéfice est réputé vacant *in curia romana* lorsque le titulaire meurt dans Rome, ou à dix lieues, ou à deux diètes (vingt lieues) de Rome, quoiqu'il ne se trouve en Italie que par accident. C'est le Pape qui nomme aux bénéfices vacants en cour de Rome par mort. Si ce sont des évêques limitrophes, le Pape ne peut y nommer sans le consentement du Roi. » (*Dictionnaire de Trévoux*.) Ici, il s'agit des bulles qu'Alexandre VII persistait à refuser au cardinal Mancini ; Brienne s'en plaindra longtemps et aigrement (Bibl. nat., ms. fr. 15612, fol. 65, 66 v°, 67 et 127).

22. Le cardinal d'Este aura les abbayes de Saint-Vast d'Arras, de Moissac, de Bonnecombe et de Cluny ; le cardinal Mancini, celles de Saint-Lucien de Beauvais, de Saint-Martin de Laon, de la Chaise-Dieu et de Préaux. Le Tellier leur écrira à l'un et à l'autre, ainsi qu'à l'abbé de Bourlémont, en cour de Rome, le 2 juin, qu'en attendant le bref qui doit précéder les bulles, des économes viennent d'être désignés pour assurer la conservation des fruits (A. G., vol. 169, fol. 6 et 9), et nous trouvons dans les Papiers de Colbert (vol. Mélanges 103, fol. 156-157), avec cette mention de sa main : *Garder soigneusement cette lettre*, une consultation de l'avocat Massac, datée du 17 juillet, sur le droit de réserver les fruits pour ces deux titulaires. Les lettres d'économat furent expédiées successivement le 2 mai, le 23 août, etc., et enregistrées en bonne forme au Grand Conseil (A. N., V⁵ 1235, fol. 284-286, et 1236, fol. 13-16 ; U 645, p. 772-775, et U 646, p. 44, 117-126, 134, 144, 463). Nous verrons, en mai, les deux cardinaux recevoir des lettres patentes pour jouir des fruits et droits en attendant leurs bulles.

M. C. — Du 28 mars.

Sur ce que M. le cardinal Grimaldi[1] a mandé de

Rome que le Pape le presse d'aller à sa résidence à cause que les quatre mois sont passés dans lesquels il peut seulement être absent de son archevêché[2], et que, quoi qu'il ait été dit à S. S. des intentions du Roi, elle a persisté et désiré que ledit cardinal partît pour Aix, S. M. a commandé à M. de Brienne d'écrire audit sieur cardinal qu'il lui fera réponse à la première occasion, afin de pouvoir gagner du temps[3]. [Fait.]

Sur ce que M. Courtin[4] a écrit que les États du comté d'Artois[5] persistoient à désirer de députer vers le Roi comme ils faisoient autrefois à la cour de Bruxelles, le Roi a commandé qu'on leur écrive de sa part qu'ils traitent avec ses commissaires, qui ont le même pouvoir qu'avoient les ministres du roi d'Espagne à Bruxelles[6]; [Fait.]

Et qu'à l'égard du don gratuit, il soit écrit auxdits sieurs commissaires d'essayer de porter lesdits députés à accorder[a] 300,000 livres pour six mois, et qu'on les rassemblera après, ou le Roi fera agir avec eux sur le pied de ce qui sera de leur pouvoir[7]; qu'au cas qu'ils jugent que cet expédient ne puisse être agréé, qu'ils se contentent de 400,000 livres pour cette année-ci, sans tirer à conséquence[8]. [Fait.]

Dudit jour 28 mars.

Le Roi a commandé l'expédition d'un arrêt du Conseil portant que, par la réponse faite au cahier des États de Béarn présenté en 1659, qui contient que le parlement ne sera plus recevable à faire des remon-

---

a. Avant *porter*, Brienne a biffé *le*, et il a ajouté en interligne *lesdits députés à accorder*.

trances sur les cahiers de 1657 suivant les arrêts dudit Conseil et les us et coutumes du pays, le Roi n'a point eu intention, par ces termes-là, de déroger aux règlements faits par les arrêts du Conseil de S. M.[9]; [Fait.]

Plus, un autre arrêt pour maintenir les sujets originaires du pays de Béarn dans le droit qui leur est acquis par la fondation du collège de Foix dans Toulouse faite par le cardinal de Foix[10]. [Fait.]

Sur ce que le marquis Grimaldi, mari de la princesse de Phalsbourg[11], a demandé des droits qu'il a sur Phalsbourg, cédé au Roi par M. de Lorraine, S. M. a ordonné qu'il se pourvoiroit vers M. de Lorraine, qui s'y est obligé par le traité. [On l'a dit ainsi audit sieur marquis.]

Le Roi a accordé à M. le marquis de Thoy[12] la lieutenance générale du Blaisois[13]. [Expédié.]

1. Jérôme Grimaldi-Cavalleroni (1597-1685), né à Gênes, vice-légat de la Romagne, puis gouverneur de Rome, évêque d'Albano, nonce en Allemagne et à Paris en 1641, a été promu cardinal en 1643, sur la recommandation de la France, et nommé archevêque d'Aix par la Régence, en 1648; mais c'est seulement sept ans plus tard que le pape Alexandre VII l'a reconnu en cette qualité. Ce fut un des plus saints prélats de son temps, à tel point que le cardinal Le Camus le prit pour modèle; tout français de cœur, mais mal vu de Mazarin, parce qu'il s'était rendu trop populaire à Aix.

2. Lettre du cardinal Grimaldi à M. de Lionne, 21 mars : A. É., vol. ROME 141, fol. 14. Le concile de Trente avait interdit aux évêques de quitter leur diocèse pendant plus de trois mois, et même la tendance des parlements français était pour réduire cette tolérance sous peine de saisie du temporel : voir un mémoire de Marca contre un arrêt du parlement de Paris du 30 juillet 1658, publié par Lagrèze dans ses *Antiquités de Béarn*, p. 31. Tout jeune, Louis XIV avait manifesté des senti-

ments analogues contre les prélats dont il voyait la cour encombrée constamment ; mais, en 1660, lors d'une dernière démonstration faite sous forme d'arrêt du parlement de Paris, Mazarin, harcelé par l'assemblée déjà réunie, avait dû faire casser l'arrêt (*Procès-verbaux du Clergé*, tome IV, p. 526-527). C'est un des quatre points à régler en 1661, comme Colbert l'a indiqué dans son *Journal* (*Lettres*, tome VI, p. 481) : « ... Non-résidence des évêques, qui avoient contracté de mauvaises habitudes, et même quelques-uns d'entre eux étoient accusés d'une vie un peu trop licencieuse par leur demeure presque continuelle à la cour et à Paris, et par la longueur des assemblées du Clergé. »

3. Déjà en 1660, le cardinal Grimaldi avait reçu ordre de se retirer dans son abbaye de Saint-Florent de Saumur, sans se laisser voir nulle part sur la route, même à Avignon, soit parce qu'il était soupçonné de pencher vers le jansénisme, soit parce qu'il se mêlait trop passionnément des affaires de la Provence, comme président-né des États en qualité d'archevêque d'Aix, et on l'avait laissé ou fait partir pour Rome le 10 avril. Louis XIV, également, répugne à permettre son retour ; il lui fera écrire par Lionne, le 15 avril : « Le Roi vous défend de rentrer dans votre diocèse, et, quand le Pape, sous prétexte de l'obligation de résidence, continueroit à presser V. É. de partir de Rome en sorte qu'elle ne pût s'en défendre, à quoi pourtant on croit ici que l'on ne viendra pas de part ni d'autre, S. M. n'admettra nullement cette raison, et sera fort éloignée d'en croire tant soit peu sa conscience chargée, comme V. É. montre que le Pape en auroit touché quelque chose, parce que S. M. sait que la première obligation des souverains est de maintenir le repos de leurs sujets par toutes les voies que Dieu leur a mises en main, préférablement à toute autre raison particulière. Et ainsi, dans le cas que je viens de dire, non seulement S. M. ne permettroit pas que V. É. séjournât en Provence, mais même qu'elle y passât, et désireroit qu'elle vienne par un autre chemin établir sa demeure en son abbaye d'Anjou. » (A. É., vol. Rome 143, fol. 238, 250-251 et 268.) Cette rigueur envers l'archevêque sera vivement regrettée pendant la session si agitée des communautés de Provence, mais ne prendra pas fin : voir ci-après, 9 mai.

4. Honoré Courtin (1626-1703), ami de la famille Le Tellier, d'abord conseiller au parlement de Rouen, maître des requêtes depuis 1649, ayant accompagné son parent M. d'Avaux aux conférences de Münster, avait rempli ensuite une mission en Brandebourg, et secondé Mazarin dans la négociation de 1659. C'est pourquoi on l'a désigné en 1660, avec M. Talon, pour le règlement des limites entre la France et l'Espagne du côté de la Flandre : ci-dessus, p. 105. Plus tard, il sera chargé de plusieurs intendances et de diverses missions ou ambassades; il mourra doyen du Conseil le 27 décembre 1703.

5. Comme on l'a vu ci-dessus, p. 51-52, les États d'Artois ne se composent plus, pour la noblesse, que d'un petit nombre de gentilshommes convoqués par lettres de cachet; le clergé est représenté par les évêques d'Arras et de Saint-Omer, avec vingt abbés et quinze députés des chapitres; le tiers état envoie les douze échevins d'Arras et les députés des cinq Magistrats principaux. La session s'ouvre par la demande du don gratuit, qui est régulièrement de 400,000 livres, et elle dure de quinze jours à trois semaines. Outre le don gratuit, le pays doit fournir encore 4 à 500,000 livres pour la dépense du fourrage des régiments de cavalerie. Les fonds extraordinaires se recouvrent sur le pied d'un ou plusieurs centièmes de la valeur des biens fonciers; ni le clergé, ni la noblesse n'en sont exempts. Voir le cahier des États de 1660, publié par Depping dans le tome I de la *Correspondance administrative*, p. 564-575.

En 1661, ils tiennent encore leur session à Saint-Pol; le duc d'Elbeuf et M. Talon ont été chargés, dès le 19 mars, de réduire à quinze jours le délai de six semaines qu'ils sollicitaient pour délibérer sur les demandes du Roi (A. G., vol. 168, fol. 181).

6, 7 et 8. Il sera écrit, en substance, à MM. Courtin et Talon, le lendemain 29 (A. G., vol. 168, fol. 205) : « Le Roi voudroit bien n'être pas obligé de faire de si grandes demandes aux États d'Artois; mais, comme, par la manutention du royaume, S. M. est nécessitée de faire des dépenses excessives, il est juste que chacune de ses parties y contribue selon sa force. Après que S. M. a eu examiné les offres que les États font, et les raisons que vous représentez, elle m'a commandé de vous faire savoir qu'à l'exemple de ce que les Espagnols pratiquoient, elle veut bien se contenter de 300,000 livres pour six mois, avec assurance que, quand, à la fin de ce temps-là, elle les fera rassembler, S. M. aura égard à la qualité de leur récolte et à l'état de la province. Que si les États ne désirent point accepter ce parti, et qu'ils aiment mieux, dans une seule tenue d'États, payer l'année entière, S. M. se contentera de 400,000 livres; mais ce relâchement ne doit point vous empêcher de faire votre possible pour tirer des États la plus grande somme que vous pourrez. » Cf. *ibidem*, fol. 209, 224 et 232. On verra la suite au 4 avril, p. 142 et 146.

9. Malgré la mesure violente qui, en 1620, avait supprimé la souveraineté de Béarn pour unir ce royaume à la couronne de France, et avait fondu dans le parlement de Navarre le conseil souverain de Pau et la chancellerie de Navarre, puis la chambre des comptes de Nérac dans celle de Pau, le roi de France, lors de son avènement, doit toujours jurer d'être bon seigneur et maître, de conserver les fors, coutumes, privilèges et libertés et de rendre justice à tous sans distinction : en retour de quoi le pays lui prête serment de fidélité. Cette formalité solennelle a été remplie par Louis XIV dans son séjour à Saint-Jean-de-Luz, le 19 mai 1660 (A. N., O¹ 10, fol. 179-180). Il n'y a pas encore d'intendant. Les États annuels subsistent. Ils ne se composent que de deux corps, clergé et noblesse ensemble, et tiers état, et ils continuent à voter un don annuel au Roi et à envoyer en cour un cahier de doléances; mais leurs droits politiques ne sont plus qu'un souvenir.

10. Le cardinal Pierre de Foix, dit *le Vieux* (1386-1464), évêque de Lescar, revêtu de la pourpre par Benoît XIII en 1409, avait fondé à Toulouse ce collège de son nom pour l'entretènement de quatre prêtres et pour l'éducation de vingt et un écoliers clercs, présentés à la désignation du Roi comme successeur des anciens comtes de Foix, mais dont trois devaient être originaires de Pamiers, cinq du diocèse de Lescar, un de celui d'Oloron, un de celui de Dax, un du vicomté de Nébouzan et un du vicomté de Marsan, deux du diocèse de Tarbes, un du vicomté de Castelbon et un du vicomté de Narbonne. Cette célèbre maison a formé M. de Marca, archevêque de Toulouse, et ses collègues François Bosquet, évêque de Montpellier, Henri de Sponde, évêque de Pamiers avant Caulet.

11. Henriette de Lorraine-Vaudémont, sœur du duc Charles de Lorraine, princesse de Phalsbourg et de Lixin ou Lixheim

du fait de son premier mari le bâtard du cardinal de Guise, et veuve trois autres fois, s'est remariée encore avec un génois se disant marquis de Grimaldi, et est morte le 16 novembre 1660. Ce personnage portera le titre de prince de Lixin jusqu'à sa mort en 1693; c'est lui qui, comme officier de la maison de son beau-frère, traitera en 1663 la négociation de Marsal (*Lettres de Colbert*, tome VI, p. 475 et suiv.; *Mémoires de Saint-Simon*, éd. nouvelle, tome XV, p. 26).

L'affaire de Phalsbourg est expliquée dans cette lettre de Le Tellier à Saint-Pouenges, du 22 avril (A. G., vol. 168, fol. 294-295 et 305) : « Le mari de Mme la princesse de Phalsbourg a ici fait beaucoup d'instances pour obtenir du Roi qu'il ne fût point dépossédé de Phalsbourg, qu'il prétend lui appartenir, que M. le duc de Lorraine ne lui en eût payé le prix : ce qui lui a été refusé nettement sur ce que, S. A. l'ayant cédé à S. M., elle ne pouvoit prendre connoissance de ses prétentions, pour raison desquelles il avoit à se pourvoir vers Sadite A.; et, comme ce prince de Lixin n'a pas témoigné être satisfait de cette réponse, ni espérer beaucoup de la justice de M. de Lorraine, il est à présumer qu'il a défendu à celui qui commande pour lui dans Phalsbourg d'y recevoir les troupes du Roi, afin d'essayer de tirer quelque promesse par écrit de M. de Lorraine pour assurer ses intérêts lorsque le Roi se plaindra de l'inexécution du traité à cet égard. C'est ce qui vous doit obliger de ne point délivrer à M. de Lorraine les ordres pour Nomény... que le château de Phalsbourg ne soit effectivement au pouvoir des troupes du Roi qui ont ordre d'y tenir garnison. » Cela était conforme à l'article 6 du traité du 28 février. Un sergent et dix gardes furent mis en possession, sur un ordre du duc, vers le 10 mai (A. G., vol. 168, fol. 373).

12 et 13. Antoine de Gouffier, marquis de Thois, maréchal de camp depuis 1652, est nommé gouverneur de Blois, de la Sologne et du Dunois, en remplacement de M. de Villennes, par provisions données à Paris le 27 mars 1661 (A. N., X^{1A} 8662, fol. 244 v° à 247). La lieutenance générale du Blaisois lui sera conférée par surcroît le 4 avril suivant, et il conservera ces charges jusqu'à sa mort en 1676.

M. C. — Du 29 mars.

Le Roi a commandé à M. Le Tellier de faire savoir à M. Courtin qu'il ne doit point écrire à M. le comte de Fuensaldagne; [Fait.]

A M. de Lionne, d'aller trouver ledit comte de Fuensaldagne pour lui donner part, au nom du Roi, du compliment que le sieur Bartet[1] a fait à S. M., de la part du roi d'Angleterre, sur son mariage avec l'Infante de Portugal[2]; mais ledit sieur de Lionne différera de l'exécuter jusques à ce que le Roi ait reçu des lettres d'Angleterre sur ce sujet[3].

1. Voir ci-dessus, 12 mars, p. 32. Bartet vient de rentrer à Paris, sa mission en Angleterre étant terminée.
2. Catherine de Bragance, infante de Portugal, fille du roi Jean IV (1638-1705), se mariera le 31 mai 1662 avec Charles II, roi d'Angleterre, dont elle restera veuve en 1685; il avait été jadis question qu'elle épousât le roi de France. Maintenant, comme on l'a vu ci-dessus, p. 7 et 39-43, des mobiles politiques font désirer à Louis XIV que le roi d'Angleterre le supplée auprès du Portugal dans la lutte contre l'Espagne. N'ayant pu obtenir que Mademoiselle consentît à épouser le roi Alphonse VI, Louis XIV et Mazarin ont pris ce mezzo-terminé de pousser le roi d'Angleterre à demander la main de la princesse Catherine, et, ce qui devait être la conséquence naturelle de leur mariage, à envoyer aux Portugais un contingent considérable, dont la France ferait d'ailleurs les frais. Colbert a expliqué cette combinaison dans son *Journal* de 1663 (*Lettres*, tome VI, p. 488) : « Comme on avoit parlé, dès le vivant du feu Cardinal, du mariage de l'Infante de Portugal avec le roi d'Angleterre, et qu'il n'y avoit rien de si puissant pour soutenir ce royaume contre l'Espagne que de faire cette alliance, puisque, ce roi étant engagé par ce moyen à le soutenir en toutes les circonstances pressantes, ses forces maritimes lui en donneroient non seulement le moyen facile, mais même, étant presque impossible de le conquérir entièrement sans se rendre maître de Lisbonne avec une armée navale, le

roi d'Espagne n'étant pas assez puissant pour en mettre une aussi forte que celle d'Angleterre, cette seule raison serviroit peut-être à le garantir de tout péril. » Cf. les *Mémoires de Louis XIV*, éd. Dreyss, tome II, p. 406-409 et 445-447, l'*État de la France* de 1661, p. 725-726, les *Négociations relatives à la succession d'Espagne*, par Mignet, tome III, p. 18 et suiv., 183 et suiv., l'*Histoire de Portugal*, par La Clède, tome VIII, p. 216 et suiv., et l'*Histoire de France sous le ministère de Mazarin*, par Chéruel, tome III, p. 340-343. Le lundi 21 mars, Charles II a résolument déclaré aux ambassadeurs de Hollande qu'il ne souffriroit pas que leur compagnie des Indes orientales « endommageât le Portugal en ces quartiers-là; » que, comme ami et allié de cette puissance, il enverrait des vaisseaux de guerre à son secours, et que, si les États-Généraux ne faisaient la paix qu'il se portait fort de leur faire obtenir, ce serait la guerre (A. É., vol. ANGLETERRE 76, fol. 8). Il enverra à Paris le comte de Bristol, et nous avons (A. É., vol. ANGLETERRE 75, fol. 10-11) la relation, écrite par Lionne lui-même, de l'entrevue que ces deux diplomates eurent le 11 mai. L'archevêque d'Embrun et le comte d'Estrades, ambassadeur en Angleterre, achèveront la négociation matrimoniale, et le succès en sera annoncé par Charles II, à ses sujets, le 18 mai (*Gazette*, p. 505-506, 528-529, 583-584 et 593-594). L'année suivante, par cette voie indirecte, la France pourra fournir au Portugal un corps d'armée de trois mille hommes, sous les ordres du mestre de camp général Schonberg. Voir ci-dessus, p. 40-43, ce qui a été dit à propos du chevalier de Montgeorges.

3. Voir ci-dessus, p. 29 et 32-33. — Le 1er avril, Louis XIV adressera au roi Charles cette lettre de la main, qui est imprimée dans le recueil Morelly, tome I, p. 19 : « Monsieur mon frère, j'ai reçu par le sieur Bartet, à son retour, la lettre de créance dont vous l'aviez chargé, ensuite de laquelle il m'a fait une civilité de votre part que j'ai beaucoup estimée par la confiance et l'affection que vous me témoignez. Après vous en avoir remercié aussi vivement que je le puis, je vous prie de croire qu'en toutes rencontres j'en userai de même envers vous et n'omettrai rien qui vous puisse bien persuader par les effets que je suis véritablement, etc. » La copie du ms. Arsenal 3568, fol. 16, porte cette apostille : « Deux jours après,

ledit sieur Bartet fut relégué à Pau pour s'être mêlé dans les affaires de M. le cardinal de Retz sans ordre de S. M. » Vuoerden raconte cela le 6 avril.

M. C. — Du 30 mars.

Le Roi a mandé les gens du parquet de la cour des aides de Paris pour leur rendre réponse lui-même sur les remontrances que ladite cour avoit faites à S. M. deux jours auparavant, le premier président portant la parole[1]. [Fait.]

Le Roi a commandé à M. Le Tellier d'écrire au conseil souverain de Pignerol[2] sur le contenu de la lettre de l'abbé Broglio[3] concernant un banc ôté de son église[4]; [Fait.]

D'expédier une ordonnance de 20,000 livres pour servir de décharge au receveur général d'Amiens sur les deniers de l'année 1648; [Expédié.]

Qu'il sera donné ordre à l'exempt[5] de retourner dans le château du Puy-du-Four, et à ceux qui y sont d'en sortir, sauf, après son rétablissement, de pourvoir à l'exécution de l'arrêt du Parlement en faveur de la dame du Puy-du-Four[6]; [Fait[7].]

Que M. de Lionne parlera à M. le comte de Fuensaldagne de ce que le roi catholique prend encore la qualité de comte de Roussillon[8], et le marquis de Mortare[9] celle de gouverneur de Roussillon, quoique, par le traité de paix, ledit roi y ait renoncé en termes exprès[10]. [Fait.]

1. Ci-dessus, p. 96-97. « La Cour des aides s'étant alors portée, en certaine chose, au delà de sa juridiction, j'en éloignai pour un temps quelques-uns des plus hardis, persuadé qu'il

étoit à propos de donner, à l'entrée de mon administration, ce léger exemple de sévérité, pour contenir dans le devoir les autres compagnies du royaume » (*Mémoires de Louis XIV*, tome II, p. 399-400). On a vu ci-dessus, p. 83 et 96-97, quels magistrats furent frappés ; l'ambassadeur vénitien en rendit compte à son gouvernement (ms. italien 1850, fol. 111).

Le premier président de la cour est Jacques Amelot, dit de Beaulieu, dont Tallemant des Réaux a écrit l'historiette : magistrat assez mal vu de sa compagnie et des ministres, mais réputé pour ses harangues. Le procureur général est Nicolas Le Camus. Celui-ci, six semaines plus tard, sera chargé par la compagnie d'aller demander à Fontainebleau la grâce des magistrats exilés ; mais Colbert le dissuadera de faire cette démarche à moins d'être sûr d'obtenir en retour l'enregistrement des ordonnances sur la gabelle, et, afin d'arriver à ce résultat, il proposera de retoucher ce que les lettres du Roi contenaient de trop dur pour la compagnie et pour le public (ms. Mélanges Colbert, vol. 102, fol. 710 et 752-753, 11 et 18 juin). Le 27 août, Monsieur, frère du Roi, assisté du maréchal du Plessis, ira faire enregistrer les édits, et la *Gazette* (p. 936) annoncera cette terminaison du conflit. Nous donnerons le détail à l'Appendice.

2. Pignerol, son château et son territoire ont été cédés en toute propriété et souveraineté, en 1631, par le duc de Savoie.

3. Michel-Ange de Broglia ou Broglio, frère cadet du comte de Revel qui allait être fait maréchal de France lorsqu'il fut tué devant Valence-du-Pô en 1656, est docteur en droit civil et canon, et a été nommé par Louis XIV abbé de Sainte-Marie de Pignerol. Il sera fait évêque de Verceil le 30 juillet 1663, et y mourra en mai 1679.

4. Le Tellier écrira à l'abbé, le 1er avril, que le Roi s'est réservé d'entendre les parties avant de prendre une décision (A. G., vol. 168, fol. 221). D'autres griefs de l'abbé sont exposés dans une lettre du 18 septembre 1660 (A. É., vol. Turin 56, fol. 199).

5. Un exempt des gardes du corps.

6. C'est le château du Puy-du-Fou, selon l'orthographe plus moderne, situé dans le canton actuel des Herbiers, département de la Vendée. Il appartenait alors à Gabriel, marquis de Champagne, dauphin de Combronde, premier marquis, seigneur et gentilhomme d'Auvergne, sire et baron du Puy-du-Fou, sire

et prince de Pescheseul, dans la paroisse d'Avoise, où il demeurait ordinairement. Malgré ses prétentions nobiliaires, ce gentilhomme était entré au Parlement en 1629, puis avait quitté, sept ans plus tard, sa charge de conseiller pour une de maître des requêtes, qu'il garda jusqu'en 1642, et c'est aussi dans le Parlement qu'il s'était marié, en 1630, avec Madeleine de Bellièvre, sœur du premier président ; mais il avait fini par se retirer dans ses terres de Poitou pour liquider ses dettes et doter ses deux filles, les dernières du nom : l'une a épousé en 1657 le marquis de Lévis-Mirepoix, et l'autre deviendra en 1666 la seconde femme du comte de Grignan. De ce dernier côté, Mme du Puy-du-Fou, devenue veuve, gagnera l'attachement et la gratitude de Mme de Sévigné en se dévouant pour son gendre, quoique remarié, et pour la petite Marie-Blanche. C'était une femme de plus de bonté que d'esprit. Elle mourut en 1696, à quatre-vingt-trois ans, et avec elle finit le nom de Bellièvre. Nous avons au Cabinet des titres, dossier 53880 des Pièces originales, quelques pièces de procédure émanées d'elle ou de la famille.

7. La réponse de l'intendant Pellot à Colbert, datée de Poitiers le 12 mai, est dans les Mélanges, vol. 102, fol. 569. « J'ai rétabli, dit-il, l'exempt qui avoit été chassé, et je l'ai fait avec éclat, parce que l'autorité du Roi, qui avoit été blessée, sembloit le requérir. » Il lui sera ordonné, le 26 mai (A. G., vol. 168), de retirer l'exempt et de rendre la jouissance du château à Mme du Puy-du-Fou.

8. Conformément aux articles 42, 43 et 59 de la Paix, et à un acte additionnel du 31 mai 1660, la France garde pour elle en entier les comté et viguerie de Roussillon, et le comté de Conflent, tandis que l'Espagne reprend tout le principat de Catalogne et les comté et viguerie de Cerdagne, sauf la vallée de Carol et trente-trois villages. M. de Noailles a été pourvu du gouvernement des pays annexés, et M. de Chouppes de la lieutenance générale.

9. François de Orozco, marquis de Mortara et d'Olias, vice-roi de Catalogne depuis 1649, duc et grand d'Espagne en 1653, conseiller d'État en 1659, devint ministre en 1664, et mourut gouverneur de Milan en 1668.

10. Cette réclamation, fondée sur les articles 42 et 43 de la Paix, avait déjà été faite du vivant de Mazarin, comme le rap-

pelle l'instruction pour l'archevêque d'Embrun publiée dans le tome I du recueil des *Instructions aux ambassadeurs en Espagne*, par M. Morel-Fatio, p. 186-188.

M. C. — Du dernier mars.

Le Roi a accordé à M. de Fortia[1] la permission de venir en cette ville pour ses affaires particulières ;

Et a commandé à M. le Surintendant de faire expédier un arrêt portant défenses aux officiers des élections de venir en cette ville[2]. [Fait.]

Dudit jour dernier mars.

Le Roi a trouvé bon qu'il soit écrit au roi de Suède qu'il peut dire au sieur de Chassan tout ce qu'il désirera faire savoir à S. M.[3]. [Fait.]

Sur ce que ceux de la religion prétendue réformée demeurants à Bagnols[4] ont fait difficulté de déférer à l'arrêt du Conseil qui leur défend de continuer l'exercice de ladite religion audit Bagnols, et que le ministre a parlé séditieusement, le Roi a ordonné que lesdits habitants se pourvoiront par-devant les commissaires nommés pour agir en Languedoc pour l'exécution de l'édit de Nantes[5], et que, cependant, ils cesseront leur exercice, et que le ministre sera ajourné à comparoir en personne[6]. [Fait.]

L'arrêt du Conseil, la lettre de cachet pour les évêques et archevêques, et les lettres d'attache sur le bref concernant le livre du sieur Voysin ont été lus[a] devant S. M., laquelle n'a pas encore pris sa dernière résolution sur cette affaire[7].

---

a. Lues, au féminin pluriel, dans le manuscrit.

Le Roi a accordé à M. Pomiers, doyen du parlement de Bordeaux[8], qui a toujours bien servi S. M., un brevet pour assurer sa charge à sa famille au cas qu'il meure avant qu'il puisse être reçu au droit annuel[9]. [Fait.]

Le Roi a ordonné le renouvellement d'une déclaration pour empêcher qu'aucune personne ne puisse être reçue au parlement de Paris avant l'âge de vingt-cinq ans accomplis[10].

Dudit jour dernier mars[a].

Le Roi a aussi ordonné une déclaration portant que les communautés, à la réserve du Grand Hôpital et de l'Hôtel-Dieu de Paris[11], ne pourront recevoir de l'argent de qui que ce soit pour en payer un plus haut intérêt que celui de l'ordonnance à condition que le fonds leur demeurera après la mort de celui qui leur fournira l'argent[12].

Fin du mois de mars[13].

1. Bernard de Fortia, maître des requêtes et allié des Colbert, ayant d'abord remplacé Pellot à l'intendance du Poitou, de l'Aunis et de la Rochelle en 1653, est passé à Orléans et Bourges depuis 1659, sera transféré en Auvergne en 1664, et mourra, doyen des maîtres des requêtes, en 1694. Le Tellier a écrit, le 26 mars (A. G., vol. 168, fol. 201), que le Roi lui permettait de venir faire un tour à Paris, mais que sa demande eût dû passer par M. du Plessis-Guénegaud, secrétaire d'État pour son intendance.

2. Ces assemblées, auxquelles prenaient part aussi les magistrats des bureaux des finances, « sous prétexte de rétablisse-

a. Après l'alinéa précédent, Brienne avait écrit primitivement, puis a biffé : *Une autre déclaration afin que les rentes de l'Hôtel de ville ne puissent plus être aliénées à des communautés, excepté l'Hôpital général, l'Hôtel-Dieu et les autres hôpitaux.* Fin du mois de mars.

ment de leurs fonctions et de leurs gages et droits, » seront interdites par un arrêt du Conseil du 2 avril (A. N., E 1714, n° 62), où il est dit que cela, « étant mal interprété, nuiroit aux affaires de S. M. pendant qu'elle travaille journellement au rétablissement de l'ordre que le malheur des guerres passées a longtemps interrompu, ce qui ne se peut faire que peu à peu, » et pourrait aussi « porter préjudice au recouvrement des deniers destinés aux dépenses de l'État. » Colbert tint la main à ce que tous retournassent « à leurs résidences et fonctions, » et un autre arrêt du 28 mai (*ibidem*, n° 78) coupera court aux entreprises des bureaux des finances en matière de domaine et de voirie. En outre, « pour le soulagement des contribuables aux tailles, » un édit d'août suivant supprimera ou réduira certain nombre d'élections créées depuis 1630 (A. N., collection Rondonneau, AD 357, n°s 1 et 6-9). En voici les considérants : « Les créations d'offices auxquelles la nécessité a fait recourir pendant les guerres commencées par le feu Roi ont fait que la meilleure part des habitants des villes, au lieu de se consacrer aux manufactures et autres arts nécessaires à l'usage de la vie, ne veulent plus s'adonner qu'à l'exercice des charges, et non seulement font défaut dans le commerce et les manufactures, mais multiplient le nombre des exempts des tailles au préjudice des pauvres et des gens de la campagne. Un premier essai de réduire la plus grande partie des offices en surnombre, par l'édit de mars 1654, n'a pu être suivi d'exécution; mais, la guerre ayant fait place à la paix, la première reconnoissance du Roi pour la bonté divine doit être de faire sentir à ses sujets cet heureux changement, et de les soulager surtout de tant de sollicitations et de poursuites pour le payement des tailles... »

3. Ci-dessus, p. 18 et 21-22.

Chassan, d'une famille de Toulouse anoblie par le capitoulat, et point riche, n'était qu'agent consulaire à Stockholm, mais très bien vu du résident Terlon, et celui-ci, rappelé en France, l'a proposé à Lionne et à Colbert (ci-après, p. 143) pour « demeurer en Suède et y servir S. M. jusqu'à ce qu'Elle ait pris la résolution d'y envoyer un ambassadeur ou un autre ministre. » Il sera nommé résident en titre au mois de janvier 1662, ne reviendra de Suède qu'en 1665, et M. de Lionne, ayant pitié de sa situation précaire, lui fera donner le poste de

Saxe, qu'il occupera jusqu'en 1674. Jean Chapelain parlait de lui en fort bons termes.

4. Bagnols-sur-Cèze, aujourd'hui chef-lieu de canton du département du Gard, était un centre de protestantisme fort actif, quoique le très pieux prince de Conti en fût seigneur et qu'il eût obtenu la clôture du temple, en attendant plus ample décision du Roi, pour cette raison qu'il y avait à peine un cinquième de religionnaires dans la population.

5. Ci-dessus, p. 45 et 58-59.

6. Le 16 mars, le juge royal du Pont-Saint-Esprit a dressé procès-verbal contre plusieurs religionnaires qui, à l'instigation des députés du synode du Bas-Languedoc, avaient fait rouvrir la porte du temple pour y entendre le prêche, et provoqué ainsi des représailles et des troubles publics. M. de Bezons, l'intendant, réclame une répression sévère. Un nouvel arrêt du 31 (A. N., E 1714, fol. 58) interdira l'exercice du culte protestant et ordonnera l'arrestation des députés et des auteurs de violences ; mais M. le prince de Conti demandera qu'il en soit référé aux juges ordinaires, et Le Tellier écrira à M. de Bezons, le 2 mai (A. G., vol. 168, fol. 328) : « Ce qui est arrivé à Bagnols est d'autant plus de méchant exemple, que, S. M. voulant faire que les huguenots se contentent de ce qui leur a été accordé par l'édit de Nantes et n'empiètent rien au delà, Elle ne veut pas souffrir que les catholiques les maltraitent, ce qu'ils ont fait tout à fait hors de propos en cette occasion-là. Je ne doute pas que Mgr le prince de Conti n'use de son autorité pour réparer, par la punition des catholiques qui se sont le plus signalés en quelque façon, l'insulte que ceux de la R. P. R. ont soufferte sans raison. » L'affaire fut donc portée devant les commissaires spéciaux, M. de Bezons et son collègue Peiremales : comme presque partout, il y eut partage entre le catholique et le protestant, mais seulement en 1667, et nous ne connaissons pas l'issue finale du conflit. Voir le dossier de Bagnols aux Archives nationales, carton TT 233, n° 3, et les *Mémoires de la famille Portal*, publiés en 1860, p. 377-380.

7. Ci-dessus, p. 56-57. Le Roi donnera, le 4 avril, des lettres patentes pour l'exécution du bref concernant le Missel français de Voisin ; celui-ci se défendra, traduira quand même en français la Semaine sainte et toute la Messe, avec dédicace à la Reine mère et avec privilège pour l'impression, et les prélats

renonceront à soutenir leur délibération du 7 décembre 1660.

Cet épisode de l'histoire religieuse vient d'être résumé par M. l'abbé Feret, dans le tome III de *la Faculté de théologie de Paris*, p. 433-435.

8. Jacques-Sauvat de Pomiés ou Pommiers, sieur de Francon, était conseiller clerc au parlement de Bordeaux. Un Pommiers jeune, en août 1653, ayant osé délivrer à main armée un prisonnier pour dettes, avait été expulsé de Bordeaux par le comte d'Estrades, puis exilé au loin, et il eût eu pis encore, si le premier président et le doyen n'étaient intervenus en sa faveur (Boscheron, *Histoire du parlement de Bordeaux*, tome II, p. 184).

9. Le droit annuel, ou paulette, créé en janvier 1605, assurait à tout magistrat ou officier la propriété transmissible de sa charge pourvu qu'il eût acquitté chaque année une taxe égale au soixantième denier du prix d'achat; mais le fonctionnement de cette taxe avait été arrêté par la guerre civile, et une déclaration d'août 1657 a rétabli l'hérédité abolie depuis octobre 1646 moyennant payement du vingtième denier des charges à chaque mutation, ou du dixième denier du quart de la finance primitive. Comme il y a là un grave détriment pour la recette des parties casuelles, où faisaient retour les offices dont la taxe n'a pas été acquittée, un édit de mai 1661 (A. N., collection Rondonneau, à la date) révoquera toute hérédité ou survivance en dehors du droit annuel, et un arrêt du 2 juin (A. N., E 346ᴬ, fol. 337) permettra que, jusqu'à la fin de l'année courante, en attendant la réouverture de l'annuel, tout officier ayant acquitté la taxe d'hérédité avant l'édit de mai puisse résigner au profit d'un cessionnaire, moyennant payement aux parties casuelles du huitième denier et du marc d'or de l'évaluation de sa charge. Cf. un autre arrêt du 30 juin, E 346ᴮ, fol. 470.

10. Les dispenses d'âge constituaient un abus courant; c'est ainsi que Louvois a été reçu à dix-huit ans conseiller au parlement de Metz, et, le 24 mars 1661, un fils du conseiller d'État Marillac vient d'entrer à celui de Paris ayant tout juste vingt-deux ans. Le Roi et Colbert savent que, par ce moyen, Foucquet veut remplir de ses créatures toutes les compagnies, outre qu'il importe « que la justice soit rendue par des personnes dont l'âge, la capacité et la prud'homie soient tels que

les peuples en reçoivent le soulagement nécessaire. » Une déclaration royale de novembre 1661 fixera à vingt-cinq ans au moins l'âge d'admissibilité dans les cours souveraines, requerra dix années de service comme conseiller pour passer à une présidence, et déterminera les formalités de justification, tout en laissant au Roi la faculté de déroger à ces prescriptions pour des motifs exceptionnels; mais l'abus n'en subsistera pas moins, et même il faudra que des déclarations de 1669, 1672, etc., fixent l'âge exigible pour obtenir une dispense.

11. Voir, dans les registres du Grand Conseil (A. N., U 645, p. 196-259), l'édit d'établissement et le premier règlement de l'Hôpital général de Paris en 1657, et, dans ceux du Parlement (X^{1a} 8392, fol. 183-185), le procès-verbal de la visite faite par deux conseillers le 20 août 1660. Le 19 avril, les directeurs viendront représenter au Roi quelle surcharge résulte pour leurs diverses maisons de la misère des temps de troubles et du licenciement de quantité de troupes non payées (*Lettres de Guy Patin*, tome III, p. 356).

12. Le taux légal de l'intérêt restait fixé, de par l'article 151 du Code de 1629, au denier seize, 6 1/4 %; mais il tendait depuis vingt-cinq ans à baisser, et Colbert le réduisit en 1665 au denier vingt, 5 %. Le Conseil étendra la présente prohibition par une délibération du 18 juillet 1661 et par un édit d'août (A. N., X^{1a} 8662, fol. 433); on voit dans ce dernier texte quelles combinaisons les gens pressés de « trouver les aises et les commodités de la vie » savaient inventer en dépit des anciennes ordonnances contre l'usure et au détriment de leurs familles comme de leurs patrimoines. L'édit renouvellera donc les défenses sous peine d'annulation du contrat, de confiscation des fonds, et d'une amende de trois mille livres, dont un tiers pour le dénonciateur, contre les communautés qui s'y prêteraient, autres que ces établissements charitables.

13. Ici s'arrête, dans le manuscrit de Chantilly, l'écriture de Brienne le jeune, et c'est désormais Le Tellier qui tiendra ce Mémorial, Brienne n'y faisant plus que des corrections ou des annotations marginales, que nous aurons soin d'indiquer. Ce changement coïncide avec une sorte de disgrâce de Brienne père dont Vuoerden parle à la date du 29 mars, en ces termes (fol. 111) : « J'entendis chez M. de Brienne tout plein de

plaintes contre le gouvernement, et particulièrement pour l'éloignement du comte de Brienne le vieux, exclus de toutes les affaires qu'il avoit principalement maniées depuis quatorze ou quinze ans; mais on espéroit du changement sur ce qu'ils tenoient une chose impossible que le Roi continuât dans l'application qu'il avoit présentement. » Et au verso : « Passant chez M. Le Tellier, je pris heure pour les six heures du soir, pour la visite de Monseigneur, où il se rendit et fut une demi-heure en conférence avec ce ministre, qui, en effet, étoit lors le plus considéré de tous ceux de France, parce que les affaires du royaume étoient tombées à sa charge, comme les étrangères à celle de M. de Lionne, et celles des finances à M. Foucquet... »

Sous la même date, Vuoerden raconte encore ceci : « Il n'y a point de doute qu'il y avoit du changement à la cour, et particulièrement dans l'esprit de la Reine, pour l'attachement que le Roi témoignoit à la Marie Mancini, logée au Louvre avec toute la Mazarinerie. Cela passoit si avant, que la Reine en témoignoit une jalousie toute ouverte, accompagnée de pleurs et d'un très grand déplaisir, et le bruit assez fondé couroit lors que la recommandation de la Marie valoit mieux près du Roi que celle de la Reine. C'est pourquoi elle et la Reine mère et tout le parti des Reines, et, comme je crois, Monseigneur (l'ambassadeur), souhaitoient avec passion qu'elle partît au plus tôt en Italie à consommer son mariage avec le connétable Colonna; mais on craignoit encore que cela n'avortasse (*sic*) par le changement. »

On trouvera ci-après, à l'Appendice, une lettre de Le Tellier sur le redoublement d'activité constaté alors chez le Roi.

M. C. — Du premier avril 1661[a].

Le Roi a commandé à Le Tellier d'écrire au gouverneur d'Arras, ou à celui qui commande en son absence,

---

a. A partir de ce jour, 1er avril, le Mémorial est tenu par Le Tellier; on n'y trouve plus que quelques corrections ou additions de la main de Brienne fils.

de faire châtier les officiers et soldats de la garnison qui ont refusé de monter la garde sous prétexte de défaut de payement[1]; [Exécuté.]

Et d'envoyer des ordres pour faire payer ladite garnison des deniers reçus de la levée des impositions jusques au jour de la révocation qui en a été faite, qui ont été portées par les fermiers en la maison du gouverneur d'Arras[2]; [Les ordres ont été envoyés[a].]

Et de faire dire à M. le maréchal de Schulemberg[3], qui est en cette ville, de faire mettre cet argent-là entre les mains du commis du trésorier de l'extraordinaire des guerres, pour faire ledit payement. [Les ordres ont été envoyés.]

S. M. a aussi ordonné qu'il sera envoyé des troupes d'armées en garnison dans la ville du Havre[4].

1. Le gouverneur d'Arras est M. de Schulemberg, nommé six lignes plus loin. Le Tellier écrivit aussi, le 3 avril, sur cette mutinerie, à l'intendant Talon (A. G., vol. 168, fol. 228). Il y aura, à la fin de l'année, des rixes entre soldats de la garnison (B. N., ms. fr. 4256, p. 12).
2. Même lettre à Talon : A. G., vol. 168, fol. 228. On lit dans les *Mémoires de Louis XIV*, à l'année 1661, tome II, p. 416-417 : « Je fis cesser dans l'Artois quelques levées que les magistrats des villes y faisoient sous prétexte de certains octrois accordés par le roi d'Espagne. Je voulus même que tous les officiers des garnisons payassent leurs parts des autres impositions qui se faisoient, afin de soulager d'autant les autres habitants, et je fis donner trois ans de surséance aux pauvres familles de la frontière pour payer leurs créanciers, qui les persécutoient cruellement depuis la Paix. » Cf. deux arrêts du 30 avril et du 5 mai (A. N., E 344, fol. 415, et E 345, fol. 253), et un passage du *Journal de Vuoerden* où il est dit

a. Cette apostille est de Brienne.

que M. de Schulemberg et le marquis de Créquy faisaient lever des contributions sans le concours des commissaires, et que l'intendant Talon eut ordre d'y surseoir ainsi qu'il était prescrit par l'article 6 du traité secret de 1659. Voir ci-après, p. 148-150.

3. Jean de Schulemberg (il signait Chulemberg et Chulemberk), d'une famille venue d'Allemagne au temps de Louis XI, est gouverneur d'Arras depuis 1652 et a été connu sous le titre de comte de Mondejeux jusqu'à l'époque où il est devenu maréchal de France (1658); il sera fait chevalier des ordres dans la promotion du 31 décembre 1661. Selon Colbert (*Lettres et mémoires*, tome VI, p. 483), c'était un de ces gouverneurs qui n'inspiraient pas une confiance absolue, et on ne lui avait donné le bâton que par crainte qu'il ne livrât Arras aux ennemis. Au dire de Vuoerden (*Journal*, fol. 67 v°), il prétendit que ni le comté d'Artois ni la province n'avaient été nominativement désignés dans la Paix, comme Arras et son bailliage, Hesdin et son bailliage, Béthune et son bailliage, Lillers et son bailliage; que, par suite, le duc d'Elbeuf, gouverneur de la province, n'avait point qualité pour en présider les États, et que cet honneur devait revenir au gouverneur d'Arras. — Son régiment va être licencié (B. N., ms. Mélanges Colbert 102, fol. 291), et, en compensation, il recevra, le 15 juin, la lieutenance générale de l'Artois, puis, en 1665, passera gouverneur de Berry.

4. Mazarin avait toujours considéré et représenté le Havre comme la meilleure place maritime de l'Europe. Les extraits des comptes de l'Épargne pour 1661 réunis par l'abbé de Dangeau (ms. fr. 22641, fol. 239 v°) font connaître la composition de la garnison et de l'état-major. Le gouverneur commandant pour la duchesse d'Aiguillon, avec qualité de lieutenant de roi, s'appelait Drouart. Il avait trois cents hommes sous ses ordres, outre trois compagnies de quatre-vingts hommes chacune, et l'on y envoya, comme nous le verrons, six compagnies tirées des régiments de Picardie, Navarre et Marine.

A. É. — Du 2ᵉ avril[1], à Paris.

Monsieur épousa ce jour-là Mᵐᵉ la princesse d'Angleterre, ayant reçu la dispense de Rome nécessaire pour ce sujet[2].

M. C. — Du deuxième avril.

Sur ce que la garnison de Nancy a député vers le Roi pour avoir le payement de ce qui lui est dû de sa solde il y a treize ou quatorze années, S. M. ayant considéré [que] ce payement-là monteroit à cent quatre-vingt mille livres, et qu'il n'y a plus que douze ou treize officiers et soldats présentement, dans ladite garnison, qui aient servi durant le temps que ladite solde est due, S. M. a commandé à Le Tellier d'adresser une dépêche au sieur de Saint-Pouenges pour lui faire savoir qu'Elle ne désire pas qu'il soit rien fait pour cela[3]. [Exécuté.]

Sur la plainte faite au Roi par M. de Pardaillan[4], lieutenant général au Bas-Poitou, qu'ayant fait mettre garnison dans la maison du sieur de Malvault pour n'avoir pas voulu se rendre près de lui pour l'accommoder avec un autre gentilhomme son voisin qui étoit en querelle avec ledit Malvault, icelui Malvault auroit obtenu décret au Parlement contre ceux qui commandoient ladite garnison, S. M. a ordonné que ledit Malvault sera mis à la Bastille, et a chargé Le Tellier d'en faire l'expédition[5]. [Il est à la Bastille.]

Le Roi a trouvé bon que les religieux des congrégations de Cluny et de [Saint-]Vannes[6], unies ensemble, tiennent leur chapitre après Pâques, dans le prieuré de Saint-Martin de cette ville[7]; mais S. M. leur a fait défenses de le tenir à Cluny, pour empêcher qu'il n'y soit procédé à l'élection d'un abbé de Cluny au préjudice des défenses de S. M. [Exécuté[8].]

Le Roi a commandé à Le Tellier d'expédier un brevet qui porte que les cent vingt mille livres tournois accordées pour récompense de la capitainerie de Saint-Germain-en-Laye appartiendront aux enfants de M. de Beaumont[9], et que la mère pourra jouir[a] de la moitié, pour son douaire, jusques à ce que les garçons aient atteint l'âge de seize ans et les filles quatorze, à condition pourtant que la mère sera privée de cette jouissance au cas qu'elle se remarie auparavant. [Depuis, S. M. a trouvé bon d'accorder à la dame de Beaumont mille écus par chacun an, à prendre sur toute la somme, sa vie durant[10].]

S'étant présentée une occasion d'entretenir correspondance en Angleterre secrètement, le Roi a commandé à M. le Procureur général d'en prendre soin et d'en rendre compte à S. M. de jour à autre[11].

Le Roi a commandé à Le Tellier de réduire les régiments irlandois étants à son service[12] à deux, de cinq compagnies chacun, dont l'un sera commandé par M. Dillon[13], et l'autre par M. Insinquin[14], bien entendu que chaque compagnie sera de cent hommes[15]; [Fait[b].]

De réduire aussi les Écossois[16] à deux régiments, dont l'un sera de quinze compagnies, de cent hommes chacune, sous le titre des Écossois de la garde[c] et sous la charge de M. de Reterfort[17], et l'autre à cinq compagnies de même force, sous la charge de Douglas[18]. [Fait.]

Le Roi a commandé à Le Tellier de faire avertir les trois présidents de l'assemblée du Clergé et les trois

---

a. *Jouir* remplace *prendre*, biffé.
b. Cette apostille et la suivante sont de la main de Brienne.
c. Avant *garde*, on a biffé *charge et*.

prélats les plus anciens de se rendre demain dimanche, 3 du courant, à son lever, pour les presser de résoudre le don à trois millions[19]. [A été exécuté.]

S. M. aussi a ordonné à M. le Surintendant de redépêcher promptement le courrier de M. le prince de Conti[20], et lui mander que le Roi se remet à lui de se contenter de telle somme qu'il avisera bon être pour le don gratuit des États, mais que S. M. croit qu'elle ne sera moindre d'onze cent mille livres tournois[21].

Les conditions proposées par les États de Languedoc ayant été lues, le Roi a commandé à M. le Procureur général de répondre à chacun des articles d'icelles suivant ce qu'il lui a plu d'expliquer de ses intentions[22], et d'en charger le courrier qui doit retourner vers M. le prince de Conti. [Exécuté.]

Du samedi 2 avril.

Le Roi a commandé que M. de la Vrillière écrive à M. le prince de Conti qu'il s'emploie au nom de S. M., auprès des États de Languedoc, pour faire que le retranchement de 25,000 livres sur le fonds des garnisons de ladite province n'ait point de lieu[23]; [A été exécuté.]

A Le Tellier, de dire à M. le Chancelier de sceller la dispense de parenté pour le sieur de Bonniparis, avocat général au parlement d'Aix, afin qu'il puisse être reçu en ladite charge, nouvellement créée au lieu de celle qui a été supprimée[24]. [Exécuté.]

Sur ce que le parlement de Rouen a défendu aux habitants de cette ville-là de s'habiller d'autres étoffes que de celles fabriquées dans icelle, le Roi a résolu que cet arrêt-là sera cassé, et que, pour le soulagement des artisans employés aux manufactures, les impositions qui se lèvent sur les menues boissons dans ladite ville de Rouen seront diminuées[25]. [Exécuté.]

Le Roi a commandé à M. le Surintendant de faire un projet de commission pour ceux que S. M. choisira pour avoir soin du commerce[26]; [A été fait.]

Et à Le Tellier, d'expédier les ordres pour le rasement du réduit de Marville[27]. [A été adressé à M. le maréchal de Fabert[28].]

1. Ce jour-là, Louis XIV, « voulant donner de nouvelles marques de son affection paternelle pour ses sujets, et ne pouvant souffrir tout le délai qui seroit nécessaire pour les faire jouir des fruits de la paix par le soulagement entier des charges extraordinaires qu'ils ont portées pendant la guerre, à cause des grandes sommes qui sont dues pour les dépenses du passé et de la nécessité de fournir à celles que l'établissement de la paix a causées, » décida et annonça que les tailles seraient diminuées de trois millions pour 1662, et un certain nombre de taxes suspendues (A. N., E 1714, n° 60). Six mois plus tard, une autre diminution d'un million sera signée le 27 septembre (A. N., E 1713, fol. 179), en considération de la destruction des blés et fruits par la grêle.

2. Ci-dessus, 23 mars, p. 93-94. L'ambassadeur anglais a fait son entrée le 16 mars, la dispense de parenté est arrivée le 24, le contrat a été arrêté dans ses articles et signé le 30 (A. N., K 541, n°⁵ 4-16 ; A. É., vol. ANGLETERRE 76, fol. 29-38). La princesse apporte une dot de 560,000 l., plus 280,000 l. en argent et en bijoux. On lui constitue un douaire de 40,000 l. sur les biens et l'apanage de son mari, avec le château de Montargis pour résidence de veuvage. Le Roi lui donne en particulier une boîte à portrait de la valeur de 55,000 l. (B. N., ms. fr. 22641, fol. 195). « Le 30 mars, dit la *Gazette* (p. 308), Monsieur fit, le matin, ses dévotions en l'église Saint-Germain-l'Auxerrois, où il communia par les mains de l'évêque de Valence Daniel de Cosnac, son premier aumônier, ainsi que la princesse d'Angleterre à Saint-Eustache, pour se dispo-

ser à la solennité de leur mariage. Le soir, après que le contrat eut été signé par Leurs Majestés et par la reine d'Angleterre, ils fûrent fiancés au Palais-Cardinal dans le grand cabinet de S. M. Britannique, en présence de Leursdites Majestés, de Mesdemoiselles d'Orléans, du prince et de la princesse de Condé, du duc d'Enghien, du duc de Vendôme, du prince Palatin, du comte de Saint-Albans, ambassadeur extraordinaire du roi de la Grande-Bretagne, et de divers autres seigneurs et dames de marque. Le lendemain, la cérémonie des épousailles se fit dans la chapelle de l'appartement de la reine d'Angleterre, par le même prélat, où se trouvoient aussi Leurs Majestés, accompagnées du prince de Condé et de quelques autres des principaux de la cour, et, le soir, Elles allèrent souper avec S. M. Britannique et ces illustres mariés, le tout s'étant passé avec la somptuosité et la joie qu'il est aisé d'imaginer. » Louis XIV avait annoncé cette alliance à Philippe IV dès le 26 mars (minute corrigée par Lionne : A. É., vol. ESPAGNE 42, fol. 54); il en notifia la conclusion, le 2 avril, au roi d'Angleterre, comme « un nouveau lien qui devait étreindre encore davantage le nœud de leur amitié. » Dans sa pensée, c'était un moyen de reconnaître les services rendus par l'Angleterre dans la guerre contre l'Espagne, en même temps que de s'assurer l'alliance du roi légitime replacé sur le trône (*Mémoires*, éd. Dreyss, tome II, p. 406). Voyez ci-dessus, p. 4.

3. De ce même jour, 2 avril, nous avons au dépôt de la Guerre, vol. 245, fol. 204, une longue et intéressante lettre de Saint-Pouenges en réponse aux ordres qui lui avaient été envoyés pour le licenciement des troupes. Le 6 et le 9, Le Tellier lui écrira de nouveau (vol. 168, fol. 237 et 245) que, le duc Charles ayant demandé à se rendre sans délai à Bar pour la ratification des traités, de laquelle dépendait l'évacuation, le Roi consent qu'on fasse sortir immédiatement de Nancy le régiment d'infanterie de La Ferté, ainsi que les quatre compagnies de La Ferté-Brienon et de Fourilles, mais « en observant qu'elles soient payées du mois qui court auparavant leur départ. » Ci-après, p. 157.

4. Alexandre de Baudéan de Parabère, comte de Pardaillan (1619-1702), lieutenant général des armées depuis 1655, a été pourvu du Bas-Poitou le 28 février 1658, et il y commandera jusqu'en mai 1694.

5. C'est sans doute un des quatre Mallevault, de l'élection de Niort, dont la généalogie se trouve au Cabinet des titres, fonds Chérin, dossier 2535, et qui firent leur production de noblesse en 1666. Celui-ci habitait aux environs de Melle, en Poitou. Il prétendait que ses ennemis personnels, soutenus par le sieur d'Avaucourt, capitaine au régiment d'Aubeterre, avec plusieurs de ses chevau-légers, et par le prévôt de Melle, avec des archers, avaient envahi et pillé son château de Maillé le 20 octobre 1660, puis installé une garnison sans aucun droit. En fait, le prévôt et le sieur d'Avaucourt avaient été légalement envoyés par MM. de Pardaillan et de la Roche-Posay, lieutenants généraux du Bas et du Haut-Poitou, pour contraindre Mallevault et son fils à « obéir à leurs commandements, et les punir de leur rébellion. » Un premier arrêt du Conseil, en date du 7 janvier 1661 (A. N., E 1712, fol. 172-173), avait ordonné le maintien de la garnison mise par le prévôt et interdit toute connaissance au lieutenant criminel de Civray; néanmoins, sur les informations envoyées par ce magistrat à la requête de Mallevault, le parlement de Paris vient de décréter de prise de corps, le 31 mars, les nommés Roger, dit Périgné, Boudart et d'Avaucourt, et d'ajourner les nommés Brissonnet, de Saint-Gelais, sieur de Séligny, et le prévôt de Melle, à comparoir en personne à Paris. On verra la suite au 8 avril.

6. Ci-dessus, 26 mars, p. 100-101 et 104. Cluny, en Bourgogne, et Saint-Vanne, en Verdunois, sont les sièges des congrégations de l'ordre de Saint-Benoît si justement célèbres dans les annales de l'historiographie française, et Mazarin avait uni les deux maisons par un concordat du 7 avril 1659.

7. Saint-Martin-des-Champs, dans le quartier de Paris qui conserve le même nom, était devenu prieuré de Cluny à la fin du XIe siècle, et les Bénédictins s'y sont installés le 13 avril 1635. Leur cellérier a été élu en 1660 pour faire la visite générale des maisons de l'ordre.

8. Les Bénédictins de Saint-Vanne obtiendront subrepticement, le 22 avril, un ordre de s'assembler à Verdun même, au lieu de Paris; mais ceux de Cluny, réunis le 28, refuseront de s'y rendre et feront une protestation en règle contre ce qui pourrait s'y passer; de son côté, le procureur général de Saint-Vanne s'inscrira contre cette opposition. Les pièces, adressées à Colbert, se trouvent dans le ms. Mélanges 102,

fol. 582-584 et 712, ainsi qu'un mémoire de dom Théophile
Guilliot, nommé prieur, mais récusé par une partie des religieux, dans le ms. 103, fol. 34. Voir ci-après, 10 juin. Le Roi
finira par casser le concordat et convoquera une assemblée
plénière à Saint-Martin par arrêt du 16 décembre 1661 (A. N.,
E 1712, fol. 470).

9. Le président de Longueil de Maisons, nommé le 16 mars
1645 capitaine, gouverneur et concierge des châteaux de Saint-
Germain-en-Laye et de Versailles, des ville et pont de Poissy, de
la Muette, Saint-James et dépendances, en place du premier
duc de Saint-Simon, avait joint à ce gouvernement, en octobre
1652, la capitainerie des chasses et la maîtrise particulière
des eaux et forêts ; mais, dès l'année suivante, l'exercice de
ces charges semblant incompatible avec celui d'une présidence à mortier, et M. de Maisons refusant cependant de se
démettre, la commission en a été donnée, le 18 juin 1653, à
Louis Le Normand, seigneur de Beaumont, premier tranchant
du Roi et porte-cornette blanche, fils de ce premier maître
d'hôtel du roi Louis XIII qui avait été parrain de Mme de
Sévigné en 1626, et très ami lui-même de la toute-puissante
Mme de Beauvais. Au bout de six ans, M. de Maisons et son fils
et survivancier ont donné leur démission moyennant distraction à leur profit de l'office de capitaine et gouverneur de
Poissy, et de celui de capitaine des chasses de leur terre de
Maisons. M. de Beaumont, démissionnaire de ses propres charges
depuis le 11 mars 1657, a été pourvu de Saint-Germain, en
1658, avec jouissance de la seigneurie du Pecq; mais de violents conflits ont continué à se produire entre lui et ses prédécesseurs. Querelleur et processif, osant maltraiter les gentilshommes eux-mêmes et braver « les gens puissants, » fussent-ils
des Longueil de Maisons, Beaumont a été tué à coups de pistolet
le 3 mai 1660, au moment où il vaquait à des opérations en
forêt avec ses officiers et ses gardes. Les assassins n'ont pu
être arrêtés ; mais on les a reconnus pour être un Longueil,
parent du président, et le nommé Trouillardière, serviteur
de ce dernier. Suspectant avec raison les collègues de M. de
Maisons au Parlement, le Roi, après entente préalable entre
le Chancelier, M. de Brienne et le Surintendant (ms. fr. 4195,
fol. 148-150), a évoqué l'affaire devant le Grand Conseil par
lettres du 14 juillet 1660.

Quant aux charges du mort, Mme de Beauvais les a fait donner à son gendre le marquis de Richelieu, sauf l'intendance de Versailles, détachée pour Jérôme Blouin, valet de chambre favori du Roi.

10. La veuve s'appelait Marie Raymond, et un sauf-conduit lui avait été accordé contre ses créanciers par arrêt du 6 octobre 1660 (A. N., E 1712, fol. 134). Comme il est dit ci-dessus, p. 2, le Mémorial de Chantilly a pour feuille de garde la supplique suivante adressée par elle au Roi : « Sire, Votre Majesté ayant ordonné à son Grand Conseil de rendre justice de l'assassinat et meurtre commis en la personne de M. de Beaumont, l'un de ses plus fidèles serviteurs, et le procès étant prêt à juger, encore que la preuve soit plus que suffisante contre les deux meurtriers, on a eu avis que le président de Maisons, leur protecteur, a déjà tellement sollicité et fait ses brigues en leur faveur, qu'il espère un jugement plus favorable que ne le requiert la qualité du crime. C'est pourquoi la veuve dudit feu sieur et leurs enfants orphelins se jettent aux pieds de V. M., et la supplient très humblement de mander les premiers juges et son procureur général de sondit Grand Conseil, pour leur ordonner de juger ce procès selon la rigueur des ordonnances; et ils continueront leurs prières pour la prospérité et santé de V. M. » — Brienne fils a écrit en marge : « Le Roi a mandé le doyen du Grand Conseil et le procureur général, pour leur ordonner de rendre bonne justice. » De plus, le 4 mai, le Roi fit écrire à M. de Bouqueval, conseiller rapporteur (A. G., vol. 168, fol. 343) : « S. M. vous avoit mandé pour vous convier à rendre justice aux enfants de feu M. de Beaumont et à le faire sentir à ceux que vous trouveriez coupables du meurtre commis en sa personne, etc. »

11. Voir ci-dessus, p. 31, 39 et 43.

12. Les régiments irlandais et écossais qui avaient servi la France pendant le séjour de Charles II à la cour de Louis XIV, de 1650 à 1660, et qui étaient au nombre de cinq, sont licenciés et retournent en Angleterre (A. G., lettres à M. Pellot et à M. Le Lièvre, vol. 168, fol. 365 et 368, et vol. 169, fol. 167). Les extraits de comptes de l'Épargne transcrits au ms. fr. 22641, fol. 190 v° et 192 v°, indiquent quel était leur effectif.

13. Sir James Dillon, un des plus actifs partisans des Stuarts, condamné pour ce fait en Angleterre, avait servi le parti espagnol

en France, pendant la Fronde bordelaise, avec un régiment irlandais ; mais il a fait en 1653 son accommodement avec Mazarin ainsi que son frère, a reçu alors le grade de maréchal de camp par brevet du 26 mars, et a levé un régiment irlandais de son nom par commission du 20 juin de l'année suivante. Il jouit d'une pension de 3,000 l. sur l'extraordinaire des guerres. Son régiment sera licencié par ordre du 29 février 1664.

14. Murrough O'Brien, sixième baron et premier comte d'Inchiquin, président du cercle irlandais de Munster, exilé lors de la sortie de Charles II, a pris du service en France et est devenu lieutenant général et vice-roi de Catalogne après la conquête de cette province en 1654. Il mourra en 1674.

15. Lettre du 8 mai : A. G., vol. 168, fol. 359.

16. En 1642, le marquis d'Estampes, étant ambassadeur à Londres, avait profité des troubles pour expédier d'Écosse en France environ six mille hommes d'élite, qui ont été répartis en quatre régiments ; mais il ne faut pas confondre cette troupe avec les gendarmes écossais, la première et plus ancienne compagnie de gardes du corps, dont le Roi était capitaine en titre et avait donné le commandement au duc d'York, frère du roi Charles d'Angleterre, puis au comte de Schonberg.

17. André Rutherford, originaire du Roxburgeshire, ayant émigré en France, y a possédé un grade de lieutenant général jusqu'à ce que la Restauration lui permît de rentrer dans sa patrie, et c'est sur la recommandation de Louis XIV, au commencement de 1661, qu'il vient d'être créé lord Rutherford et gouverneur de la place de Dunkerque, encore occupée par les troupes anglaises. De son côté, le roi de France le maintiendra lieutenant général de ses armées par brevet du 30 mai 1661, comme on le verra en son temps ; mais son régiment de gardes sera fondu dans celui de Douglas quand Dunkerque aura été remis par lui à la France, en 1662. Il retournera alors en Angleterre, sera nommé comte de Teviot et gouverneur de Tanger, et périra, le 4 mai 1664, dans un combat contre les Maures.

18. Georges Douglas, né en 1636, troisième fils du premier marquis de cette branche, était venu tout jeune en France comme enfant d'honneur de Louis XIV, et il avait été chargé en 1658 d'aller lever un corps en Écosse (A. N., O¹ 12, fol. 549 v°). Il conservera son régiment écossais jusqu'en 1675, mais sera rappelé par Charles II après la paix de Nimègue, et créé comte

de Dumbarton. Plus tard, Jacques II lui donnera le commandement en chef de ses armées d'Écosse, puis le ramènera dans sa retraite en France, et il mourra auprès de ce prince, en 1692, à Saint-Germain-en-Laye.

19. Depuis près de quatre mois, l'assemblée du Clergé (ci-dessus, p. 13) était mise en demeure de faire un don de quatre millions; mais elle se refusait à délibérer sur le chiffre de ce qu'elle persistait à appeler un « présent, » tant que les « blessures faites à ses privilèges et immunités n'auraient pas été réparées, » et que le principal commissaire du Roi, M. d'Aligre, futur garde des sceaux et chancelier, n'aurait pas renoncé à ses allures menaçantes et agressives. Mazarin est mort sur ces entrefaites : le 12 mars, le Roi rencontrant à sa messe le président de l'assemblée lui a rappelé quelle était sa volonté ; le 26, l'assemblée n'a répondu à une nouvelle sommation que par l'offre dérisoire d'un seul million, alors qu'en 1657 elle avait donné 2,700,000 livres. Le 1er avril, M. d'Aligre est revenu avec son chiffre primitif, que cependant le Roi finira par réduire à deux millions (*Procès-verbaux du Clergé*, tome IV, p. 537-556). Voir la suite ci-après, p. 146-147.

20. Armand de Bourbon, prince de Conti (1629-1666), frère cadet du Grand Condé et mari d'une des nièces du Cardinal, a eu le gouvernement de Languedoc à la mort de Monsieur Gaston d'Orléans, en février 1660, et c'est dans cette province qu'il passera ses dernières années, tout à la pratique et à l'enseignement de la vertu et de la piété. Il y est retenu par ses étroites relations avec l'évêque Pavillon et par le soin des intérêts qu'il a dans le pays, particulièrement autour de Pezénas, comme héritier des Montmorency. Ses discours aux États de 1661 ont été insérés dans la nouvelle *Histoire du Languedoc*, éd. Roschach, tome XIV, p. 760 et suiv. La session finie, il viendra recevoir de la cour un très bon accueil (*Gazette*, p. 508).

21. Ci-dessus, p. 73.

22. Le « cahier de doléances » des États sera arrêté par le Roi le 18 août ; on en a une copie aux Archives nationales, fonds Languedoc, reg. H 748[108], fol. 245-250.

23. M. de la Vrillière a le Languedoc dans son département ; mais c'est Le Tellier qui a protesté le 24 mars contre la prétention de faire déduire sur 1661 l'entretien des troupes qui ont

escorté le Roi dans son voyage à travers la province. On verra plus loin la session finir.

24. François-Hubert Galaup de Chasteuil (1624-1679), d'une famille lettrée dont plusieurs membres ont des notices historiques dans les dictionnaires biographiques, avait hérité de son père la charge de procureur général à la chambre des comptes d'Aix avant de devenir avocat général au parlement de cette province (20 octobre 1655). Ayant marqué parmi les principaux meneurs de la sédition de 1659 et étant condamné comme tel au bannissement et à la confiscation, son office d'avocat général a été supprimé par un édit de juin 1659, puis créé à nouveau, en décembre suivant, au profit d'Honoré de Boniparis d'Honorat; mais diverses oppositions des deux familles se sont produites pour empêcher la réception de ce magistrat, et le premier président d'Oppède les a fait renvoyer au Roi le 15 février 1661 (A. É., vol. France 1726, fol. 150; B. N., ms. Mélanges Colbert 102, fol. 549; A. N., E 344, fol. 360 et 362). M. de Boniparis ne sera reçu et installé qu'en avançant dix-huit mille livres pour la construction de la citadelle (ms. Mélanges Colbert 103, fol. 590, 593, 596). Hubert Galaup finira par être réhabilité devant le conseil d'État; mais il mourra au moment de recouvrer sa charge. Il avait deux frères, dont l'un avait été assassiné dans les troubles, le 14 février 1659, et l'on avait accusé M. d'Oppède de cette mort; l'autre est le chevalier de Chasteuil, dont Th. Jung et Fr. Ravaisson ont raconté les aventures extraordinaires : accusé de tentative d'assassinat sur M. de Boniparis, il sera arrêté par ordre du premier président, retenu en prison jusqu'à la fin de 1670, et enfin relégué à Reims.

25. Le 24 janvier 1661, une assemblée générale avait été tenue à l'hôtel de ville de Rouen, en présence du duc de Longueville, gouverneur de la province, « pour délibérer des moyens de subvenir à la nécessité des pauvres ouvriers qui manquent de travail » par suite de la ruine des manufactures, et particulièrement des draperies; le 10 février, on a mis cette question à l'ordre du jour (Archives communales de Rouen, série A, reg. 27), et le parlement de Normandie a arrêté que, « pendant un an, les bourgeois et habitants de la ville et faubourgs seraient tenus de se vêtir des draps, serges et ratines fabriqués

dans la ville, avec défense aux détaillants d'en vendre d'autres, et aux tailleurs d'en employer d'autres..., à peine de 300 livres d'amende et confiscation; » mais un arrêt du Conseil du 24 mars (A. N., E 1714, n° 51) a rendu aux Rouennais la permission de se vêtir « de tels draps, serges, ratines et autres étoffes que bon leur semblera, en attendant que S. M. trouve à propos de faire un règlement général pour le commerce et manufactures de ce royaume,... d'autant que le parlement n'est pas compétent de faire des règlements qui vont contre l'exécution des édits et baux des fermes. » Le 29 avril, un autre arrêt (A. N., E 1714, n° 67) supprimera les droits de contrôle établis depuis 1655 sur les toiles de Normandie, comme ayant fait diminuer le commerce et portant préjudice aux tailles; un autre encore, du 30 (n° 68), déchargera du droit d'entrée appelé maubouge les écarts et lieux où il n'y avait pas de foire. Tandis que le parlement normand prétend protéger aux dépens du reste du royaume les marchands de la région qui manquent de débit, le Roi, au contraire, veut que le système protecteur profite à tous ses sujets et relève le commerce français.

26. Voir ci-après, 8 avril, p. 162-164.

27. Par le traité du 28 février, le duc de Lorraine a abandonné à Louis XIV une moitié de Marville-sur-l'Othain, ancienne résidence féodale proche de Montmédy, tandis que l'autre partie avait été cédée par le roi d'Espagne, comme duc de Luxembourg. On verra la suite au 26 avril.

28. Abraham, marquis de Fabert (1599-1662), créé maréchal de France en 1658, est gouverneur des principautés de Sedan, Raucourt et Saint-Menges depuis 1642, et il a depuis 1652 l'inspection de toutes les villes de la Meuse dépendant de la couronne. La lettre que Le Tellier lui écrivit le 14 avril est en minute au dépôt de la Guerre, vol. 168, fol. 269.

M. C. — Du lundi 4 avril.

Le Roi a commandé à M. de Brienne d'envoyer un pouvoir à M. de Lombres[1] pour assister de la part de S. M. à l'assemblée qui se doit tenir[a] entre les Polonois

a. Tenir a été ajouté en interligne, de la main de Brienne.

et les Moscovites pour la paix, et entrer garant de part et d'autre au nom de Sadite Majesté². [Exécuté.]

Le Roi a commandé à M. du Plessis³ d'expédier une déclaration sur les parentés et alliances des officiers du parlement de Navarre conforme à celle de l'année 1578 faite par le roi Henri IV, lors roi de Navarre⁴. [Exécuté.]

Le Roi a commandé aux secrétaires d'État d'expédier les bénéfices sur les mémoires qui leur seront donnés signés de la propre main de S. M.⁵

Du lundi 4 avril, après midi.

Sur ce que les États d'Artois⁶, au déçu des commissaires du Roi auxdits États, ont envoyé un courrier pour supplier très humblement S. M. de se contenter de trois cent mille livres pour don gratuit, au lieu des six cent mille livres tournois qui lui étoient demandées par lesdits commissaires, S. M. a commandé à Le Tellier d'écrire auxdits États qu'ils se doivent adresser à MM. les commissaires, qui sont bien informés de ses intentions, et de leur témoigner qu'ils n'ont pas dû dépêcher leur courrier au déçu desdits commissaires⁷; [Exécuté.]

Comme aussi d'avertir lesdits commissaires de ce qui est écrit auxdits États⁸.

Sur ce que les députés de l'assemblée du Clergé⁹ ont dit au Roi que ladite assemblée n'avoit pas délibéré sur le don gratuit à cause qu'elle n'avoit pas cru être en liberté après le commandement que S. M. leur avoit fait de lui donner trois millions de livres, le Roi a ordonné à M. le Surintendant de dire à M. d'Aligre¹⁰ et autres commissaires d'aller demain à ladite assemblée lui dire que le Roi persiste à désirer trois millions de livres, et à leur ordonner de délibérer dans demain après midi : de quoi M. le Surintendant s'est chargé[11]. [A été exécuté.]

Le Roi a commandé l'expédition de l'état[a] des mortespaies sur le pied de ce qu'il lui a plu de régler : ce qui sera exécuté par Le Tellier[12].

Le Roi a commandé à M. le Surintendant de décharger les menues boissons de Rouen et autres lieux de la province de Normandie des impositions qui se lèvent sur icelles : quoi faisant, les pauvres artisans seront soulagés de cent cinquante mille livres tournois par an[13]. [A été changé depuis, pour les soulager d'une autre manière qui leur sera plus avantageuse[b].]

A. É. — Du 4[e] [avril].

Écrire à Chassan, en Suède, que S. M. a approuvé le choix que le chevalier de Terlon a fait de lui pour demeurer et y servir S. M. jusqu'à ce qu'elle eût pris la résolution d'envoyer un ambassadeur ou un autre ministre[14].

1. Antoine de Lumbres, fils unique d'un lieutenant général au bailliage de Montreuil en Artois, et son successeur dans cette charge, ayant été présenté par M. de Longueville au cardinal de Richelieu et envoyé en mission diplomatique à Trèves, Liège et Berlin, a remplacé Akakia auprès du roi de Pologne, en juillet 1656, et a réussi, avec M. d'Avaugour, à faire signer en 1660 la paix d'Oliva, digne pendant de celle des Pyrénées. Depuis l'été de la même année, il est accrédité en Pologne comme ambassadeur, pour travailler à la candidature du duc d'Enghien, et il y restera jusqu'à sa mort en juillet 1677. Il se qualifiait chevalier de l'ordre du Roi, seigneur de la châtellenie de Longvilliers et des seigneuries de Marquise, Herbinghem, etc. Le récit original de ses négociations est con-

---

a. Avant *de l'état*, il a biffé *de l'arr[êt]*, puis *du traité*.
b. A partir de *pour les soulager*, l'apostille est de l'écriture de Brienne.

servé aux Affaires étrangères, dans la série des *Mémoires et documents*, vol. ALLEMAGNE 18 et POLOGNE 3. Il est souvent parlé de ses missions antérieures dans les *Lettres de Mazarin*.

2. L'apaisement des conflits entre Polonais et Moscovites était nécessaire pour que la ligue organisée par le Pape pût agir contre les Turcs, et, le grand-duc Alexis ayant demandé la médiation de la France, des ordres ont été portés à Lumbres de s'entremettre au nom du Roi dans l'assemblée qui doit se tenir à Mohilev en juin. Son pouvoir, signé le 2 juillet à Fontainebleau, se trouve en minute dans le fonds A. É., vol. TURIN 56, fol. 293, et, en copie, avec une lettre du Roi au prince Lubomirski, dans le ms. 15612 de la Bibliothèque nationale (correspondance de Brienne), fol. 9 et 10. Il est ainsi conçu : « Louis, etc... Les conditions sous lesquelles se sont passés les traités de paix qui se sont faits par notre médiation entre les rois du Nord font assez connoître à tout le monde que ce que nous y avons plus recherché a été leur propre repos et leur bien réciproque, et, pour nous, seulement l'avantage d'avoir contribué à un ouvrage digne du titre qui est attaché à notre couronne; et, comme, avec l'assistance divine, nous y avons si heureusement réussi, que, de toutes les guerres qui ont en ces derniers temps agité l'Europe, il n'en reste de considérable à terminer que celle qui s'est allumée entre la Pologne et la Moscovie, qui a déjà causé tant de maux entre ces deux grands États, avec une grande effusion de sang chrétien, et que nous sommes informé que l'ouverture qui a été faite de notre entremise aux deux parties, pour l'accommodement de leurs différends, a été bien reçue et agréée de l'un et de l'autre, nous embrassons avec joie cette occasion de témoigner à notre très cher et très amé bon frère et cousin le roi de Pologne et de Suède, etc., comme à notre très cher et très parfait ami le grand-duc [*blanc*], possesseur de la Russie et Vlodimerie, Moscovie et Novagrade, czar de Cassan, d'Astrakan et de Sibérie, etc..., le désir que nous avons de voir l'amitié et la bonne intelligence se rétablir entre eux par une sincère réconciliation, et la bonne correspondance entre leurs États et sujets, par une bonne paix. Et, pour cet effet, ayant à faire l'élection d'une personne capable de seconder nos intentions, nous avons estimé ne pouvoir faire un meilleur ni plus digne choix que de celle de notre amé et féal conseiller en nos con-

seils d'État et privé le sieur de Lumbres, notre ambassadeur, tant pour la parfaite connoissance qu'il s'est acquise des affaires de ce pays-là, etc... » On verra la suite.

3. Henri de Guénegaud, seigneur du Plessis-Belleville (1609-1676), dit du Plessis-Guénegaud, d'abord trésorier de l'Épargne en remplacement de son père, puis titulaire de la deuxième charge de secrétaire d'État en remplacement de Brienne père (1643), ne la quittera qu'en 1669, pour la céder à J.-B. Colbert. Son département comprend la Maison du Roi et les provinces indiquées ci-dessus, p. 60.

4. Voir, p. 114, ce qui a été dit du parlement de Navarre.

5. Comme l'abbé de Choisy le raconte, Mazarin, entendant accaparer tous les bénéfices pour lui-même et pour ses familiers ou parents, ne soumettait jamais à la signature du Roi que des « feuilles » préparées par lui et le P. Annat. Les expéditions se faisaient alors par le secrétaire d'État sur le vu de ce qu'on appelait « certificat de la congrégation, » et qui n'était qu'une attestation, par le Cardinal et le confesseur, de la décision prise, ou prétendue prise par le Roi. Nous avons plusieurs de ces certificats originaux dans un volume des Papiers de Le Tellier (A. G., vol. 171) entièrement rempli des expéditions de « matières bénéficiales, » nominations, collations, pensions, etc., qui se faisaient dans les bureaux du secrétaire d'État en mois. Le texte des *Mémoires de Louis XIV* rédigé par Pellisson (tome II, p. 486-497) contient un long exposé des réformes que le Roi, prenant le pouvoir, entreprit de faire dans la distribution des bénéfices ou des pensions ecclésiastiques avec le concours du nouveau conseil de conscience, et le même volume 171 contient (fol. 179, 191 et 210) les deux feuilles originales des 24 et 30 juin, et celle du 13 octobre, absolument semblables aux feuilles du 19 avril, du 5 mai et du 28 juillet que comprend *in fine* le Mémorial de Chantilly, si ce n'est que, écrites de la même main, elles portent en plus cette formule, de la main du Roi : « J'AI VU CE QUE DESSUS. LOUIS. » Les feuilles de juin seront reproduites à l'Appendice du tome II.

On aura plus loin, au 19 avril, p. 200, le travail de distribution fait à la suite des fêtes de Pâques ; mais, déjà, sept sièges épiscopaux avaient été répartis avant la mort du Cardinal, en février et en mars, entre MM. de Clermont-Tonnerre et de Nesmond, Colbert, Serroni, Ondedei, Fabry et Le Maistre

(A. G., vol. 171, n⁰ˢ 31, 52, 53, 68). La *Gazette* du 19 mars l'a annoncé, avec cette observation (p. 270) : « Comme tous ces sujets sont d'une vertu et d'une capacité connue, on voit par là que notre monarque sait faire le choix des personnes dignes d'occuper les plus éminentes places de l'Église. » Dans une lettre du 13 mai, Le Tellier dira que toutes les demandes doivent désormais être adressées directement au Roi, sans intermédiaire d'aucun ministre (A. G., vol. 168, fol. 390).

6. Voir ci-dessus, 28 mars, p. 113, note 5.

7. Le duc d'Elbeuf et MM. Courtin et Talon (A. G., vol. 516, fol. 71) avaient fait entendre fermement, en public et en particulier, aux députés des trois ordres, qu'on ne se relâcherait que fort peu de la première demande; mais les États ont envoyé secrètement en cour un courrier chargé de leurs remontrances, qu'ils comptent communiquer après coup aux commissaires, avec une offre de 300,000 livres. Les minutes des réponses de Le Tellier sont au volume A. G. 168, fol. 232.

8. Le 7 avril, les États offriront 420,000 livres, à lever sur tous les pays nouvellement annexés, sans tenir compte des privilèges, et cette offre sera acceptée par un arrêt du 5 mai : A. N., E 345ᴬ, fol. 326. Comme on avait besoin d'argent comptant, Colbert fut autorisé à se faire avancer 271,000 livres sur le premier versement des États (*ibidem*, fol. 328).

9. Ci-dessus, 2 avril, p. 139, note 19. Ces députés, qui sont les évêques de Laon, Digne et Saint-Paul, les abbés Testu et de Champigny, et l'archidiacre de Narbonne, ont remis au Roi un extrait du procès-verbal de l'assemblée (A. G., vol. 516, fol. 72; *Procès-verbaux*, p. 708-709 et Pièces justificatives, p. 158-160).

10. Étienne II d'Aligre (1592-1677), fils d'un chancelier du même nom et ancien intendant en Languedoc et en Normandie, est conseiller au conseil royal des finances depuis le 15 septembre 1660. Il sera encore ambassadeur à Venise, directeur des finances, garde des sceaux en 1672, chancelier en 1674.

11. Le lendemain 5, M. d'Aligre renouvellera les instances déjà faites pour obtenir une réponse immédiate, tout en protestant que pleine liberté est laissée au Clergé, et celui-ci portera ses offres à 1,800,000 livres. Le 7, le Roi demandera quelque chose de plus, et, le 11, le commissaire ayant fixé, « par prière pure et simple, » le don à deux millions, l'assemblée les votera aussitôt; le contrat en sera signé le 17 juin (*Procès-verbaux*,

tome IV, p. 557-560, 564-565). Les *Mémoires de Louis XIV* (tome II, p. 399-400) disent que l'assemblée « n'osa plus soutenir sa résolution dès que le Roi eut témoigné qu'elle lui déplaisoit. »

12. Le Roi réglera que « ses lieutenants dans les places du royaume où il y a des mortes-payes établis n'auront d'appointements que ce qu'ils touchent suivant les états que l'on expédie chacun an pour les garnisons ordinaires, » et que ces mortes-payes, en général, seront réduits à ce qu'ils étaient en 1634 (A. G., vol. 168, fol. 298 et 316, 26 et 28 avril).

C'étaient des soldats invalides ou vétérans affectés exclusivement au service intérieur de certaines places, mais n'y touchant que demi-paye, par conséquent ne devant ce service que pendant une moitié de l'année, à moins que le gouverneur ou le capitaine ne parfissent leur paye à leurs propres frais, ou ne les portassent à solde entière sur de fausses montres. Les chroniques de Metz racontent que le sergent-major de cette place employa les mortes-payes, vers 1660, à abattre les restes de l'amphithéâtre romain, « pour leur gagne-pain. »

Le règlement nouveau était destiné à parer aux abus; mais, en certaines circonstances, comme nous le voyons dans deux lettres au maréchal de Fabert et à M. de Saint-Abre, on dédommagea les commandants de place par une indemnité (A. G., vol. 168, fol. 316 et 461).

Les mortes-payes entretenus par le Roi furent licenciés en 1685, et ce ne fut plus alors que dans les cas d'urgence qu'on envoya des corps d'invalides pour en tenir lieu; mais quelques provinces ou villes en conservèrent à leur charge : ainsi, dans le Languedoc, vers les derniers temps du règne, c'était une dépense annuelle de 220 à 230,000 livres pour le pays.

13. Ci-dessus, p. 132, 133, 140 et 141.

14. Hugues, chevalier de Terlon, d'une famille de magistrats de Toulouse et gentilhomme du Cardinal, adjoint d'abord au baron d'Avaugour auprès des cours de Stockholm et de Copenhague en 1655, a remplacé ce diplomate depuis 1657, comme « gentilhomme envoyé, » puis a obtenu son rappel le 22 septembre 1660, après d'heureuses négociations, et le Roi, en récompense, lui a conféré, comme chevalier de Malte, la commende de deux petites abbayes de Languedoc, Pessan et Saint-Pierre-de-Caunes. On publia à Paris, en 1681, sa relation

de Suède et des fragments de sa correspondance, dont nous avons une copie faite pour l'abbé de Dangeau : B. N., ms. fr. 22641, fol. 262-268, et ms. 22654. Il laissait derrière lui Chassan en Suède et Bierman en Danemark.

M. C. — Du mardi cinquième avril[1].

Le Roi a commandé que l'état général des garnisons de l'année 1660 sera expédié sur celui de l'année 1657[2];

Et que celui de la présente année 1661 sera fait sur ce qu'il a plu à S. M. d'arrêter, afin que les gouverneurs licencient les hommes retranchés, et n'aient pas le prétexte d'en demander l'entretènement à la fin de ladite année[3];

Et, à l'égard des appointements des gouverneurs des places, que les états seront expédiés du 1ᵉʳ jour de janvier dernier, à la réserve de ceux qui n'ont point joui de contribution[4], auxquels il sera pourvu du premier jour[a] de juillet de l'année dernière, ou de celui de leurs provisions[5]. [Cela est expédié.]

Le Roi a commandé que les conseillers de Bordeaux qui ont ordre de demeurer aux lieux qui leur ont été marqués seront arrêtés et mis à la Bastille au cas qu'ils soient trouvés en cette ville[6]. [L'ordre a été expédié, et il en a été mis un à la Bastille[b].]

Dudit jour cinquième avril.

Le Roi a commandé à M. de Lionne de dire à M. le comte de Saint-Alban[7], ambassadeur extraordinaire d'Angleterre, qu'il écrive au roi d'Angleterre que

---

a. Avant *premier*, Le Tellier a biffé *jour*.

b. La seconde partie de cette note, à partir de *et il en a été mis*, est de la main de Brienne.

S. M.*ᵃ* le prie d'empêcher que M. d'Aubigny ne vienne dans le royaume⁸. [Exécuté*ᵇ*.]

A. É. — Du 5ᵉ [avril].

Renvoyer incessamment M. Gravel⁹ en Allemagne pour y servir S. M. en la même qualité qu'il faisoit ci-devant¹⁰.

1. A cette date on lit dans la *Gazette*, p. 331-332 : « Le Roi, continuant de prendre le soin de ses affaires avec une application toute particulière, se trouva au conseil des parties, où S. M. fit voir qu'il n'y en a point où Elle ne soit autrement éclairée qu'aucun de ses ministres les plus intelligents. »

2. Cf. ci-dessus, 10 mars, p. 13. C'est surtout depuis la fin du règne d'Henri IV que des garnisons permanentes ont été installées dans les places frontières ou maritimes; mais, en temps de paix, elles ne se composent que de quelques compagnies non enrégimentées, avec les gardes ou les mortes-payes des gouverneurs et les gardes urbaines. Nous avons une liste des garnisons en 1661, et le détail de leur force respective, d'après les comptes de cette année-là, dans le ms. de l'abbé de Dangeau fr. 22641, fol. 203-207 et 236-240. En Languedoc, pour les places de Peccais, Sommières, la Tour-l'Abbé, le Pont-Saint-Esprit, Leucate, Aigues-Mortes, Carcassonne, Brescou et la citadelle de Montpellier, la dépense était de 200,000 l., plus 37,000 l. au trésorier des mortes-payes en exercice (A. N., K 118, n° 116).

3. Une réforme immédiate de la partie des troupes devenue inutile vient d'être ordonnée (ms. italien 1850, fol. 70), et Le Tellier a écrit aux intendants, au président Morel, au maréchal de La Ferté, etc. (A. G., vol. 168, fol. 208, 211, 214, etc., 29 mars), que, la nécessité des finances obligeant S. M. à faire ce retranchement, ses ordres devront être exécutés au plus tôt. Bussy-Rabutin parle, dans ses *Mémoires*, de la réforme

a. Le Tellier avait d'abord écrit : *qu'il le prie*, puis a biffé les deux derniers mots et corrigé *qu'il* en *que*, pour mettre *Sa Majesté*.
b. La marge porte, au-dessous d'*Exécuté*, cette autre apostille, de la main de Brienne : *Le sʳ de Lionne*.

de la cavalerie, dont tous les régiments, sauf le Colonel et le Royal, furent alors réduits à une seule compagnie. Cf. diverses dépêches dans le formulaire conservé aux Archives nationales, O¹ 12, fol. 298-300.

Toute troupe licenciée aurait dû recevoir sa solde du mois commencé; mais le ministre s'en expliqua ainsi pour Saint-Pouenges (A. G., vol. 168, fol. 235) : « Je conviens avec vous qu'il eût été bon de payer le mois de février aux compagnies licenciées; mais, comme la dernière réforme n'a été faite que par pure nécessité, on a jugé plus à propos de conserver ce peu de finance qui reste pour l'entretènement des compagnies conservées, que de l'employer en autre usage, quelque juste qu'il puisse être. » L'abbé de Dangeau a relevé la dépense que le trésorier de l'extraordinaire régla à chaque quartier de 1661 pour l'armée et pour les garnisons : ms. fr. 22641, fol. 189 v° à 193, 195 v° à 198, 203 à 208.

4. C'est-à-dire qui n'ont point pris leur part des contributions extraordinaires levées comme en temps de guerre : ci-dessus, 1ᵉʳ avril, p. 128-129. Sur celles-ci, l'article 6 du traité secret de 1659 s'exprimait ainsi : « D'autant qu'il pourroit arriver que les gouverneurs des places ou autres personnes chargées de faire la levée, voyant que, par la paix, les contributions doivent cesser, pourroient vouloir en augmenter la levée, ou les lever pour un plus long terme que celui auquel ils avoient accoutumé de les tirer, il a été convenu et arrêté que cela ne se pourra faire de part ni d'autre... » Le 15 novembre 1660, ordre a été donné de ne plus rien lever, soit en argent, soit en nature, sur les frontières du nord et de l'est (B. N., ms. fr. 4195, fol. 243). Louis XIV, dans ses *Mémoires* pour l'année 1661 (éd. Dreyss, tome II, p. 400-401), et Colbert, dans son *Journal* pour l'année 1663 (*Lettres*, tome VI, p. 482-483), ont exposé qu'il n'était plus tolérable que les gouverneurs agissent comme en temps de guerre civile, traitassent les sujets français en ennemis, et prétendissent « par voie de négociation à toutes les grâces qu'ils jugeoient à leur bienséance. » Le premier soin fut de leur enlever la libre disposition du produit des contributions, puis la faculté de composer les garnisons à leur propre gré. « Ce que j'exécutai dès ce temps-là sans peine et sans bruit, dit Louis XIV, n'eût pas pu seulement être proposé sans danger quelques années aupara-

vant. » En 1662, il réduira à trois ans la durée des commissions de gouverneur, renouvelables d'ailleurs après ce délai.

5. Ci-dessus, 21 mars, p. 92-93, note 19.

6. Voir ci-après, 11 avril, p. 172 et 175.

7. Henri Jermyn, qui vient d'être créé comte de Saint-Albans par Charles II, 27 avril 1660, avait fait déjà plusieurs séjours en France, et passait même pour être plus français qu'anglais. Aussi son souverain, à la restauration duquel il a considérablement contribué, et qui le comble de charges et de dignités, l'a-t-il envoyé en France en novembre 1660, particulièrement pour négocier le mariage portugais. Depuis son entrée à Paris, 16 mars 1661, il loge au Palais-Royal, avec la reine et la princesse d'Angleterre. Ses lettres de pouvoir, en latin, datées de Whitehall, le 24 mars, sont aux Affaires étrangères, vol. ANGLETERRE 76, fol. 36-37. Il reviendra deux fois encore en ambassade près de Louis XIV avant sa mort, janvier 1684.

8. On a déjà vu ci-dessus, p. 29 et 33, les mesures prises pour empêcher la venue de l'abbé d'Aubigny, en raison de ses relations avec le cardinal de Retz. Le 6 avril, dit Vuoerden en terminant la partie que nous possédons de son *Journal* (fol. 120 v°), « M. Bartet, secrétaire du cabinet, ayant été trouvé ce jour-là avec des lettres du cardinal de Retz, fut disgracié et éloigné de la cour sur-le-champ, ce qui confirme de plus en plus la passion du Roi contre ce cardinal. » Voir ci-dessus, 29 mars, p. 117-118.

9. Robert de Gravel, seigneur de Marly, qui passait pour avoir commencé par être répétiteur de droit, était devenu une des créatures du cardinal Mazarin et avait un brevet de conseiller d'État. Envoyé comme résident à Francfort en 1657, il y a été le principal promoteur de la ligue du Rhin, et, depuis le 9 avril 1659, il fait fonction de commissaire général au corps de troupes entretenu en Allemagne. Il passera en 1662 plénipotentiaire près la diète de Ratisbonne, puis ambassadeur en Danemark (1675), en Suisse (1676), et mourra dans ce dernier poste en 1684. Les historiens de la diplomatie française font grand cas de son action en Allemagne.

10. Les instructions pour Gravel furent expédiées le 5 et le 6 avril : A. É., vol. ALLEMAGNE 150, fol. 144-157 et 160-174.

M. C. — Du jeudi 7, au matin[1].

Sur ce que le parlement d'Aix a ordonné que très humbles remontrances seront faites au Roi à l'occasion de l'ordre[a] de S. M. rendu au conseiller Perier[2], par M. de Mérinville, de partir de ladite ville d'Aix pour se rendre incessamment à sa cour et suite, et cependant qu'il continueroit la fonction de sa charge, le Roi a commandé l'expédition d'un arrêt d'en haut[3] par lequel ladite délibération soit cassée, et que défenses soient faites audit parlement de plus prendre connoissance de telles matières, à peine d'interdiction[4]; [L'arrêt a été expédié et envoyé[b].]

Qu'il sera écrit de la part de S. M., à M. le président de Raguse[c], pour lui témoigner son mécontentement de ce qu'il a assemblé les chambres sur ladite matière et lui ordonner de se rendre incessamment à sa cour et suite pour recevoir ses ordres[5]; [Il a reçu l'ordre, et est parti pour venir rendre compte à S. M. des choses qu'il a faites dans ledit parlement[d].]

Qu'il sera aussi mandé à M. de Mérinville de faire arrêter ledit sieur du Perier et le faire conduire au château de Montélimart, pour y être gardé sous bonne et sûre garde; [L'ordre a été envoyé et exécuté, et ledit Perrier est prisonnier au lieu où S. M. a commandé qu'il fût mis[e].]

Lui donner part de ce qui est ordonné audit sieur président de Raguze[f] et lui prescrire de le faire arrê-

---

a. Ici, Le Tellier a biffé *du Roi*.

b. Cette apostille, de la main de Brienne, remplace *Exécuté*, écrit par Le Tellier et biffé.

c. Il avait d'abord écrit : *Raguze*, puis a corrigé.

d et e. Apostilles de Brienne.

f. Écrit ici ainsi, et non corrigé.

ter au cas qu'il diffère d'obéir, et le faire conduire audit lieu de Montélimart[6]. [Exécuté[a].]

Lui adresser des lettres au Roi pour la ville d'Aix, pour y recevoir des troupes pour s'en servir au cas qu'il le juge le devoir faire pour le service du Roi, en faisant même venir de Dauphiné en Provence selon sa prudence[7]. [Tous ces ordres ont été envoyés; mais il n'a pas été besoin de s'en servir, parce que les particuliers ont obéi[b].]

Le Roi a donné le lendemain du jour de Pâques pour la signature du contrat de mariage de Mlle d'Orléans avec le Prince de Toscane[8]. [Le contrat a été signé, et le mariage fait[c].]

Le Roi a commandé à M. le Chancelier de faire savoir au doyen de la maison de Sorbonne que S. M. désire qu'il ne soit point procédé au choix d'un proviseur sans recevoir auparavant ses ordres[9]. [Exécuté. — Et les docteurs ont dit qu'ils obéiroient ponctuellement à S. M.[d].]

Le Roi a résolu que M. de Saron-Champigny[10] sera commissaire pour les affaires de la religion prétendue réformée dans les provinces de Lyonnois, Dauphiné et Provence, et qu'il n'y aura aussi qu'un même commissaire de ladite religion pour les trois mêmes provinces[11]. [On lui a envoyé les commissions nécessaires pour cela[e].]

Dudit 7 avril.

Que la frégate qui est[f] à la Rochelle sera désarmée,

---

a. Cette apostille de Le Tellier est biffée.
b et c. Apostilles de Brienne.
d. *Exécuté* est de la main de Le Tellier, et le reste de celle de Brienne.
e. Cette apostille de Brienne est ajoutée au-dessous de cette autre de Le Tellier : *Exécuté*, qui a été biffée.
f. *Est* corrige *étoit*.

et le canon remis dans les magasins, et que les victuailles seront vendues aux dépens du Roi. [L'ordre a été envoyé.]

1. La veille, 6 avril, Vuoerden écrivait dans son *Journal* (fol. 120 v⁰) : « Ce pendant on voyoit visiblement à la cour que le Roi commençoit à changer de sentiments, et qu'il pourroit être qu'à l'avenir la grâce des cardinalistes décherroit, car, s'ayant engagé de parole à Mlle Marie, qui lui avoit fait instance pour la promotion de Monsieur de Fréjus à l'évêché d'Évreux, de l'en pourvoir au préjudice de la prière qu'avoit faite la Reine au Roi pour l'abbé de Béthune, la Reine, affligée de cette déférence que le Roi avoit eue pour Marie contre son intercession, s'en plaignit, et le Roi accorda l'évêché audit abbé, à l'exclusion de Monsieur de Fréjus, qui fut aussi destiné pour conduire Mlle Marie à Rome, c'est-à-dire honnêtement éloigné. » Cf. la lettre de Guy Patin du 18 mars, sur cette promotion de M. Ondedei à Évreux, et une lettre d'Ondedei à M. de Lionne (A. É., France 912, fol. 5). — Le mariage Colonna se célébrera le 11 avril : ci-après, p. 173-174.

2. Voir ci-dessus, p. 29, 32, 44, 53-54 et 91.

3. C'est-à-dire du conseil d'en haut : *Mémoires de Saint-Simon*, éd. nouvelle, tome V, p. 438-439.

4. Ci-dessus, 11 mars, p. 28, 29, 32, 44, 53 et 54. Par une lettre datée du 29 mars (A. É., vol. France 1726, fol. 197), M. de Mérinville, qui était étranger au pays et ne cherchait qu'à se faire valoir depuis la mort de son protecteur Mazarin, a dénoncé cet acte séditieux du parlement et conseillé de « prendre les mesures que S. M. jugera nécessaires pour se faire obéir et, par ce moyen, maintenir son autorité. » Un premier arrêt va être rendu le 8 avril, sous la signature du Chancelier, et un second le 10, sous celle de Brienne père (A. É., vol. France 911, fol. 40; B. N., ms. fr. 23203, fol. 72). Le second est ainsi conçu : « Le Roi ayant été informé de ce qui s'est passé au parlement de Provence à l'occasion de l'ordre envoyé au sieur du Perrier, conseiller en icelui, de se rendre à la suite de S. M., et que ledit parlement se seroit assemblé pour y délibérer et auroit ordonné que très humbles remontrances seroient faites à S. M. sur ce sujet, et que ce pendant

ledit sieur du Perrier continueroit l'exercice de sa charge : ce qui ne doit être dissimulé, étant une entreprise contre l'autorité royale, à quoi étant besoin de pourvoir, S. M., étant en son Conseil, a cassé et casse ladite délibération, avec défenses à l'avenir d'en plus faire de semblables, à peine d'interdiction, se réservant S. M. de pourvoir au surplus par les voies convenables à son autorité. Fait au conseil d'État du Roi, S. M. y étant, tenu à Paris le 10ᵉ jour d'avril 1661. De Loménie. » Par un autre arrêt du 19 (ci-après, p. 198), la délibération interdisant le président de Coriolis pour un mois à raison de son différend avec le conseiller du Perrier sera également cassée. Les lettres de MM. de Coriolis et de Mérinville sont aux Affaires étrangères, vol. France 910, fol. 293 et 297.

5. Charles Grimauld ou Grimaldi, second président du parlement d'Aix depuis le 23 avril 1643, créé marquis de Régusse au mois de novembre 1649, en récompense des services de son aïeul Gaspard Grimaldi, avait déjà été mandé à la cour en 1658, pour avoir protesté, au nom de la province, contre l'envoi de troupes en logement. Le rapport de 1663 sur le parlement de Provence (Depping, *Correspondance administrative*, tome II, p. 94) le caractérise ainsi : « De Grimaud, sieur de Raguze (*sic*), assez entendu aux affaires ordinaires de la justice, est à présent accommodé avec le premier président, dont il étoit ennemi juré; il a été l'homme de toutes sortes de traités et de partis. »

Le président a écrit au Roi, le 29 mars 1661, cette lettre d'explication (A. É., vol. France 1726, fol. 193) : « Sire, comme Messieurs de notre compagnie donnent avis à V. M. de ce qui s'est passé en l'assemblée des chambres tenue ce jourd'hui en ce parlement, et en laquelle j'ai eu l'honneur de présider, j'abuserois de la bonté de V. M., si je l'entretenois plus longtemps sur cette matière, d'autant mieux que j'ai envoyé l'extrait du registre de la compagnie à M. le comte de Brienne, et qu'ainsi il me reste seulement, pour satisfaire à mon devoir, de renouveler la protestation de mes très humbles obéissances et d'assurer V. M. que, si la prudence et l'expérience ne sont en moi de la force qu'il seroit à souhaiter pour le bien du service de V. M., j'ai tout le zèle et la fidélité possible, et qu'il n'y a goutte de mon sang que je ne sois prêt à verser pour témoignage de cette vérité, etc... »

Le Tellier répondit le 12 avril (A. G., vol. 168, fol. 260), et le président fut relégué à Abbeville; cependant nous verrons, p. 195 et 198, que le parlement se soumit; par suite, le président sera rappelé à la fin de mai, et même, le 25 juin suivant, une réduction de taxe lui sera allouée par arrêt du Conseil (A. N., E 346ᴮ, n° 53; A. G., vol. 168, fol. 324, 326 et 327).

6. La correspondance ministérielle concernant l'arrestation et l'incarcération de du Perrier a été publiée par Fr. Ravaisson au tome I des *Archives de la Bastille*, p. 53-56.

7. Lettres à Mérinville et à Oppède, 8 avril : A. G., vol. 168, fol. 241 et 243. Voyez ci-dessus, p. 19, 28, 85 et 91.

8. Ci-après, p. 206. On trouve à Chantilly (reg. P XXIV, fol. 135) une lettre de civilité du grand-duc de Toscane à la princesse de Condé, du 29 mars 1661, sur ce mariage de son fils.

9. Cette dignité de proviseur de Sorbonne est vacante par la mort du Cardinal, qui en avait été pourvu le 23 mars 1660 (lettres de Colbert à Mazarin, publiées dans le *Bulletin de la Société de l'Histoire de France*, année 1834, 2ᵉ partie, p. 215 et 217), comme, avant lui, Richelieu et les deux Gondy. Le Roi la reserve toujours pour l'un des plus hauts personnages de l'État. « C'est, disait l'abbé de Choisy, un titre honorable, mais sans fonctions : le proviseur n'assiste pas aux assemblées; mais il seroit juge en cas que les avis fussent partagés. » De là son importance dans les affaires religieuses; on ne nommera proviseur M. de Péréfixe que lorsqu'il sera archevêque de Paris, et en prenant soin d'écarter le cardinal de Bouillon, qui avait posé sa candidature.

10. François Bochart, seigneur de Saron ou Sarron et de Champigny, fils cadet d'un premier président du Parlement, maître des requêtes en 1634, puis conseiller d'État, a reçu l'intendance de Provence en 1637 et y a joint en 1658 celles de Dauphiné et Lyon. Il se noiera dans cette dernière ville en 1665. Élie Benoît parle souvent de ses opérations, comme commissaire des affaires de la R. P. R., dans l'*Histoire de l'édit de Nantes* : ci-dessus, p. 59. C'était un lettré, fort bon ami du savant Gassendi, et réputé aussi habile qu'honnête homme.

11. Il était alors admis qu'un maître des requêtes occupât en même temps deux ou trois intendances contiguës : aussi refusera-t-on un congé à celui-ci le 4 mai, de peur qu'un si lourd emploi n'en souffrît (A. G., vol. 168, fol. 339). Voir O'Reilly, *Mémoires sur Claude Pellot*, tome 1, p. 217-218, 231 et 338.

A. É. — Du 8ᵉ [avril]¹.

Expédier un arrêt du Conseil par lequel S. M. casse tout ce qui a été fait par le parlement de Provence à l'occasion de l'ordre envoyé au sieur du Perrier de venir, à quoi il avoit désobéi par la résolution que ledit parlement avoit prise de faire remontrance au Roi sur son innocence, avec défenses à ladite cour de se plus mêler de pareilles affaires.

Envoyer un ordre à M. le président de Ragusse, qui a présidé à cette délibération, de venir rendre compte à S. M. de ses actions².

Mander à M. de Mérinville de faire arrêter le conseiller du Perrier, de l'envoyer à Montélimar³.

Renvoyer au parlement de Provence les lettres qu'il avoit écrites au Roi sur le sujet de la susdite délibération, S. M. ne les ayant pas voulu voir⁴.

M. C. — Du 8 avril.

Le Roi a commandé à Le Tellier de faire sortir de Lorraine le régiment d'infanterie de La Ferté et les quatre compagnies restées des troupes de cavalerie de M. le maréchal [de] La Ferté, pour aller dans le royaume en garnison, sans attendre les ratifications de M. le duc de Lorraine⁵, et ce sur ce que ledit sieur duc a été convié de séjourner quelques jours en cette ville pour le traité du mariage de Mademoiselle avec M. le prince Charles, son neveu⁶; [A été exécuté.]

Comme aussi de dresser un arrêt du Conseil pour décharger le garde de M. de Pardaillan et M. d'Avaucour du décret de prise de corps décerné contre eux par arrêt du parlement de Paris, et ce à cause qu'ils ont été mis en garnison dans la maison du sieur de Malvault pour n'avoir pas obéi à l'ordre qu'il lui avoit envoyé pour se rendre près de lui pour l'accommodement d'une querelle[7]. [A été exécuté.]

Le Roi ayant entendu la lecture de l'arrêt dressé par M. le Procureur général pour le commerce, S. M. l'a agréé[8].

1, 2, 3. Brienne fils, chargé de l'exécution de ces ordres dans le conseil de la veille (ci-dessus, p. 152), ne les fait figurer qu'au 8 dans son Mémorial particulier.

4. Le parlement provençal et M. d'Oppède enverront encore, le 20 et le 21 avril, des « assurances d'obéissance et de déplaisir d'avoir mal interprété les premiers ordres du Roi, » et le jeune Brienne les communiquera le 26 au Conseil (A. É., vol. 910, fol. 300 et 302).

5. Ci-dessus, p. 29-30, 71 et 94. Le 6 avril, Le Tellier a écrit (A. G., vol. 168, fol. 234-235) que l'on faisait bien de licencier les troupes sans attendre la venue du duc à Bar et l'échange des ratifications, mais que ni troupes, ni garnisons, ni gouverneurs ne devaient évacuer avant d'avoir reçu en entier leur subsistance du mois, à raison de cinquante hommes par compagnie. Le 9, il transmettra les ordres du Roi (*ibidem*, fol. 245). Le 16, la *Gazette* publiera (p. 353) cette correspondance de Bar-le-Duc : « Le 4 de ce mois, le sieur Mouchot, commissaire des guerres, qui étoit arrivé ici le jour précédent, ayant remis entre les mains du sieur de Roussillon, qui commandoit au château, les ordres du Roi dont il avoit été chargé par le sieur de Saint-Pouenges, intendant de la province, pour le lieutenant de la compagnie d'infanterie, il la fit, en même temps, mettre sur les armes en présence des officiers, et ledit commissaire la congédia avec ordre aux soldats de se retirer et de prendre parti dans les troupes de S. M. Puis, ayant fait inventaire des canons et munitions de guerre qui étoient dans le château, il en chargea le maire et les gens du conseil de ville, ainsi que de toutes les clefs, tant de ce poste que des magasins. Ensuite, il délivra de pareils ordres au sieur de Mornas, lieutenant-colonel du régiment de La Ferté, enjoignant aux sept

compagnies qui sont ici en garnison d'en sortir incessamment et de suivre la route du Roi pour aller aux lieux qui leur seront désignés ; le tout suivant le dessein de S. M. de rendre libre cette ville, où le duc de Lorraine doit venir ratifier le dernier traité fait avec Elle. » Le 9, pareille opération s'exécuta à Pont-à-Mousson, pour le licenciement de la compagnie mestre-de-camp du régiment : « De quoi, dit la *Gazette*, les habitants ne se promettent pas peu de soulagement, ne doutant plus qu'enfin ils ne goûtent les fruits de la paix si longtemps souhaitée. » Le maréchal de La Ferté étant arrivé à Nancy le 7 avec MM. de Saint-Pouenges, de Brienon et de Pradel, ce dernier fit entrer le jour suivant ses dix compagnies des gardes, et, après avoir relevé tous les postes de l'ancienne garnison, il tira quatre cents hommes des régiments de Brienon et de La Ferté pour demeurer jusqu'à l'entière démolition, le reste étant licencié avec invitation à prendre parti dans les troupes royales, et le maréchal de La Ferté se prépara à aller prendre possession du gouvernement de Metz aussitôt qu'il serait « soulagé de ses gouttes » (*ibidem*, p. 377 et 378).

6. On a vu, au 15 mars, p. 62 et 65, s'engager cette négociation de mariage. Le prince lorrain, dépité du départ de Mlle d'Orléans pour Florence, semble revenir au premier projet d'union avec Mlle de Montpensier, et celle-ci, également, paraît l'y encourager, quoiqu'elle le trouve « gauche et d'une beauté inanimée. » M. de Lorraine lui-même y consent pour l'instant, et il ira jusqu'à promettre de laisser ses États à son neveu. C'est ainsi qu'après avoir retiré les troupes, on préparera, le 10 avril, un projet d'articles et conditions de mariage. La lettre suivante, écrite par le chevalier de Clerville, le 8 mai, « en partant pour Nancy, » et qui devait être adressée à M. de Lionne (A. É., vol. FRANCE 910, fol. 317-318), fait connaître les mobiles qui, sans doute, détournèrent le Roi de se prêter plus longtemps à la réalisation de ces visées matrimoniales : « Monseigneur, j'ai donné avis à M. Le Tellier que, sur la connoissance que j'eus hier, de tous les gens de Mademoiselle qui alloient à Fontainebleau, qu'elle alloit faire de si fortes instances pour faire laisser les troupes du Roi pour quatre ans en garnison dans Nancy, que, son mariage dépendant absolument de là, elle espéroit venir à bout d'obtenir cette grâce de S. M.; mais, bien

que je croie que cela ne sera peut-être pas capable de rien changer des résolutions prises au Conseil de Sadite M. sur cette matière, j'ai néanmoins appréhendé que, pendant que l'espérance de sauver les fortifications de Nancy dureroit auprès de M. de Lorraine et auprès des princes ou princesses de sa maison, il ne se hâtât pas de nous fournir les trois mille hommes qu'il s'est obligé de nous fournir. Partant, j'ai cru qu'il seroit bon de l'en désabuser bientôt, en cas que S. M. n'admette pas les sollicitations que madite demoiselle va faire pour la conservation des murailles de cette place. Et d'autant qu'il nous est important de savoir à peu près à quoi pourront aboutir ses négociations, de crainte que, si Sadite M. lui accordoit que ses troupes gardassent encore Nancy pour quelques années, les frais dans lesquels nous nous allons mettre ne fussent inutiles, ou que même, faute d'avis donnés à temps, nous n'y ruinassions quelque chose dont on dût par après avoir regret, j'ai cru devoir prendre la liberté de vous supplier de me faire, s'il vous plaît, l'honneur de m'en mander quelque chose, comme j'ai écrit à M. Le Tellier d'en mander aussi quelques nouvelles à M. de Saint-Pouenges... Je ne doute point que, si le Roi donne une seconde exclusion à la demande de laisser garnison dans Nancy pour quelques années, comme j'ose presque croire qu'il le fera, vous ne receviez bientôt en alternative la proposition que j'ai faite autrefois de la cession de Marsal pour la conservation des murailles de la Vieille ville de Nancy. Aussi, dans cette opinion, vous prié-je par avance d'avoir agréables les parallèles de ces deux places que je vous envoierai, quand je serai arrivé, avec les plans de l'une et de l'autre. Je ne pourrai pas me tenir d'y ajouter mes petites raisons, et je vous supplie de les agréer, puisqu'elles n'ont pour objet que le service du Roi, la commodité de son passage en Alsace, et la gloire d'un traité auquel vous avez notablement travaillé... »

Le Tellier répondra immédiatement à cette lettre (A. G., vol. 168, fol. 371) que « c'est pure crédulité, et que les choses sont au même état. » Les considérations politiques et stratégiques détermineront définitivement le Roi à faire procéder au démantèlement de Nancy, comme l'article secret du 31 mars (ci-dessus, p. 95 et 104, et ci-après, p. 211) lui en donnait le droit, et cette perspective d'une capitale sans bastions, où « les loups pourraient entrer comme en ville ouverte, » achèvera de détourner Mlle de Montpensier, déjà jalouse, et à bon droit, de la passion que le prince Charles affectait ouvertement pour sa demi-sœur Marguerite. Une manœuvre habile et propre à faire croire qu'on épargnerait la Vieille ville (ci-après, 21 mai), puis une démarche personnelle du Roi auprès des Lorrains (lettre de la main, du 2 juin, dans le ms. Arsenal 3568, fol. 38), n'auront point d'effet. Le 18 de ce mois-là, mise en demeure par le duc lui-même de se prononcer sur les conditions qu'il posait pour céder ses États en vue du mariage projeté, Mademoiselle lui répondra ne pouvoir accepter son neveu qu'avec la pleine, paisible et immédiate possession de toute la Lorraine et du Barrois. Cependant le jeune prince reviendra à la charge auprès de M. de Lionne, le 1er juillet (A. É., vol. LORRAINE 38, fol. 205-206); le 3, il s'adressera à Mademoiselle en personne, et, le même jour, le Roi écrira à sa cousine cette lettre de la main (recueil Morelly, p. 36-38) : « J'apprends d'un côté que mon frère le duc de Lorraine est sur le point de partir pour s'en retourner dans ses États, et, de l'autre, que vous demandez encore du temps pour donner votre dernière résolution sur votre mariage avec mon cousin le prince Charles de Lorraine. Je suis si persuadé que ces sortes d'affaires empirent toujours par la longueur, que je ne puis m'empêcher de vous dire que, si vous trouvez en cette alliance vos satisfactions et votre avantage (ce qui est le principal objet que je m'y suis proposé), vous ne devez pas permettre que mondit frère parte sans que vous ayez mis cette affaire en un autre état qu'elle n'est. Je m'assure que vous recevrez ce que je vous marque ici comme un pur effet de l'affection que j'ai pour ce qui vous touche. Ce pendant, je prie Dieu qu'il vous ait, ma cousine, en sa sainte et digne garde. » Ni cette intervention, ni les objurgations de M. de Turenne n'auront d'effet : Mademoiselle se renfermera à Forges ou à Eu, et nous verrons alors le prince Charles se retourner vers une des filles de Gaston issues du second lit; les nouvelles négociations n'aboutiront pas davantage, et c'est seulement en 1678 que, devenu commandant de l'armée impériale, il épousera une princesse de la maison d'Autriche, qui lui donnera le futur duc Léopold et cinq autres enfants.

Les *Mémoires de Mlle de Montpensier* ne contiennent presque aucun détail sur ces péripéties de l'année 1661 ; mais le feu comte d'Haussonville les a racontées d'après une partie des pièces du dépôt des Affaires étrangères, et nos Mémoriaux en parleront encore plus d'une fois. Il est évident que le Roi, après avoir vu ce projet d'alliance avec quelque faveur, céda aux autres considérations, alors même qu'il semblait, en apparence, et d'après certains ordres, persévérer dans ses premières vues.

7. Nous avons eu ci-dessus, p. 130 et 135, l'ordre d'envoyer Mallevault à la Bastille. Dans le conseil du 20, le Roi cassera l'arrêt rendu par le Parlement le 31 mars, déchargera les inculpés de tous décrets, défendra au Parlement de se plus mêler de l'affaire, et interdira à Mallevault de continuer ses procédures sous peine de 10,000 l. d'amende et de dommages-intérêts (A. N., E 1712, fol. 202). Nous verrons cette affaire renvoyée à l'arbitrage des maréchaux de France.

8. Cette importante décision a déjà été annoncée le 2 avril, p. 133.

L'arrêt, daté du 10 (A. N., E 1713, fol. 47 et 48), commence par ces considérants : « Le Roi ayant reçu les plaintes de plusieurs marchands des principales villes du royaume, et particulièrement des provinces maritimes, sur la diminution notable du commerce, tant avec les étrangers qu'au dedans de la France, la cessation des manufactures en aucuns des endroits où les fabriques ont été les mieux établies, et le manque de navires dans tous les ports de l'une et l'autre mer, tant pour servir au transport des marchandises aux pays étrangers que pour les aller prendre de la première main aux lieux éloignés et les apporter dans le royaume, comme aussi pour les grandes pêcheries vers le Nord et aux côtes de l'Amérique ; tous lesquels défauts lesdits marchands imputent en partie à l'adresse des étrangers, qui se sont prévalus des temps où la France, occupée en de longues guerres, n'a pu s'appliquer à la conservation du négoce et à la protection de ses marchands avec autant de soin qu'il étoit nécessaire pour les défendre contre les entreprises et usurpations des autres nations, qui, faisant du trafic le capital de leur subsistance, veillent continuellement à s'en rendre les maîtres ; à quoi lesdits marchands ajoutent encore, pour une des causes de l'affoiblissement du négoce, l'inégalité et la disproportion des droits d'entrée et de sortie qui se payent pour les marchandises aux bureaux des Cinq grosses fermes, desquels droits les premiers établissements et tarifs anciens ont été faits sur des appréciations que le cours du temps a changées, et les diverses augmentations desdits droits que la continuation de la guerre a depuis causées n'ont pas été assez soigneusement appliquées sur les différentes espèces de denrées et marchandises pour y conserver les intérêts généraux du royaume dans son commerce et ses manufactures; lesquelles plaintes S. M. auroit écoutées d'autant plus favorablement qu'elle s'est toujours proposé le rétablissement du commerce comme l'un des premiers fruits de la paix, et le plus assuré et presque unique moyen de rendre à ses sujets l'abondance et les richesses que la durée de la guerre a fort épuisées, en réveillant leur industrie par l'emploi des manufactures au dedans et par la navigation et les voyages au dehors. Et, bien que les Rois, prédécesseurs de S. M., reconnoissant l'opportunité de la situation de la France, la fécondité de son terroir et l'activité de ses peuples, aient fait plusieurs bons règlements pour profiter de tous ces avantages par le moyen du commerce, il est néanmoins arrivé que les guerres civiles et étrangères qui ont quasi continuellement agité le royaume depuis plus d'un siècle ont donné lieu aux États voisins de s'emparer du négoce avec une telle puissance et un si grand nombre de vaisseaux que tout le trafic passe par leurs mains, et qu'il n'y a point de moyens qu'ils ne pratiquent en tous les lieux du monde où la marchandise a cours, et sur toutes les mers où il se fait pêcherie, pour empêcher que les François n'y abordent et ne prennent quelque part au commerce, de sorte que, la constitution de l'Europe pour le fait de la navigation et de la marchandise se trouvant entièrement changée, il ne suffiroit pas aujourd'hui de renouveler les anciennes ordonnances, qui ne pourroient avoir leur application sur l'état des choses présentes, mais il est nécessaire, pour relever le commerce presque abandonné, de mettre en considération tout ce qui se fait chez les étrangers à cet égard et tout ce qui a été négligé dans le royaume, afin d'aviser aux moyens justes et commodes de le remettre en la possession de la part du commerce que le droit des gens lui permet, et que la nature même semble lui avoir destinée. Et, pour cet effet, étant besoin d'entrer en la connoissance et discussion du détail de toutes les espèces de trafic en toutes les provinces du royaume, et de l'état de la navigation pour la marchandise en tous les ports, ce qui ne peut être connu et bien expliqué que par ceux qui en sont instruits par l'usage et l'expérience de leur propre trafic sur les lieux, et qu'ensuite de cette information particulière, où chacun regardera seulement les avantages du négoce qu'il professe et son utilité privée, il faut rapporter le tout au bien général du royaume pour établir des ordres et faire des règlements qui, sans blesser la bonne correspondance avec les États alliés et voisins, et diminuer la liberté du commerce, rendent aux sujets du Roi la part qu'ils y doivent avoir et les excitent à y travailler avec plus de vigueur et sûreté qu'ils n'ont fait jusques à présent... »

En conséquence, MM. d'Aligre et Chanut, conseillers d'État ordinaires, Marin et Colbert, intendants des finances, étaient désignés « pour recevoir les mémoires et instructions qui leur seront mis entre les mains par les marchands négociants des principales villes du royaume et autres personnes intelligentes pour le bien et utilité du commerce, remédier aux abus et inconvénients qui en ont causé la diminution et affoiblissement, maintenir les manufactures, en établir de nouvelles, et convier les sujets de S. M. à faire bâtir des vaisseaux et s'adonner à la navigation, pour être lesdits mémoires examinés, même les marchands les plus expérimentés d'aucunes desdites villes appelés et entendus par lesdits commissaires, ensemble les anciens et nouveaux fermiers des Cinq grosses fermes, convoi de Bordeaux, patente de Languedoc et douane de Valence, lesquels représenteront auxdits commissaires les tarifs des droits desdites fermes et autres pièces nécessaires, pour être du tout fait rapport à S. M., et ensuite par Elle pourvu au rétablissement entier du commerce, qu'Elle déclare vouloir tenir doresnavant en sa singulière protection. *Signé :* Séguier, Foucquet, Colbert. »

Quoique l'ancien ambassadeur Chanut, qui est un des quatre commissaires désignés, tout dévoué d'ailleurs à Foucquet, eût proposé antérieurement de constituer une pareille commission avec MM. d'Aligre et d'Ormesson (Bibl. nat., mss. Cinq cents de Colbert, vol. 204; *Nicolas Foucquet*, par M. Jules Lair, tome I, p. 562; Introduction à l'*Inventaire analytique des procès-verbaux du Conseil du commerce*, par M. Eugène Lelong, p. vii-viii), et, bien que ce soit aussi Foucquet qui ait dressé l'arrêt du 10 avril 1661 par ordre du Roi, on peut considérer cet arrêt comme une œuvre personnelle de Colbert et comme l'origine du conseil de commerce qu'il créera le 3 août 1664. Par une lettre du 23 février 1708, à laquelle est jointe une copie de l'arrêt (A. N., Papiers du Contrôle général, G⁷ 645), nous voyons qu'il fit réunir en sept volumes in-folio tous les résultats de l'exécution de l'arrêt du 10 avril 1661.

M. C. — Du 9 avril.

Le Roi a ordonné à M. le Procureur général d'envoyer à M. de La Guette, à Thoulon, douze mille livres tournois pour l'entretènement et la nourriture de la chiourme des galères[a] et autres dépenses pressées[1]. [A été exécuté.]

S. M. a agréé les offres du parlement de Bourgogne de la somme de sept cent quarante-cinq mille livres tournois pour la suppression de la chambre souveraine de Bresse[2];

Et de faire une chambre nouvelle au parlement de Metz pour placer les officiers de ladite chambre supprimée, pour sauver le remboursement qu'il leur faudroit faire[3]. [Exécuté[b].]

Le Roi a commandé à Le Tellier d'expédier une ordonnance aux cinq compagnies et demie du régiment des gardes suisses qui ont été licenciées pour le mois d'avril, pour leur retour[4]; [Exécuté.]

Et de faire une ordonnance de quatre mille livres

---

a. *Des galères* a été ajouté en marge par Brienne.
b. Cette apostille semble avoir été effacée du doigt.

tournois pour le présent de l'envoyé de M. l'évêque de Münster[5]. [Exécuté.]

Le Roi a commandé que Tanier[6] soit mis à la Bastille, s'il n'est point parti de cette ville suivant l'ordre qui lui en a été donné par le lieutenant criminel de robe-courte de cette ville[7]. [Il étoit sorti de Paris.]

Du même jour, au soir[a].

Le Roi ayant entendu M. le Chancelier et M. l'archevêque de Thoulouse[8] sur le projet d'arrêt qui avoit été dressé contre les jansénistes en suite de la délibération de l'assemblée du Clergé, S. M. a ordonné qu'il sera réformé, et qu'il y sera inséré que toutes lettres patentes nécessaires seront expédiées, et cependant ledit arrêt exécuté selon sa forme et teneur par provision[9].

Dudit jour, 9 avril[b].

S. M. a tenu un conseil où ont assisté plusieurs évêques et conseillers d'État sur les différends qu'il y a dans l'ordre de Cîteaux; mais Elle n'a pas cru en être encore assez informée pour prendre une résolution, et a commandé que les rapporteurs en confèrent ensemble et se communiquent les pièces, après quoi S. M. les entendra de nouveau et ordonnera ce qu'Elle jugera à propos[10].

1. La lettre de La Guette à Colbert, datée de Toulon le 29 mars, est dans les MÉLANGES, vol. 102, fol. 376, et deux autres lettres sur les besoins des galères sont au dépôt des

---

a. Le manuscrit porte ensuite : *nonobstant oppositions et appellations quelconques,* qu'on a biffé.
b. Ce paragraphe est ajouté, en marge du précédent, de la main de Brienne.

Affaires étrangères, vol. France 911, fol. 28 et 36. Louis XIV, depuis son voyage en Provence, et Colbert s'appliquaient à reconstituer ce corps, entièrement ruiné pendant la guerre. Le maréchal de l'Hospital, mort le 20 avril 1660, avait laissé une rente de 6,000 livres pour la subsistance des pauvres forçats (A. N., X^{1a} 8392, fol. 361).

Par lettre du 15 avril (A. G., vol. 168, fol. 275), Le Tellier annoncera l'envoi des 12,000 livres en attendant que M. de Brienne puisse régulariser ce crédit, et il conseillera à La Guette de ne se point mettre en peine de ses ennemis : « Vous avez été établi dans votre emploi par commission du Roi, et n'en pouvez sortir que par la même voie. »

2. Ci-dessus, p. 80, et ci-après, 11 juin.

3. Ci-dessus, p. 81, et ci-après, 12 mai.

4. Ci-dessus, p. 28. Cf. Zurlauben, *Histoire militaire des Suisses au service de la France*, tome II, p. 214. Le licenciement avait commencé même pendant la guerre, faute d'argent pour payer ces mercenaires, comme on le voit par les dépêches déjà indiquées du formulaire A. N., O^1 12, fol. 301-304.

5. Ci-dessus, p. 63. Le prince-évêque vient enfin de triompher de la résistance acharnée de ses sujets avec l'aide des troupes de Messieurs de Mayence, de Cologne, de Trêves et autres confédérés; le 27 mars, il a imposé un traité très rigoureux à la ville, et il en organise l'occupation (*Gazette*, p. 280, 351-352, 375, 415, 449, etc.). Son agent Schmissing aura une audience officielle le 13 avril, et, huit jours plus tard, il recevra une boîte ornée du portrait du Roi et de diamants (*Gazette*, p. 355 et 404). Les demandes du prélat se trouvent aux Affaires étrangères, vol. Münster 1, fol. 125, suivies de la minute, corrigée par Lionne, d'une réponse où le Roi assurait le prélat de son amitié et de ses bonnes intentions en retour de son adhésion à la ligue du Rhin, de sa satisfaction de l'avoir aidé à soumettre ses sujets, de sa résolution de soutenir ses intérêts auprès des États-Généraux, etc., et finissait ainsi : « S. M. promet audit évêque qu'elle ne fera aucune alliance, ni avec lesdits sieurs États, ni avec d'autres princes, sans l'y comprendre comme son allié, et elle n'aura pas moins d'égards, en toutes rencontres, à ses intérêts qu'à ceux des électeurs et autres princes qu'elle honore de sa bienveillance royale. S. M. ne

doutant pas que ledit sieur évêque ne réponde de son côté à une déclaration si généreuse et si favorable par la fermeté de la conduite qu'il tiendra dorénavant lorsqu'il s'agira de la conservation de la liberté germanique, du maintien de la paix de Münster et de celui de l'Alliance. »

6. Il s'agit très certainement du docteur Claude Taignier (on prononçait et écrivait : *Tanier*), grand ami du chanoine d'Aubigny, confident de l'archevêque de Sens et correspondant du cardinal de Retz, qui avait été introduit par Mme de Longueville à Port-Royal et y faisait office de secrétaire. Le P. Rapin et Sainte-Beuve rapportent dans quelles circonstances ce docteur, infirme et contrefait, fut décrété d'exil en même temps que M. de Bernières, à raison de leurs relations, à tous deux, avec les réfugiés d'outre-Manche; mais, au lieu de se rendre à Castelnaudary, Taignier sut échapper aux recherches de la police, resta caché dans Paris « en habit et communion laïque, » et y mourut le 22 juillet 1666. C'était le fils d'un procureur et un parent des jansénistes Angran de Fontpertuis. Reçu bachelier en théologie en 1638, il avait eu son grade de docteur de la maison de Navarre le 28 avril 1654.

7. Le lieutenant criminel au Châtelet de Paris est, depuis 1639, ce Jacques Tardieu dont nous connaissons l'avarice sordide par les vers de Boileau, et qui fut assassiné, avec sa femme, le 24 août 1665.

8. Pierre de Marca (1595-1662), après avoir été président au parlement de Navarre, intendant de Béarn et conseiller d'État, était entré dans l'Église et avait composé, sur l'ordre du cardinal de Richelieu, un traité des libertés de l'église gallicane publié en 1641 sous le titre : *De concordia sacerdotii et imperii*. Il a été nommé évêque de Conserans en 1643, et envoyé, trois ans plus tard, en Catalogne, comme visiteur général. Promu archevêque de Toulouse le 23 mars 1652, Mazarin l'a désigné, en 1660, pour présider à la rectification de la frontière des Pyrénées, et c'est grâce à son érudition historique que les comtés de Roussillon, de Conflent et de Capsir, avec une grande partie de la Cerdagne, ont été conservés à la France. Il sera nommé archevêque de Paris le 26 février 1662, mais mourra le 29 juin suivant sans avoir pris possession de

son siège. C'était un prélat uniquement fidèle aux maximes du gouvernement absolu et hostile aux prétentions de Rome; il a poursuivi Retz avec d'autant plus d'ardeur que la succession au siège de Paris semblait lui devoir revenir, et son rôle est absolument prépondérant dans le conseil de conscience comme à l'assemblée du Clergé. Nous avons ses Papiers dans les manuscrits d'Étienne Baluze, son ancien secrétaire.

9. Ci-dessus, p. 15. C'est à la persécution qui va reprendre pour se continuer indéfiniment, et à l'historique du Formulaire, que Saint-Simon a consacré quelques pages très vigoureuses sous la date de 1709 (nouvelle édition, tome XVIII, p. 253-285; *Écrits inédits*, tome IV, p. 440-441, etc.).

Dès décembre 1660, Louis XIV avait annoncé une ferme intention de « bannir entièrement les restes de la secte janséniste pour les raisons de sa conscience, de son honneur et du bien de son État. » Il le dit dans ses *Mémoires* pour 1661 (p. 419) : « Je travaillois sans cesse à dissiper les communautés et les assemblées où se fomentoit cet esprit de nouveauté. » Lui et Mazarin avaient donc demandé l'exécution stricte de la délibération de l'assemblée de 1655 et l'application du Formulaire du 17 mars 1657, « pour la conservation de la vraie foi contre la doctrine hérétique des Cinq propositions condamnées au sens que Jansénius les avait enseignées. » En conséquence, l'assemblée actuelle a passé tout le mois de janvier 1661 à l'examen des voies et moyens, et, le 1er février, elle a présenté son cahier, commençant par un texte de formulaire, puis y a joint une lettre à adresser au Pape, et une circulaire pour le clergé. La délibération du 1er février va être approuvée, pour exécution, par un arrêt du Conseil du 13 avril, daté d'abord du 11, et que la *Gazette* annoncera le 30. Signé de Séguier et de Foucquet (A. N., E 1713, fol. 51-54), cet arrêt est ainsi conçu : « ... Le Roi, étant en son Conseil, reconnoissant qu'il n'est pas moins obligé à procurer et maintenir la paix et l'union de l'Église que celle de son État, et bien informé de la nécessité qu'il y a d'employer la puissance souveraine que Dieu lui a commise pour réprimer l'ambition et l'opiniâtreté de ceux qui, cherchant à se signaler par de nouvelles doctrines, et s'autoriser par cabales au mépris des décrets et censures ecclésiastiques, persévéreroient en leurs mauvais desseins et attireroient plusieurs personnes dans leurs erreurs, s'ils le pouvoient faire avec impunité, » ordonne l'observation du contenu en la délibération du Clergé du 1ᵉʳ février, « sous peine, contre les contrevenants, d'encourir son indignation et les autres peines ordonnées contre les hérétiques, » interdit toutes assemblées, colloques et conférences en faveur du jansénisme, impose la signature du « formulaire de profession (*corr.* confession) de foi » à toutes personnes devant prendre un brevet de bénéfice, défend l'impression et le débit de tous livres et libelles favorables en quoi que ce soit au jansénisme, etc. Il se termine ainsi : « Veut et entend S. M. que toutes lettres patentes nécessaires pour cet effet en soient expédiées, et cependant le présent arrêt exécuté selon sa forme et teneur, par provision, nonobstant oppositions ou appellations quelconques. » Le 26 (B. N., ms. fr. 22953, fol. 52; cf. A. N., O¹ 12, fol. 356), cette circulaire du Roi sera envoyée aux évêques : « Encore que je sois entièrement persuadé que vous emploierez tous vos soins, suivant le devoir de votre charge, pour éteindre la secte du jansénisme dans votre diocèse, si, par malheur, elle y a déjà pris quelque racine, ou pour empêcher qu'elle ne s'y établisse, j'ai estimé que, suivant la délibération de l'assemblée générale du Clergé qui se tient à Paris par ma permission, je devois vous exhorter de vous conformer au moyen qu'elle a jugé nécessaire pour cet effet, qui est celui de faire signer en diligence, dans le temps qu'elle a prescrit, par tous les chapitres, communautés, monastères de religieux et de religieuses de votre diocèse, encore que ces corps prétendissent être exempts, etc. »

Le formulaire de 1657 proposé au Roi était ainsi conçu : « Je me soumets sincèrement à la constitution du pape Innocent X du 31 mai 1653, selon son véritable sens, qui a été déterminé par la constitution de N. S. P. le pape Alexandre VII du 16 octobre 1656. Je reconnois que je suis obligé en conscience d'obéir à ces constitutions, et je condamne de cœur et de bouche la doctrine des Cinq propositions de Cornélius Jansénius contenues dans son livre intitulé *AUGUSTINUS*, que ces deux papes et les évêques ont condamnée; laquelle doctrine n'est point celle de saint Augustin, que Jansénius a mal expliquée contre le vrai sens de ce saint docteur. » (*Procès-verbaux du Clergé*, tome IV, p. 610.)

10. L'ordre de Cîteaux, qui comptait plus de deux mille mai-

sons en Europe, dont environ trois cents en France, et quelque trente mille religieux réguliers, se trouvait divisé profondément au sujet de la réforme ordonnée par le cardinal de la Rochefoucauld en 1618, et particulièrement de la défense de manger de la viande. Le parti dit des « Abstinents, » qui ne comprenait que trente maisons environ, avait obtenu par surprise, en 1634, deux arrêts du Parlement étendant à toutes les autres maisons une proscription continuelle et absolue de la viande; mais ces arrêts avaient été annulés par un bref de 1635. Le conflit se continuant, un arrêt rendu en Parlement le 3 juillet 1660 a permis à tout religieux opposant de se pourvoir devant le Pape, et c'est sur une requête du procureur général de l'ordre et de frère Jean Tédenat, délégué des religieux, que va être signé ce jour même, 9 avril, l'ordre de produire requêtes et pièces ; la minute en est aux Affaires étrangères, vol. FRANCE 911, fol. 41-42. L'arrêt définitif, de proportions énormes, ne sera rendu, par le Roi lui-même, que le 18 juin suivant, sous les signatures de MM. Séguier, Foucquet, Poncet et Barrillon (A. N., E 1713, fol. 75-122) : il ordonnera encore l'application de la réforme, mais en maintenant la faculté pour les religieux de « se retirer, si bon leur semble, devant Sa Sainteté, pour leur être pourvu. » A l'instigation de l'abbé de Cîteaux, les maisons de Suisse obtiendront, le 2 juillet suivant, un bref du Pape ôtant la connaissance de cette cause à tous juges devant qui elle pouvait être pendante, c'est-à-dire au Roi lui-même, et de là viendra un nouveau conflit en 1662 (coll. Rondonneau, AD 356, n°15). On possède une partie des pièces en impressions du temps.

M. C. — Du 11 avril[1].

Le Roi a commandé à M. de Brienne d'adresser à Moulins un ordre au président de Cormis[2], pour lui être rendu à son passage, portant commandement d'aller à Aurillac pour y demeurer jusques à nouvel ordre, c'est-à-dire jusques à ce qui[a] se soit défait de

a. Ainsi, pour *qu'il.*

sa charge de président comme il lui a été prescrit³. [Cela a été changé depuis. — L'ordre a été envoyé ; mais on ne l'a pas rendu, n'ayant pas trouvé ledit président*a*.]

Le Roi a ordonné à M. de La Vrillière de faire arrêter et mettre à la Bastille l'un des conseillers de Bordeaux qui sont ici, nommés Fayart, d'Espagnet et du Duc⁴. [Fayart est à la Bastille⁵.]

Le Roi a choisi pour maire de la ville d'Orléans⁶ le sieur Brachet l'aîné⁷,

Pour ancien marchand, Lazare Besche,

Pour anciens officiers, La Bodinière et Bisoton,

Pour nouveaux officiers, Papon et Toynard⁸. [Cela est fait.]

Sur ce que M. le premier président du parlement de Paris a présenté à S. M. un paquet fermé du conseil de Malines pour le parlement de Paris, et le contenu en icelui ayant été lu, S. M. a ordonné que M. le comte de Fuensaldagne seroit informé que les cours souveraines du royaume ne peuvent recevoir tels paquets de la part des étrangers, afin qu'il fasse en sorte, en Flandres, qu'il ne soit plus écrit de même, mais bien que les particuliers s'adressent à lui pour parler de leurs intérêts à S. M. ou à ses ministres⁹ ; [A été exécuté.]

Comme aussi que les commissaires des deux couronnes pour les limites donneront*b* avis sur la requête du sieur de Mailly, qui a différend avec Monsieur le Prince, et que Monsieur le Prince sera averti d'en-

---

a. La première partie de cette apostille est de la main de Le Tellier, la seconde de la main de Brienne.

b. Le Tellier a biffé *seront* avant *donneront*.

voyer ses mémoires auxdits commissaires touchant ses intérêts[10]. [A été exécuté.]

Le Roi avoit résolu que l'on déchargeroit les menues boissons de la ville de Rouen des dernières[a] impositions, pour le soulagement des artisans; mais, depuis, S. M. ayant considéré qu'il seroit plus utile, pour le soulagement de ceux qui sont employés dans les manufactures, de décharger les toiles d'imposition, S. M. a commandé à M. le Procureur général de le faire[11].

Sur ce que les trésoriers de France de Limoges ont donné avis que les Jésuites de ladite ville projettent de faire démolir une tour de la clôture de ladite ville[b] ensuite du consentement des consuls, S. M. a commandé l'expédition d'un arrêt portant défenses de passer outre à ladite démolition[12]. [M. Le Tellier [a] fait une lettre du Roi, au lieu d'un arrêt, et elle a été envoyée[c].]

A. É. — Du XI[e] [avril].

Écrire une lettre du Roi à l'évêque de Münster pour lui dire que, son intérêt étant de singulière recommandation à S. M., Elle désire cultiver l'alliance qui est entre Elle et lui par tous les bons offices qu'il se peut promettre d'un prince véritablement ami[13].

1. Ce jour, Leurs Majestés et toute la cour ont assisté, dans la chapelle de la Reine, aux épousailles de Marie Mancini,

a. Il avait d'abord écrit *de toutes*, et a corrigé en *des dernières*.
b. *De ladite ville* a été ajouté en interligne par Brienne.
c. *M. Le Tellier* a été mis par Brienne au-dessus de la ligne, en remplacement de *J'ai*, écrit par Le Tellier. Cette correction achève de prouver quelles sont les deux différentes écritures. C'est Brienne également qui a ajouté : *et elle a été envoyée*.

fiancée par procureur le 9 avec le connétable Colonna (*Gazette*, p. 354; *Mémoires de Choisy*, tome I, p. 116). Voir ci-dessus, p. 127 et 154, ce qu'en disait Vuoerden le 1er et le 6 avril.

2. Ci-dessus, p. 85, 91 et 93. Brienne écrivit, le 15, au premier président d'Oppède, cette lettre, qui a été publiée, d'après l'original du Musée britannique, dans les *Archives de la Bastille*, tome I, p. 54, et dont la minute est à la Guerre, vol. 168, fol. 276 : « Monsieur, il ne fut point répondu à vos lettres du 2e du courant, ainsi qu'on avoit résolu de faire, par l'ordinaire qui partit pour Provence mardi dernier parce que, le valet de pied du Roi que vous nous avez redépêché étant arrivé le même jour, il fut jugé à propos par S. M. de ne vous point écrire qu'on n'eût vu en son Conseil les dépêches dont il étoit chargé, et, comme il étoit déjà assez tard, Elle me remit au lendemain à lui en faire rapport : de quoi m'étant acquitté, et S. M. ayant fait réflexion sur la bizarre conduite du président de Cormis, Elle s'est confirmée dans la résolution qu'Elle avoit déjà prise, sur vos premières lettres, de ne pas souffrir qu'il vînt à Paris, mais plutôt de le reléguer en quelque autre endroit jusqu'à ce qu'il eût traité avec quelqu'un de sa charge, ou qu'il en eût envoyé sa démission. Et, sur cela, Elle m'a derechef commandé d'expédier un ordre pour le reléguer à Aurillac, en Auvergne, lequel sera envoyé à Lyon à M. de Champigny, avec charge de le faire rendre au sieur de Cormis à son passage par ladite ville, ou en tel autre endroit où il apprendra qu'il doive passer... Je ne crois pas que l'avis qu'on vous a donné que le président de Bras, Chasteuil et Glandèves étoient cachés dans Paris soit véritable; au moins n'en a-t-on rien découvert. On m'a bien dit que quelques-uns de leurs parents y étoient, qui avoient fait instance pour obtenir la permission pour ces messieurs d'y pouvoir venir; mais on leur a fait connoître qu'ils ne devoient pas espérer cette grâce dans la conjoncture présente. » Ces trois personnages étaient des plus compromis dans les affaires de 1659.

3. M. de Cormis s'était enfui dans des garrigues désertes, où cependant on l'avait pu rejoindre; mais il a encore échappé au valet de pied du Roi, et s'est rendu seul à Paris (A. É., vol. France 1726, fol. 206 v°). Nous le verrons envoyé à Caen au lieu d'Aurillac.

4. Gilles de Fayard, Étienne d'Espagnet et Jean Duduc, ou du Duc, ont été les meneurs les plus ardents à soulever Bordeaux au profit du prince de Condé en 1653.

5. Fayard écrira, le 29 octobre suivant, à Monsieur le Prince pour solliciter son intervention ; au dire de sa femme, Anne de Bordes, il avait tout sacrifié pour cette cause (M. C., série P, vol. XXV, fol. 226 et 288). A sa sortie de la Bastille, le Roi lui permettra de rester quatre mois à Paris pour ses affaires.

6. Un arrêt du 22 décembre 1660 avait réglé la procédure d'élection sous la haute surveillance de M. de Sourdis, lieutenant général de la province (A. N., O¹ 7, fol. 332), et le Roi a fait son choix entre vingt et un sujets proposés par l'assemblée générale des habitants. Ses lettres des 5 et 14 avril ont été publiées par Depping dans le t. I de la *Correspondance administrative*, p. 645-646 ; mais cet éditeur a lu les noms tout autrement qu'ils n'ont été écrits ici et dans le formulaire des Archives coté O¹ 7, fol. 332-333. Le Roi disait au nouveau corps : « Nous nous promettons que vous contribuerez toujours à ce qui dépendra de votre affection et de votre conduite pour entretenir l'union et la paix où nous désirons que vous viviez tous ensemble sous notre autorité. Vous devez aussi vous assurer que nous prendrons plaisir de vous témoigner le contentement que nous en recevrons aux occasions qui se présenteront de vous départir des effets de notre bienveillance. » Voir la suite au 28 avril, p. 224.

7. Claude Brachet, sieur de La Royauté, d'une famille de Touraine qui, anoblie par Louis XII, avait produit le premier maire d'Orléans (1568-1570), et dont Louis XIV confirmera la noblesse le 7 mars 1670.

8. Sans doute Nicolas Thoynard, lieutenant du bailliage d'Orléans et père de l'antiquaire né en 1629. Le Tellier avait d'abord écrit : *Topinard*. Il a oublié un conseiller nommé Rousselet de La Grenouillière.

9. Cette intervention du conseil de Malines, créé au xiv⁰ siècle par les ducs de Bourgogne, va être expliquée dans la note qui suit.

10. Il s'agit de Philippe de Mailly, seigneur du Quesnoy, de Blangy-sur-Ternoise et de Buire-au-Bois, vicomte d'Eps, qui sera créé marquis du Quesnoy par le roi d'Espagne le 25 de ce mois d'avril, et dont le fils Guillaume a épousé le 6 février une fille

du comte de Croÿ-Solre. En 1605 et 1606, les terres de Buireau-Bois et de la Bazecque, en Artois, avaient été adjugées à ses auteurs sur Charlotte-Catherine de la Trémoïlle, princesse de Condé, et le prince Henri II, fils de celle-ci, n'avait pu faire infirmer, en 1630, les décrets devant le conseil de Malines ; mais, en 1641, à l'occasion de la guerre, il a obtenu des lettres patentes du roi Louis XIII pour reprendre les deux terres, et en a fait faire l'enregistrement au parlement de Paris le 30 juillet. Actuellement, M. de Mailly, associé à un certain Alard Imbert, demande à être réintégré dans son patrimoine en conséquence de la Paix et à obtenir restitution des fruits ; l'adversaire est un sieur Le Mire, soutenu par Condé. C'est ce que raconte Vuoerden (fol. 101 v° et 119), auquel M. de Mailly, dès son arrivée à Paris, s'était adressé pour obtenir l'appui de l'ambassadeur espagnol ; il dit, à la date du 5 avril : « M. le marquis, m'ayant donné à dîner ce jour, me mit en main une lettre du parlement de Malines adressante au parlement de Paris, portant que ce dernier ne devoit point s'ingérer à juger la cause dudit sieur marquis du Quesnoy touchant la terre de la Buire-au-Bois, dont le décret avoit été autorisé en Artois et confirmé par sentence de Malines (1633), puisque ce seroit entreprendre sur son autorité souveraine, et que, sans de dangereuses suites, cela ne se devoit et ne se pouvoit, mais que, pour maintenir leur droit aux parties, il étoit raisonnable que ledit sieur marquis du Quesnoy, dépouillé de la possession pendant la guerre sans autre motif que celui de la violence, seroit rétabli en suite des articles 28, 29 et 30, et que le différend seroit renvoyé devant les commissaires ensuite de l'article 112 de la Paix. » Ce renvoi sera ordonné par deux arrêts du Conseil (A. N., E 1712, fol. 228-229 et 231).

11. Voir ci-dessus, p. 140-141 et 143.

12. Le 14 mai, Le Tellier avisera l'intendant Pellot de faire une information particulière sur l'opportunité du travail et d'en donner son avis pour le Roi (A. G., vol. 168, fol. 396). Feu M. Guibert a parlé de cette démolition de la tour dite de la Chauffrette dans son ouvrage des *Registres consulaires de la ville de Limoges*, tome III, p. 404. On verra la suite aux 15 juin et 19 juillet.

13. Ci-dessus, p. 166-168.

M. C. — Du 13 avril.

Le Roi a commandé à Le Tellier de faire des ordres pour éloigner de la ville de Lion le lieutenant Charier[1] et le procureur du Roi au bureau des finances de ladite ville, et d'en délivrer les expéditions après que S. M. sera partie pour Fontainebleau. [Fait[a].]

Le Roi a commandé aussi qu'on fasse[b] les expéditions nécessaires pour obliger le général des Capucins d'incorporer aux provinces de ce royaume les couvents de son ordre situés dans les places cédées à S. M. par le dernier traité de la paix générale[2]. [On lui a écrit pour cela[c].]

Le Roi a commandé à M. le Surintendant de payer par avance à M. l'archevêque d'Ambrun la première demi-année de ses appointements d'ambassadeur ordinaire en Espagne[3];

Comme aussi d'envoyer au Roi[d] 12,000 livres pour le[s] présents faits à M. l'archevêque d'Amasie, de la maison de Colonne[4]. [Est exécuté.]

Lorsque le général des Capucins aura satisfait à ce qui est expliqué ci-dessus, S. M. veut qu'on ordonne aux provinciaux du royaume de changer aucuns des religieux des couvents desdites places conquises, les envoyant en d'autres couvents desdites places ou ceux de la frontière, sans pourtant que[e] lesdits provinciaux les puissent priver de la liberté de demeurer dans les maisons qui sont sous leur charge[5].

---

a. Cette apostille a été écrite en marge par Brienne.
b. Le Tellier a corrigé *fera* en *fasse*.
c. Cette apostille a été encore écrite en marge par Brienne.
d. Le Tellier ayant écrit d'abord : *de lui envoyer*, Brienne a corrigé *de lui* en *d'*, et ajouté *au Roi* en interligne.
e. Le Tellier a corrigé *qu'ils* en *que*.

Le Roi a commandé à M. le Surintendant de faire expédier un édit de création de deux conseillers au parlement de Bordeaulx, à la place de Guionnet[6] et Tranquart[7], pour employer le prix qui en proviendra à la construction du Château-Trompette[8].

Le Roi a commandé que le banquier Arson soit mis à la Bastille au cas qu'il se trouve en cette ville[9], et ce à la prière de l'ambassadeur de Venise[a].

1. Gaspard Charrier, lieutenant particulier et assesseur criminel en la sénéchaussée et présidial de Lyon, était fils d'un échevin et devint prévôt des marchands en 1664 : « Homme de tête et de beaucoup d'esprit, qui savoit se faire craindre et se faire respecter, et qui eut un grand crédit tant dans la ville que dans sa compagnie » (Cabinet des titres, dossier bleu 4519, fol. 15). C'est, croyons-nous, le père de l'abbé Charrier, dont Mme de Sévigné parle en très bons termes, et le frère cadet de l'abbé Guillaume Charrier, si dévoué à Retz.

2. Selon la *Chorographica descriptio provinciarum et conventuum FF. Minorum Sancti Francisci,* publiée à Milan en 1712, cet ordre possédait alors au pays wallon deux lieux d'études, vingt-huit couvents, cent vingt-huit prédicateurs, deux cent quarante-huit prêtres et quarante-sept clercs. Voir ci-après, note 5, et la séance du 1er juin.

3. Georges d'Aubusson (1609-1697), second fils du comte de la Feuillade et frère cadet du maréchal, évêque de Gap, puis archevêque-prince d'Embrun, ayant déjà eu l'ambassade de Venise, avait été désigné par Mazarin pour aller à Madrid, et il vient d'être nommé ambassadeur après avoir prononcé l'éloge funèbre du cardinal, le 8 avril, à Notre-Dame. Avant de partir, il recevra, le 13 mai, une promesse d'être fait commandeur du Saint-Esprit. Il ne reviendra qu'en 1667, passera évêque-prince de Metz en 1668 sans quitter ses titre, rang et honneurs d'archevêque, sera nommé conseiller d'État d'Église en 1690, comme ancien diplomate, et mourra dans sa ville épiscopale, à quatre-

---

a. C'est Brienne qui a ajouté ce dernier membre de phrase.

vingt-huit ans. — Ses instructions diplomatiques, datées du 10 juin 1661, ont été publiées par M. Alfred Morel-Fatio dans le recueil des *Instructions aux ambassadeurs de France en Espagne*, tome I, p. 161-208. Il devait surtout réclamer la dot de Marie-Thérèse, ou sinon faire annuler la renonciation à la couronne d'Espagne. Sa correspondance a été largement utilisée par Mignet. Le dépôt des Affaires étrangères possède aussi une analyse de ses négociations de 1661 à 1663 par Saint-Prez, dans la série des Mémoires et Documents, vol. Espagne 65. Louis XIV l'estimait beaucoup. Comme les autres ambassadeurs, celui-ci recevait 18,000 livres par an; mais on y ajouta 6,000 livres pour frais d'ameublement (ms. fr. 22641, fol. 199 v°).

4. Charles Colonna, dernier fils cadet du grand connétable de Naples, né vers 1610, avait porté d'abord le titre de duc de Marsi et s'était distingué en servant contre la France, notamment dans l'invasion de 1636; mais, en 1638, il s'est fait religieux de l'ordre de Saint-Benoît, sous le nom d'*Egidio*, au couvent de Subiaco. Il est devenu évêque *in partibus* d'Amasia, la métropole de l'Hellespont, passera enfin patriarche de Jérusalem, et mourra le 18 octobre 1686. — Parti de Rome le 12 mars pour apporter les présents de son neveu le connétable à Marie Mancini, il a célébré le mariage par procureur le 11 avril, et emmène l'épousée en Italie, avec un cortège de carrosses, de pages, de valets de pied, et vingt-cinq gardes du feu Cardinal (*Gazette*, p. 318, 332, 354, 355, 373, 398, 572-573; Loret, *Muse historique*, tome III, p. 342). Voir ses lettres du 18 juin et du 15 août à Colbert, dans les Mélanges, vol. 102, fol. 754, et vol. 104, fol. 419. L'historien moderne de la connétable le montre jouant un très triste rôle dans ce ménage. Une lettre de la main qui lui fut écrite le 6 août est dans le ms. Arsenal 3568, fol. 83.

5. Voir plus haut, note 2. La politique générale de Louis XIV à l'égard des pays nouvellement annexés est de rattacher étroitement leurs couvents à ceux du royaume, de n'y plus supporter que les abbés soient élus, et de rompre les relations avec l'internonce de Bruxelles, en même temps et pour les mêmes raisons qu'on change les conseils souverains en présidiaux relevant des parlements et qu'on remplit les premières charges de Français naturels (ses *Mémoires*, tome II, p. 415-417). En

octobre 1660, les généraux des Dominicains, Augustins, Carmes, Franciscains, Trinitaires, Capucins, Minimes et Cisterciens avaient été déjà mis en demeure d'affecter leurs couvents de Roussillon et de Conflent à telle province française qu'ils jugeraient convenable. (B. N., ms. fr. 4195, fol. 222). On a vu ci-dessus, p. 67-68, s'engager la question des bénéfices du pays d'Artois.

6. Jean-Joseph de Guyonnet avait été député par son parlement, en 1650, pour travailler à l'accommodement avec la cour; pendant la Fronde bordelaise, il s'est livré à toutes sortes d'exactions et de menées, et ensuite a refusé l'amnistie (*Souvenirs du règne de Louis XIV*, par le comte de Cosnac, tomes III, IV, surtout p. 461-470, et VI).

7. René Lequeux, sieur de Trancas, conseiller au parlement et l'un des chefs de la Fronde à Bordeaux, avait été envoyé par cette faction en Angleterre, vers le milieu de 1653, pour demander du secours et offrir les places de la Rochelle et de Blaye; puis, à la fin de 1654, il était encore allé conférer à Saint-Sébastien avec Watteville et le cardinal de Retz : aussi n'a-t-il pas été compris dans l'amnistie, et c'est seulement par le traité de paix qu'il a reçu son pardon avec les autres frondeurs qui se trouvaient dans de pareils cas. Le comte de Cosnac a beaucoup parlé de lui dans les *Souvenirs du règne de Louis XIV*. Duduc et Espagnet (ci-dessus, p. 175, notes 4 et 5) l'avaient défendu au sein du parlement.

Les deux offices de conseiller créés conformément à l'ordre du 13 avril furent vendus, en 1662, pour 120,000 livres (ms. MÉLANGES COLBERT 109, fol. 162).

8. Ci-dessus, p. 100, 103 et 104.

9. Ce personnage, dont on ne retrouve trace ni dans les dépêches de l'ambassadeur vénitien, ni dans les archives de la Bastille, pourrait cependant être identifié avec un certain de Larson, originaire de Dijon, qui fut nommé capitaine de vaisseau en 1665, et fit, en novembre 1668, un voyage d'escorte à Smyrne (ms. CINQ CENTS DE COLBERT 204, fol. 97 v° et 114 v°). Nous le voyons ensuite s'occuper d'économie politique avec Colbert; mais, comme il délaissait la marine pour le négoce et le commerce, on finit par le faire enfermer à la Rochelle en 1676, et par le rayer des cadres en 1679.

A la Bastille, en 1661, il n'y avait qu'un banquier du

nom de Pierre de la Hache, ou Hoche, dont les créanciers sollicitaient le transfert dans une prison de Paris, selon une lettre de Le Tellier à M. de Besmaus, 20 mai (A. G., vol. 168, fol. 429).

M. C. — Du 14 avril, après midi.

Sur ce que le gentilhomme envoyé[a] de la république de Gennes[1] s'est plaint de ce que les arrêts du Conseil donnés sur sa poursuite, à l'encontre du sieur Arthault, n'ont point été exécutés, et [a] demandé qu'il soit écrit de la part de S. M. à M[b]. de Mérinville de faire arrêter ledit Arthault, le Roi a commandé à M. de Brienne de l'exécuter[2]. [Exécuté.]

Ledit[c] sieur envoyé[d] de Gennes s'étant aussi[e] plaint de ce que le sieur Bertault, gouverneur de Bregançon en Provence[3], a pris et excédé une barque appartenante à l'un des sujets de la République, chargée de quarante mille piastres et six mille pistoles, sur ce qu'elle s'étoit retirée sous ladite place pour se mettre à couvert des courses des pirates, le Roi a ordonné qu'il sera envoyé un officier de la maréchaussée de l'Ile-de-France, avec tous les ordres qui lui peuvent être nécessaires, pour arrêter ledit Bertault et le mettre en lieu de sûreté pour lui être fait et parfait le procès extraordinaire[4]. [L'ordre a été expédié, et l'officier de la maréchaussée est parti[f].]

 a. Le Tellier ayant écrit : *l'ambassadeur,* Brienne a corrigé en *le gentilhomme envoyé.*
 b. *A. M.* remplace *au sieur,* biffé.
 c. Avant ce paragraphe, Le Tellier a répété, en tête de la page suivante (44 du ms.) : *Du 14 avril, après midi.*
 d. *Amb*^{r} a été biffé et corrigé encore par Brienne en *envoyé.*
 e. Le Tellier a répété deux fois, par mégarde, *aussi,* d'abord avant, puis après *plaint.*
 f. Cette note est de la main de Brienne, qui a corrigé *envoyé* en *expédié.*

Le Roi a commandé l'expédition d'un ordre au sieur de La Roche[5], conseiller au parlement de Bordeaux, d'aller à Châlons en Champagne et y demeurer jusques à nouvel ordre[6]. [Depuis, il lui a été ordonné de venir à Paris.]

1. La république de Gênes est représentée à la cour de France par le marquis Durazzo.
2. Gaspard Arthault, ou Artaud, qui était juge royal et viguier de Martigues lorsque, en 1655, le Roi lui fit don des lods et ventes à percevoir sur une terre qu'il venait d'acquérir (A. N., O¹ 12, fol. 59), réclame actuellement aux héritiers d'un Génois nommé Jérôme Vicgale la valeur d'un bâtiment nolisé ou vendu à ce dernier en 1653, mais péri en mer l'année suivante. Au contraire, un arrêt du Conseil du 3 décembre 1660, rendu sur la demande du représentant génois, l'a reconnu coupable de violences et de divertissement d'effets, et l'a renvoyé par-devant le lieutenant de l'Amirauté de Marseille, pour liquidation de tous dépens, dommages et intérêts, et par-devant le conseiller d'État d'Aligre, pour examen des procédures des commissaires de la République (A. É., vol. FRANCE 911, fol. 71-73 et 104). Arrêté sur un ordre du 8 octobre, il sera encore condamné par plusieurs arrêts pour « malversations, fraudes, violences, suppositions, dissipation de marchandises et autres entreprises, » dans lesquelles il avait eu comme complice un huissier au parlement de Provence nommé Jean Abel. De là une procédure interminable, dont les détails se voient dans l'arrêt du 9 novembre 1665 (A. N., E 1717, fol. 371).
3. Bréganson est encore aujourd'hui un fort sur la commune de Bormes (Var). Le gouverneur Bertault n'ayant que 900 livres d'appointements (B. N., ms. fr. 22641, fol. 252) et ne recevant rien de la province pour l'entretien de sa petite garnison quoique la subsistance des troupes eût été mise au compte des Communautés par l'arrêt du 7 mars 1657 rendu au conseil d'en haut, il ne faisait vivre ses hommes que de saisies opérées sur les marchands du pays ou sur les barques de passage, contre des billets à rembourser plus tard sur les fonds d'entretien qui lui étaient dus (arch. des Bouches-du-Rhône, C 39,

fol. 94, 128 v°, 134 v°, 140 v° et 222). C'est ainsi qu'ayant fait entrer dans sa rade, sous prétexte d'éviter les corsaires, le vaisseau d'un Génois nommé Gaspard Tassera, il l'a dépouillé, et, comme les marchands de Marseille intéressés dans la cargaison réclamaient contre lui, il les a attirés dans Bréganson et forcés de consentir à l'abandon d'un tiers de la valeur qui leur eût dû revenir. Parmi ces créanciers, un certain Eugène Durazzo, homonyme, et sans doute parent de l'agent génois dont il a été parlé au paragraphe précédent, obtiendra la restitution d'une somme de mille patagons, les droits des autres plaignants étant réservés; l'arrêt sera rendu le 5 août (A. É., vol. France 911, fol. 106).

4. En juillet (*ibidem*, fol. 327 v°), un détachement du régiment des Vaisseaux sera chargé de bloquer Bréganson jusqu'à sa remise par le commandant entre les mains d'un major du régiment de Mérinville; mais Bertault se rendra en cour et obtiendra le retrait de cet ordre (B. N., ms. fr. 15612, fol. 82 v°).

5. Charles de La Roche, pourvu conseiller au parlement de Bordeaux en 1649, passera président des enquêtes en 1663 : « Assez emporté, interdit de sa charge pendant quelque temps par ordre de la cour, puis rétabli; fort opposé au Premier Président » (*Correspondance administrative sous Louis XIV*, tome II, p. 128).

6. On verra l'issue de ce conflit au 4 juillet.

A. É. — Du XV° (avril).

Mander à M. de Thou[1] que l'on s'étonne qu'il n'ait pas encore passé envers Messieurs les États d'offices sur la mort de M. le Cardinal[2].

M. C. — Du 15 avril, après midi.

Le Roi a résolu de décharger la pinte de sel qui se distribue dans les Trois-Évêchés de deux sols six deniers, en quoi faisant le prix sera réduit à cinq sols[3].

S. M. a aussi trouvé bon qu'il soit fait une imposition dans lesdits Trois-Évêchés et terres conquises par le dernier traité de paix, pour contribuer aux charges de ce pays-là[4].

Sur ce que M. le premier président du parlement de Tholose[5] a écrit que M. le président Puget[6] avoit proposé à la grande chambre d'assembler le parlement pour délibérer sur les violences que commettent les troupes dans la généralité de Montauban pour obliger les peuples à payer les tailles[7], S. M. a commandé une dépêche audit sieur premier président pour lui dire qu'il continue d'empêcher pareilles délibérations[8]; [Exécuté par M. le Procureur général.]

Et, en même temps, S. M. a chargé Le Tellier d'écrire à M. de Fontenay, intendant en Guienne[9], que son intention est qu'il emploie les gens de guerre contre les paroisses rebelles seulement, sans qu'il soit en la liberté des traitants ou des receveurs des tailles de faire marcher les troupes selon leur phantaisie[10]. [Exécuté.]

S. M. lui a aussi ordonné de faire arrêter Pierre Baudelot, fils d'un commissaire du Châtelet[11]. [L'ordre exécuté.]

1. Jacques-Auguste de Thou (1609-1677), baron de Meslay-le-Vidame, frère cadet de l'ami de Cinq-Mars et président aux enquêtes du parlement de Paris, avait été un zélé frondeur et avait fait les fonctions de surintendant des finances auprès de Gaston d'Orléans. Il a été nommé ambassadeur en Hollande en 1657 et a emmené avec lui son bibliothécaire le savant Boulliau. La plupart de ses lettres du deuxième trimestre de 1661 manquent dans le volume A. É. HOLLANDE 66, sans doute parce qu'il croyait les devoir adresser au Roi lui-même et n'écrivait directement à Lionne que pour ses affaires privées. Il le dit dans celle du 20 mai (HOLLANDE 66, fol. 112) : « Je sais qu'on ne lit et présente à S. M. aucune de mes dépêches que vous n'y soyez appelé et présent, de sorte que je ne vous importunois pas de lire cette lettre, etc. »

2. M. Le Tellier n'avait écrit à M. de Thou que le 28 mars, sur la mort du Cardinal et sur les rapports qu'il comptait avoir avec cet ambassadeur (A. G., vol. 168, fol. 202). C'est seulement le 30 avril que la *Gazette* annoncera cette nouvelle, envoyée de la Haye le 21 : « Le président de Thou, ambassadeur de France, suivant les ordres qu'il en avoit reçus du Roi son maître, a notifié aux États-Généraux la mort du cardinal Mazarin et le ressentiment que S. M. T. C. a témoigné à un chacun de la mort de ce grand ministre. » Nous verrons, p. 225, quelles observations le Roi fit sur cet « office. » On appelait ainsi une communication personnelle et extra-diplomatique.

3. Avant 1633, le commerce des sels tirés de la Lorraine ou d'ailleurs était libre dans les Trois-Évêchés, si ce n'est que quelques villes ou seigneuries les vendaient à leurs sujets. Pendant l'occupation, une régie avait été organisée et confiée aux trois ordres du pays pour 18,000 livres, puis remplacée par une gabelle, et, le recouvrement devenant difficile du fait des guerres, le parlement de Metz, qui touchait ses gages sur le produit de cette ferme, a pris en main la régie ; mais, en 1661, on a demandé que le Roi la fît lui-même, et le Roi saisit cette occasion de « faire connoître aux peuples de ce pays l'avantage de vivre sous son autorité, en ne leur demandant qu'une foible partie des charges nécessaires pour assurer leur protection par les garnisons ou l'administration de la justice. » Le Conseil rendra, le 12 mai (A. N., E 345^B, fol. 5-6 ; B. N., ms. Mélanges Colbert 102, fol. 837), un arrêt réduisant à 5 sols le prix de la pinte, qui avait été porté de 5 à 7 sols et demi pendant la guerre, et la réduction profitera en même temps aux autres pays de cette frontière nouvellement annexés ; néanmoins, il y aura une sédition, à propos du sel, en juillet suivant (B. N., ms. fr. 15612, fol. 60 v°, lettre de Brienne fils).

En Bourgogne aussi, où le sel avait été frappé en 1659 d'une surimposition de 50 sols le minot, nous avons dit, p. 77 et 80, note 8, qu'un édit du mois de mai et une déclaration de juillet (imprimés dans la collection Rondonneau) modéreraient ce droit à 35 sols, en même temps que remise serait faite des 200,000 livres offertes par la province pour la suppression de la cour de Bresse.

4. Un autre arrêt du 12 mai (A. N., E 345^B, fol. 1 et 3) réduira les impositions du ressort du parlement de Metz

et des prévôtés de Luxembourg, Sierck, Sarrebourg, etc., à une subvention unique de 120,000 livres, « afin que ces pays puissent réparer le passé et les charges subies par eux » (lettres du président Colbert à Saint-Pouenges et à J.-B. Colbert, 30 juin, dans le ms. Mélanges Colbert 102, fol. 837-847).

Un arrêt du 20 janvier précédent avait autorisé les bénéficiers des frontières de Picardie et de Champagne à résilier les baux de leurs biens qui avaient été passés dans des conditions défavorables de dépréciation, pendant la guerre, et qui avaient encore une durée de plus d'un an. Les gens d'Église des Trois-Évêchés firent étendre cette mesure à leur profit par un autre arrêt du 2 juin (A. N., E 346ᴀ, fol. 265).

On verra, en juillet, les habitants de Metz se soulever à propos d'une imposition spéciale dont ils venaient d'être frappés.

5. Gaspard de Fieubet (1612-1686), ancien procureur général au parlement de Toulouse, y était devenu premier président le 21 juin 1653, n'ayant pu obtenir la succession de M. de Bellièvre à Paris. Il « affectionne la justice et le service du Roi, a assez de talent pour parler en public, mais est peu riche et rompu dans le monde ; a des amis dans le parlement, mais n'y a pas une estime, ni approbation générale, et a une assez forte cabale contre lui. » Au dire de Louis XIV lui-même, ce fut un des meilleurs juges du royaume.

6. François Puget, seigneur de Saint-André, fils de Jacques Puget, dit de Gau, président à mortier au parlement de Toulouse, a obtenu lui-même une présidence dans cette compagnie grâce à son parent le célèbre Montauron. « Dévot, bon justicier, mais peu accommodé et entier dans ses opinions ; et, comme il est venu tard dans le métier, ne l'entend pas des mieux et est incommodé d'une surdité » (*Correspondance administrative*, tome III, p. 111).

7. Voir ci-après, note 10.

8. Nous verrons plus loin, en mai, les mesures prises pour mettre fin à l'intrusion des Parlements dans l'exécution des arrêts du Conseil, et réciproquement.

9. Vincent Hotman, sieur de Fontenay, qui, par sa femme, appartenait à la fois aux Colbert et aux Le Tellier, s'est distingué au Grand Conseil, puis est devenu maître des requêtes en 1656, et a été pourvu, grâce à J.-B. Colbert, des intendances de Tours, de Paris, enfin de celle de Montauban, mais sans ad-

jonction à cette dernière de l'intendance de Bordeaux (O'Reilly, *Claude Pellot*, tome I, p. 232-235). Il passera intendant des finances en 1669. Mazarin et Colbert l'estimaient surtout comme antiparlementaire.

10. Louis XIV dit, dans ses *Mémoires*, tome II, p. 402-403 : « Je réprimois avec vigueur tous les mouvements qui sembloient approcher de la désobéissance, comme à Montauban, à Dieppe, en Provence et à la Rochelle, où je fis exécuter mes commandements dans toute la sévérité possible, ayant même donné ordre qu'ils fussent appuyés par des troupes en nombre suffisant pour vaincre la résistance qui auroit pu y être faite. » C'est ainsi que l'intendant Hotman de Fontenay fut autorisé à se servir des troupes contre les peuples qui refusaient de s'acquitter (A. G., vol. 168, fol. 315, lettre du 28 avril); mais le recouvrement des impositions au moyen de garnisaires et de gens de guerre entraînait tant d'abus de la part des receveurs particuliers et de leurs commis, que les receveurs généraux obtiendront, par un arrêt du 2 juin 1661 (A. N., E 346ᴬ, fol. 212), que le visa préalable de l'intendant soit obligatoire pour recourir à ce genre de contraintes et pour régler le nombre d'huissiers à y employer. Sous ces conditions, le recouvrement par voie armée continua dans les provinces réfractaires : voir une proposition de traité à forfait pour le Quercy et le Rouergue (ms. MÉLANGES COLBERT, vol. 109, fol. 22) et une requête de l'intendant Pellot à Colbert (*Correspondance administrative*, tome III, p. 5-6). Nous avons dans le formulaire A. N., O¹ 12, fol. 146, 147 et 508 v°, divers types d'ordonnances pour employer les gens de guerre aux recouvrements arriérés. On verra dans la suite le détail des diverses séditions dont parle Louis XIV.

11. Pierre Baudelot avait eu le tort de dédier une thèse de théologie à la mémoire de l'abbé de Saint-Cyran et d'en distribuer trois exemplaires. Voir le *Port-Royal* de Sainte-Beuve, tome III, p. 630, et les *Archives de la Bastille*, tome I, p. 274.

M. C. — Du 16 avril.

M. le Procureur général a lu une lettre d'Angleterre

reçue par la voie de la correspondance secrète, sur laquelle S. M. a commandé la réponse, et a chargé M. le Procureur général de la faire[1]. [Exécuté.]

Sur ce qu'un des prélats du royaume[2] a proposé d'envoyer à la faculté de théologie de cette ville la formule de profession de foi résolue par l'assemblée du Clergé, pour être signée par chacun des docteurs de ladite faculté, le Roi a commandé qu'on s'informe si la chose seroit reçue par ladite faculté, ayant approuvé qu'elle lui soit adressée de sa part pourvu qu'on soit assuré de leur approbation[3]. [Sur le rapport des personnes à qui S. M. avoit donné ordre de s'informer du sentiment des docteurs[4], le Roi a commandé qu'on écrivît à la faculté, ne doutant pas que la chose ne passe quasi tout d'une voix[a].]

Le Roi a commandé à M. de Lyonne d'écrire de la part de S. M. au sieur Gravel[5], en Allemagne, d'écouter les propositions qui lui seront faites par le chancelier de Neubourg pour rendre l'alliance perpétuelle (qui n'est à présent que pour trois ans[6]) entre le Roi, le duc de Neubourg[7], la couronne de Suède, l'évêque de Münster et son chapitre, et d'en rendre compte à S. M. [M. de Gravel ne s'étant pas trouvé parti de Paris[b], cela a été ajouté à son instruction[8].]

1. Ci-dessus, 2 avril, p. 131. Selon la lettre de Guy Patin du 25 avril, on sut, vers ce temps-là, que le roi Charles épouserait l'Infante de Portugal et fournirait dix mille hommes à ce royaume pour continuer la lutte contre l'Espagne, qui se trouverait ainsi hors d'état de triompher de la rébellion. Les

a. Cette apostille est toute de la main de Brienne. Voir ci-après, p. 201, l'annexe de la séance du 19 avril.
b. De Paris a été ajouté par Brienne en interligne.

émissaires secrets de la France étaient Labastide, déjà nommé, p. 43, et Cateus; on les rémunérait largement pour chaque voyage (B. N., ms. fr. 22641, fol. 208).

2. Ce doit être Pierre de Marca (ci-dessus, 9 avril, p. 168). Voir dans le ms. Baluze 114 les Papiers de cet archevêque, notamment ses mémoires à Mazarin sur le Formulaire, le procès-verbal original du 10 janvier 1661, etc.

3. Ci-dessus, 9 avril, note 9.

4. La faculté de théologie, en Sorbonne, compte, outre le doyen, les régents, les professeurs et les honoraires, un nombre de docteurs qui sera porté de douze à vingt-quatre, puis à trente-six. Elle va être comprise, avec les trois autres facultés de droit canon, de médecine et des arts, dans l'arrêt rendu le 20 avril pour réformer les abus et désordres constatés dans la discipline ou dans les mœurs, pour modifier les statuts, terminer les différends intérieurs, rétablir une bonne administration des biens, etc. (A. N., E 1714, n° 66).

5. Ci-dessus, 5 avril, p. 151.

6. L'alliance ou ligue du Rhin : ci-dessus, p. 22-25 et 63.

7. Philippe-Guillaume de Bavière (1615-1690), duc de Neubourg, que la France avait songé à faire élire empereur en 1658, deviendra électeur à la mort du père de la seconde Madame, en 1685. Voir les *Mémoires de Pomponne*, tome I, p. 75-76, et tome II, p. 365-374, et les *Mémoires de Saint-Simon*, éd. nouvelle, tome VII, p. 365-366.

8. Le jour même il fut écrit en conséquence à l'électeur palatin (A. É., fonds Palatinat, Supplément vol. 1, fol. 334), et, dans les lettres de créance de Gravel (A. É., vol. Suède 25, fol. 222, et Cologne 3, fol. 85), le Roi annonça qu'il le renvoyait, comme commissaire général des troupes françaises entretenues dans l'Alliance et comme député à l'assemblée de Francfort, pour « s'employer avec les princes et avec leurs ministres à concerter les résolutions qui sont à prendre pour l'affermissement de la paix et pour la sûreté des confédérés, comme aussi pour prévenir les dangers dont l'Empire est menacé par le puissant armement que les Infidèles font paroître sur les frontières de Hongrie. » Ses instructions, datées des 5 et 6 avril, se trouvent en première minute et en texte définitif aux Affaires étrangères,

vol. ALLEMAGNE 150, fol. 144-157 et 160-174. Au folio 170 on lit : « M. le duc de Neubourg a écrit ici l'appréhension qu'il a que M. l'électeur de Cologne et M. le landgrave de Hesse ne veuillent faire accorder par l'Alliance, à M. l'électeur de Brandebourg, la garantie qu'il demande, et même de le faire entrer dans l'Alliance. Pour le premier point, S. M. ne croit pas qu'on le doive accorder audit électeur de Brandebourg pour plusieurs raisons, et même quand il n'y en auroit point d'autre que celle de ne pas désobliger M. le duc de Neubourg, que ledit électeur a formellement fait exclure lui seul du traité d'Olive, dans lequel la France, la Pologne et la Suède le vouloient comprendre. Pour le second point, de l'entrée dudit sieur électeur dans l'Alliance, il seroit, à la vérité, à désirer qu'elle pût être augmentée d'un prince de cette considération, pourvu que cela servît à le détacher sincèrement des grands engagements qu'il a pris avec l'Empereur, et on croit que ce seroit aussi un bon moyen pour raccommoder ledit électeur et M. de Neubourg par l'entremise de S. M., qui, en ce cas, n'y omettroit aucune diligence possible ; mais on estime que ce n'est pas une chose si prête tant que le baron de Swerin, gagné par les Autrichiens, et la douairière d'Orange conserveront quelque crédit auprès dudit électeur. »

M. C. — Du 18 avril[1].

Le Roi a commandé à Le Tellier d'adresser un ordre à M. de Pradel de faire arrêter le capitaine de Saint-Marc[2], du régiment du Roi[3], pour les violences prétendues commises dans la ville de Metz[4]. [L'ordre a été envoyé, mais non exécuté, car ledit Saint-Marc n'y étoit plus[a].]

Sur ce que Louis Lambert, contrôleur général de la marine, a demandé d'être mis hors des prisons où il est détenu en Provence en vertu d'un arrêt du parlement

---

a. Apostille de Brienne.

d'Aix, le Roi a ordonné à M. de Brienne fils d'écrire à M. le président d'Oppède qu'il prenne connoissance de la requête dudit Lambert, et, en cas qu'il la trouve juste, qu'il s'emploie au parlement d'Aix à lui procurer la liberté[5]. [Il a écrit[a].]

Sur ce que le sieur de Teron[6], intendant au pays d'Aunix, a écrit à M. de La Vrillière qu'un gentilhomme nommé Nouaillé[7], gentilhomme de cette province, fait des violences contre ceux qui sont employés pour le recouvrement des tailles, le Roi a commandé à M. de La Vrillière de lui adresser un ordre pour se rendre à la suite de la cour[8]. [L'ordre a été envoyé[b].]

S. M. a aussi ordonné audit sieur de La Vrillière d'adresser[c] un ordre au sieur de La Roche, conseiller au parlement de Bordeaux, de se rendre à la suite de la cour pour rendre compte de ce qui s'est passé entre M. le premier président de Bordeaux[9] et ledit sieur de La Roche[10]. [L'ordre a été envoyé.]

Sur les instances que M. l'ambassadeur de Savoie[11] avoit faites au Roi dans une audience, S. M. a commandé à M. de Brienne[12] de lui dire de sa part qu'il avoit ordonné à M. le Surintendant de travailler sur son mémoire et d'en rendre compte à S. M. dans quelque temps, comme étant une chose qui regardoit les finances[d].

a et *b*. Apostilles de Brienne. A la dernière, il a corrigé *rendu* en *envoyé*.

c. Après *adresser*, Brienne a biffé un second *aussi*.

d. Ce paragraphe a été corrigé et augmenté par Brienne. Primitivement, Le Tellier avait écrit : *Le Roi a commandé à M. de Brienne de dire à M. l'ambassadeur de Savoie que S. M. a ordonné à M. le Procureur général de travailler sur son mémoire et d'en rendre compte à S. M. dans quelque temps.*

A. É. — Du xviiie (avril).

Empêcher que le président de Cormis ne vienne à la cour, et lui envoyer un ordre, en chemin, qui le relègue à Aurillac[13].

Donner un ordre au P. Harel[14], assistant général de l'ordre des Minimes[15], afin qu'il puisse déclarer à tous les religieux françois qui seront au chapitre général que la volonté du Roi [est] qu'ils aient à concourir unanimement à l'élection d'un général françois et empêcher ainsi les brigues du P. d'Avila[16] et le dessein qu'on pourroit avoir à Rome de faire un général par bref[17].

1. C'est ce jour-là que le Roi annonça à son beau-père la grossesse de Marie-Thérèse : la lettre de la main est imprimée dans le recueil Morelly, tome I, p. 25-26.

2. Jean de Saint-Marc, capitaine commandant une compagnie au régiment d'infanterie du Roi, est ainsi noté en 1665, dans les Papiers de Le Tellier (B. N., ms. fr. 4255, fol. 198 v°) : « De Paris; grand joueur, faisant dépense dans le corps. M. de Bellefont est son ami. » Le Saint-Marc dont il s'agit ici est-il celui qui avait accompagné Condé en Flandre, mais était revenu avec amnistie en France, en 1655, sous la seule condition de ne paraître ni à Paris ni à la cour (A. N., O¹ 12, fol. 521 v°)?

3. Ce régiment « du Roi » ne porta plus que le nom de « Royal » lorsque Louis XIV en eut créé un autre dont il ne cessa plus de s'occuper en qualité de colonel, et qui devint célèbre sous le premier nom de « régiment du Roi. »

4. Un détachement avait été envoyé à la poursuite de déserteurs, et, l'un de ceux-ci ayant été tué dans la mêlée, son meurtrier, quoique absous par le conseil de guerre, avait été poursuivi devant le parlement de Metz et condamné par contumace à la potence; ses camarades étant venus en troupe abattre l'échafaud où il figurait en effigie, leur capitaine Saint-Marc avait été décrété de prise de corps, et, en se défendant

contre les archers venus pour l'arrêter, il en avait blessé plusieurs. Les poursuites devenant plus graves, il en a appelé au Roi.

5. Le 4 juillet, le Roi demandera encore à connaître les motifs de cet emprisonnement.

6. Charles Colbert, sieur de Terron, plus tard marquis de Bourbonne, cousin germain du futur contrôleur général, avait été employé par Mazarin dans diverses missions et avait eu l'intendance de l'armée de Catalogne en 1653. Mazarin l'a chargé alors de celle de la marine au pays d'Aunis et à Rochefort, où il créera le port de guerre. Il passera intendant général de la marine de Ponant en 1665, aura diverses autres commissions du même genre, comme collaborateur très actif de son cousin, et mourra peu après lui, le 9 avril 1684, étant conseiller d'État ordinaire depuis 1678.

7. Ce peut être le marquis de Nuaillé, mort avant le 20 juin 1701, et dont les armoiries furent enregistrées ce jour-là au bureau de la généralité de la Rochelle (B. N., Cabinet des titres, Pièces originales, vol. 2131, pièce 48405).

8. C'est encore un *veniat*. Voir, sur les conséquences de cette injonction, les *Mémoires de D. de Cosnac*, tome I, p. 275.

9. Arnaud de Pontac (1600-1681), ayant recueilli une présidence de son père en 1631, est devenu premier président du parlement de Bordeaux le 17 mars 1653, et il conservera ce poste jusqu'à sa mort. C'est lui qui, avec M. du Bernet, avait dirigé le parti épernoniste en 1649. Il était marié à la dernière fille du grand historien de Thou, sœur de l'ambassadeur et de l'ami de Cinq-Mars. « Fort affectionné au service du Roi, bon juge, faisant sa charge avec honneur; il ne lui manque qu'un peu plus de fermeté » (Depping, *Correspondance administrative*, tome II, p. 126).

10. Ci-dessus, 14 avril, p. 182-183.

11. Le Piémontais Ghiron-François, comte de Camerano, puis marquis de Villa, avait eu en France, en 1645, un titre honorifique de lieutenant général en même temps qu'il était général des troupes de Savoie, et il avait même pris des lettres de naturalité en 1646; mais, la paix étant conclue et ses deux régiments licenciés, il est rentré à Turin, et le duc Victor-Emmanuel l'a choisi pour revenir en ambassade extraordinaire à la cour de France. Quoiqu'on lui ait refusé le traitement d'ambas-

sadeur de tête couronnée, et que, par suite, il veuille conserver l'*incognito*, les ministres travaillent avec lui, et il a même été admis par le Roi, le 15 mars, à présenter les compliments de son maître sur la paix, le mariage de Monsieur et la mort du Cardinal (*Gazette* de 1661, p. 271-272). Le 4 juin, un arrêt du Conseil (A. N., E 1712, fol. 251) exemptera de la revision générale du domaine les terres de l'Étoile et de la Côte-Saint-André, qui lui avaient été engagées en récompense de ses services. Il prendra congé de la cour le 1er mars 1663, ira commander et combattre glorieusement dans l'île de Candie de 1665 à 1668, et mourra à Turin le 25 mai 1670.

12. Le 8 avril, Brienne avait écrit à M. Servient, ambassadeur français à Turin, d'assurer au duc Charles-Emmanuel qu'il était faux que le feu Cardinal eût conseillé au Roi de se détacher de la Savoie (A. É., vol. Turin 56, fol. 265-270). Nous verrons la suite au 2 mai.

13. Ci-dessus, 21 mars, p. 91, 11 avril, p. 174, et ci-après, 3 et 8 mai.

14. Le P. Harel est le « collègue français du général des Minimes. »

15. Le P. Jean Guillard, général de l'ordre, ayant fait la visite des maisons de Flandre, n'a pas été autorisé à venir inspecter celles de France (*Gazette*, p. 282-283; ci-après, p. 223-224).

16. On verra, sur le P. d'Avila, la séance du 8 mai.

17. Le P. Simon Bruyant, minime, écrivait de Rome, à M. de Lionne, le 11 avril (A. É., vol. Rome 141, fol. 36) : « ... Le cardinal Spada, voulant avoir un général confident, a fait expédier un bref au P. d'Avila, où il a fait entendre qu'il pouvoit aller au chapitre attendu que le pape Urbain VIII a donné un bref par lequel S. S. déclaroit que ceux qui auroient été généraux pourroient assister aux assemblées générales de l'ordre ; mais ledit bref n'a point été accepté à la Religion... Néanmoins, le P. d'Avila s'est servi de ce prétexte pour aller à Barcelone, où il prétend être élu. » Cette affaire se rattachait à celle du couvent de la Trinité-du-Mont de Rome dont il sera parlé plus loin, p. 223, et dans plusieurs autres séances.

M. C. — Du 19 avril[a].

Sur ce que M. le président d'Oppède a dépêché un courrier au Roi pour faire savoir que l'assemblée des Communautés de Provence n'offre que 300,000 livres pour le don gratuit[1], en la déchargeant de l'entretènement des garnisons[2] et du régiment de Provence[3], S. M. a commandé à M. de Brienne d'écrire audit sieur président, par l'ordinaire qui partira ce soir, qu'Elle a remis à expédier son courrier après son arrivée à Fontainebleau, et de l'avertir, à l'avance, qu'Elle ne se contentera en façon quelconque des offres de ladite assemblée, et n'accordera aucune des conditions qu'elle demande, non plus que la décharge desdites garnisons et dudit régiment. [Il a écrit[b].]

Dudit jour, 19 avril.

Le Roi a aussi commandé à M. de Brienne d'envoyer audit sieur président d'Oppède l'arrêt du Conseil dont lecture a été faite par M. le Procureur général, pour casser l'arrêt du parlement d'Aix qui a interdit le président de Coriolis[4] de la fonction de sa charge, et lui ordonner de la continuer[5]. [Il a été envoyé[c].]

S. M. a aussi commandé à Le Tellier d'écrire aux sieurs de Saint-Pouanges et Colbert de proposer[d] aux commissaires nommés par M. de Lorraine pour l'exécution des deux derniers traités faits avec lui[6] de prendre le chemin d'Alsace par Leixein[7], à dessein

---

a. En marge, Brienne a écrit : *Mettre les affaires ecclésiastiques.* Voir ci-après, p. 200.
b et c. Apostilles de la main de Brienne.
d. Avant *proposer*, Le Tellier a biffé *prend[re]*.

d'obliger M. de Lorraine de consentir[a] que ledit poste ne puisse par lui être[b] fortifié ; et, en ce cas, le Roi se contentera de prendre le chemin tout droit[8]. [Il a écrit[c].]

Dudit jour, après midi.

Le Roi a résolu qu'il ne sera rien mis dans l'instruction du sieur d'Aubeville[9], dépêché pour Rome, de tout ce qui regarde Castres[10], et que M. de Lyonne dira à M. le comte de Fuensaldagne que le Roi différera de rien faire sur ce sujet jusques à ce que S. M. sache les sentiments du roi d'Espagne[11]. [S. M. a parlé elle-même audit Fuensaldagne en cette conformité[d].]

Le Roi a commandé à M. le Surintendant[e] de faire délivrer à Monsieur[f] le Prince les titres concernants les domaines de Jamais, Stenay et Clermont[12] qui sont dans le Trésor des chartres[13], en retirant le récépissé de mondit sieur[g] le Prince au pied des copies desdits titres, qui demeurera dans le Trésor des chartres[14].

---

1. Voir ci-dessus, 21 mars, p. 90-91. Le Tellier a écrit le 15 avril à MM. de Lisle, de La Guette et d'Oppède : A. G., vol. 168, fol. 274-276.

2. Depuis trois ans et plus, c'était une charge écrasante, dont nous voyons le détail dans le registre des procureurs du pays (arch. des Bouches-du-Rhône, C 39, fol. 108, 229, 348, etc.). Ainsi, du mois d'octobre 1657 au mois de janvier 1659, seize

---

a. Avant *de consentir,* Le Tellier a biffé *à s'obliger.*
b. *Être,* omis par Le Tellier, a été ajouté par Brienne en interligne.
c et d. Apostilles de Brienne. En écrivant la dernière, il a d'abord mis *au sieur de,* puis corrigé en *audit.*
e. Brienne a biffé *Procureur général* pour y substituer *Surintendant.*
f. Brienne a supprimé *eigneur* après *Mons.*
g. Ici encore, il a remplacé *seigneur* par *s^r.*

régiments et environ cent cinquante compagnies s'étaient succédé, sans compter les détachements de passage, auxquels le pays payait la subsistance à raison de 5 sols par place de soldat (une compagnie comptant pour vingt places), 40 sols par capitaine, 20 sols par lieutenant, 16 sols par enseigne, 10 sols par sergent. En 1660, outre les garnisons et les régiments de Chambellay, d'Anjou, de Mercœur et de Vaisseaux-Provence, il est venu à la suite de la cour dix-huit compagnies des gardes françaises et quinze compagnies des gardes suisses, les gendarmes du Roi, ses gardes du corps, mousquetaires et chevau-légers, les gardes de la Reine et du duc d'Anjou, les mousquetaires et gardes du Cardinal ; la dépense journalière pour chaque homme (souper et dîner) a été de 6 sols, et l'ustensile de 2 sols, les mestres de camp comptant pour douze places, les capitaines pour six, etc. Ainsi, de ce fait, quoique la province eût accordé une somme de 750,000 livres à seule fin d'être exemptée du logement, elle a supporté une dépense de plus de 250,000 livres. Pour 1661, le ms. de l'abbé de Dangeau, fr. 22641, fol. 252, et le volume A. G. 171, fol. 266, donnent le détail des garnisons et du coût de leur entretien.

3. Le régiment des Vaisseaux, levé en 1638 par l'archevêque de Bordeaux, Sourdis, avait été donné en 1640 à Richelieu, en sa qualité de surintendant de la marine, et était passé ensuite à Mazarin ; puis, sous les ordres du duc de Mercœur, il a été appelé Vaisseaux-Provence, en souvenir de son premier lieu d'attache. Il compte treize compagnies d'infanterie, de soixante-quinze hommes chaque, et est destiné à la garde des côtes de Provence ; son commandant est un lieutenant-colonel très remarquable, Alexandre Le Bret. Louis XIV prendra ce corps pour lui-même en 1667, sous le nom de Royal-Vaisseaux. Suivant le registre des procureurs, l'entretènement, mis au compte du pays pendant la guerre, et dont on réclame maintenant la suppression, s'élevait à plus de 285,000 livres par an. Le 15 avril, on a ordonné à M. de Mérinville de faire délivrer à La Guette les fonds dus pour le régiment des Vaisseaux conformément à l'arrêt du 8 février précédent, qui chargeait la province d'y pourvoir d'urgence sauf à être remboursée ultérieurement (A. G., vol. 168, fol. 278 et 325 ; C 39, fol. 211 v°, 224 v° et 349).

4. Pierre de Coriolis de Villeneuve, dont il a été parlé p. 155,

avait d'abord porté les armes, et, en récompense de sa conduite à la journée de Rethel et des services du président son père, le Roi avait érigé sa terre d'Espinousse en marquisat. Pourvu, à son tour, de la présidence le 4 septembre 1651, il a eu en 1658 un brevet de conseiller d'État avec pension de 3,000 livres. Le conseiller du Perrier (ci-dessus, 152 et 154-155) l'ayant insulté dans une commission sur ce qu'il servait bien le Roi, le premier président d'Oppède, qui l'estime hautement, a demandé le châtiment de l'offenseur. En 1663, M. de Coriolis sera ainsi caractérisé : « Homme de bonne condition..., pas fort intelligent dans la justice distributive, capable de faire du mal ; se conduit bien à présent. »

5. L'arrêt du Conseil, du 19 avril, indiqué ci-dessus, p. 155, est dans le volume A. É., France 911, fol. 43-44. Pour obtenir la grâce de MM. de Régusse et du Perrier, le parlement rétablit M. de Coriolis en fonctions : A. G., vol. 168, fol. 324, 326 et 327 ; *Archives de la Bastille*, tome I, p. 55-57.

6. Le Tellier à Pradel, 20 avril : A. G., vol. 168, fol. 292. Les 21 et 22 avril, les commissaires mirent le duc en possession conformément aux deux traités du 28 février et du 31 mars : A. É., vol. France 911, fol. 241 v°.

7. Lixin ou Lixheim, en Lorraine, sur la Sarre, à dix kilomètres nord-est de Sarrebourg, jadis appartenant aux comtes palatins, avait été cédé en 1622 à Henri, duc de Lorraine, et était devenu principauté pour un bâtard de Guise. Voir ci-dessus, p. 114-115.

8. C'est le « chemin du Roi » pour aller en Alsace à travers la Lorraine : ci-dessus, p. 29, 34, 46 et 64.

9. Jean de Sève, sieur d'Aubeville (1610-1687), cadet d'une famille dauphinoise qui prétendait se rattacher aux Ceva d'Italie, et parent de M. Le Tellier, est gentilhomme ordinaire du Roi depuis 1647. C'est lui qui, en cette qualité, a été désigné pour aller remplacer Colbert de Vendières à Rome, comme on l'a vu ci-dessus, p. 66 et 68 ; il y demeurera jusqu'à la venue du duc de Créquy en avril 1662, mais sans mieux réussir que son prédécesseur, choisi jadis par le conseil de conscience « pour découvrir les sentiments du Pape sur toutes les affaires du royaume » (*Lettres et mémoires de Colbert*, tome VI, p. 488) et pour obtenir la condamnation du cardinal de Retz. La raison en est précisément que, faute de tenir à Rome un

ambassadeur en titre, le roi de France n'exerce plus d'influence que sur quatre ou cinq cardinaux dont la situation est fort difficile, et le Saint-Siège conserve toutes ses sympathies à Retz révolté.

L'instruction pour Aubeville, que Brienne père raconte avoir dressée (ses *Mémoires*, p. 168-171), a été publiée par M. Hanotaux au tome Ier du recueil des *Instructions aux ambassadeurs et ministres de France à Rome*, p. 61-94. Cf. le mémoire sur les négociations de cet envoyé en 1661 et 1662) qui est aux Affaires étrangères, section Mémoires et Documents, vol. Rome 30; *l'Ambassade du duc de Créquy*, par le comte de Moüy, tome I, p. 97-107; *Louis XIV et le Saint-Siège*, par Ch. Gérin, tome I, p. 245-255, etc. Comme son prédécesseur, il recevait 3.000 livres pour le voyage.

10. Le duché de Castro : ci-dessus, p. 14, 16 et 17.

11. Colbert dit, dans son *Journal* pour l'année 1661 (*Lettres*, tome VI, p. 484), que, voulant donner toutes les mortifications possibles au Pape, Mazarin ne l'avait pas seulement exclu de toute participation à l'œuvre de la paix, mais avait fait stipuler que, « pour éviter la reprise des armes et en ôter toutes les semences, les deux rois joindroient leurs offices auprès du Pape afin qu'il fît justice aux ducs de Parme et de Modène sur la restitution du duché de Castro et Ronciglione et des vallées de Comacchio. La principale raison pour laquelle le Cardinal se résolut d'en user de cette sorte fut que le Pape avoit dit, en une infinité de rencontres publiques, que, quelques démonstrations qu'il fît, il ne vouloit point la paix, qu'il l'avoit empêchée en 1647, et qu'il ne pouvoit subsister sans la guerre, en sorte que, préférant sa subsistance au bien général de toute la Chrétienté, il ne falloit jamais espérer la paix pendant le temps ou qu'il subsisteroit dans les bonnes grâces du Roi, ou qu'il vivroit. » Voir ci-après, 27 avril, p. 222.

12. Les trois comtés de Jametz, Stenay et Clermont, au pays d'Argonne, se trouvant entre les mains de la France pour garantie du traité de 1632, la Régence les avait donnés au Grand Condé après la victoire de Lens, et ce prince en a obtenu la restitution à sa rentrée en grâce de 1660. Il va faire reconnaître, par un arrêt du 11 mai (A. N., E 345ᴬ, fol. 430-431), l'exemption de tous frais de ville, emprunts, conduits, etc., exemption dont les fermiers de ces domaines avoient tou-

jours joui. Le revenu annuel dépasse quatre-vingt mille livres. Avant la guerre, la résidence dans Jametz n'était permise qu'aux anciens habitants, et, depuis la paix, les religionnaires y ont afflué en grand nombre; mais, dit Louis XIV dans ses *Mémoires* (tome II, p. 419), « je défendis aussitôt les assemblées et fis sortir de la ville tous ceux qui s'y étoient nouvellement établis. » Nous le verrons agir de même à la Rochelle.

13. Les descendants de Condé ayant conservé le Clermontois jusqu'à la Révolution, les titres originaux de ces domaines forment encore un des fonds les plus considérables des archives de Chantilly (série E), et ils seront prochainement l'objet d'un travail important.

14. Depuis la fin de 1650, Foucquet avait la garde du Trésor des chartes en qualité de procureur général, et un édit d'août 1658 a ordonné la construction, sur l'un des jardins de l'île du Palais contigus à celui de la Première Présidence, d'un hôtel destiné à loger ces archives.

Le 17 juin (A. É., vol. Lorraine 38, fol. 192), M. de Lorraine demandera qu'on lui livre les titres concernant ses domaines.

M. C. — Affaires ecclésiastiques[a].

1661. Mois d'avril, 19[1].

Pour les abbayes de Hennin et l'abbaye d'Avennes[2], le[b] Roi a résolu que ceux qui sont en possession y demeureront pour des raisons particulières[3]; cependant, qu'on en parlera à Mons[r] Le Tellier.

Sur la translation de la pension du sieur Dillon[4], hybernois, sur l'abbaye de Saint-Lucien-de-Beauvais, en faveur de Baudouin[5], le Roi a résolu de ne la point accorder et d'attendre qu'il y ait un titulaire[6].

Le Roi a commandé aux évêques qui sont de son

---

a. Ces décisions sur les affaires ecclésiastiques sont écrites d'une main inconnue à la suite du Mémorial de Chantilly, p. 171. Nous les plaçons ici comme Brienne semble l'avoir indiqué ci-dessus, 19 avril, p. 195, note a.

b. Après *Avesnes,* l'écrivain a biffé *a été.*

Conseil[7] de voir les docteurs de la faculté de théologie pour savoir leur disposition touchant la souscription à la formule arrêtée par l'assemblée du Clergé qui doit être faite par eux en corps de faculté en conséquence d'une lettre de S. M. qui leur sera adressée[8].

Le Roi a résolu de parler aux vicaires généraux du diocèse de Paris[9] pour leur dire de changer les directeurs du Port-Royal et y en mettre qui soient agréables à S. M. : à quoi s'ils répondent qu'ils ne le peuvent, S. M. a résolu de leur demander leurs raisons par écrit[10]. [S. M. leur a parlé et leur a commandé de dire leurs raisons, lesquelles ils lui ont envoyées[a].]

S. M. a aussi résolu d'envoyer au Port-Royal des Champs et de la Ville pour leur ordonner de renvoyer toutes leurs pensionnaires à leurs parents et leur faire défense d'en recevoir d'autres, ni de novices, jusqu'à nouvel ordre[11]. [Cela a été exécuté, et le Lieutenant civil en a rendu compte[b].]

Le Roi a résolu de commander à trois religieux de l'ordre de Grammont[12] de se retirer dans les convents que leur général leur assignera[13].

Le Roi a résolu de commander à M. le Chancelier de surseoir le sceau touchant la résignation du sieur Le Maistre au profit d'un nommé Le Juge jusqu'à [ce] qu'on ait fait voir les sentences d'interdiction données contre ledit Le Maistre[14].

Le Roi a consenti qu'il fût pourvu à un canonicat

---

a. Cette apostille est de la main de Brienne.
b. Apostille de Brienne, dont la seconde partie : *et le Lieutenant civil en a rendu c*, est biffée et inachevée. Voir ci-après, p. 218.

de Dol en faveur du fils de Saint-Hélan, exempt des gardes de la Reine[15], que S. M. lui a présenté en vertu de son apanage[a] pour en être pourvu[b] par le Roi par droit de régale[16].

Le Roi a résolu de donner l'abbaye du Pin à[c] dom Gaultier, religieux de l'ordre de Citeaux[17], à la réserve de 600 livres de pension en faveur de Louis de Compiègne, juif converti, outre les douze cents francs de l'ancienne pension[18].

Le Roi admet la cession du canonicat de Luçon faite par Louis de Bessay, qui en avoit été pourvu par S. M. en régale, et veut que Hilaire Rouleau en soit pourvu encore en régale[19].

1. C'est le mardi de Pâques; le 18 et le 19, on a marié le Prince de Toscane; le 20, on partira pour Fontainebleau, où la cour se transporte pour le temps de la grossesse déclarée de la Reine.

Nous avons ici, sur la première des feuilles écrites à part dans le manuscrit de Chantilly, p. 171, non pas une distribution de bénéfices, mais le « résultat » d'une séance du conseil de conscience que les contemporains disent avoir été constitué le 18 mars. Il se composait du P. Annat, jésuite et confesseur du Roi; de M. de Marca, archevêque de Toulouse; de M. de la Motte-Houdancourt, évêque de Rennes, nommé sur les instances de la Reine mère, dont il était premier aumônier, et de M. de Péréfixe, ancien précepteur de Louis XIV, devenu évêque de Rodez. Depuis lors, « le mérite de chacun fut discuté sévèrement par trois ou quatre hommes qui ne s'accordoient pas toujours, et, par là, le Prince voyoit la vérité » (*Mémoires de l'abbé de Choisy*, tome I, p. 115-116). Cf. les *Mémoires de Conrart*, p. 614, les *Lettres de Jean Chapelain*, tome I, p. 175, et un mémoire du 1er mai sur les expéditions en cour de Rome : A. É., vol. Rome 143, fol. 53 et 68-69. Nous avons expliqué

a. *Apanage* est écrit *appennage*.
b. *Pourvu* a été ajouté en interligne par Brienne.
c. Après *à*, on a biffé *la réserve de*, récrit plus loin.

ci-dessus, p. 145, l'organisation du service et indiqué les documents qui en émanent.

2. Hénin-Liétard était une abbaye d'hommes, de l'ordre de Saint-Augustin, à deux lieues de Lens, et Notre-Dame-d'Avesnes, près Bapaume, une abbaye de bénédictines, toutes deux du diocèse d'Arras. — Évidemment, le rédacteur de ce procès-verbal a voulu écrire : « Les abbayes de Hénin et d'Avesnes. » Marie-Thérèse de Montmorency-Croisilles était abbesse d'Avesnes, et Augustin Hossart fut nommé abbé de Hénin le 15 décembre 1661.

3. On a vu plus haut, p. 54-55 et 68, quelle était la situation des bénéficiaires d'Artois, les uns nommés par l'Espagne, les autres par la France.

4. Un membre de la famille irlandaise dont il a été parlé ci-dessus, p. 137, note 13.

5. Baudouin ne nous est pas connu.

6. Mazarin avait eu cette abbaye en 1643, après Richelieu ; il va y être remplacé par le cardinal Mancini, qui aura lui-même pour successeur, en 1672, Bossuet.

7. Le seul membre du conseil de conscience qui ne soit point évêque est le confesseur du Roi.

8. Ci-dessus, p. 169-170. Colbert a raconté comme il suit (*Lettres*, tome VI, p. 488-489) l'affaire du Formulaire à Paris. « Au mois de juin de la même année 1661, il arriva sur le fait du jansénisme une chose assez considérable. Les deux vicaires généraux du cardinal de Retz archevêque de Paris, l'un nommé de Contes, doyen de Notre-Dame, et l'autre Dehodencq, curé de Saint-Séverin, publièrent une ordonnance portant injonction à tous prêtres du diocèse de signer le Formulaire dressé et résolu par l'assemblée du Clergé de 1656, dans laquelle ordonnance ils exposoient que, du temps d'Innocent X, il n'étoit question que de savoir si les Cinq propositions extraites du livre de Jansénius intitulé : *AUGUSTINUS*, étoient véritables et catholiques, ou si elles étoient fausses et hérétiques, et imposoient silence à l'égard des faits décidés par les constitutions. Le Roi, ayant clairement connu que ces deux grands vicaires avoient avancé contre la vérité, que la question de fait n'avoit été ni agitée ni décidée par la première constitution d'Innocent X, et que le silence qu'ils imposoient étoit ce à quoi les plus opiniâtres jansénistes vou-

loient parvenir, en fit porter sa plainte au nonce du Pape qui étoit près de lui, lui fit remettre copie de ladite ordonnance et remarquer de quelle importance il seroit que le Pape souffrît que deux grands vicaires du premier archevêché du royaume se déclarassent si manifestement contre les constitutions des Papes, en une matière si délicate, sans être punis ; au surplus, que ce qui seroit ordonné par S. S. en cette matière seroit ponctuellement exécuté dans tout son royaume. Le Nonce ayant donné avis de tout au Pape, en réponse il reçut un bref de S. S. aux deux grands vicaires, donné à Sainte-Marie-Majeure le 1er août 1661, par lequel, après leur avoir reproché qu'ils n'ont pas eu honte de soutenir un si faux et si évident mensonge, et qu'ils sont coupables de semer de mauvaise ivraie dans le champ du Seigneur, de troubler l'église catholique et d'être auteurs, autant qu'il pouvoit être en eux, d'un très vilain schisme, il les excite, avant que de procéder par les voies de droit, de révoquer ladite ordonnance. Le Roi donna ses lettres patentes sur ce bref, en date du 3 octobre 1661 ; les grands vicaires y obéirent, et firent publier un autre mandement par lequel ils révoquoient le premier et ordonnoient la signature du Formulaire avec toutes les clauses conformes aux intentions du Pape. Cette affaire terminée, le Roi, voulant toujours affermir le repos de l'Église et appuyer fortement les décisions du Saint-Siège sur cette matière, donna ses ordres de nouveau pour faire rechercher et arrêter tous les docteurs qui étoient demeurés opiniâtres à soutenir cette hérésie, fit faire une recherche exacte dans les deux maisons des religieuses du Port-Royal qui étoient accusées d'en être infectées, et fit défendre aux supérieures de ces deux maisons de recevoir aucune novice ni à la profession ni à l'habit. »

Nous suivrons les détails du conflit jusqu'au mois de septembre.

9. A la suite de la rébellion du cardinal de Retz, le siège archiépiscopal ayant été déclaré vacant par arrêt du 22 août 1654, l'administration en avait été remise aux mains des deux grands vicaires, M. Dehodencq, curé de Saint-Séverin, et M. Chassebras, curé de l'église de la Madeleine dans la Cité. Ce dernier, banni en 1655, a été remplacé le 31 octobre 1656 par M. de Contes, doyen du chapitre de Notre-Dame. Voir les

Œuvres du cardinal de Retz, tome V, p. 114-134, et tome VI, p. 286-288, et les *Mémoires de Nicolas Rapin*, tomes II, p. 505-509, et III, p. 111 et suiv., etc.

10. On verra la suite au 29 avril, p. 226.

11. Nous donnerons plus loin, p. 219, le texte du procès-verbal dressé par le Lieutenant civil au monastère de Paris, le 23 avril.

Le dimanche 24, Sébastien Camuset-Picart, commissaire au Châtelet, fit la même exécution à la maison des Champs. Suivant la liste donnée en tête du manuscrit du *Journal de Port-Royal*, qui va d'avril 1661 à avril 1662 (B. N., ms. fr. 17774, fol. 6 v°), il y avait alors plus de deux cents pensionnaires.

12. Le plus célèbre couvent de cette congrégation de Grandmont, réformée en partie de 1642 à 1650, était la maison des Bonshommes de Vincennes.

13. L'obédience à frère Antoine de Chavaroche, abbé de Grandmont, élu général le 31 octobre 1654 (A. N., O¹ 12, fol. 74 v°), avait été rétablie par deux arrêts du 8 avril 1659 et du 19 novembre 1660 (A. N., E 1712, fol. 156); un arrêt du 19 avril 1661 (*ibidem*, fol. 200) est rendu sur sa requête contre le supérieur du prieuré de Notre-Dame-du-Parc, près Rouen, indûment rétabli dans sa fonction par la chambre des vacations du parlement de Rouen. Le coupable était renvoyé au lieu de son obédience, et son appel comme d'abus réservé au Conseil et au Roi lui-même.

14. Nous ne connaissons pas cette affaire.

15. Joachim de Saint-Eslan, pourvu d'une charge d'exempt dans les gardes de la Reine régente le 28 mai 1643, puis fait aide de camp aux armées et décoré de l'ordre de Saint-Michel, a été anobli en juillet 1660. Il sera nommé lieutenant de M. de Guitaut au gouvernement de Saumur le 24 décembre 1661 (A. N., X¹ᴬ 8663, fol. 106 v°).

16. La régale est le droit du Roi à jouir des revenus des évêchés depuis le jour où ils deviennent vacants jusqu'à celui de la prestation de serment du nouveau pourvu, et à pourvoir aux bénéfices devenus vacants pendant le même temps ou restés en litige. Les bénéficiaires pourvus en régale doivent prendre l'approbation et l'institution des vicaires généraux du siège vacant. Voir un mémoire de Baluze et divers autres dans

le ms. Baluze 177, fol. 85-90, 191 et 264-268, et, dans le volume A. G. 171, fol. 158 et suivants, des provisions de bénéfices en régale donnés sur « certificat de la congrégation. »

17. Pierre Gaultier, de Talmond, qui succède à Léonard Gaultier, décédé le 3 octobre 1660, restera trente-trois ans abbé du monastère cistercien de Notre-Dame-du-Pin et mourra le 10 décembre 1693, à l'âge de soixante-dix-huit ans.

18. Louis de Compiègne, « de l'Académie royale, » est qualifié d' « interprète du Roi des langues orientales » dans deux quittances de 1667 et 1669, signées de sa main, où l'on voit qu'il touchait du Clergé une pension annuelle de 150 livres (B. N., Cabinet des titres, Pièces originales, vol. 831, dossier 18672).

19. Le siège de Luçon vaque depuis quatorze mois, et Nicolas Colbert, désigné pour évêque le 5 février 1661, ne sera sacré que le 24 juillet.

A. É. — Du 20 avril, à Paris[1].

Le mariage de Mlle d'Orléans[2], fille aînée du second lit, avec M. le Prince de Toscane, fils aîné de M. le Grand-Duc[3], fut célébré par parole de présent, M. de Guise[4] ayant procuration d'épouser, dans le château du Louvre[5].

1. La cour partit pour Fontainebleau ce jour-là; en prévision du déplacement, les « Trois » se trouvèrent tellement pressés de solliciteurs, qu'il leur fallut se ménager des issues dérobées pour sortir de chez eux (B. N., ms. italien 1850, fol. 139). — C'est dans le long séjour qui s'ensuivit, jusqu'au voyage de Nantes, que devint public l'amour du Roi pour Louise de la Vallière, qui était venue à la suite de la nouvelle Madame comme fille d'honneur.

2 et 3. Ci-dessus, p. 77-78 et 202.

4. C'est le duc de Guise « de Naples, » Henri II de Lorraine (1614-1664), ancien archevêque de Reims, célèbre pour ses deux expéditions aventureuses en Italie.

5. Le Roi et sa mère ont signé le contrat le 18; les épousailles se sont faites le 19. La mariée partira le 11 mai de Fontainebleau, fera un séjour à Saint-Fargeau chez sa sœur

aînée, arrivera à Lyon le 26, et continuera, par Avignon et Aix jusqu'à Marseille, où l'attendent les galères de Florence (*Gazette*, p. 380, 451, 475, 507, 530, 576-578, 580 et 605) : voir une lettre du trésorier du Metz, sur la dépense du voyage, dans les Mélanges Colbert, vol. 102, fol. 507-508, 2 mai. Malgré la pénurie des finances royales, le Roi avait donné 90,000 livres pour fournir sa cousine de points de Venise, de Rome, d'Angleterre, et d'habillements somptueux ; mais il se refusa à la faire traiter à ses frais et par ses officiers durant le voyage de Paris à Marseille (B. N., ms. fr. 22641, fol. 189 ; A. G., vol. 168, fol. 307, lettre du 27 avril). « S. M., est-il mandé dans cette dernière lettre, n'a pas désiré que Mme la Princesse de Toscane soit traitée par ses officiers pour plusieurs considérations trop longues à expliquer, et Elle m'a commandé de vous l'écrire pour le faire savoir à Madame, et d'y ajouter que, personne ne connoissant mieux que le Roi ce qui pourroit blesser l'honneur qui est dû à Mme sa cousine, Madame s'en peut remettre aux soins de S. M., qui croit qu'on ne peut douter de son affection, ni de son estime, après la dépense qu'Elle a faite pour son mariage dans un temps de nécessité où ses affaires sont réduites par une guerre de vingt-cinq ans sans relâche. »

M. C. — Du lundi 25 avril, à Fontainebleau[1].

Sur ce [que] M. de Saint-Pouanges a écrit que M. le duc de Lorraine désiroit conserver sur pied deux régiments de cavalerie allemande, faisants quatre cents chevaux, pour les envoyer à l'Empereur,

Comme aussi la compagnie de ses gardes et les deux d'ordonnance[2],

Le Roi a commandé à Le Tellier d'écrire audit sieur de Saint-Pouanges qu'il s'emploie pour obliger M. de Lorraine à faire licencier lesdits deux régiments, si ce n'est qu'il veuille les faire sortir hors de ses États tout présentement, sans qu'il renvoie ici demander aucun autre ordre au cas que ledit sieur duc désirât du temps pour la marche desdits deux régiments. [Il a écrit*a*.]

S. M. a trouvé bon que les gardes et les deux compagnies d'ordonnance soient conservées ;

Que M. de Lorraine commence à jouir de la ferme de ses salines[3] et de ses deux domaines affermés du jour de son rétablissement ou de l'échange des ratifications, et, pour les domaines qui sont en régie, M. de Lorraine en jouira du premier jour de cette année[4].

S. M. a aussi commandé que toutes les fortifications de Nancy soient démolies, même les courtines, sans conserver les murailles, et que la dépêche qu'il faut faire pour cela sera concertée avec le sieur de Clerville; [Elle a été concertée et envoyée*b*.]

Qu'on permette à deux hommes préposés par M. le duc de Lorraine de demeurer à Nancy pour faire agir les trois mille personnes qu'il fournira pour travailler à la démolition des deux tiers desdites fortifications. [Le Roi l'a trouvé bon*c*.]

Et, sur ce que M. de Lorraine a fait faire instance au Roi de conserver lesdites fortifications en laissant des troupes de S. M*d*. pour la garde de Nancy, S. M. [a] refusé cette proposition et a ordonné qu'il sera travaillé à ladite démolition incessamment[5]. [Les ordres ont été envoyés*e*.]

Sur ce que M. de Pradel a demandé les ordres du Roi en cas que M. de Lorraine allât à Nancy, S. M. a commandé à Le Tellier de lui écrire qu'il reçoive ledit sieur duc avec cinquante personnes de sa suite et lui

---

a, *b* et *c*. Apostilles de la main de Brienne.
d. Brienne a corrigé *ses troupes* en *des troupes de S. M.*
e. Apostille de la main de Brienne.

rende tout l'honneur qu'il se pourra en gardant toujours la sûreté, et, afin que toutes les choses se passent bien, que ledit sieur de Pradel, en cas qu'il apprenne que ledit sieur duc veuille aller à Nancy, lui fasse entendre par avance ledit ordre[6]. [On a envoyé les ordres en cette conformité[a].]

Sur la proposition qu'a faite le sieur de Vicfort[7] par une lettre qu'il a écrite à M. de Lionne de la Haye en Ollande[8], le Roi a trouvé bon que ledit sieur de Vicfort soit convié de s'employer auprès du prince d'Analth pour essayer qu'il pressente si M. l'électeur[b] de Brandebourg, son beau-frère[9], voudroit quitter les intérêts de la maison d'Autriche pour s'attacher à ceux de S. M.[10]. [Le sieur de Lionne lui a écrit en cette conformité[c].]

Sur ce que M. le duc[d] de Neubourg[11] a écrit [à] M. de Lionne de lui faire savoir si S. M. continue dans la résolution de le favoriser pour le faire élire roi de Pologne, ou s'il est vrai que S. M. ait envoyé le sieur Akachias[12] pour faire valoir le dessein qu'a la reine de Poulogne[13] de faire tomber la succession de ce royaume-là entre les mains de M. le duc d'Anguien, à cause du mariage de la fille de Mme la princesse Palatine, nièce de la reine de Pologne, avec ledit seigneur duc d'Anguien[14], le Roi a commandé à M. de Lionne de faire savoir audit sieur duc de Neubourg que S. M. n'a pu s'empêcher de favoriser le duc[e] d'Anguien pour

---

a. Apostille de Brienne.
b. Avant *l'électeur,* Le Tellier a biffé *le duc.*
c. Apostille de Brienne, qui a corrigé *on* en *le sieur de Lionne.*
d. Avant *le duc,* Le Tellier avait écrit d'abord : *de Neub,* inachevé, et a biffé ces six lettres pour ajouter le titre.
e. Avant *le duc,* Le Tellier a biffé *Mgr.*

la succession de Pologne, et qu'elle sera bien aise que lui, duc de Neubourg, emploie son crédit pour faire réussir ce dessein-là[15], l'assurant qu'en toutes autres occasions le Roi continuera à protéger ses intérêts[16]. [Le sieur de Lionne lui a fait savoir par ordre du Roi les intentions de S. M. sur ce sujet*a*.]

S. M. a aussi ordonné à M. de Lionne de faire savoir à M. de Thou ce que Vicfort lui a écrit de la conduite et des discours que tient un Ollandois qui est dans sa maison[17]. [Le sieur de Lionne a écrit*b*.]

1. Il n'y a pas eu de réunion du Conseil depuis le départ de Paris : on s'est arrêté à la Maison-Rouge pour la nuitée du 21 au 22, la jeune Reine étant obligée de se ménager; le 23, le Roi est allé visiter les travaux du canal repris sur les plans d'Henri IV; le 24, toute la cour a suivi la chasse; le 25, arrive la Reine mère.

2. Le 14 avril, huit compagnies du régiment Royal avaient relevé à Nancy les troupes de la vieille garnison, licenciées comme on l'a vu ci-dessus, p. 157-159, et le duc Charles, en arrivant à Bar, a également licencié sa petite armée (*Gazette*, p. 401, 417 et 427); mais il reste les troupes attachées à sa personne. Ce duc était le premier de sa maison qui eût eu une garde lorraine et une garde suisse, des gendarmes, des chevau-légers et quelques garnisons, faisant un total de trois mille chevaux, porté même à six mille quand il servait l'Espagne, et douze cents hommes de pied; il en est parlé dans les *Mémoires du marquis de Beauvau*, et plusieurs lettres de Le Tellier (A. G., vol. 168, fol. 294 et 305) sont relatives à leur licenciement partiel.

3. Ci-dessus, p. 30 et 36. Le 30 avril, on remettra aux représentants de M. de Lorraine la ville de Dieuze, puis, successivement, les salines de Rozières, les autres places, et, en dernier lieu, Nomény (*Gazette*, p. 473-474).

4. Le duc demandera encore, par une lettre du 5 mai, puis par une autre du 17 juin (A. É., vol. FRANCE 910, fol. 316, et

a et *b*. Apostilles de la main de Brienne.

vol. Lorraine 38, fol. 201 v°), à jouir de ses domaines, amodiés ou non, du jour où il avait signé le traité du 28 février, malgré le retard des ratifications, qu'il imputait à la maladie du Cardinal.

5. On a vu ci-dessus, p. 95, 104, 160, etc., qu'un article particulier et additionnel avait été signé le 31 mars; il a été envoyé le 5 et le 6 avril à Pradel, au maréchal de La Ferté, à Saint-Pouenges et au président Colbert (A. G., vol. 168, fol. 234-235), revêtu du grand sceau, avec recommandation d'en user selon la dépêche jointe du Roi (B. N., ms. fr. 4240, fol. 382 et 400-407) et de ne se prêter à la restauration du duc Charles qu'après avoir obtenu ses ordres précis pour le démantèlement de Nancy, ainsi que le Roi l'avait résolu et décidé dès le 12 mars (p. 30 et 71). Le duc vient de ratifier cette convention le 20 avril, à Bar (A. É., vol. Lorraine 38, fol. 158-162; B. N., ms. fr. 4240, fol. 382 v° à 386). Dans l'article 2 du premier traité, il était dit que le Roi démolirait à toujours, « si bon lui semblait, » les fortifications des deux villes, Vieille et Neuve, et Charles IV avait compté, ainsi que ses sujets, que le temps ou la difficulté et la dépense d'un pareil travail forceraient à y renoncer; mais l'article du 31 porte en termes positifs : « La garnison françoise sera présentement tirée, et le duc déchargé de l'entretien des quatre cents hommes qu'on devoit tenir en garnison; mais, en place de ceux-là, le Roi enverra et entretiendra à ses frais telles troupes qu'il voudra pour la sûreté de la place et l'avancement des travaux. D'autre part, le duc fournira chaque jour trois mille hommes valides et capables d'exécuter les deux tiers de la démolition, sans quoi le Roi y pourra contraindre les habitants de Nancy et du pays environnant. » Dom Calmet a raconté (tome III, p. 584-585) les opérations de démantèlement dont nous allons suivre le progrès presque jour par jour. Louis XIV, qui s'y intéressait énormément, adressa à Saint-Pouenges, le 26 avril, ses instructions pour mettre à bas courtines et murailles (ms. fr. 4240, fol. 408), et Le Tellier annonça, le 6 mai (A. G., vol. 168, fol. 347), la désignation du chevalier de Clerville (ci-dessus, p. 159-160) pour diriger les travaux, qui commencèrent immédiatement (*Gazette*, p. 473 et 476).

On a vu quelle relation étroite cette opération avait avec le projet de marier Mlle de Montpensier au prince Charles de Lorraine ou à son oncle. La première partie de la lettre écrite par Clerville à Lionne le 8 mai, en partant pour Nancy, reproduite ci-dessus, p. 159-160, a montré que cette princesse essaya d'empêcher qu'on ne rasât tout, « son mariage dépendant absolument de là. » En voici la fin (A. É., vol. France 910, fol. 317 v° et 318) :

« Je serai à Nancy, moyennant la grâce de Dieu, jeudi au soir, ou, au plus tard, vendredi matin. Mais, quoique j'aie mandé que l'on disposât toujours les sapes et les mines en telle sorte qu'à mon arrivée l'on pût faire quelques épreuves des unes et des autres, sur le succès desquelles on pût juger quelles seroient les meilleures de ces manières et quelle dépense on auroit à faire dans le rasement de tous les bastions, en calculant sur celui auquel j'ai mandé, dès il y a huit jours, qu'on commençât de s'appliquer, je n'espère néanmoins pas être si heureux que de trouver les choses tellement avancées que nous ne puissions avoir de vos nouvelles avant que d'être en état de rien abattre. Si l'intérêt du service du Roi me permet donc d'en attendre par une autre voie que par celle de ce porteur, je prendrai la liberté de vous dire que les ordinaires de Nancy partent toutes les semaines de Paris, le mercredi et le samedi, et qu'ils logent au bout de la rue de la Tisseranderie, pour arriver le cinquième jour après leur départ. Après cela, je prendrai encore celle de vous assurer, dans le temps du mien, que, bien que je n'aie pu rencontrer la commodité de recevoir l'honneur de vos commandements à Fontainebleau, je ne laisse pas d'être avec autant de respect, etc. »

6. Même dépêche du Roi, du 26 : B. N., ms. fr. 4240, fol. 408-413.

7. Il s'agit ici, non pas de Joachim de Wicquefort (1600-1670), ce conseiller du landgrave de Hesse et son résident en Hollande dont on a une correspondance imprimée en 1696, mais d'Abraham, auteur de nombreuses relations de voyages et d'ouvrages très estimés sur les fonctions des ambassadeurs. Celui-ci, faisant fonction de résident de l'électeur de Brandebourg à Paris, où il était très répandu dans la société lettrée, avait été enfermé à la Bastille en 1659, sans souci du droit

des gens, pour ses indélicatesses et ses « nouvelles imprudentes » touchant les amours du Roi avec Marie Mancini, surtout parce qu'il manifestait trop d'attachement à la cause de Condé et déplaisait à Le Tellier, et on l'avait ensuite reconduit à la frontière ; mais, au bout de trois mois, Mazarin l'a fait revenir avec une pension de trois mille écus, qui lui sera conservée jusqu'à la guerre de Hollande, et il est depuis lors aux gages de la France pour le service des renseignements. Plus tard, réinstallé en Hollande, il y sera condamné à une détention perpétuelle pour avoir livré des papiers secrets à l'ambassadeur d'Angleterre, et c'est en prison qu'il rédigera les plus intéressants de ses livres : *Mémoires touchant les Ambassadeurs* (1677), et *l'Ambassadeur et ses fonctions* (1681).

8. M. de Lionne, qui l'a envoyé en mission secrète à la Haye et à Clèves (B. N., ms. fr. 22641, fol. 208 v°), entretient avec lui une correspondance régulière en dehors de celle de l'ambassadeur (A. É., vol. HOLLANDE 66) et goûte fort ses observations judicieuses, beaucoup plus même que les dépêches de M. de Thou. Dans une lettre du 21 avril, qui n'arriva que le 29, Wicquefort écrivait (fol. 95) : « ... Plus je fais réflexion sur ce qu'il vous a plu m'écrire par votre lettre du 8 de ce mois touchant les inclinations de la cour de Clèves, plus je me confirme dans l'opinion que j'ai qu'il n'y a rien à faire présentement. Mme la princesse douairière y règne tellement, que tout fléchit sous elle, et vous connoissez son humeur, Monsieur, et vous savez qu'il est impossible de rien gagner sur elle. La maison d'Autriche a eu l'adresse de s'acquérir le ministre pour peu de chose, et croit se l'attacher pour jamais par la garantie qu'elle lui a promise pour la souveraineté de la Prusse, laquelle néanmoins n'est pas fort considérable, parce que, l'Empereur se trouvant engagé avec le Turc, les Polonois ne perdront point l'occasion de profiter de la mauvaise volonté de la noblesse de cette province-là, qui proteste que, n'étant point sujets, mais membres de la couronne, ils n'ont pu être aliénés sans leur consentement. Un marquis de Baden, fils de celui qui est président en la chambre de Spire, a été, ces jours passés, en des conférences fort secrètes avec M. l'Électeur, à Clèves, sans que l'on en sache le sujet, sinon que l'on soupçonne qu'il lui a proposé le commandement de l'armée contre le Turc, et il est certain qu'il y

est disposé, si ce n'est que la considération de la grossesse de Mme l'Électrice et du bas âge de ses princes l'en empêche. Le prince d'Orange arriva à Clèves le 5 de ce mois. Le prince d'Anhalt fut au-devant de lui avec cinq carrosses à six chevaux ; M. l'Électeur alla au-devant de lui jusque dans la salle, et le fait accompagner partout de quatre hallebardiers de sa garde, là où le prince palatin de Simmeren, qui est cousin germain de l'Électeur et de celui de Heidelberg, qui a la cinquième place dans le collège des Princes et qui est un des directeurs de son cercle, fut reçu tout d'une autre façon : on n'envoya au-devant de lui que deux carrosses et autant de gentilshommes, et M. l'Électeur ne le reçut qu'à la porte de sa chambre. Cela ne fait pas seulement un mauvais effet en Allemagne, où il n'y a point de prince qui voulût céder au prince d'Orange, qu'ici, où l'on ne veut point qu'on l'élève dans une grandeur de souverain... » Le 28 avril, il écrira encore (fol. 98) : « La cour de Dresde a absolument refusé à l'Empereur le secours qu'il y a fait demander contre le Turc, tant parce que l'on croit que l'affaire n'est pas si fort pressée que l'on veut faire croire, que parce que l'on veut que l'on résolve cela dans une diète. La véritable cause de cette froideur est que les ministres de la cour de Saxe se trouvent offensés de ce que, depuis quelque temps, ceux de Vienne les amusent de l'espérance du mariage de l'Empereur avec la fille de l'Électeur et s'en moquent assez ouvertement. Tous les frères de S. A. É. et les deux princes de Weimar et de Iéna travaillent fort à aliéner tout à fait l'esprit de ce prince de la maison d'Autriche. Cet exemple fera que la plupart des autres princes protestants en useront de même. L'on est toujours résolu, à Clèves, de secourir l'Empereur d'hommes en argent ; mais je ne vois point que l'on se mette en devoir d'exécuter ce que l'on a promis... Les États d'Hollande sont convoqués principalement à cause de la difficulté que ceux d'Enckhuse font sur la continuation du payement des droits de traite foraine extraordinaire : au moins c'en est le prétexte ; mais on y parlera des affaires d'Angleterre... »

Répondant à une de ces dépêches, en mai, M. de Lionne félicitera Wicquefort de l'intérêt qu'elles présentaient (A. É., vol. HOLLANDE 66, fol. 107) : « J'ai eu l'occasion de rendre compte au Roi de ce que vos deux lettres du 7 et du 21 du mois passé contenoient, que S. M. a trouvé important, et y a pris d'autant plus de plaisir qu'il semble, par les relations exactes que vous faites, que l'on soit sur les lieux et que l'on voie fort clairement le fonds de toutes les affaires. Nous profiterons de vos bons avis... »

9. Jean-Georges, prince d'Anhalt (1627-1693), a épousé en 1658 Henriette-Catherine de Nassau, fille du prince d'Orange Henri-Frédéric, et il se trouve ainsi beau-frère du grand électeur Frédéric-Guillaume de Brandebourg (1620-1688), marié en 1646 à la princesse Louise d'Orange. De plus, il est lieutenant général de cet électorat et maréchal de camp général.

10. Pensant, comme le dit Colbert (*Lettres*, tome VI, p. 487), qu'il fallait avant tout redouter la maison d'Autriche, former une ligue plus puissante qu'elle, et la « tenir toujours en échec dans le milieu et aux deux extrémités de ses États, » Louis XIV avait conclu en 1656 une alliance défensive avec l'électeur de Brandebourg et avait voulu être, le 29 juillet 1657, un des parrains de son fils Frédéric avec le roi de Hongrie, l'électeur de Saxe, les ducs de Brunswick, le prince Guillaume de Nassau, le prince Bogeslas Radziwill et le duc de Courlande. Il lui restait cependant des scrupules : « Je refusai, dit-il dans ses *Mémoires* (tome II, p. 563), de signer un accord déjà conclu entre l'électeur de Brandebourg et moi, quoiqu'il m'importât extrêmement de le détacher peu à peu des intérêts de la maison d'Autriche. » Aussi l'Électeur n'est-il pas entré dans l'Alliance (A. É., vol. Allemagne 150, fol. 179 et 184); à partir de 1672 seulement, il commencera avec Louis XIV des négociations secrètes, qui aboutiront aux traités de 1679.

11. On a vu ci-dessus, 16 avril, p. 189-190, que M. de Brandebourg avait fait exclure le duc de Neubourg de la paix d'Oliva. Aussi M. de Neubourg a-t-il offert à la reine de Pologne (ci-après, p. 217) un blanc-seing pour elle-même et pour ses nièces, avec une place comme garantie, si on l'aidait à se faire élire roi par les Polonais. Cette combinaison agréait à Mazarin; mais la reine l'a repoussée, et, par suite, le 13 janvier 1661, Lumbres a été chargé de prévenir M. de Neubourg qu'il ne serait plus désormais question que de choisir entre un prince

français ou un prince de la maison d'Espagne. La lettre suivante, écrite par Condé, un mois auparavant, à son envoyé en Pologne (archives de Chantilly, reg. P XXIV, fol. 129), explique comment le duc de Neubourg avait pu conserver ses illusions alors que la France était bien résolue à l'évincer :
« Le Roi m'a fait voir ce matin la copie d'une lettre que l'envoyé du duc de Neubourg qui est en Pologne a écrite à S. M., par laquelle il mande qu'un nommé Plettenberg ayant parlé à la reine de la succession du royaume pour le duc de Neubourg, il avoit trouvé la reine très bien disposée pour cela, et qu'elle lui avoit seulement demandé deux cent mille patagons et qu'il gagnât quelques sénateurs de ceux dont on n'étoit pas assuré; que, pour cela, la reine lui avoit dit qu'il falloit qu'il s'adressât à l'évêque de Cracovie; qu'ayant vu l'évêque de Cracovie, il lui avoit témoigné qu'il étoit dans le dessein de favoriser l'élection dudit duc, et qu'ensuite l'évêque en avoit parlé à la reine, et qu'il lui avoit ajouté qu'il falloit qu'il fût appuyé de la France et qu'on fît en sorte que le Roi envoyât ordre à son ambassadeur de faire office de sa part pour cette élection; qu'en ce cas, la chose pourroit réussir pour le duc de Neubourg. Pour moi, je ne suis point en alarme de ce bruit-là, m'imaginant que, si la reine a tenu un tel discours, ce ne peut être que pour dépayser ces gens-là et pour mieux couvrir ce qu'elle a dessein de faire pour nous; mais j'ai cru qu'il étoit bon de vous en avertir afin que vous en puissiez parler à la reine et que vous voyiez avec elle s'il faut entrer en quelque méfiance de l'évêque de Cracovie, ou si c'est une chose faite de concert. Quoi qu'il en soit, le Roi m'a donné là-dessus de nouvelles assurances de sa bonne volonté et m'a dit qu'il n'avoit garde de rien faire en faveur du duc de Neubourg au préjudice de mon fils, ni d'envoyer aucun ordre à M. de Lumbres qu'il soit contraire au dessein qu'il a de faire tomber la succession à mon fils; que je pouvois en être tout à fait en repos. La même lettre porte aussi que l'envoyé du duc de Brandebourg qui est en ce pays-là avoit parlé à celui de Neubourg et lui avoit promis de favoriser cette élection pourvu que le duc de Neubourg voulût échanger Juliers et Clèves contre l'évêché de Minden, et que ledit envoyé de Neubourg avoit répondu que son maître ne se résoudroit point à cela, tant

parce qu'il ne vouloit point de bien d'Église, que par la grande disproportion qu'il y a de ce qu'on vouloit échanger avec Juliers et Clèves. On voit par là que ces gens-là ne s'endorment pas et qu'ils travaillent autant qu'ils peuvent à la succession du royaume. »

12. Roger Akakia, sieur du Fresne, fils et petit-fils de médecins fameux, d'abord employé par Mazarin et Lionne comme secrétaire de M. d'Avaugour en Suède et en Pologne, a déjà été envoyé dans ce dernier pays en mai 1656, puis remplacé quelques mois plus tard par Lumbres (Farges, *Instructions aux ambassadeurs en Pologne*, tome I, p. 15-19). Étant venu apporter jusqu'à Bordeaux, à la fin de juin 1660, de la part de la reine, les premiers renseignements sur la candidature dont il va être parlé, on l'a renvoyé en décembre avec de nouvelles instructions pour son successeur, et il est arrivé le 16 mars à Danzig : ci-dessus, p. 20-21. Les lettres écrites alors par lui à Monsieur le Prince sont aux archives de Chantilly, série P, reg. XXIV, fol. 101 et suiv. Sa lettre de Danzig au ministre, datée du 1er avril (A. É., vol. Pologne 16, fol. 31-32), rend compte du nouvel état de choses.

Akakia sera accusé de trahison en 1664, sur une dénonciation de Vienne, et mis à la Bastille; mais, reconnu innocent, on l'enverra de nouveau dans les cours du Nord et vers les Hongrois, et il mourra en passant par la Pologne, vers 1680.

13. Marie-Louise de Gonzague-Clèves (1612-1667), fille du duc de Nevers et sœur aînée de la Palatine, a épousé, en 1645, Ladislas, roi de Pologne, puis, en 1648, après la mort de Ladislas, son frère Jean-Casimir, et est parvenue à le faire élire roi quoique jésuite; mais ils n'ont point d'enfants. Ses Papiers, donnés à Condé par son secrétaire Pierre des Noyers, sont à Chantilly.

14. Henri-Jules de Bourbon-Condé (1643-1709), duc d'Enghien, fils du Héros, épousera en effet, mais seulement en juillet 1663, Anne de Bavière, fille de la princesse Palatine et nièce de la reine de Pologne.

15. Les premières ouvertures de la reine de Pologne remontaient à octobre 1659, et c'est elle qui avait envoyé alors Akakia à Paris pour s'y employer sous la direction du secrétaire des Noyers et avec l'actif concours de la Palatine. Selon feu M. Chéruel, Mazarin s'intéressait peu à la personne du jeune

prince, l'essentiel étant pour lui que toute candidature austro-espagnole échouât; cependant on a approuvé le choix de la reine le 19 août 1660, promis une subvention de deux cent mille écus, ordonné à Lumbres de présenter officiellement la candidature du duc d'Enghien, autorisé celui-ci à entretenir correspondance avec la reine, et enfin envoyé en Pologne, avec des lettres de créance (A. N., K 118, n° 119), Caillet-Denonville, un des plus fidèles serviteurs de Condé, en lui recommandant de faire bon ménage avec Lumbres.

16. Lionne écrivit en conformité à Gravel le 29 avril : ci-après, p. 225. Il avait eu, la veille, ordre d'envoyer à Lumbres un courrier secret.

17. Le 19 avril, en réponse à la lettre de Wicquefort du 14, M. de Lionne lui avait écrit (A. É., vol. HOLLANDE 66, fol. 99, et ANGLETERRE 76, fol. 165 v°) : « En premier lieu, S. M. désire de savoir le nom de cet Hollandois de naissance que vous dites qui approche de M. l'Ambassadeur et qui débite de delà de si beaux bruits et tant de raisonnements faux. Mandez-moi aussi, je vous prie, s'il est domestique du sieur ambassadeur, ou si seulement il hante chez lui... » C'était un sieur P. Bernarts, qui, employé pour les traductions du flamand, se qualifiait secrétaire de l'ambassade.

M. C. — Du 26 avril.

Le Roi ayant entendu le procès-verbal de M. le Lieutenant civil contenant les noms des filles pensionnaires qui sont dans les deux monastères du Port-Royal sis à Paris et ès environs, et le commandement[a] qu'il a fait à l'abbesse de celui de Paris de les renvoyer à leurs parents, avec défenses d'en plus recevoir à l'avenir, non pas même pour être novices[1], et[b] ce ensuite des ordres que ledit Lieutenant civil en

a. Le Tellier, ayant d'abord écrit *l'ordre*, l'a biffé et remplacé par *le commandement*.
b. Il a biffé *le* avant *et*.

avoit reçus de S. M., Elle a ordonné que M. le Procureur général écrira audit Lieutenant civil de s'informer si ladite abbesse aura exécuté ce que dessus, et d'en rendre compte à S. M.

Le Roi a commandé à M. de Lionne de donner part à M. de Lombres, en Pologne, des avis que S. M. a eus d'Allemagne[2] qui concernent les affaires[a] et le service de S. M.[3]. [Le Roi a vu la lettre que le sieur de Lionne écrit, et l'a approuvée[b].]

Elle a aussi commandé à M. le Procureur général de se servir de la correspondance secrète[4] pour faire savoir en Angleterre quelque chose important au service[c] de S. M. [Fait[d].]

Elle a aussi commandé à Le Tellier d'employer dans l'état général des garnisons[5] vingt hommes de morte-paye pour la garde du réduit de Marville, qui sera conservé[6]. [Fait[e].]

---

1. Ci-dessus, 19 avril, p. 205. Ce procès-verbal du 23 est transcrit dans le *Journal de Port-Royal* de 1661-1662 (B. N., ms. fr. 17774, fol. 7) : « Dreux d'Aubray, chevalier, comte d'Offémont, seigneur de Villiers et autres lieux, conseiller du Roi en ses conseils et lieutenant civil en la prévôté et vicomté de Paris, savoir faisons que, ce jourd'hui 23 avril 1661, accompagné de Messire Armand de Riants, conseiller du Roi en ses conseils et son procureur au Châtelet, suivant l'ordre à nous donné par S. M. nous nous sommes transportés au monastère de Port-Royal sis en cette ville, au faubourg Saint-Jacques, et, y étant arrivés, avons fait avertir l'abbesse de nous venir trouver au parloir. Et, y étant, se sont présentées à nous : sœur Catherine-Agnès de Saint-Paul, abbesse; sœur Madeleine de Sainte-Agnès, prieure; sœur Marie de l'Incarnation, sous-

---

a. Ici, Le Tellier a biffé *du R[oi]*.
b. Apostille de Brienne.
c. Le Tellier a biffé ici *et*.
d et e. Apostilles de Brienne.

prieure, auxquelles nous aurions fait entendre que nous étions venus de la part du Roi audit monastère, leur faire savoir les intentions de S. M. et prendre d'elles les noms des pensionnaires qu'elles avoient, tant audit monastère qu'à celui du Port-Royal-des-Champs. Laquelle abbesse nous a dit qu'il y avoit, tant au monastère de Paris qu'à celui de la campagne, plusieurs pensionnaires, et, qu'à celui de Paris il y en avoit jusqu'au nombre de vingt et une, qui sont : damoiselles Angélique et Catherine de Canouville de Raffetot, de Normandie; Charlotte Maignart de Bernières; Marie et Anne Catelan, sœurs; Madeleine Feydeau; Madeleine de La Roque, de Paris; Angélique Angran; Marie Le Gaigneur; Marguerite Le Caron, fille d'un notaire de Paris; Cécile-Claire-Eugénie de Clermont; Mlles d'Albert et de Chars, filles de M. le duc de Luynes; Geneviève Le Tonnelier; Marie Marsolier, fille d'un marchand rue au Fouerre; Marguerite Lombert, de Paris; Gabrielle Chouart de Buzanval; Anne et Geneviève d'Escarian, de Paris; Anne et Agathe de Boisguillebert, de Normandie. Outre les susdites pensionnaires, il y a encore dans la maison : damoiselles Gabrielle du Gué de Bagnols, Louise-Marie de Moucy, Mlle Louise d'Albert de Luynes, damoiselle Anne de Clermont, Gabrielle Feydeau, Geneviève Robert, Madeleine Picard de Périgny, Jacqueline et Marguerite Périer, d'Auvergne, lesquelles sont séparées des pensionnaires et entrées dans le Noviciat, où elles pratiquent tous les exercices de la religion et sont reçues pour être au noviciat et prendre l'habit au plus tôt et quand on les jugera assez éprouvées. Nous a dit de plus ladite abbesse que, bien que le monastère de Paris et celui des Champs ne fassent qu'un même corps, néanmoins il y a dans le monastère des Champs plusieurs pensionnaires et filles qui sont dans le Noviciat, comme il a été dit ci-dessus, faisant les exercices et qui doivent après venir à Paris pour être reçues, et même qu'on ne reçoit point de religieuses dans le monastère de Paris qui n'aient été vues et examinées par les religieuses du Port-Royal-des-Champs, afin qu'elles les puissent connoître et donner avis sur leur réception. De toutes lesquelles pensionnaires et filles qui sont dans le Noviciat, et censées selon la règle comme religieuses, elle ne nous peut donner certainement tous les noms quant à présent, mais les envoiera quérir exprès pour nous les faire tenir dans deux jours. Et ont signé en la minute des présentes : Sœur Catherine-Agnès de Saint-Paul, abbesse; Sœur Madeleine de Sainte-Agnès, prieure; Sœur Marie de l'Incarnation, sous-prieure. »

« Sur quoi, ouï et requérant le procureur du Roi, avons ordonné auxdites sœurs abbesse, prieure et sous-prieure de renvoyer dans trois jours toutes les pensionnaires à leurs parents, leur faisant défenses d'en recevoir à l'avenir tant pour y demeurer en qualité de pensionnaires que pour y être novices; le tout conformément à l'intention de S. M., sur peine de désobéissance à ses commandements. Fait les an et jour que dessus.

« Et à l'instant, lesdites abbesse, prieure et sous-prieure nous ont fait prier de rentrer et dit qu'il venoit présentement d'arriver du Port-Royal-des-Champs une fille qui nous diroit les noms des pensionnaires et filles qui y étoient, lesquelles sont : Mlles Hélène de Muskery; Catherine, Michelle et Marguerite de Guiry; Catherine-Thérèse et Françoise de Villelegat; Cécile Chanlatte; Michelle et Thérèse Gallois; Renée Retard; Françoise Piquenot; Anne Thevin; Marguerite Le Fèvre; Michelle Willart; Marie de la Pailleterie, et Louise Fleury, toutes pensionnaires; et de postulantes, comme dessus : Mlles Françoise de la Pailleterie, Marguerite Chanlatte, Marie-Angélique Singlin et Angélique Portelot. De quoi nous avons donné acte auxdites religieuses, qui ont signé en la minute des présentes : Sœur Catherine-Agnès de Saint-Paul, abbesse; Sœur Madeleine de Sainte-Agnès, prieure; Sœur Marie de l'Incarnation, sous-prieure. Fait les an et jour que dessus. Signé : d'Aubray; de Riants. »

Dans les quarante-huit heures suivantes, on s'est hâté de donner l'habit de novice à sept postulantes, et c'est sur quoi le Roi demande un rapport.

Le 24, M. d'Aubray avait envoyé un commissaire aux Champs, avec une lettre très courtoise pour M. d'Andilly. Le commissaire constata qu'il était demeuré quatre pensionnaires : deux, qui étaient de Normandie, furent renvoyées à leurs parents; les deux autres, filles du duc de Luynes, restèrent encore quelques jours. Voir *Port-Royal*, tome IV, p. 116-129.

2. Ci-dessus, 25 avril, p. 209 et 215-217.

3. Lionne expédia une première lettre le 29, et une seconde

le 30 (A. É., vol. Pologne 16, fol. 35-39 et 41-43). C'est l'une ou l'autre que nous verrons lire devant le Roi le 28, avant de la confier à un messager secret.

4. Ci-dessus, p. 188.

5. Ci-dessus, p. 148-149.

6. Il a été parlé du réduit de Marville p. 133 et 141, et des mortes-payes p. 143 et 147. Le Tellier écrivit, le 28, au maréchal de Fabert, gouverneur de Sedan (A. G., vol. 168, fol. 316) : « Suivant votre bon avis, S. M. a résolu de conserver le réduit de Marville, et, pour cet effet, d'y entretenir vingt hommes pour le garder, desquels on augmentera l'état général des mortes-payes. » Nous verrons, au 28 juillet, les habitants de Marville obtenir que le séjour de leur ville soit interdit aux religionnaires.

M. C. — Du 27 avril, après midi.

Le Roi ayant entendu la lecture de l'instruction faite par M. de Lionne pour le sieur d'Aubeville, l'un des ordinaires de S. M., Elle l'a agréée[1].

Cette instruction contient six points : le 1er regarde la proposition faite par M. le Nonce d'une ligue contre le Turc[2]; le 2e, l'affaire de Castres en faveur de M. le duc de Parme[3]; le 3e, les intérêts de M. le duc de Modène[4] touchant Commachio[5]; le 4e, le procès à faire à M. le cardinal de Retz[6]; le 5e, la nomination appartenante au Roi des bénéfices situés au comté d'Artois[7]; le 6e, le couvent de la Trinité-du-Mont[8].

1. Ci-dessus, 19 avril, p. 198-199. L'instruction porte la date du 5 mai.

2. Ci-dessus, p. 62-64, 66, 70, 99. Ce premier point de l'instruction est développé aux pages 64-74 du texte des *Instructions aux ambassadeurs de France à Rome*. Là aussi on peut voir, dans l'instruction de 1662 pour le duc de Créquy, p. 109-117, où s'en trouvait chaque affaire quand la mission d'Aubeville prit fin.

3. Ci-dessus, p. 16-17 et 198-199. Voir les mêmes *Instructions*, p. 76-78. Le duc de Parme et de Plaisance était alors Ranuce II Farnèse (1630-1694).

4. Alphonse V d'Este, duc de Modène depuis 1658, marié trois ans auparavant à Laure Martinozzi, nièce du cardinal Mazarin, a fait la paix avec les Espagnols du consentement de la France; mais il est infirme et mourra prématurément le 16 juillet 1662.

5. La petite ville de Comacchio, avec ses soixante-sept vallées, qui étaient à peine habitables, mais possédaient de précieuses salines, constituait la partie la plus importante du duché de Ferrare, et le pape Clément VII s'en était emparé en 1597, à la mort du duc Alphonse d'Este sans enfants légitimes. La branche cadette qui a hérité alors des duchés de Modène et de Reggio à défaut de celui de Ferrare, n'a cessé de protester contre cette dépossession, et le duc de Modène dont il vient d'être parlé ci-dessus, ayant l'avantage de se revendiquer du cardinal Mazarin comme mari de sa nièce, a obtenu, sans que le Pape en sût rien, que les articles 99 et 100 de la Paix stipulassent que le litige serait réglé de concert entre la France et l'Espagne (ci-dessus, p. 199). C'est ce qui est expliqué dans les ouvrages de Ch. Gérin, de M. le comte de Moüy, et particulièrement dans les textes des *Instructions*, p. 38-54, 74-75, 111-114.

6. Voir ci-dessus, p. 25-27. Ce quatrième point est encore exposé dans l'*Instruction*, p. 78-87. D'Aubeville devait demander des commissaires qui fussent français, et non italiens *in partibus*, pour juger le cardinal; mais le Saint-Siège prévoyait déjà que l'affaire s'accommoderait.

7. Ci-dessus, p. 55 et 68; voir les *Instructions*, p. 86-87. Nous avons déjà expliqué quelle importance Louis XIV attachait à la suppression des rapports des bénéficiaires de l'Artois ou des Trois-Évêchés avec les Pays-Bas espagnols, soit pour le temporel, soit pour le spirituel. Colbert de Vendières avait vainement réclamé l'application du Concordat; comme le disait Vuoerden, c'était une affaire éternelle et lassante. On en verra les suites.

8. *Instructions aux ambassadeurs à Rome*, p. 87-89 et 115-117. Le couvent royal de la Trinité-du-Mont, occupé par des minimes français, est troublé depuis quelques années par plu-

sieurs de ces religieux, peut-être à l'instigation du cardinal de Retz, qui habitait à côté d'eux, et sous l'influence des intrigues de leur protecteur le cardinal Spada, qui voulait les soustraire à la France. Selon le Pape, c'était simplement une « pique de moines grossie par un parent de Lionne (le P. de Neuillan) de nature turbulente, » et, comme le général de l'ordre a été dispensé par le Pape de visiter cette maison, c'est en forme de représailles que le ministre a fait opposition à ce qu'il vînt faire la visite des maisons de France (ci-dessus, p. 192 et 194; Charles Gérin, *Louis XIV et le Saint-Siège*, tome 1, p. 199 et 237-239). On verra les suites de cette affaire, qui s'arrangera au temps de l'ambassade du duc de Créquy moyennant certaines concessions.

M. C. — Du 28 avril.

Sur ce qu'on a voulu obliger les nouveaux maire et échevins d'Orléans de souscrire toutes les obligations èsquelles sont entrés leurs prédécesseurs pour les affaires de la ville, le Roi a ordonné à M. du Plessis-Guénegaud d'écrire au lieutenant général d'Orléans de faire prêter le serment à ses nouveaux officiers en faisant la même chose qu'ont fait les derniers lorsqu'ils sont entrés en charge[1]. [Exécuté.]

Le Roi a aussi commandé à M. le Procureur général de donner toutes les expéditions nécessaires au sieur de Clerville pour avoir six mille livres de gages assignées sur le revenu des domaines cédés au Roi par le dernier[a] traité de paix, lesquels gages seront attachés à la charge de commissaire[b] général des fortifications[2].

Le Roi a commandé à M. de Lionne de faire partir un courrier secrètement pour porter à M. de Lombres,

---

a. Avant *dernier*, Le Tellier a biffé *tra[ité]*.
b. Avant *commissaire*, il a peut-être biffé *suri[ntendant]*.

en Pologne, la dépêche dont S. M. a entendu la lecture[3]. [Exécuté.]

1. Ci-dessus, p. 175. On a un procès-verbal (archives du département du Loiret, B 227) pour les maire et échevins d'Orléans contre Claude Brachet, chargé le 11 avril des fonctions de maire.
Le lieutenant général au bailliage et siège présidial d'Orléans était, depuis 1635, François de Beauharnais, seigneur de La Grillière et de Villechauve, conseiller de Gaston d'Orléans, et sa sœur avait épousé en 1628 Nicolas Thoynard.
2. La charge de commissaire général créée pour Clerville (ci-dessus, p. 159-160 et 211-212) ne lui sera conférée que par provisions du 30 juin 1662. Il continua, en outre, jusqu'en 1669 au moins, à toucher des appointements sur le fonds des travaux de Marseille. Vauban lui succéda.
3. La lettre du 29 (A. É., vol. POLOGNE 16, fol. 35-39, et vol. ALLEMAGNE 148, fol. 213), écrite à la suite de la séance du 25, et que Lionne fit partir par un émissaire, roule sur les affaires de Pologne, sur les renseignements secrets venus de Vienne, et répond aux dépêches chiffrées de Lumbres pour le prince de Condé qu'on trouve aux archives de Chantilly, avec une lettre de Caillet (P XXIV, fol. 151-154). L'émissaire secret était un certain Persode, dont parlera plus tard le Mémorial.

A. É. — Du 29 avril, Fontainebleau.

Faire remarquer à M. de Thou qu'il a oublié, dans l'office qu'il a passé sur la mort de M. le Cardinal, de parler de l'administration du Roi, ce qui étoit le principal[1].

M. C. — Du vendredi 29 avril.

Sur ce que Mme d'Aiguillon[2] a écrit à Le Tellier qu'il pourra arriver quelque difficulté entre les troupes envoyées en la ville du Havre pour y tenir garnison et celui qui commande dans ladite place en l'absence de ladite dame duchesse d'Aiguillon, pour raison du commandement[3], s'il ne plaît au Roi d'enjoindre aux officiers desdites troupes d'infanterie de reconnoître ledit commandant, S. M. a commandé audit Le Tellier de[a] s'informer si le commandant du Havre a commission scellée du grand sceau[4], pour, après, donner ses ordres selon qu'Elle estimera être juste[5]. [Exécuté.]

Le Roi ayant entendu la lecture d'une lettre du curé de Saint-Séverin[6], l'un des grands vicaires de l'église de Paris, ensemble d'une autre lettre de M. l'archevêque de Paris[7] sur le sujet des supérieurs du Port-Royal, S. M. a commandé à Le Tellier d'écrire audit curé de Saint-Séverin qu'il remette ès mains de l'un de ses commis la copie en bonne forme du bref du Pape de l'an 1628, des constitutions du monastère du Port-Royal, et la commission du sieur de Saint-Glin[8], et d'en donner part à M. de Thoulouse[9]. [Exécuté.]

M. de Lionne ayant fait lecture des lettres du Roi pour S. S. dont on doit charger le sieur d'Aubeville, ensemble du mémoire des crimes de M. le cardinal de Retz, le Roi les a approuvées[10]. [Exécuté.]

Sur ce que M. l'électeur de Cologne[11] a demandé qu'il fût écrit de la part du Roi à M. le maréchal de Fabert[12] afin qu'il lui envoyât deux cents cavaliers des troupes licenciées, S. M. a commandé à M. de Lionne d'écrire audit sieur Électeur qu'il peut profiter de plus grand nombre de troupes, ayant permis, en sa

---

a. Avant *s'informer*, il a biffé *sav[oir]*.

considération, à M. le duc de Lorraine, de conserver sur pied deux régiments allemands de cavalerie, du nombre de 400 chevaux, pour les faire marcher où ledit sieur Électeur désirera[13]. [Exécuté.]

Sur ce que le premier président de la cour des aides de Rouen[14] s'est plaint au Roi de ce que le sieur Dosville[15], conseiller en sa compagnie, a quitté la ville d'Amboise, où il étoit par ordre du Roi, et s'est rendu à Rouen [sans] sa permission, S. M. a commandé qu'il soit envoyé ordre de le faire mettre dans le Vieil-Palais de Rouen[16]. [Exécuté.]

Le Roi ayant entendu la lecture du mémoire dressé par M. de La Barre, intendant en Auvergne[17], des violences que commettent plusieurs personnes de la province, qui rendent les paroisses impuissantes de payer la taille quoique d'ailleurs elles pussent y satisfaire, S. M. a commandé l'expédition d'une ordonnance portant défenses de s'attrouper, et des ordres aux troupes étant en ladite province de faire ce que désirera M. de La Barre pour châtier quelqu'un de ceux qui commettent lesdites violences[18]. [Expédié.]

1. Ci-dessus, p. 183-185. Ce président, d'esprit médiocre, était aimé de tout le monde et bien traité par le Roi, mais peu goûté des ministres.

2. Marie-Madeleine de Vignerot (1604-1675), nièce du cardinal de Richelieu, veuve d'Antoine du Roure de Combalet, et pour qui le duché d'Aiguillon a été érigé en 1638.

3. Ci-dessus, p. 129. Mme d'Aiguillon s'était fait délivrer un brevet et une commission pour tenir le gouvernement du Havre en suppléance de son neveu et pupille le duc de Richelieu : voir Borély, *Histoire de la ville du Havre* (1880), tome II, p. 467-512. Il est parlé du commandant auquel elle déléguait ses pouvoirs pour la citadelle, dans le ms. de l'abbé de Dangeau, fr. 22641, fol. 128-129 et 239 v°.

4. « Le *grand sceau* est le sceau du Roi qui est entre les mains du Chancelier ou du Garde des sceaux, dont on scelle les édits, les provisions des offices, les privilèges, les grâces et patentes, et tout ce qui se fait au conseil d'État ou au Grand Conseil. Le grand sceau est exécutoire dans tout le royaume. Il porte empreinte l'image du Roi revêtu de ses habits royaux. » (*Dictionnaire de Trévoux.*)

5. Le 30, Le Tellier écrira à la duchesse (A. G., vol. 168, fol. 317) que le Roi approuve que les capitaines des six compagnies envoyées au Havre reçoivent l'ordre du commandant de la citadelle, « présupposé qu'il ait des lettres du grand sceau. » L'ordonnance rendue en conséquence a été transcrite sans date au formulaire A. N., O^1 12, fol. 470 v°. Voir ci-après les séances des 2, 9, 20 et 21 juin.

6. Alexandre Dehodencq, docteur de Sorbonne, curé-archiprêtre de l'église de Saint-Séverin, était un des deux grands vicaires chargés par le cardinal de Retz, en 1656, de l'administration de son diocèse, comme il a été dit ci-dessus, p. 203-204, à l'occasion du Formulaire, et avait été mêlé depuis cette époque à toutes les agitations religieuses. Il mourut à Paris le 11 novembre 1665.

7. Le cardinal de Retz est encore archevêque de Paris et ne se démettra que l'année suivante.

8. Antoine Singlin (1607-1664), ancien apprenti de commerce, entré dans l'Église sous la direction de M. Vincent de Paul, puis choisi par M. de Saint-Cyran et désigné par M. de Gondy l'oncle pour être confesseur de Port-Royal, l'a été pendant vingt-six ans, a remplacé ensuite Saint-Cyran, comme supérieur, pendant huit ans, en vertu d'une commission particulière de M. de Retz, et nous l'allons voir expulser de ce poste. — Son nom est écrit Saint-Glin dans l'instruction pour M. d'Aubeville comme ici.

9. Nous avons vu le conseil de conscience engager cette affaire le 19 avril, p. 201. Selon une lettre de M. Singlin au chanoine Hermant, le Roi appela les grands vicaires le 20 pour qu'ils eussent à remplacer les confesseurs de Port-Royal par des prêtres de son choix, et, ces deux ecclésiastiques répondant que leur archevêque pouvait seul prendre une pareille mesure, le Roi les a envoyés exposer leurs motifs au Chancelier. Personne

n'ignorait que le cardinal de Retz était indirectement visé derrière Port-Royal, à l'instigation du conseil de conscience. Le 30, Le Tellier, écrivant en conformité de l'ordre du Roi à l'archevêque Marca, ajoutera (A. G., vol. 168, fol. 320; B. N., ms. fr. 17774, fol. 19 v°) : « S. M. croit nécessaire de profiter des moments pour mettre ordre à cette affaire importante en soi et encore plus par la déclaration que chacun sait que le Roi a faite à MM. les grands vicaires de l'archevêché de Paris. J'ai, du commandement de S. M., à vous faire remarquer que le vrai moyen de faire tomber la chose en négociation et la faire durer au moins plusieurs mois seroit de s'adresser à M. le cardinal de Retz, quand lui-même il procéderoit sincèrement, d'autant qu'il seroit besoin qu'il destituât Singlin avant toutes choses, qu'il prescrivît ensuite à l'abbesse du Port-Royal d'en proposer un autre, suivant les constitutions, et, comme, assurément, ses sentiments n'auroient pas de rapport avec ceux de S. M., il faudroit que ledit sieur cardinal, s'y conformant, ordonnât une nouvelle nomination, et ainsi plusieurs successivement, qui consommeroient d'autant plus de temps que le secrétaire de cette Éminence n'a pas toujours liberté de dater ses expéditions du lieu où elle se trouve. »

10. On accusait le cardinal d'être en état de rébellion, de soulever les peuples contre leur souverain, de pousser sous main Port-Royal, etc. Quant au Pape, les principaux griefs contre lui étaient d'avoir concédé le pallium à M. de Retz, de réclamer une réquisition en forme du Roi, au lieu d'un simple mémorandum paraphé par Brienne, de ne vouloir faire faire la procédure que par des juges italiens, etc.

L'article des « crimes » du cardinal avait été inséré spécialement dans l'instruction qu'on préparait pour Aubeville; mais il ne fut pas maintenu dans la mise au net paraphée par Lionne après correction, et M. Hanotaux, comme Charles Gérin, en ont conclu que ce n'était plus qu'une question de pure forme du moment que les négociations avaient repris entre Le Tellier, Foucquet et le cardinal rebelle. De même, dans l'instruction qui sera dressée le 27 juillet pour le cardinal Antoine, il y aura injonction absolue de ne faire usage des articles relatifs à Retz qu'au cas où celui-ci pourrait se prêter à réparer le mal. Selon le chanoine Hermant, cité par M. Gazier, le Pape déclara qu'il ne voyait pas plus de chefs d'accusation que d'accusateur, et que le tort avait été de fermer toutes voies à Retz pour se disculper et rentrer en grâce. D'autre part, les grands vicaires persistèrent à ne pas vouloir exiger la signature du Formulaire. On verra la suite.

11. Ci-dessus, p. 61 et 63, et ci-après, p. 330. C'est par le nonce résidant à Cologne que le Pape, en février et mars, avait fait inviter les princes allemands, même les protestants, à secourir tous ensemble l'Empereur contre les Turcs, sans d'ailleurs parler de la Ligue (*Gazette*, p. 274 et 281). L'archevêque-électeur fera partir son contingent de quinze cents fantassins vers le milieu de mai.

12. Ci-dessus, p. 133 et 141.

13. Les troupes personnelles du duc sont les seules qu'il lui ait été permis de conserver (ci-dessus, 25 avril, p. 207 et 210); nous voyons dans la *Gazette*, à la date du 28 mai (p. 530-531), que, conformément à l'article 67 de la Paix, le commissaire Mouchot licencia alors les deux régiments de cavalerie du colonel Foug et du colonel Marq, seuls subsistants, lesquels devaient être envoyés en Allemagne, et la *Gazette* ajoutait : « On commence de jouir en ces quartiers d'une pleine liberté pour le commerce, qui étoit beaucoup traversé par les coureurs. »

14. Pierre de Bec-de-Lièvre, marquis de Quevilly, de Hocqueville et de Cany-Barville, était premier président de la cour des aides de Normandie depuis 1656, « homme capable, mais intéressé et sans probité ». Il mourut en 1685, son fils aîné lui ayant succédé par provisions du 9 décembre 1678.

15. Deux conseillers avaient déjà été exilés à Bayonne et à Gap, en avril 1655, par cet ordre au Premier Président, dont nous n'avons qu'une copie sans date (A. N., O¹ 12, fol. 175) : « Monsr de Hocqueville, ayant beaucoup sujet d'être mal satisfait de la conduite que MM. de La Place et Lucas, sieur d'Osseville, conseillers en ma cour des aides de Rouen, tiennent en toutes les occasions et affaires concernant mon service qui s'offrent en madite cour des aides, j'envoie exprès en madite ville de Rouen le capitaine Lambert, exempt des gardes de mon corps, pour faire commandement de ma part auxdits sieurs de La Place et Lucas d'en partir incontinent et sans délai, et d'aller incessamment, savoir : ledit de La Place, à Bayonne, et ledit Lucas, à Gap en Dauphiné, et y demeurer jusques à nouvel ordre de moi, avec défenses à eux d'entrer

en madite cour. » Cf. *ibidem*, fol. 437, et une lettre de M. de Hocqueville, du 20 octobre 1661, insistant auprès de Colbert pour que continue le bannissement des conseillers, « tous deux ennemis jurés des affaires du Roi » (B. N., ms. Mélanges Colbert 103, fol. 704-705). C'est du même Lucas d'Osseville qu'il est question ici.

16. Le palais construit, en guise de citadelle, par le roi Henri V d'Angleterre. Le marquis d'Harcourt-Beuvron y commandait depuis 1649.

17. Antoine Le Fèvre, sieur de La Barre (1622-1688), maître des requêtes, a les deux intendances de Moulins et de Riom depuis 1659 et finira gouverneur du Canada.

18. Les documents de 1661 à 1663 publiés dans le tome II de la *Correspondance administrative*, p. 10 et 18-19, puis dans la notice de Chéruel sur *les Grands jours d'Auvergne*, p. 327-328, disent quels étaient ces désordres et quelle part y prit le marquis d'Espinchal dont le Mémorial parlera plus tard.

M. C. — Du samedi 30 avril 1661.

Le Roi ayant fait examiner le mémoire de M. le président d'Oppède sur les offres de l'assemblée des Communautés[1], S. M. a commandé que M. de Brienne adressera audit sieur président une dépêche de S. M., par laquelle il sera ordonné à M. de Mérinville et audit président de déclarer à ladite assemblée que le Roi déchargera le pays de l'entretènement du régiment des Vaisseaux-Provence[2], mais qu'il veut qu'il continue de fournir à l'entretènement des garnisons, et qu'en ce faisant, il se contentera des trois cent mille livres;

Et que, si ladite assemblée y fait difficulté, qu'il se serve des ordres du Roi, qu'il faut joindre à ladite dépêche, pour la séparer sur-le-champ sans autre délai[3]. [Exécuté.]

Le sieur Talon, intendant au comté d'Artois[4], ayant écrit à Le Tellier que les habitants du pays de l'Allœu[5] conduits prisonniers à Armentières par ordre de M. le marquis de Caracène[6], pour les obliger à payer douze mille florins comme si ledit pays devoit demeurer au roi d'Espagne, que lesdits habitants, dis-je, étoient plus maltraités qu'à l'ordinaire, au lieu d'être mis en liberté ainsi que M. le comte de Fuensaldagne avoit fait espérer, et S. M. ayant été informée que ledit sieur comte proposoit, de la part dudit sieur marquis de Caracène, que ledit pays de l'Allœu payât vingt-quatre mille florins à partager par moitié entre la France et l'Espagne, et qu'il ne fût plus ensuite rien exigé du pays jusques à ce qu'il ait été réglé à laquelle des deux couronnes il appartiendra[7];

Le Roi a commandé à M. de Lionne de répondre audit sieur de Fuensaldagne qu'Il ne peut approuver cet expédient, qui va à la foule dudit pays, et à Le Tellier, en même temps, d'expédier les ordres nécessaires en Artois pour faire arrêter douze des principaux habitants d'Armentières et leur faire faire le même traitement que reçoivent ceux de l'Allœu. [Exécuté. — Exécuté, et depuis sursis par ordre du Roi jusques à ce que M. le comte de Fuensaldagne ait encore eu réponse du marquis de Caracène[a].]

Sur ce que les Carmes déchaux n'ont été reçus en France qu'à condition qu'ils ne pourront avoir de provincial qui ne soit françois[8], et que, durant la guerre, ils ont[b] nommé, dans leur chapitre général, des Lorrains, à cause que ce duché étoit dans l'obéissance de S. M., Elle a commandé que M. de Brienne écrira audit chapitre général, qui se tiendra le 6ᵉ du mois

---

a. Le premier *Exécuté*, en marge, se rapporte à l'ordre d'écrire une lettre à M. de Fuensaldagne, et le second au reste du paragraphe.
b. Le Tellier a ajouté en interligne cet *ont*, qu'il avait omis.

prochain, qu'Elle ne désire pas qu'un Lorrain soit nommé pour provincial à présent que le duché a été restitué à M. le duc de Lorraine par le dernier traité[9]. [Exécuté.]

1. A. É., vol. France 910, fol. 300 et 302, lettres du parlement d'Aix et de son président, 20 et 21 avril. Voir ci-dessus, p. 195-197.
2. Ci-dessus, p. 90 et 197.
3. A. G., vol. 168, fol. 324 et 329, lettres de Le Tellier à MM. d'Oppède et de Mérinville, 2 mai. Dans la dépêche du Roi, expédiée le 1er, il est dit que S. M. « ne juge pas à propos, pour des considérations qu'il seroit inutile d'expliquer, que les députés soient plus longtemps assemblés, quelque prétexte qu'ils puissent avoir de continuer leurs séances, et qu'ils aient à se séparer immédiatement et à rentrer chacun en sa maison, sans apporter aucun délai ni retardement. » Les Communautés, persistant à refuser d'entretenir les troupes et les garnisons malgré la menace des premières lettres de cachet du 23 et du 24 mars préparées à l'avance, avaient envoyé un courrier à Fontainebleau. On verra les suites plus loin, p. 317.
4. Claude Talon, fils d'un échevin et juge criminel de Châlons, serviteur très affidé de Mazarin, était intendant des finances, fortifications et vivres de l'armée en résidence au Quesnoy, et chargé, à ce titre, de diriger le service des contributions, non seulement en Artois et en Flandre, mais sur la frontière de Champagne et dans le pays Verdunois (A. N., O[1] 12, fol. 394-396; B. N., mss. fr. 4186, fol. 350-351, 4188, fol. 266, 4189, fol. 194, et 4190, fol. 170), et de procéder à la délimitation des deux frontières avec M. Courtin et les députés espagnols (ci-dessus, p. 105). Il avait été également commis, le 15 décembre 1660, pour « prendre connoissance des domaines, revenus et droits appartenant au Roi dans les gouvernements des places du Quesnoy, Landrecies, Philippeville, Avesnes et Marienbourg, » et pour recevoir des habitants du pays nouvellement annexé le serment de « bien et fidèlement servir le Roi à l'avenir, envers et contre tous, de le reconnoître doresenavant pour légitime souverain, et de se comporter en toutes choses comme de vrais loyaux et fidèles serviteurs et sujets doivent

faire, à peine d'être traités comme rebelles et ennemis déclarés » (A. N., O¹ 12, fol. 447; ms. fr. 4195, fol. 263 v° à 267 et 269-277). On voit dans le Plumitif de la chambre des comptes de Paris que cette compagnie, où Talon avait acheté une charge de conseiller maître, demanda et obtint même, le 3 juin 1661, révocation de la commission susdite qui lui avait été donnée le 15 décembre 1660. Par suite, il ne fut pas reçu dans sa charge de maître des comptes. Il mourut, croyons-nous, en 1676, étant devenu secrétaire du cabinet du Roi. Il avait deux frères, dont l'un, nommé Paul, d'abord commissaire des guerres, fut envoyé intendant au Canada en mai 1665, et y obtint en 1675 l'érection du fief des Islets en comté; le troisième, nommé Jean, ancien contrôleur des décimes de Champagne et commissaire général de la marine, fut intendant en Hainaut, succéda en 1676 à la charge de secrétaire du cabinet dont il avait la survivance depuis deux ans, la vendit en avril 1684, acheta alors une autre charge de premier valet de garde-robe et la conserva jusqu'en 1692, devint président-gouverneur et capitaine de Marimont en Flandre, et mourut à Paris en novembre 1694. — Il est assez difficile de distinguer entre ces trois frères.

5. Le pays de l'Alleu ou Allœu était un canton fort petit, mais très riche, ne contenant que trois paroisses et une partie d'une quatrième, sur une surface d'environ une lieue carrée, entre la comté d'Artois, celle de Flandre et la châtellenie de Lille. La question de décider s'il devait revenir à la France ou à l'Espagne se discutait depuis la Paix entre Talon et le marquis de Caracène, et l'on avait envoyé Honoré Courtin pour y seconder Talon. Vuoerden en parle longuement dans son *Journal*, fol. 26 et suivants. Louis XIV, comme le racontent ses *Mémoires*, tome II, p. 416-417, et comme nous le verrons à plusieurs reprises, lutta énergiquement pour délivrer ce canton, ainsi que l'Artois lui-même, des « diverses oppressions dont les Espagnols les menaçoient. » Il y avait déjà eu, en février, entre Aire et Saint-Venant, des représailles pour dégâts commis dans la forêt de Nieppe (*Journal de Vuoerden*; fol. 73 v°). C'est seulement en 1717 que l'Alleu sera réuni au gouvernement d'Artois (*Journal de Dangeau*, tome XVII, p. 195; *Mémoires de Saint-Simon*, éd. 1873, tome XIV, p. 199-207).

6. Louis de Benavidès Carrillo y Toledo, marquis de Fromista et de Caracena, comte de Pinto, ancien gouverneur des

armes aux Pays-Bas, a été nommé gouverneur provisoire des Flandres espagnoles pendant l'absence du comte de Fuensaldagne, et, à la mort de celui-ci, il deviendra gouverneur en titre. Il viendra en visite à Paris au mois d'octobre 1664, comme nous le verrons par une feuille écrite de la main de Colbert et intercalée dans le Mémorial de Chantilly, et il mourra à Madrid le 6 janvier 1668.

7. Ces otages ont été enlevés le 27 mars, sous prétexte de contribution pour le payement des gens de guerre espagnols, et M. de Fuensaldagne est le premier à reprocher au marquis de Caracène un procédé de nature à irriter le gouvernement français. Louis XIV, qui attachait une grande importance à gagner les pays nouvellement annexés, a raconté ainsi cet incident dans ses *Mémoires*, tome II, p. 416 : « Douze des principaux habitants avoient été arrêtés pour le payement de quelques arrérages d'une somme de douze mille florins que les Espagnols avoient accoutumé d'y lever, et déjà, pour la dépense qu'ils avoient faite depuis leur détention, l'on avoit exigé d'eux deux mille florins, que je leur fis rendre avec la liberté. Je fis même quelque chose de plus avantageux pour ce peuple; car, les Espagnols, qui ne vouloient rien perdre de leur revenu, m'ayant proposé que, durant la contestation, cette imposition fût doublée afin que la France et l'Espagne y trouvassent chacune leur droit tout entier, je refusai l'expédient comme trop dur et trop ruineux pour le pays. » L'article 23 de la Paix portait : « Les actions qui ont ci-devant été ou seront ci-après intentées pour prises, dépouillements et représailles contre ceux qui ne seront point sujets du prince en la juridiction duquel lesdites actions auront été intentées, seront renvoyées sans difficulté par-devant les officiers du prince duquel les défendeurs se trouveront sujets. » Voir les lettres de Le Tellier à Courtin : A. G., vol. 165, p. 84, et vol. 168, fol. 180.

8. On s'était déjà occupé le 13 avril, p. 177, 179 et 180, de l'incorporation aux provinces françaises des couvents de Capucins des pays cédés par la Paix. Les *Mémoires de Louis XIV* font mention (tome II, p. 415) de cette mesure générale, particulièrement pour le pays d'Artois : « J'écrivis aux généraux des ordres religieux afin qu'ils unissent les couvents de ces pays-là aux anciennes provinces de France. D'ailleurs, j'empêchai que les églises d'Artois et de Hainaut ne continuassent à recevoir les

rescrits de Rome par la voie de l'internonce de Flandre, et ne permis plus que les abbés des Trois-Évêchés fussent élus sans ma nomination; mais je trouvai bon seulement qu'à chaque vacance l'on me proposât trois sujets, l'un desquels je promis d'agréer. » Le Père général Girolamo Ario fut autorisé, comme son prédécesseur en 1660, à venir visiter les maisons de Carmes de la France, mais à condition de ne rien faire contre « les saints décrets, privilèges et libertés de l'Église gallicane et du royaume, ni les statuts et règlements de l'ordre » (A. N., X1A 8662, fol. 60 v°; *Gazette* de 1661, p. 267 et 303).

9. Le Tellier écrivit, le 17 mai, à M. Courtin (A. G., vol. 168, fol. 414) : « S. M. estime qu'étant présentement soumis aux provinciaux françois, ils n'auront aucun sujet de se plaindre qu'on les tire, par obédience de leurs supérieurs, des couvents de l'Artois, pour les envoyer en ceux de France, et qu'on envoie des François en leurs places, cela se faisant petit à petit et sans qu'il paroisse qu'il y ait de l'affectation. Que si, dans ces expédients, vous y trouvez l'inconvénient de la prétention que pourroient avoir les religieux flamands qui étoient sous l'obédience d'Espagne, de recevoir un pareil traitement, s'ils venoient à changer de maître, le Roi en tirera au moins l'avantage, que vous dites très bien, de s'assurer des peuples de l'Artois par les religieux françois qui conduiront leurs consciences. » Voir ci-après, p. 269 et 271. En 1698, on comptait, dans la Lorraine, cinq maisons de ces Carmes et quatre-vingt-un religieux.

M. C. — Du lundi 2 mai.

Le Roi ayant été informé que l'abbesse du Port-Royal de Paris[1] a reçu pour novices[a] sept ou huit pensionnaires depuis que M. le Lieutenant civil[b] leur a ordonné, de la part de S. M., de renvoyer à ses[c] parents toutes les pensionnaires qui étoient lors dans les monastères dudit Port-Royal de Paris et des

a. Ici, Le Tellier a biffé *des*.
b. Le mot *civil* a été ajouté en interligne.
c. Ses pour *leurs*.

Champs, et ce sous prétexte que lesdites huit pensionnaires postuloient d'être reçues au noviciat depuis longtemps, et S. M. ne voulant pas souffrir cette entreprise au préjudice de ses ordres, Elle a commandé à Le Tellier d'envoyer audit sieur Lieutenant civil ceux qui sont nécessaires pour obliger ladite abbesse d'ôter l'habit auxdites filles, leur rendre l'habit séculier, et les rendre à leursdits parents, et même de les voir sortir en sa présence ; et, comme il y a des filles pensionnaires qui sont[a] fort éloignées de Paris, S. M. veut qu'elles soient mises dans telle maison qui sera avisée, pour y demeurer en attendant des nouvelles de leurs parents[2]. [Exécuté.]

Sur ce que le gouverneur de la ville de Dunquerque a envoyé ordre au Magistrat de Bourbourg[3] d'envoyer à Dunquerque douze cents livres pour la demi-année de la contribution qui écherra le 2 du présent mois de mai, le Roi a commandé à Le Tellier de le faire savoir à M. le comte de Saint-Alban, ambassadeur extraordinaire d'Angleterre en cette cour, afin qu'il en donne avis au roi d'Angleterre[4], et que ce pendant défenses seroient faites à ceux de Bourbourg de payer aucune chose[5]. [Exécuté.]

S. M. a aussi commandé d'écrire aux gouverneurs de la frontière de prendre garde qu'il ne soit fait aucune entreprise, et de donner avis de ce qui se passera[6]. [Exécuté.]

Sur ce que M. le comte de Fuensaldagne a de nouveau fait instance à ce que le Roi trouvât bon que les habitants du pays de l'Allœu soient contraints au payement des douze mille florins, et qu'après cela, il

---

a. Il a écrit deux fois : *sont*.

ne leur sera [rien] demandé jusques à ce que les commissaires nommés pour les limites aient réglé la chose, le Roi a commandé à Le Tellier de lui répondre qu'Elle[a] ne veut rien changer en sa résolution du dernier jour[7]; [Exécuté.]

Mais Elle[b] a eu bien agréable que, sur l'instance dudit sieur comte de Fuensaldagne, il soit envoyé pouvoir au sieur Talon de traiter avec le commissaire envoyé par M. le marquis de Caracène de ce qui est dû des contributions de part et d'autre[8], y compris celles de Namur et de Luxembourg[9], faisant observer audit sieur Talon de ne rien résoudre de considérable sans en donner avis au Roi et recevoir ses ordres; et, afin que ledit sieur Talon puisse être bien instruit des contributions de Luxembourg, il sera envoyé ordre au président Morel[10] de faire tenir à M. Talon les mémoires qui lui seront nécessaires pour cela[11]. [Exécuté.]

S. M. a aussi ordonné qu'il sera envoyé à la frontière de Picardie tout ce qui sera besoin pour réparer les désordres commis dans le village de Beaumetz par les troupes qui sont dans Irson[12], comme ceux faits dans celui de Boussigny-du-Cambrésis[13] par des cavaliers françois.

Le Roi a commandé à M. le Procureur général de répondre à M. le marquis Ville que le Roi ne pourra pas donner à M. le duc de Savoie[14] la satisfaction qu'il désire sur le sel de Pecquais, d'autant que le Roi souffriroit beaucoup de préjudice par le versement dudit sel en chemin, et parce qu'il faudroit accorder une diminution de quarante mille livres, par chacun

---

a et *b*. C'est-à-dire *Sa Majesté*.

an, sur sa ferme, dont on a pris déjà trois années par avance[15]. [Exécuté.]

Sur ce que M. de Saint-Pouanges a écrit, par sa lettre du 23 du mois passé, de l'état des affaires de Nancy et de l'exécution du dernier traité fait avec M. de Lorraine, le Roi a commandé à Le Tellier de lui écrire que le Roi ne trouve pas bon que le colonel Mussey et le sieur de Bellerose soient reçus à Nancy pour conduire les travailleurs, mais deux ingénieurs, ou autres personnes de cette condition-là[16]; [Exécuté.]

Que S. M. ne trouveroit pas mauvais que le Conseil souverain[17] soit rétabli dans le bourg de Saint-Nicolas[18], mais qu'Elle ne désire pas que la Chambre des comptes[19] s'assemble à Nancy jusques à ce que la démolition soit faite, et que M. le Procureur général[a] fera fonds de six mille livres pour les frais qui sont à faire pour faire agir les trois mille personnes que M. le duc de Lorraine doit fournir, plus encore de quatorze mille livres tournois pour faire commencer la démolition du tiers dont le Roi s'est chargé[20]. [Exécuté.]

Le Roi a résolu de faire armer dix vaisseaux pour employer contre les corsaires de Barbarie[21], qui sont : *la Reine*[b], de mille tonneaux ; *le Brezé*, de 800 ; la grande frégate de Brest, de 700 ; *la Françoise*, de 500 ; la petite frégate de Brest, de 400 ; le petit chalus[22], de 400 ; *la Victoire*, de 300 ; *la Lune*, de 600 ; *le Tigre*, de 400, et un autre de 200 ; et en a nommé les capitaines[c]. S. M. a aussi résolu d'armer jusques à six

---

a. Brienne a écrit : *général*, en interligne, au-dessus d'un premier *fera* biffé.

b. Avant *de mille tonneaux*, Le Tellier a biffé *le B*.

c. Cette phrase *et en a nommé les capitaines* a été ajoutée par Brienne en interligne.

galères, s'il se peut[23]. [Les vaisseaux ont été changés depuis en aucuns autres qui ont été jugés plus propres.]

Elle a aussi commandé qu'il fera envoyer un édit au parlement de Paris pour faire revivre les charges de conseiller d'Église et de président aux enquêtes supprimées par l'arrêt donné contre M. le président Violle, qui a été confirmé en cela par le traité de paix[24]. [A été expédié.]

Le Roi a commandé à M. le Procureur général de dire à M. le premier président de Bretagne[25] qu'il achète à Mme d'Auroy[26] sa forêt, qui peut être propre à fournir du bois à bâtir des vaisseaux, et qu'il essaie de prendre des termes pour le payement, qui seront un peu éloignés[27];

Et que Blondeau[28] soit envoyé en Bourgogne pour visiter les bois qui sont sur pied, ou qui sont coupés, propres pour le même effet, et en donner avis à S. M.[29]; [Exécuté.]

Comme aussi qu'il sera écrit à tous les gouverneurs des places maritimes pour leur ordonner d'empêcher que les vaisseaux étrangers ou autres ne délestent à l'entrée des ports et autres lieux préjudiciables[30]. [Exécuté.]

A. É. — Du 2 mai, à Fontainebleau.

Écrire à MM. d'Oppède et de Mérinville que la dernière résolution que le Roi a prise sur les affaires de Provence[31] est qu'encore que S. M. ne puisse pas se contenter des trois cent mille livres qui ont été offertes, aux conditions demandées, ils aient à l'obliger de fournir par-dessus le fonds nécessaire pour l'en-

tretien des garnisons et du régiment des Vaisseaux ;
qu'en tout cas, il se relâche du régiment des Vaisseaux,
et que, si cela n'est pas agréé de l'assemblée, qu'il la
sépare aussitôt[32].

1. Ci-dessus, p. 218-221 et 226-228.
2. Le Tellier écrivit le lendemain au Lieutenant civil (A. G., vol. 168, fol. 336) : « L'on a donné avis au Roi que l'abbesse et la prieure du Port-Royal de la Ville et des Champs n'ont pas déclaré toutes les pensionnaires qu'elles avoient dans leurs maisons lorsque vous vous êtes rendu dans l'une et que, par son ordre, le commissaire Picart s'est transporté dans l'autre ; que plusieurs desdites pensionnaires n'en sont point encore sorties, et qu'au préjudice des défenses que vous leur avez faites de ne plus recevoir de novices, l'abbesse n'a pas laissé de donner l'habit à plusieurs postulantes ; et, comme S. M. ne peut souffrir cette désobéissance, Elle a pris les résolutions contenues aux dépêches que vous trouverez ci-jointes, dont Elle a l'exécution tellement à cœur, que je ne saurois assez particulièrement vous le faire connoître. Mais je ne dois point, Monsieur, vous dissimuler que l'on a voulu insinuer dans l'esprit de S. M. que la douceur et l'indulgence que l'abbesse et la prieure ont pu trouver en vous les ont peut-être portées à oser entreprendre de contrevenir à ses ordres : de sorte que, non seulement pour le service du Roi, mais aussi pour votre considération particulière, il semble qu'il est bien à propos que vous redoubliez vos soins dans l'exécution des choses que S. M. vous ordonne présentement sur ce sujet... »

« Le mercredi 4 mai, dit le *Journal de Port-Royal* (ms. fr. 17774, fol. 11 v°, et relation imprimée, p. 2-5), M. le Lieutenant civil vint une seconde fois pour apporter une lettre de cachet à notre Mère, selon l'ordre qu'il en avoit reçu de la part du Roi, et lui faire lire aussi celle qu'il avoit reçue. »

Racine a raconté cette expulsion dans son *Abrégé de l'histoire de Port-Royal*. L'abbesse ayant protesté contre les rigueurs nouvelles, le Roi fit répondre qu'elles seraient maintenues jusqu'à ce que la maison eût un directeur absolument sûr, et il fallut renvoyer les sept novices, qui, néanmoins, conservèrent l'habit chez leurs parents pendant trois ans. L'une d'elles était Marguerite Périer, la miraculée de la Sainte-Épine. Voir ci-après, 5 et 7 mai.

3. Bourbourg, pris par Turenne en 1657, a été cédé à la France par l'article 36 de la Paix.

4. Une garnison, composée uniquement des régiments anglais et irlandais du duc d'York, est arrivée en avril à Dunkerque (*Gazette*, p. 379).

5. Il fut écrit en conséquence le jour même (A. G., vol. 168, fol. 331), et le gouverneur anglais retira sa demande (*ibidem*, fol. 447). L'arrêt suivant fut rendu le 19 mai, en Conseil (A. N., E 345ᴮ, fol. 260; minute dans le ms. Mélanges Colbert 102, fol. 510 v°) : « Le Roi voulant faire jouir les habitants des villes de Gravelines, Bourbourg, et des châtellenies en dépendantes, des privilèges à eux accordés par les capitulations faites lors de la prise d'icelles, et particulièrement de l'exemption de l'établissement d'un bureau des cinq grosses fermes en la ville de Gravelines, S. M., en son Conseil, a ordonné et ordonne que toutes les marchandises, de quelque qualité qu'elles soient, qui viendront des pays étrangers par mer ou par terre, tant pour être consommées èsdites villes et châtellenies que pour passer dans les pays étrangers, seront exemptes du payement de tous droits de traites et impositions foraines et domaniales ; et, à l'égard de celles qui sortiront du dedans du royaume pour entrer èsdites villes ou châtellenies, ou qui en sortiront pour entrer dans le royaume, elles payeront les droits aux bureaux les plus prochains, en la même forme et manière que font toutes les marchandises qui entrent ou qui sortent des pays étrangers, à peine de confiscation d'icelles et autres peines portées par les ordonnances. A fait S. M. très expresses inhibitions et défenses, tant au fermier général des cinq grosses fermes et ses commis qu'à tous autres, de quelque qualité et condition qu'ils puissent être, de contrevenir au présent arrêt. »

6. Ci-dessus, p. 48 et 233.

7. Ci-dessus, 30 avril, p. 231-235. On retrouvera l'affaire en juin.

8. Lettre de Le Tellier à Talon, 28 avril : A. G., vol. 168, fol. 310. Il avait été convenu dès le 15 mars (*ibidem*, fol. 109) que cette affaire serait ainsi réglée par les commissaires.

9. Par l'article 38 de la Paix, Thionville, Montmédy, Dam-

villers, Ivoy, Chavency et Marville, du duché de Luxembourg, ont été cédés à la France, tandis que Namur ne lui appartiendra que de 1692 à 1695 et est encore espagnol.

10. Claude Morel de Boistiroux (1598-1665), ancien premier président du conseil souverain d'Arches et Charleville pour le duc de Mantoue, qui l'avait créé vicomte, était devenu, depuis l'annexion, conseiller d'État, intendant des frontières de Champagne et Pays conquis, lieutenant général du bailliage de Sedan, et il faisait fonction de surintendant pour la France dans le pays de Luxembourg, avec la direction des troupes dans le pays non taillable de la frontière de Champagne (B. N., ms. fr. 22641, fol. 235 v°). Vuoerden raconte, dans son *Journal*, fol. 120 et dernier, avoir été envoyé à Le Tellier, le 6 avril, pour se plaindre de ces trois cas : « 1° La violence dont a usé le président Morel, faisant office de surintendant du côté de France, en faisant ravager le village de La Ferté, qui n'est point de la prévôté d'Ivoy, ni de Montmédy, et obligeant les habitants à reconnoître la jurisdiction de la France ; 2° que douze compagnies d'infanterie, qui se disent gens du duc de Lorraine, s'étoient logées à Champs et Neuville, entre Damvillers et Verdun-sur-la-Meuse, disant qu'iceux villages sont de la domination de France, quoique, notoirement, ils soient tenus et gouvernés par le conseil de Luxembourg ; 3° qu'entre lesdits villages, les gouverneurs françois avoient fait bâtir une tour, pendant la guerre, en forme de redoute, laquelle ils tenoient encore garnie de soldats françois nonobstant la paix et la situation desdits villages dans l'obéissance d'Espagne. » Vuoerden ajoute : « M. le marquis de Louvois prit mon mémoire et me promit qu'on auroit résolution pour l'envoyer par le premier ordinaire au marquis de Caracène, qui avoit fait la plainte. » Voir une lettre de Le Tellier à Saint-Pouenges et au président Morel, du 12 avril précédent : A. G., vol. 168, fol. 252.

11. Il fut écrit à Talon et à Morel le 8 mai (A. G., vol. 168, fol. 358), et nous avons indiqué ci-dessus, p. 185-186, quels arrêts furent rendus en conséquence.

12. Sans doute Beaumetz-lès-Cambrai, actuellement commune du Pas-de-Calais, canton de Bertincourt, arrondissement d'Arras.

Hirson, ville frontière de l'Aisne, sur la lisière sud de la forêt de Saint-Michel, au confluent de l'Oise et du Gland.

13. Bousignies, commune du département du Nord, canton de Solre, arrondissement d'Avesnes.

14. Charles-Emmanuel II (1634-1675), proclamé duc en 1638 sous la tutelle de sa mère, règne personnellement en Savoie depuis 1648; cousin germain, par sa mère, de Louis XIV.

15. C'est l'affaire dont il a été parlé dans la séance du 18 avril, p. 191. Les salins de Peccais, au sud-est d'Aigues-Mortes, fournissaient non seulement le Languedoc, l'Auvergne et le Lyonnais, mais aussi la Suisse et la Savoie, comme alliées, et un arrêt du 30 juin ordonnera au fermier général de livrer chaque année, à Seyssel en Savoie, vingt mille minots (A. N., E 346^B, fol. 419).

Pierre Gautier avait obtenu pour neuf ans, à partir du 1er janvier 1660, la ferme des gabelles de Languedoc et Lyonnais et de l'introduction des sels en Suisse, Valais, Savoie et Genevois, moyennant 3,190,000 livres par an, et ce bail sera vérifié à la Chambre des comptes le 11 juin 1661.

16. A. G., vol. 168, fol. 372.

17. Ce conseil ou parlement, qui avait été organisé en 1641, par le duc Charles, en deux chambres siégeant, l'une à Nancy, pour la Lorraine, l'autre à Saint-Mihiel, pour le Barrois, vient d'être rétabli par un édit de mars 1661. La première section comprenait douze conseillers, et la seconde six. Voir C. Sadoul, *Essai historique sur les institutions judiciaires des duchés de Lorraine et de Bar avant les réformes de Léopold Ier* (1898).

18. Saint-Nicolas-du-Port, petite ville à treize kilomètres de Nancy.

19. Cette chambre, qui était en même temps cour des aides et cour des monnaies pour la Lorraine et le Barrois, représentait le plus ancien tribunal du pays lorrain.

20. Lettres de Le Tellier à Saint-Pouenges : A. G., vol. 168, fol. 347 et 384. Saint-Pouenges répondit, le 10 mai, par la longue lettre, déjà citée, qui est dans le même volume, fol. 372-373. Sur la seconde partie de la décision du Roi, il y disait : « J'ai été bien aise d'apprendre que M. le Surintendant vous ait promis d'envoyer vingt mille livres par deçà pour commencer les démolitions qu'il y a à faire, et qu'il prendra soin

de pourvoir de temps en temps à de nouveaux fonds, ce qui sera absolument nécessaire, si l'on désire que l'ouvrage s'avance et que nous puissions exécuter ce que vous m'avez fait entendre par vos précédentes, qui est que le tiers de l'ouvrage qui doit être fait par le Roi le soit aussitôt que les deux autres tiers qui sont à faire par les Lorrains ; et vous savez aussi bien que moi qu'à la fin de chaque semaine, on est obligé de faire payer les ouvriers, qui le furent samedi, du fonds que j'ai fait avancer... Le sieur de Vauban a fait toiser tout l'ouvrage qui est à faire, et s'est trouvé deux mille six toises de démolition aux dix-sept bastions et courtines qui sont à démolir ; j'ai fait faire cet arpentage afin de partager l'ouvrage entre nous et les Lorrains... — *P.-S.* J'oubliois à vous dire que nous mettons bien aujourd'hui en besogne neuf cents personnes, des trois mille que M. de Lorraine s'est obligé de fournir, et que, dimanche prochain, il en arrivera une bonne partie de tous ceux qui sont mandés, m'apercevant bien que les ordres de S. A. de Lorraine s'exécutent ponctuellement, la plupart des officiers de tous les villages qui sont commandés ayant fait réponse à celle que je leur ai écrite en envoyant l'extrait de la répartition qui a été faite avec moi par les officiers de ladite Altesse. » Voir ci-après, p. 291 et 296-297.

21. Les déprédations et descentes des corsaires algériens, salétins, tunisiens ou tripolitains répandaient toujours la terreur sur le littoral de la Méditerranée, et jusque dans l'Atlantique, malgré les expéditions organisées et dirigées par le chevalier Paul, par Abraham du Quesne, ou par d'autres (A. N., archives de la Marine, B³ 3, fol. 12, et B⁴ 2, fol. 66-128 ; *Gazette* de 1661, p. 376-377 ; Jal, *Abraham du Quesne*, tome I, p. 225 et suiv.). On estimait que, d'octobre 1660 à avril 1661, les Algériens avaient enlevé une valeur de plus de deux millions, et emmené, pour le moins, cinq cents esclaves chrétiens. Le P. Le Vacher insistait pour qu'une escadre vînt jusque dans leur rade faire connaître « quelque idée de la grandeur du Roi et ses intentions. » Nous verrons plus loin que ce fut un des buts visés dans la création d'une marine puissante.

Mazarin avait essayé d'obtenir que les négociants de Marseille et des autres ports de Provence se cotisassent en vue d'un armement contre les Barbaresques ; à son tour, La Guette proposera (B. N., ms. Mélanges Colbert 102, fol. 426 et 512) d'armer une flotte en course au moyen d'une contribution des armateurs de Toulon.

22. Le *chalut* est, proprement, un grand filet traînant, en forme de chausse, derrière la barque de pêche qui s'appelle *chalutier*.

23. Le Roi lui-même avait pu constater, dans son séjour à Marseille, la ruine totale des galères et l'absolue nécessité de renouveler le personnel et le matériel (Jal, *Abraham du Quesne*, tome 1, p. 220-223). Chaque galère coûtait près de quinze mille livres à armer, et l'entretien annuel montait à trente-deux mille livres, sans l'extraordinaire. La Guette vendit celles qui se trouvaient hors d'usage, et, pour en bâtir d'autres, il fit revenir de Malte le constructeur Chabert, en même temps qu'on rappelait les gens de mer passés à l'étranger. Il adressa à Colbert, le 14 juin, un état de situation, et le Roi s'intéressait tellement à cette réorganisation, qu'il demanda que les rapports lui fussent envoyés directement, au risque même de mécontenter l'Amiral et Colbert (B. N., mss. MÉLANGES COLBERT 102, fol. 728-729, et 103, fol. 6-8; A. É., vol. FRANCE 911, fol. 178). La Guette en préviendra Colbert en ces termes, le 5 juillet (B. N., ms. MÉLANGES COLBERT 103, fol. 6-8) : « A vous dire le vrai..., je vous dirai, Monsieur, confidemment, que le Roi m'écrit de sa main de l'informer de toutes ces choses, ce que je ne ferai toutefois que dans des extrémités, ne voulant pas déplaire à M. l'Amiral, et après l'avoir trouvé bon. »

24. Pierre Viole (1601-1667), reçu conseiller au parlement de Paris le 18 avril 1625, président en la 4e chambre des enquêtes le 1er février 1642, avait pris une part très active à la Fronde, était devenu un des plus ardents partisans de Condé, avait même fait fonction de surintendant des finances dans la rébellion de Bordeaux, et avait failli devenir alors secrétaire d'État. Après la Fronde, ses offices de conseiller clerc et de président ont été supprimés au lit de justice du 27 mars 1654. Les notes fournies vers 1662 sur le Parlement (ms. BALUZE 115, fol. 123 v°) s'expriment ainsi à son sujet : « Esprit actif, inquiet, entreprenant, fougueux, vindicatif, dévoué aux intérêts de Monsieur le Prince; s'est vu un des chefs de la Fronde, et avoit tant de crédit dans le Parlement que, de dépit d'avoir été exclu de la charge de chancelier de la Reine et emporté dans l'espérance qu'il avoit

de parvenir aux premières charges de l'État, il a donné tout à sa haute ambition ; s'explique bien, a de la fermeté dans ses résolutions ; a de grands biens, que Lambert de l'Épargne lui a laissés ou procurés à change de ses amis selon l'intérêt du parti où il s'étoit engagé ; n'a point d'enfants de sa femme, qui est Vallée ; beau-frère de M. du Boullay-Favier ; parent, à cause d'elle, de M. de Boutteville et de Mme de Châtillon, avec lesquels il a étroite liaison. » — « Singulier caractère, a dit M. le duc d'Aumale (tome V de l'*Histoire des princes de Condé*, p. 304-305) ; de vieille famille de robe, homme de plaisir, remuant, hardi de parole..., destiné à devenir, par une de ces évolutions si fréquentes en temps de troubles, très actif, très dévoué serviteur de Condé. » Les Espagnols ne l'avaient pas plus abandonné que ce prince, lorsqu'ils négocièrent la paix de 1659, et, n'ayant pu obtenir que ses charges lui fussent restituées, ils lui en ont payé la valeur en argent.

Conformément à la décision du 2 mai, un édit de juin créera à nouveau un office de conseiller clerc et un de président aux enquêtes (A. N., X^{1A} 8663, fol. 16, et 8393, fol. 182-183).

25. M. d'Argouges : p. 71 et 73.

26. Charles de Grivel de Grossouvre, comte d'Ourouer en Berry, maréchal de camp et gouverneur de Fougères, assassiné à Paris, dans son carrosse, en décembre 1658, avait épousé en 1647 la veuve du général des galères Pontcourlay, Françoise, dame du Guémadeuc, baronne de Blossac, vicomtesse de Guébriant, etc., qui hérita de la marquise d'Acigné-Beaumanoir et mourut le 13 janvier 1674, sans enfants.

27. Il s'agit peut-être de la forêt du Cranou, auprès de Brest, que, plus tard, la Marine acheta du duc de Richelieu (A. N., G^7 1344).

28. Gilles Blondeau, seigneur de Sivry, Beauvoir, etc., d'origine bourguignonne, reçu d'abord secrétaire du roi sur la résignation de son père, est entré en 1626, comme maître des comptes, à la chambre de Paris, y est devenu président le 18 février 1641, et mourra en 1663. C'était le père de Mmes de Fieubet-Launac et d'Aligre de Boislandry.

29. Bien qu'on eût déjà rendu en 1647 un arrêt pour mettre un terme à la dégradation des bois et forêts, surtout en Bretagne, Normandie et Bourgogne, le mal n'avait cessé

d'augmenter pendant les guerres civiles, comme en témoigne une grande harangue adressée au Roi, en mars 1661, par le premier président de la chambre des comptes de Paris (*Pièces justificatives pour servir à l'histoire de la maison de Nicolay*, publiées par A. de Boislisle, tome II, n° 601). Le 7 juillet 1661, un arrêt du Conseil sera rendu « sur ce qui a été représenté au Roi que son royaume, qui auroit ci-devant été rempli de belles et grandes forêts, se trouve aujourd'hui tellement dépeuplé de bois, qu'à peine on en peut trouver de propres pour le radoub des vaisseaux que S. M. tient en mer, et beaucoup moins pour la construction des vaisseaux neufs que S. M. a dessein de faire bâtir pour rétablir ses forces maritimes et le commerce au dedans de son royaume; » et cet arrêt défendra de vendre, abattre ni dégrader sans permission et examen préalable toutes forêts, buissons et bois de haute futaie propres à cet emploi par leur situation à moins de cinq lieues de la mer ou des rivières (A. N., archives de la Marine, A¹ 6, et collection Rondonneau, AD 356, n° 27).

Le 8 octobre 1661, Colbert fut averti par le grand maître des eaux et forêts de Bourgogne que, malgré prohibitions et arrêts, les propriétaires des forêts de cette province continuaient, comme par le passé, à abattre les plus beaux arbres, et que l'on achevait de ruiner le peu qui restait de bois du Roi (B. N., ms. MÉLANGES COLBERT 103, fol. 571-572). Dès le 15 de ce même mois, le Conseil rendit un arrêt pour interdire coupes et usages dans les domaines du Roi; puis, en 1663, Colbert obtint de faire entreprendre une enquête générale « pour se délivrer de l'appréhension dans laquelle on était, avec beaucoup de fondement, de manquer de bois, et avec l'espérance qu'il s'en trouverait assez pour bâtir les vaisseaux toujours nécessaires, soit pour la guerre, soit pour le rétablissement du commerce. » Cette enquête aboutira à la grande ordonnance d'août 1669, comme Pierre Clément l'a raconté dans l'Introduction du tome IV des *Lettres et mémoires de Colbert*, p. LI-LVII. Les *Mémoires de Louis XIV* pour l'année 1662 (éd. Dreyss, tome II, p. 471-473) exposent sommairement le caractère de ces mesures de conservation.

En Bretagne, la réformation générale et la description très exacte des bois et forêts furent prescrites par un arrêt du

21 décembre 1663 (A. N., E 1717, fol. 81) et une ordonnance de janvier 1664 (A. É., vol. France 917, fol. 19-21).

30. C'est seulement le 24 janvier 1665 que sera rendu (A. N., E 1717, fol. 253) un arrêt du Conseil dont voici le préambule : « Sur les diverses plaintes qui ont été faites au Roi, en son Conseil, que les ports et havres, rades, baies et rivières de ce royaume, qui sont en assez grand nombre et ont été ci-devant autant fréquentées qu'aucunes autres de l'Europe pour la commodité de leurs situations et abords, deviennent de jour en jour moins sûres et praticables, et beaucoup plus difficiles, soit pour l'entrée et sortie, soit pour la demeure et séjour des navires et autres bâtiments qui y arrivent ordinairement; et étant bien informé que ce désordre vient principalement du peu de soin qu'on a eu ci-devant d'empêcher que les maîtres et patrons de navires n'aient déchargé le lest de leurs vaisseaux en des lieux assez éloignés desdits ports et rades et embouchures des rivières pour n'y pas causer de dommages, contre et au préjudice des arrêts et règlements tant de fois réitérés sur le même sujet, et, entre autres, la déclaration du feu roi Louis XIIIe du 19 janvier 1640, désire S. M. y apporter à l'avenir un remède proportionné à l'importance et utilité de la chose, et, à cet effet, être particulièrement éclaircie des véritables causes de cet abus par les officiers de l'Amirauté et autres juges et officiers exerçant les causes maritimes... » Cf. un projet de règlement d'octobre 1670, dans le tome III des *Lettres de Colbert*, p. 289, et l'article 6 de l'ordonnance de 1681 pour la marine.

31. Ci-dessus, p. 231 et 233.

32. Lettres de Le Tellier à La Guette et à Mérinville, 2 mai : A. G., vol. 168, fol. 325 et 329.

M. C. — Du 3 mai[1].

Sur ce que le Roi a vu, par une lettre du procureur de S. M. à Marseille, que quelques suisses de cette garnison-là[2] ont battu à coups d'épée et de bâtons deux Pères capucins qui vouloient tirer de leurs mains une fille dont ils vouloient abuser, S. M. a commandé d'en informer M. le comte de Soissons[3], colonel général[a], et d'en écrire à celui qui commande les suisses à Marseille de faire une justice exemplaire, comme aussi d'adresser audit procureur du Roi un ordre pour informer de ce crime-là et lui en envoyer les informations au premier jour[4]. [Exécuté.]

M. le comte du Rourre[5] ayant écrit au sieur Le Tellier qu'il payeroit les soixante-sept mille livres tournois restantes du prix du gouvernement du Saint-Esprit[6], savoir : quarante mille livres en argent comptant, et le surplus en un billet du trésorier de la Bourse[7] payable au temps des impositions, le Roi a agréé cette proposition, et ordonne que cette partie sera distribuée aux héritiers de feu M. de Bar[8] et à M. de Montdevergues[9]. [Exécuté.]

Le Roi a commandé qu'à l'avenir le fonds pour la continuation de la construction de la citadelle de Marseille et du fort de Saint-Jehan[10] sera fait ès mains du trésorier de la Marine, et qu'il sera dépensé par les ordres du sieur de La Guette[11] ; [A été exécuté.]

Et, à l'égard de la continuation du bâtiment du Château-Trompette[12], le Roi a ordonné que le fonds sera fait entre les mains du trésorier des fortifications, pour être dépensé par les ordres d'une personne qui sera envoyée à Bordeaux de la cour, sur laquelle M. de Fontenay, intendant en Guienne, aura inspection.

S. M. a aussi trouvé bon qu'il sera pourvu d'un entrepreneur pour lesdits bâtiments du Château-Trompette[13] ;

---

a. *Colonel général* est ajouté en interligne de la main de Brienne.

Que les fonds pour la démolition de Nancy[14] seront faits par comptant et mis entre les mains d'un commis qui sera choisi, et en faire la dépense par les ordres de M. de Saint-Pouanges et président Colbert, ou de l'un d'eux en l'absence de l'autre. [Exécuté.]

Sur ce que le Roi a vu par une lettre de M. Servient, ambassadeur en Piémont[15], qu'il avoit dit à Madame[16] que S. M. étoit prête de faire payer à M. le duc de Mantoue[17] les quatre cents et tant de mille écus d'or qui lui sont dus par le traité de Quérasque[18], S. M. a ordonné à M. de Brienne fils d'écrire audit sieur Servient qu'il ne s'avance plus de parler sur cette affaire-là, de laquelle M. le Procureur général a ordre de traiter avec M. le marquis Ville, qui en rendra compte à Madame[19]. [Exécuté.]

Le Roi a commandé à M. de Brienne d'écrire à M. de La Guette qu'au cas qu'un minime nommé le P. d'Avila passe à Toulon, il le fasse arrêter et en donne avis par l'ordinaire soigneusement[20]; [Exécuté.]

D'ajouter à l'instruction du sieur d'Aubeville[21] qu'il fera instance à S. S. de pourvoir M. le cardinal Antoine[22] de l'archevêché de Rheims[23]; [Exécuté.]

Et d'essayer de découvrir les sentiments dudit sieur cardinal à l'égard de l'abbé Braccese, pour, selon ce qu'il en appartiendra, agir pour l'obliger à l'éloigner de sa maison comme[a] peu fidèle à son maître et peu affectionné au service de S. M.[24]. [*Idem.*]

---

1. Selon Colbert, c'est ce jour-là que Louis XIV prit la résolution de retirer les Finances à Foucquet, mais en remettant l'exécution au mois de septembre, de peur de nuire aux

a. Depuis *comme* jusqu'à la fin, c'est une addition de la main de Brienne.

recouvrements et rentrées (*Lettres de Colbert*, tome II, p. 35-36). L'ambassadeur vénitien en dit autant à la date du 10 mai (B. N., ms. italien 1850, fol. 174). Nous pouvons d'ailleurs remarquer qu'une partie des décisions prises dans la séance tendait à soustraire au Surintendant le maniement de divers fonds ou crédits.

2. Ci-dessus, p. 66-67.

3. Eugène-Maurice de Savoie-Soissons (1635-1673), fils cadet du fameux prince Thomas et mari d'Olympe Mancini, nièce du Cardinal, a été revêtu en 1657 de l'importante charge de colonel général des troupes suisses, et Mazarin y a joint le gouvernement de Bourbonnais, puis celui de Champagne et Brie.

4. A. G., vol. 168, fol. 353 et 355, lettres à M. d'Erlach et au premier président d'Oppède, 7 mai.

5. Scipion de Grimoard de Beauvoir de Montlaur (1609-1669), comte du Roure et marquis de Grizac, maréchal de camp et conseiller d'État (1645), lieutenant général au gouvernement de Languedoc (1649), gouverneur de Montpellier, a été nommé gouverneur du Pont-Saint-Esprit, après la mort du duc d'Orléans, par provisions du 1er avril 1660, et y a été confirmé par un arrêt du 26 octobre suivant, contre un certain compétiteur qui prétendait avoir des lettres de provisions du duc d'Orléans données pendant les troubles, le 24 mai 1652 (A. N., E 1712, fol. 150). M. du Roure aura le cordon bleu à la promotion du 31 décembre. Voir les *Mémoires de Saint-Simon*, éd. 1873, tome XVIII, p. 70.

6. M. Le Tellier avait écrit, le 15 avril, au comte du Roure (A. G., vol. 168, fol. 271), qu'il eût à acquitter ses promesses de verser, le Roi ayant ordonné de l'emploi de cette somme.

7. La Bourse des États de Languedoc, à Montpellier, dont était trésorier Fr. Le Secq, beau-père du financier Pennautier.

8. Nous ne savons s'il s'agit du père du Guy de Bar (ci-dessus, p. 48), ou bien de Charles de Grasse, comte du Bar, maréchal de camp en Provence et très dévoué à la cour, mort en novembre 1657. Le 4 août (A. G., vol. 169, fol. 241), Le Tellier mettra M. du Roure en demeure de payer 50,000 livres « ordonnées par le Roi aux héritiers de feu M. de Bar. »

9. François de Lopès, dit le marquis de Mondevergue, ancien viguier d'Avignon, mestre de camp de cavalerie et gouverneur de Château-Regnault, a reçu de son protecteur le

cardinal Mazarin un legs de trente mille écus, qui lui permettra de faire un remarquable voyage d'exploration dans l'île Dauphine (Madagascar). Par suite, il sera nommé, en 1665, vice-roi ou gouverneur et lieutenant général des îles Dauphine et Bourbon et des Indes orientales; mais, poursuivi à son retour en France, il mourra prisonnier au château de Saumur en janvier 1671.

10. Ci-dessus, p. 67 et 71.

11. Voir des lettres de La Guette et du sieur Pellissari à Colbert, dans le ms. MÉLANGES 102, fol. 416, 428, 719, 731 et 810. La construction du fort Saint-Jean était projetée depuis 1660; nous avons vu (p. 67) que M. de Saignon y commandait sous les ordres de M. de Beringhen.

12. Ci-dessus, p. 44, 100 et 103-104.

13. Ci-dessus, p. 100. Voir une lettre de M. de Fontenay, 30 mai, dans le ms. MÉLANGES COLBERT 102, fol. 501-503, et un état de la dépense mensuelle envoyé par l'ingénieur Poupart, ms. 103, fol. 55-58.

14. Ci-dessus, p. 208 et 211.

15. Ennemond Servient (1596-1679), frère cadet du surintendant de ce nom, président au conseil souverain de Pignerol et intendant du pays de delà les monts en 1645, a été envoyé comme ambassadeur à la cour de Turin en 1648, et il y restera jusqu'en 1676. Cependant il touche encore les appointements d'intendant de justice, police et finances à Pignerol. Les Affaires étrangères possèdent (vol. TURIN 56) les lettres qui lui furent adressées en 1660 et 1661.

16. C'est la mère du duc régnant de Savoie, Christine ou Chrétienne de France, fille du roi Henri IV et tante du Roi, mariée en 1619 au duc Victor-Amédée de Savoie, veuve depuis 1637, et qu'on désignait sous le nom de Madame Royale.

17. Charles III de Gonzague (1629-1665) était duc de Mantoue et de Montferrat depuis la mort de son aïeul, en 1637. Ayant épousé Isabelle-Claire d'Autriche, il avait abandonné la cause de la France pour s'allier aux Espagnols, de 1652 à 1658, quoiqu'il dût à Louis XIII son rétablissement. En 1659, il a vendu à Mazarin ses duchés français de Nevers, Rethel, Mayenne, etc.

18. Le traité de Cherasco, 6 avril 1631, conclu sur l'arbitrage du Pape, que représentait alors Mazarin, pour mettre fin à la guerre de Mantoue commencée en 1613, avait été main-

tenu dans toutes ses parties par la Paix, dont l'article 95 stipulait le règlement des différends survenus entre Turin et Mantoue sur le payement de ce qui était dû aux héritiers de la princesse Marguerite, mariée en 1608 à François IV de Gonzague, et la Savoie prétendait que le Roi consignât cette somme. Le quatrième article du traité secret du 7 novembre 1659 contenait un engagement pris par l'Espagne de faire en sorte que l'Empereur accordât au duc de Savoie l'investiture de ce qui lui appartenait dans le Montferrat. C'est ainsi que Mazarin avait voulu payer l'alliance et la fidélité de ce prince.

19. A. É., vol. TURIN 56, fol. 271, lettre du 14 mai : « Ce sont des choses auxquelles il sera pourvu dans leur temps, et M. le Procureur général doit entrer avec l'ambassadeur de Savoie dans la discussion de ces matières. »

20. Ci-dessus, p. 192. Une lettre écrite de Rome le 19 avril (A. É., vol. ROME 141, fol. 51) a annoncé le départ du P. d'Avila pour rejoindre le P. Guillard à Gênes et s'embarquer à destination de l'Espagne. Voir ci-après, p. 261, 262 et 265.

21. Ci-dessus, p. 196 et 198-199.

22. Antoine Barberini (1608-1671), dit *le Jeune*, neveu du pape Urbain VIII et cardinal depuis 1627, fait protecteur des affaires de France par le roi Louis XIII, mais forcé par le pape suivant d'aller, avec sa famille, chercher un asile en France en 1646, a pris depuis lors une part importante à la politique de Mazarin, et celui-ci, introduit jadis par lui dans la carrière politique, l'a fait revêtir en 1651 de la charge de grand aumônier de la Régente, en 1652 de l'évêché de Poitiers, en 1653 de la grande aumônerie de France, avec des lettres de naturalité, et, en juin 1657, de l'archevêché de Reims, avec un titre de ministre d'État; mais, ne pouvant obtenir sa démission de la dignité de camerlingue qu'il tenait depuis 1638, Alexandre VII lui a refusé ses bulles d'archevêque, et il ne les recevra que du pape Clément IX, en 1667. Voir quels étaient son caractère et sa situation en 1661 dans le livre de Charles Gérin, tome I, p. 212-213, et dans celui de M. le comte de Moüy, tome I, p. 59-61.

23. L'addition est reproduite à la suite de l'instruction dans le texte publié par M. Hanotaux, p. 92-94. Le Roi représentera encore au Pape, par une lettre de la main, du 10 juin suivant

(recueil Morelly, p. 29-31 ; ms. Arsenal 3568, fol. 44), que « des exemples détruisent l'incompatibilité du camerlingat et des six évêchés du Sacré-Collège avec les autres évêchés et archevêchés, et que celui de Reims a besoin d'un pasteur charitable qui ait les moyens suffisants pour réparer les ruines qu'une si longue vacance et tant d'années d'une rude guerre ont causées au service divin dans un diocèse frontière. » Et le Roi ajoutera : « Comme ce motif de conscience est celui qui me touche le plus, je m'assure aussi qu'il ne permettra pas à V. S. de différer davantage l'expédition des bulles dudit archevêché en faveur de mon cousin le cardinal Antoine Barberin, voyant même que je l'en prie aussi instamment que je fais... » Ces instances seront renouvelées à chaque occasion ; mais le Pape voit d'un mauvais œil que la France donne ses meilleurs bénéfices à des Italiens hostiles au Saint-Siège, comme les cardinaux d'Este, Barberini, Maidalchini, et les bulles ne seront pas expédiées.

24. L'abbé Braccesi, créature de Mazarin, avait été imposé au cardinal Antoine comme secrétaire : voir une lettre de l'abbé de Bourlémont à Brienne, et une lettre de Braccesi lui-même, 2 mai : A. É., vol. ROME 141, fol. 82 et 84. Aubeville rapporta tant de mal de cet abbé, qu'on finit par lui ôter toute connaissance des affaires (vol. 142, fol. 42 et 349 v°).

A. É. — Du 4ᵉ mai.

Envoyer à Rome le sieur d'Aubeville, gentilhomme ordinaire de chez le Roi, pour y servir S. M.[1] ;

Lui donner trois lettres de créance au Pape, l'une simplement sur le sujet de son envoi, l'autre sur la demande qu'on fait à S. S. de faire le procès au cardinal de Retz, et la troisième sur la promotion extraordinaire qu'on la supplie d'accorder en faveur de M. de Mercœur au cardinalat[2].

M. C. — Du 4 mai.

Le Roi a réglé les appointements des officiers du conseil souverain de Perpignan[3] à 2,000 livres pour chacun des présidents, 1,000 livres à chaque conseiller, 500 livres à chaque avocat général outre les gages attachés à l'office de conseiller dont il est pourvu, 500 livres au greffier, et 300*a* livres au premier huissier.

Le Roi a commandé à Le Tellier de faire savoir à M. le Nonce qu'il a trouvé à redire à ce que la bulle du jubilé a été envoyée au chapitre de l'église d'Arras par l'internonce de S. S. à Bruxelles, comme si ladite ville d'Arras étoit encore au roi d'Espagne, et de lui faire entendre que S. M. ne souffrira que ladite bulle, ni tout ce qui leur sera adressé par l'entremise dudit internonce y soit exécuté[4]. [Exécuté[5].]

S. M. aussi a commandé audit Le Tellier de faire tirer des mains du sieur Cenamy[6], à Lyon, six mille épées*b*, et les envoyer à Pignerol pour y demeurer en magasin et être distribuées par les ordres du Roi; [*Idem.*]

Qu'il sera fait fonds de trois cents livres pour la réparation des corps de garde à Pignerol[7]. [*Idem.*]

Sur ce qu'il a été écrit de la garnison d'Arras qu'il y a de la difficulté entre les officiers du régiment de la Marine pour savoir si le capitaine du Coulderay, qui est major aussi de ce régiment-là, doit monter la garde, et si celui des capitaines qui commande le régiment est aussi tenu de monter la garde à son jour, S. M. a ordonné que tous les capitaines, sans distinction, monteront la garde à leur tour, sans qu'aucun en puisse être dispensé[8]; [Exécuté.]

Et, sur ce que les anciens capitaines de ce corps-là

---

a. Le Tellier avait d'abord écrit : *3,000.*

b. Le Tellier, ayant omis ces trois derniers mots, les a écrits en interligne.

prétendent que, le régiment ayant à être distribué en différentes garnisons, ils devoient avoir le choix, selon leur rang, des lieux qu'ils estimeroient leur être plus propres, au préjudice de leurs cadets, Sadite M. a ordonné que, dans l'ordre qui sera expédié pour les compagnies qui seront destinées pour Brouage, Brisach et Philipsbourg, les capitaines qui devront commander en ces trois places-là seront nommés, et que les autres tireront au sort[9]. [Exécuté.]

Les religieux Carmes réformés de la ville et pays du Liège s'étant plaints de ce qu'on les veut détacher de la province de France contre les ordres et brefs de S. S., le Roi a commandé à Le Tellier d'écrire en leur faveur au chapitre provincial qui se doit tenir en la ville de Rheims le 12 du présent mois de mai[10]. [Exécuté par M. de Brienne.]

Sur ce que la veuve du sieur de La Cavallare, de Roussillon, à présent femme du sieur Talon[11], a supplié très humblement le Roi de lui permettre d'enchérir un domaine sis audit pays, engagé ci-devant à quelques particuliers durant la domination d'Espagne, et de lui faire don de la finance à laquelle son enchère montera, à compte de ce qu'elle et son mari ont avancé durant les guerres pour le service de S. M., le Roi lui a accordé les fins de sa requête et a commandé à Le Tellier de lui en signer les expéditions.

1. Ci-dessus, p. 251 et 255. Il avait une des vingt-six charges de gentilhomme ordinaire servant par semestre.
2. Louis, duc de Mercœur, fils aîné de César de Vendôme, né en 1612, a pris la résolution d'entrer dans l'Église quand est morte sa femme, Laure Martinozzi, nièce du Cardinal (8 février 1657), et alors qu'il venait de faire la campagne de 1656 en Lom-

bardie. Le 15 février 1661, son second fils a reçu le brevet de l'abbaye Saint-Germain-des-Prés, et, le 10 mai, il aura encore celles de Saint-Honorat de Lérins, de Saint-Mansuy de Toul, de Saint-Victor de Marseille (A. G., vol. 171, n°s 49, 82 et 83). Depuis deux mois, des lettres très pressantes ont été adressées à Rome pour obtenir qu'un chapeau fût donné au père (A. É., vol. Rome 143, fol. 11-16); celle que Louis XIV écrivit de la main au Pape lui-même, le 2 mai, demandant cette faveur comme une promotion de couronne, est imprimée dans le recueil Morelly, p. 26-28, et la minute d'une nouvelle lettre, du 9 mai, est aux Affaires étrangères, vol. France 414, fol. 18 v°. Les arguments et les exemples de faits analogues, comme pour le cardinal Antoine, ci-dessus, p. 255, firent l'objet d'une addition à l'instruction d'Aubeville. En 1662, ces instances seront encore renouvelées; mais M. de Mercœur ne recevra le chapeau que du pape suivant. Il conservera le titre de Mercœur jusqu'à la mort de M. de Vendôme, son père, en 1665.

3. L'ancien conseil royal institué à Perpignan par les rois d'Espagne, et confirmé en 1642 après la conquête du Roussillon, a été transformé en conseil souverain par un édit de juin 1660, après la paix des Pyrénées (B. N., ms. fr. 17567, fol. 125-130, et ms. fr. 4195, fol. 162-172). Il comprend trois présidents, deux conseillers, sept commissaires, deux avocats généraux, un procureur général, et juge en dernier ressort les appels des juridictions inférieures du Roussillon et de la Cerdagne. Mais un plan était arrêté dans l'esprit du Roi, pour la parfaite uniformité de l'administration de la justice, de remplacer ces conseils des pays nouvellement annexés par des présidiaux dont les premières charges fussent réservées aux Français naturels (ci-dessus, p. 77 et 81), et desquels les appellations ressortiraient aux parlements plus prochains (*Mémoires de Louis XIV*, tome II, p. 415). Nous verrons la suite à la séance du 7 juillet.

4. Le jubilé universel publié à Rome le 2 mars, pour « demander à Dieu un succès favorable de la guerre des princes chrétiens contre les Turcs, » sera ouvert à Paris le 21 mai. Dans un mémoire destiné à M. de Gondrin, archevêque de Sens (A. É., Supplément, vol. Rome 6, fol. 52-59), nous trouvons les détails suivants : « Ce jourd'hui, 12 juin 1661, le

Roi a fait avertir M. l'archevêque de Toulouse de se rendre auprès de S. M. après son dîner, et lui a demandé, en présence des Reines, de Monsieur, de M. le prince de Conti, de l'abbé Montagu, et autres, s'il jugeoit que la publication du jubilé qui avoit été faite ce matin dans les deux églises paroissiales de Fontainebleau, par ordre de M. l'archevêque de Sens, soit valable en sorte que l'on le pût gagner. Monsieur de Toulouse a répondu qu'il supplioit S. M. de trouver bon qu'il en conférât avec ces autres Messieurs, puisque la chose ne pressoit pas ; mais, d'autant que S. M., après avoir approuvé cette réponse, et la Reine mère l'ont obligé de dire son sentiment, il a dit que Monsieur de Sens avoit une copie authentique de la bulle, signée par M. le Nonce, qu'il pouvoit la faire publier en son diocèse avec la même autorité que les autres archevêques et évêques, puisqu'elle étoit adressée à tous conjointement et que Monsieur de Sens n'étoit point interdit par aucun jugement ecclésiastique. » Cf. le livre de M. Georges Dubois sur M. de Gondrin, p. 179. Le Roi fera son jubilé à Fontainebleau en juin (*Gazette*, p. 326 et 532). Dans ses *Mémoires*, tome II, p. 420-421, il dit : « J'allai publiquement à pied, avec tous mes domestiques, aux stations, voulant que tout le monde conçût, par le profond respect que je rendois à Dieu, que c'étoit de sa grâce et de sa protection, plutôt que de ma propre conduite, que je prétendois obtenir l'accomplissement de mes désirs et la félicité de mes peuples. »

5. Le Tellier écrivit à l'intendant Talon, le 6 mai (A. G., vol. 165, p. 87, et 168, fol. 346), que le Roi approuvait sa conduite à l'égard de l'internonce et s'étonnait de cette entreprise, qu'il s'en plaindrait au nonce de Paris, et qu'on ne devait laisser passer aucune occasion de rappeler l'autorité du Roi aux habitants des pays annexés. Cette application à rompre tous rapports de subordination avec l'internonce d'un pays étranger est signalée dans les *Mémoires de Louis XIV*, tome II, p. 415-416. Cf. ci-dessus, p. 235.

6. Les Cenamy étaient de grands banquiers, d'origine italienne, établis à Lyon, naturalisés par des lettres que Louis XIII avait signées à Chantilly en novembre 1636, et chargés des affaires de Mazarin. C'est chez l'un d'eux que le Cardinal avait fait déposer en 1659 six mille épées et autant de baudriers, achetés pour le service des troupes, et l'abbé

Cenamy a prévenu le Roi que ces armes se détérioraient en magasin. Le Tellier lui écrivit en conséquence, ainsi qu'à M. de Sarron-Champigny : A. G., vol. 168, fol. 349-350.

7. Le Tellier écrivit en conformité de cet ordre au commissaire des guerres Damorezan : A. G., vol. 168, fol. 336. Nous avons l'état sommaire de la garnison dans le ms. fr. 22641, fol. 250 et 253 v°. Une ordonnance du 5 août 1659 avait mis partie de la dépense au compte des communautés du pays : A. G., vol. 171, n° 262.

8. Entre autres règlements de 1661 sur l'armée qui sont réunis dans le ms. fr. 4256 des Papiers Le Tellier, il y en a un, du 12 octobre (fol. 2-7, imprimé), destiné à éviter les conflits entre les gouverneurs ou majors de places et les chefs et officiers de troupes, puis une ordonnance du 1er décembre suivant, aux termes de laquelle les lieutenants-colonels devaient exercer le commandement sur tous les capitaines, les assemblées se tenant chez le commandant de place, aucune escouade n'ayant de poste fixe, etc.

Le capitaine du Coudray, nommé ici comme major du régiment d'infanterie de la Marine, est peut-être le même qui, après avoir eu la lieutenance de roi à Casal, occupait encore, en 1698, celle de Dunkerque (*État de la France*, tome III, p. 255).

9. Brisach, Philipsbourg et le landgraviat d'Haguenau ont été donnés en survivance, sur la demande du cardinal Mazarin mourant, à son principal héritier (B. N., ms. fr. 17567, fol. 25-33 ; A. G., vol. 169, fol. 28). Le Tellier s'adressa au président Colbert pour savoir ce qu'il convenait de conserver de troupes dans ces places, ainsi qu'à Brouage, La Rochelle, etc. (B. N., ms. MÉLANGES COLBERT 102, fol. 665), et fournit à J.-B. Colbert, le 20 mai (*ibidem*, fol. 696), un mémoire des détachements des vieux corps d'infanterie qui devaient se rendre en Alsace. Nous avons aussi le détail des garnisons et états-majors dans le ms. 22641, fol. 203, 225, 228, 240 v° et 242. A Brouage, six compagnies.

10. Ci-dessus, p. 232. La *Gazette* annoncera (p. 528) que les religieux de Sainte-Croix de Liège, ayant ouvert un chapitre général des cent vingt prieurs de France, d'Allemagne et des Pays-Bas, l'ont terminé le 18 mai, après avoir élu pour définiteur le P. René Caillot, provincial de France et prieur du couvent de Paris.

11. Pierre Talon de La Maison-Blanche, troisième fils d'un receveur général des Monnaies de France et conseiller au conseil souverain de Perpignan, avait fait aussi, en 1654, les fonctions d'intendant et commissaire général des vivres à l'armée de Catalogne (ms. fr. 4188, fol. 309). Sa femme, Élisabeth du Lac ou du Luc, était veuve en premières noces de Pierre de La Cavallerie, munitionnaire espagnol, et eut du second mariage une fille, qui épousa Jacques de Manse, trésorier de la vénerie. Pierre Talon fut encore intendant des vivres aux armées de Roussillon en 1677-1680 et en 1686.

M. C. — Du 5 mai 1661 [1].

Le Roi ayant su que la relation faite ci-devant par le sieur abbé de Roquépine [2] dans l'assemblée du Clergé qui se tient à présent à Paris, contenant les diligences par lui faites auprès de S. M. pour le procès du cardinal de Retz, ne se[a] trouve point entre les mains du sieur abbé Thoreau [3], secrétaire de ladite assemblée, pour être insérée dans son procès-verbal, S. M. a commandé à M. du Plessis, secrétaire d'État, d'envoyer vers M. l'évêque d'Auxerre [4], de sa part, pour lui dire qu'il remette ladite relation ès mains dudit sieur Thoreau [5]. [Exécuté.]

S. M. a aussi commandé à M. le Procureur général de prendre soin qu'il soit expédié un arrêt du Conseil pour défendre les monnoies qui se fabriquent dans la principauté d'Oranges [6] au coin de S. M. [7], et, à Le Tellier, d'écrire au commandeur de Gault [8] de tenir la main à l'exécution dudit arrêt. [Exécuté.]

Le Roi a commandé à M. de Brienne d'écrire au P. Harel[b], minime, qu'il s'oppose à la nomination du

---

a. Avant *ne se*, Le Tellier a biffé *S. M. a commandé*.
b. Le Tellier a écrit par mégarde, ou par ignorance : *Darel*.

P. d'Avila pour général de l'ordre*a*, et qu'il déclare qu'en cas qu'il soit élu, le Roi empêchera qu'il ne soit reconnu en France, et qu'il demandera un vicaire général pour ses États[9]; et qu'il sera envoyé autant de cette dépêche-là au P. de Ladoré, provincial de Tours, et au P. du Plessis, son commis, pour la faire valoir en l'absence du premier[10]. [*Idem.*]

Le Roi a trouvé bon que M. Salomon[11], lieutenant général de Bordeaux, soit pourvu de la charge de président au parlement de cette ville-là par la démission du président de Lalanne[12]; [Exécuté.]

Et qu'il soit expédié à celui-ci une commission pour exercer la charge encore trois ans.

Le 5ᵉ mai. [Affaires ecclésiastiques*b*.]

Pour l'affaire du Port-Royal[13], le Roi a résolu d'envoyer ordre au sieur Singlin de se retirer au lieu qui lui sera assigné par S. M.[14], puis d'envoyer une lettre de cachet aux vicaires généraux pour établir un directeur et supérieur en la place dudit Singlin dans les deux monastères du Port-Royal, selon le pouvoir qu'il leur appartient en vertu de leurs charges de vicaires généraux en conséquence du bref d'Urbain VIII, sans attendre que l'abbesse propose aucune personne pour être directeur[15].

Le Roi a résolu d'ordonner qu'on emploieroit une partie du revenu de l'abbaye de Saint-Vaast d'Arras pour rétablir la ruine de l'église et des bâtiments de

---

a. Brienne a ajouté en marge : *comme étant notoirement ennemi des François, les ayant toujours maltraités dans les lieux où il a eu autorité.*

b. Les deux paragraphes qui suivent se trouvent à la fin du Mémorial de Chantilly, p. 173, dans l'appendice Affaires ecclésiastiques.

ladite abbaye qui a été causée ces jours passés par le feu du ciel[16].

1. A cette date, on écrivait de Fontainebleau à la *Gazette* (p. 428) : « La cour s'augmente si fort chaque jour, qu'elle n'a de longtemps paru si nombreuse ni si belle, non plus que si pleine de joie, la bonne santé que la Reine fait voir dans sa grossesse lui étant un sujet d'allégresse extraordinaire, ainsi qu'à toute la France de l'espérance d'un bonheur des plus achevés. »

2. Charles du Bouzet de Roquépine, agent du Clergé de 1655 à 1660, vient d'être pourvu de l'abbaye de Notre-Dame de Homblières, au diocèse de Noyon, le 28 février 1661, sur la résignation de François de Rosay, comte de Rochefort, qui, se mariant, ne pouvait conserver un bénéfice (A. G., vol. 171, n°s 73 et 90). L'abbé avait failli être disgracié sous l'influence des traitants en 1660. Il mourut dans les premiers jours de ce même mois de mai, âgé de trente ans environ.

3. Mathieu Thoreau, doyen de l'église de Poitiers et agent du Clergé pendant la même période que l'abbé de Roquépine, a organisé l'assemblée actuelle et en est secrétaire depuis le 17 juin 1660, avec M. de Roquépine pour promoteur. Il a été nommé évêque de Dol, le 28 février 1661, par Mazarin mourant (A. G., vol. 171, n° 76), et il sera sacré le 2 octobre. Prélat très antijanséniste, il mourra le 31 janvier 1692, à quatre-vingts ans.

4. Pierre de Broc, d'abord aumônier du Roi, abbé de la Vaucelle en Poitou, de Ressons en Beauvaisis, de Toussaints d'Angers, et prieur de Saint-Martin de Sablé, est évêque d'Auxerre depuis le 4 mars 1640 et conservera ce siège jusqu'à sa mort, 7 juillet 1671.

5. Le compte rendu de la mission confiée à l'abbé de Roquépine le 14 novembre 1656 avait été présenté à l'assemblée le 23 octobre 1660 ; celle-ci sera avisée le 21 mai que le Roi demande que la partie concernant M. de Retz soit insérée textuellement. Voir les *Procès-verbaux*, p. 518-521.

6. Cette principauté, remise à la France par un traité du 20 mars 1660 (ci-après, p. 303), a été occupée par M. de Praslin, la citadelle démantelée, et la ville interdite aux protestants.

7. Un ordre sera envoyé le 20 août, d'aller tout saisir à la Monnaie d'Orange, d'envoyer les monnayeurs au For-l'Évêque pour être poursuivis, etc. (A. N., E 1714, n° 117). Selon l'arrêt, ces pièces de 5 sols, « très défectueuses en leur loi, n'étaient pas à dix deniers de fin, et, en poids, de 20 sols pour marc, » et les fabricateurs en inondaient le royaume « au grand préjudice de l'État et à la ruine des sujets de S. M.... Ils avaient même eu la hardiesse de prendre les armes de S. M. et de les empreindre au revers tandis que l'effigie du prince d'Orange est de l'autre côté. » Les exemplaires conservés au Cabinet des médailles permettent de suivre la progression d'une contrefaçon qui finit par substituer à l'effigie de Guillaume-Henri de Nassau celle du Louis XIV jeune gravé par Varin, quoique les quatre trèfles, avec un huchet en cœur, de la maison de Nassau, continuassent à figurer au revers. Nous avons dans le volume MÉLANGES COLBERT 103, fol. 425, le compte rendu d'une saisie de ces pièces faite par le commandeur de Gout. Un arrêt du 14 juin 1662 (A. N., E 1716, n° 76) prononça la confiscation et la destruction.

8. Ce commandeur, que la *Chronologie militaire* de Pinard appelle Pierre du Pont, chevalier de Gault, comme ici même, mais qui signait ses lettres à Colbert : FL. CHEVALIER DE GOUT, et que Vertot appelle Pierre du Pont de Goult, avait été promu maréchal de camp le 16 août 1652, après avoir fait toutes les campagnes de 1644 à 1651 à la tête d'un régiment italien. Il commande les ville, château et pays d'Orange par commission du 10 mars 1660 (B. N., ms. fr. 4195, fol. 80 v°) et en a pris possession, à la tête des gardes françaises, le 21 mars, pour y recevoir la cour. Le détachement des gardes françaises a été remplacé par le régiment de la Marine, et celui-ci a réprimé une émeute sanglante contre la restauration du catholicisme. Un arrêt du Conseil a ordonné la démolition des fortifications en juillet 1660. — Les lettres du commandeur abondent dans les volumes A. É., FRANCE 1725 et 1726, et dans les mss. B. N., MÉLANGES COLBERT 102 et 103. Il appartenait à l'ordre de Malte depuis 1624; Mazarin lui avait donné, le 28 janvier 1661, l'abbaye du Mas-Garnier (A. G., vol. 171, n°s 33-34), qu'il céda tout aussitôt à un Colbert de Villacerf, et il touchait 400 livres par mois pour commander à Orange. Il est cité pour ses galanteries dans la *Vie* (apocryphe) *de Colbert*, p. 10. C'était un gentilhomme de Toulouse.

9. Ci-dessus, p. 251 et 254. Balthazard d'Avila, originaire de Lille, avait été nommé général par le pape Innocent X lors du chapitre tenu à Rome en 1649.

10. Des instances nouvelles sont venues du couvent de la place Royale et seront encore répétées durant tout le mois (A. É., vol. France 910, fol. 310, 312, 314, 330, 338, 344). Le 8 mai (ci-après, p. 271), on dressera une instruction pour le P. Harel, qui partira de Lyon sur l'ordre du Roi, avec le provincial de Paris, et nous dirons alors le succès de sa mission.

11. Henri-François de Salomon, vicomte de Virelade (1620-1670), d'origine bordelaise, ancien avocat général au Grand Conseil, avait été élu membre de l'Académie française en 1644, de préférence à Pierre Corneille et sous prétexte que ses fonctions le fixaient à Paris tandis qu'une charge sédentaire retenait son concurrent à Rouen ; mais, en 1655, le mauvais état de ses affaires l'a obligé à retourner au pays natal, et il s'est fait revêtir alors de la charge de lieutenant général de la sénéchaussée de Guyenne. Le Roi lui a conféré le cordon de Saint-Michel en récompense de ses bons services durant les troubles de Toulouse et de Bordeaux. Il sera encore parlé de lui.

12. Lancelot Sarran de Lalane, second président à mortier depuis 1656. Les notes de 1663 (B. N., ms. Mélanges Colbert 7, fol. 72) disent de lui : « Autrefois entreprenant et dangereux ; à présent tombé dans une si grande foiblesse d'esprit et de corps, qu'il est incapable de toutes choses. Le sieur de Virelade, son gendre, est reçu en survivance. » Le Tellier annonça à M. de Salomon, par une lettre du 13 (A. G., vol. 168, fol. 399), que le Roi lui accordait la survivance ; mais, une cabale des autres membres de la famille ayant fait obstacle à sa réception sous prétexte qu'il avait été commissaire à la levée des droits de francs-fiefs, il fallut un arrêt du Conseil pour vaincre cette opposition : A. N., E 1714, n° 142, 28 octobre 1661. Le beau-père mourut le 24 mars 1664, et M. de Salomon rédigea pour lui une épitaphe funéraire qui est dans le ms. 696 de la bibliothèque de Bordeaux.

13. Ci-dessus, p. 237 et 241-242.

14. Le dimanche 8 mai, M. Singlin se retira « pour céder à la violence de ceux qui ne pouvoient voir qu'avec jalousie la

bénédiction que Dieu donnoit à sa sainte conduite... Il prévint par là l'ordre qu'il auroit reçu de la cour de se retirer en Bretagne, comme il paroît par la lettre de cachet que reçurent MM. les grands vicaires » (*Journal de Port-Royal*, ms. fr. 17774, fol. 19). Il échappa à la police par des déguisements et vécut encore trois ans. Sainte-Beuve parle souvent de lui.

15. Le jour même, 5 mai, on rédigea une addition importante à l'instruction pour Aubeville : recueil Hanotaux, p. 90-91. Voir la suite au 7 mai.

16. Il a été parlé ci-dessus, p. 66-68, de cette abbaye donnée au cardinal d'Este. Par deux arrêts du 15 juillet et du 12 août, M. Courtin sera chargé de passer bail des revenus et de faire procéder aux réparations après visite faite en présence des religieux ; l'adjudication des travaux sera confiée à l'entrepreneur Robert Parent, malgré un rabais postérieur (A. N., E 1712, fol. 286-287, 309, 310, 406, 407 et 486).

―――

M. C. — Du sixième mai.

Le Roi ayant vu dans les avis d'Allemagne que les ministres de M. le duc de Saxe étoient chagrins de ce que ceux de l'Empereur entretiennent leur maître, depuis quatre ans, de l'espérance du mariage de la fille du duc de Saxe avec l'Empereur[1], S. M. a commandé à M. de Lionne d'écrire à M. Gravel de conférer sur ce avec M. l'électeur de Mayence, pour voir si on ne pourroit point en tirer de l'avantage pour le détacher des intérêts de la maison d'Autriche[2]. [Exécuté.]

1. Comme on l'a vu ci-dessus, p. 214, Jean-Georges II, électeur-duc de Saxe depuis 1656, s'imaginait être en passe de faire épouser sa fille, âgée de quatorze ans, par le nouvel empereur Léopold Ier, qui ne se mariera qu'en 1666 avec une fille du roi d'Espagne ; tout au moins, comptait-il obtenir le généralat des troupes de l'Empire. La cour de Vienne ne se prêtant pas à ses visées, Lionne estimait possible de le gagner

à la ligue du Rhin : voir les *Mémoires de Pomponne*, tome II, p. 263-277.

2. Lionne, renseigné par Wicquefort (ci-dessus, p. 212-214), écrivit à Gravel, le 14 mai (A. É., vol. ALLEMAGNE 148, fol. 219) : « Vous présupposant arrivé au lieu de votre résidence, je commence notre commerce par vous dire que le Roi a eu avis de bon lieu que la cour de Dresde a refusé à l'Empereur le secours qu'il a fait demander, tant parce qu'on y est persuadé que le besoin n'est pas si grand ni si pressé qu'on se représente, qu'à cause qu'on souhaite que cette résolution se prenne dans une diète générale. La véritable cause de cette froideur est que les ministres de la cour de Saxe se trouvent offensés de ce que, depuis tant d'années, ceux de l'Empereur les amusent de l'espérance du mariage de l'Empereur avec la fille de S. A. É., et qu'en effet ils s'en moquent ouvertement. On dit, de plus, que les frères de l'Électeur et les deux princes de Weimar et de Iéna travaillent fort à aliéner tout à fait l'esprit de ce prince de la maison d'Autriche, et que cet exemple du secours fera que la plupart des autres protestants useront de même. S. M. m'a commandé de vous écrire, sur tout ce que dessus, d'en communiquer avec M. le landgrave de Darmstadt, pour savoir si on n'en pourroit pas profiter pour la cause commune, et je crois que le but auquel on devroit tendre en cela seroit de tâcher de porter cet Électeur à entrer dans notre alliance du Rhin, ce qui seroit d'un grand éclat dans tout l'Empire, et de grande réputation et avantage pour l'Alliance. Je vois à peu près les difficultés qui pourront s'y rencontrer; mais je considère, d'autre part, que le prince est toujours absolument entre les mains de ses ministres, et que, pour les gagner à faire un si grand coup, S. M. contribueroit volontiers la somme que l'on jugeroit à propos de leur promettre. Peu de choses en Allemagne sont à l'épreuve de l'argent : on fait souvent par un motif de dépit ou de vengeance ce qu'on ne se seroit pas cru capable de faire; l'habileté et l'adresse de M. le landgrave de Darmstadt peut venir à bout de choses plus malaisées. Enfin, il ne faut pas se pouvoir reprocher qu'on ait manqué un pareil coup pour avoir négligé de s'y appliquer. J'ai en charge de vous écrire de nous mander votre sentiment si, en cas que le

roi de Pologne fût disposé d'entrer dans notre Alliance, il y seroit reçu... »

Un projet d'unir la princesse saxonne avec le duc de Savoie sera mal reçu par son père en août (A. É., vol. Savoie 56, fol. 302 et 303), et, d'autre part, Louis XIV adressera à Madame Royale, le 30 juin ou le 2 juillet, cette lettre, rédigée par M. de Lionne, mais que Rose transcrivit en lettre de la main, « mot pour mot » (A. É., vol. Rome 153, fol. 252 v°; Arsenal, ms. 3568, fol. 60) : « Ma tante, l'affection que j'ai pour vous m'oblige, en tous rencontres, à vous ouvrir les sentiments de mon cœur avec une entière confiance. J'apprends que mon frère le duc de Savoie est bien avant en traité pour son mariage avec une princesse dont la maison, depuis la paix de Prague, n'a pas paru être dans mes intérêts. Je veux croire que vous aurez si bien pris vos assurances, si cette affaire-là doit se conclure, que ce ne sera pas sans ramener en même temps cette maison dans les maximes qu'elle avoit toujours tenues, et qui sont sans doute les meilleures pour son propre bien. Autrement, vous voyez bien vous-même les justes soupçons que j'aurois sujet de concevoir d'une pareille alliance, et qu'elle ne produiroit pas à mondit frère des effets aussi avantageux que je désire sincèrement d'avoir occasion de lui donner de plus en plus des marques de ma bienveillance. Et sur ce, je prie Dieu qu'il vous ait, etc. » M. Bertrand Auerbach a employé cette correspondance, avec les documents allemands, dans son livre de 1888 sur *la Diplomatie française à la cour de Saxe* (1648-1680), p. 110-111 et 132-135.

M. C. — Du 7 mai.

Le Roi ayant vu le procès-verbal de M. le Lieutenant civil du 4 de ce mois, contenant la réponse de l'abbesse du Port-Royal au commandement qu'il[a] lui a fait, de la part de S. M., d'ôter l'habit aux novices qu'elle a reçues depuis les défenses qui lui ont été

a. Le Tellier a écrit, par mégarde : *qui*.

faites¹, S. M. a commandé à Le Tellier de faire avertir ladite abbesse d'obéir², et de faire informer M. le doyen de Notre-Dame³ de ce qui s'est passé, afin qu'il s'emploie à ce que les intentions de S. M. soient exécutées, et qu'il soit présent lorsqu'on fera ouvrir les portes du monastère pour en tirer lesdites novices⁴. [Exécuté.]

Le Roi a trouvé bon que l'un des fils du sieur Quéralt soit pourvu de la charge de conseiller au conseil souverain de Perpignan par la mort de son père⁵.

Du 7 mai, après midi.

Le Roi ayant entendu la lecture d'un acte fait par le chapitre de l'église cathédrale de Rouen sur le Formulaire qui est à signer en exécution des deux constitutions sur le fait des Cinq propositions condamnées par les papes Innocent dixième et Alexandre septième, ledit acte du mercredi*a* sixième jour d'avril dernier, S. M. a ordonné qu'il sera expédié un arrêt en commandement portant cassation dudit acte, qu'il sera tiré des registres dudit chapitre, et que ceux qui le composent satisferont à la délibération de l'assemblée et à l'arrêt de son Conseil donné en conséquence d'icelle⁶. [Exécuté.]

Sur la requête présentée au Roi par les Carmes nés sujets du Roi à cause des pays cédés par S. M. par le traité de paix, tendant à fin d'être rétablis dans les couvents de leur ordre situés dans ledit pays d'où ils ont été chassés durant la dernière guerre⁷, S. M. a ordonné à Le Tellier de s'informer de M. le maréchal

---

a. Après *mercredi,* Le Tellier a biffé *avril.*

de Schulemberg de l'état des deux maisons sises à Arras et Saint-Paul, et, de M. le gouverneur de Landrecy[8], de celle qui y est située, pour ensuite pourvoir sur ladite requête.

1. Ci-dessus, p. 265-266. Voir le *Port-Royal* de Sainte-Beuve, tome IV, 5e livre.
2. Le Tellier notifia, par une lettre du 10 (A. G., vol. 168, fol. 377), que le Roi retirait toute faculté de recevoir pensionnaires ou novices tant que l'ordre ne serait pas rétabli et la direction mise en des mains non suspectes.
3. Jean-Baptiste de Contes (1601-1679), vicaire général depuis 1656 et conseiller d'État d'Église depuis 1658 : ci-dessus, p. 204. C'était, selon Sainte-Beuve, « un ecclésiastique poli, homme du monde, bienveillant dans les rapports de son office, mais non... de l'étoffe dont se font les ermites et les martyrs. » De plus, grand thésauriseur au dire de M. de Pontchâteau.
4. A. G., vol. 168, fol. 378 et 379. Après le départ de M. Singlin, d'Aubray, venu pour la troisième fois au monastère, le 13, exhibera la lettre de cachet et se déclarera prêt à briser les portes si les novices n'étaient immédiatement rendues au monde. L'abbesse protestera qu'elle ne peut « en conscience » leur ôter l'habit; mais, le samedi 14, huit postulantes et sept novices quitteront le monastère. Deux lettres de la mère Agnès au Roi, sur cette expulsion, furent rendues publiques, et l'on dit que Louis XIV lui-même les admira. Nous verrons la suite.
5. Le défunt était doyen de la royale audience de Roussillon et membre du conseil souverain. Le Tellier annoncera, le 21 mai (A. G., vol. 168, fol. 431), que le Roi a bien voulu accorder sa succession à son fils Fructueux Quéralt, « sur les assurances données de sa capacité et affection au service. »
6. « Sous prétexte de zèle pour la foi et conformément à l'usage de l'Église gallicane, » le chapitre de Rouen avait modifié le texte du Formulaire et fait afficher son acte, avec les noms des signataires. C'était une suite des agitations qui se produisaient dans cette ville, parmi les adhérents du jansénisme, depuis la fin de 1660, et déjà plusieurs arrêts ont été

rendus les 9 et 16 février, 17 mars et 20 avril, contre divers curés et ecclésiastiques (A. N., E 1714, n°ˢ 23, 28, 43 et 66). L'arrêt nouveau, du 7 mai (*ibidem*, n° 71), déclare que le chapitre a commis un « attentat manifeste contre la teneur de la délibération du Clergé et contre l'arrêt donné en conséquence par le Roi, » ordonne que l'acte capitulaire soit remplacé par une copie de l'arrêt même, et que les chanoines et chapelains souscrivent le vrai Formulaire sous peine de saisie de leur temporel, etc. D'autres arrêts furent rendus dans ce sens les 4 juillet, 1ᵉʳ et 27 octobre suivants (E 1712, fol. 384 et 435, et E 1714, n° 89), et l'église de Tours, puis les prêtres d'Auvergne furent frappés de même (E 1714, n°ˢ 87, 129 et 157), ainsi que le chapitre de Soissons (E 1713, fol. 163-164), celui de Saintes (E 1715, fol. 71), etc.

7. Ci-dessus, p. 235, 236 et 257.

8. Landrecies, comme Le Quesnoy, a été cédé par l'article 37 de la Paix, et, le 30 décembre 1660, le marquis de Roncherolles en a remis le domaine aux mains de Talon.

A. É. — Du 8ᵉ mai 1661, à Fontainebleau[a].

Écrire au P. Harel, collègue françois du général des Minimes, que, S. M. ayant su que, sous prétexte d'un prétendu bref du pape Urbain VIII qui n'a jamais été reçu de l'ordre, et contre ses statuts, qui ne portent point qu'un religieux, pour avoir été général, ait droit d'assister aux assemblées générales de l'ordre, le P. d'Avila est parti de Rome pour se trouver au chapitre général de Barcelone dans cette pensée de se faire élire par brigue, S. M. désire que ledit P. Harel fasse en sorte, avec tous les religieux françois, que ledit P. d'Avila ne soit point reçu, et que, si cela ne se pouvoit point empêcher en cas qu'il eût quelque ordre de Rome, le Roi entend que, de concert avec

---

a. Ce n'est plus la même écriture qu'au début de ce Mémorial.

tous les religieux espagnols, les Pères de France lui donnent exclusion pour le généralat et se déclarent hautement contre un homme qui a jusques-ici paru si contraire à toutes les intentions que le Roi a eues pour le bien de l'ordre[1].

1. Ci-dessus, p. 261, 262 et 265. La minute d'une lettre du Roi au Père collègue général fut transmise par Lionne à Brienne fils, qui la fit expédier le jour même en ces termes (A. É., vol. Rome 141, fol. 92, et 143, fol. 98) : « Révérend Père, ayant su que, sous prétexte d'un prétendu bref du feu pape Urbain VIII, lequel n'a jamais été accepté de la religion ni mis en pratique, et contre les constitutions de l'ordre, qui ne portent point qu'un religieux qui a été général ait droit, par cette raison, d'assister aux assemblées générales dudit ordre, le P. d'Avila est néanmoins parti de Rome pour se trouver au chapitre qui se doit bientôt tenir à Barcelone, et même, à ce qu'on dit, avec la pensée de s'y faire élire général par la faveur du cardinal Spada, j'ai été d'autant plus surpris de cet avis, qu'on y ajoute qu'il a intelligence avec plusieurs provinciaux françois qui ont promis de le servir et d'appuyer son dessein de leurs suffrages. Je ne puis pourtant me persuader qu'aucun de mes sujets soit dans de pareils sentiments, où songe à élire pour chef une personne qui a témoigné jusques ici tant d'aversion et d'animosité contre la nation françoise, et qui n'a rien omis, pendant son généralat, pour saper les privilèges du couvent royal de la Trinité-du-Mont et, dans la ruine de cette maison, ôter à la France tout ce que la Religion de Saint-François-de-Paule a de plus saint et de plus exemplaire en Italie. Je désire donc que vous fassiez entendre à tous les religieux françois que je me promets de leur zèle et de leur fidélité qu'ils s'uniront pour empêcher premièrement l'entrée dudit P. d'Avila au chapitre, et qu'en cas que, pour se trouver muni d'ordres auxquels les Italiens n'osent pas résister, on ne puisse lui fermer la porte dudit chapitre, je me promets qu'ils feront au moins de concert toutes sortes d'efforts, s'unissant, s'il est besoin pour cela, aux Espagnols, qui ne seroient pas plus contents d'être une seconde fois gouvernés par le P. d'Avila,

pour l'exclure du généralat. Pour cet effet, en cas qu'il soit nécessaire d'en venir là, je vous donne ordre de déclarer publiquement, en mon nom, qu'un homme qui s'est fait voir en toute rencontre ennemi de la nation françoise n'en peut être le père, et que, quoi qu'il arrive dans ledit chapitre, je ne souffrirai jamais que ledit P. d'Avila ait aucun pouvoir dans mon royaume, ni qu'il soit reconnu pour le chef d'un si digne ordre, et qu'en cas que les étrangers, nonobstant cette déclaration, se portent à son élection, je demanderai incessamment à S. S. un vicaire général pour la France et pour le couvent de la Trinité-du-Mont à Rome : ce que vous ferez entendre, s'il est besoin, à tous les religieux françois, dont je demeurerois fort mal satisfait, s'ils ne se conformoient à mon intention, qu'ils verront bien n'avoir pour objet que le bien de leur ordre. Je désire en outre que, dans l'élection de l'assistant françois du général, les religieux mes sujets aient égard à ne le choisir pas du nombre de ceux qui, pour complaire au cardinal Spada, ont témoigné être contraires ou ne se soucier pas beaucoup de soutenir les privilèges du couvent de la Trinité-du-Mont, ne pouvant agréer qu'on établisse pour supérieur françois des religieux qui se servent après de leur autorité pour agir contre mon service. Et, m'assurant que vous exécuterez ponctuellement ce qui est en cela de mes intentions, je ne ferai la présente plus longue que pour prier Dieu, etc.,... »

La lettre que Lionne écrivit à M. d'Aubeville le 15 juillet fait connaître les suites de cette affaire (A. É., vol. ROME 143, fol. 254-256) : « On avoit cru et espéré que la célébration du chapitre général des Minimes qui s'est tenu à la Pentecôte, à Barcelone, pourroit remédier facilement à tout ce désordre par l'élection d'un nouveau général et l'abdication de l'ancien, qui est celui qui a causé tant d'embarras par les nouveautés qu'il a voulu entreprendre dans le couvent de la Trinité, à la ruine de ses privilèges. Dans cette espérance, le Roi avoit ordonné à tous les religieux dudit ordre ses sujets de se rendre audit chapitre, et même, à l'effet de cette élection, d'y reconnoître le P. Guillard, pour lors général. Sans intrigues ni cabales, le sort tombe sur un père espagnol que tout le monde convient être, non seulement un fort homme de bien, mais un saint homme. S. M., qui n'a de sa doctrine, de sa piété et de sa suffisance que des relations extrêmement avantageuses,

approuve et est très aise de ce digne choix... » Et plus loin :
« Ledit P. d'Avila a dit que M. le cardinal Spada s'étoit souvent déclaré à lui, en ces propres termes, qu'il romproit en deux jours les jambes au nouveau général, s'il entreprenoit de toucher le moins du monde à ses trois couvents de Rome. En voilà trop pour une affaire de moines!.... » M. de Lionne, ayant reçu le rapport du P. Harel, lui répondit le 3 août (A. É., vol. Rome 143, fol. 265) : « Je comprends qu'il ne se pouvoit rien faire de mieux; mais, comme je vois par les lettres de Rome qu'ils ont quelque soupçon que vous pouviez faire davantage, il importe que vous leur envoyiez une copie de cette relation. Ou le P. Quinquet sera un grand fourbe, ou il agira aussi bien qu'auroit pu faire tout autre. Je l'ai fait parler au Roi même; il a été ravi de trouver S. M. aussi bien informée qu'Elle l'est de tout le détail. Je prendrai soin de faire écrire de la part du Roi au P. Ladoré, aux termes que vous jugez à propos. Nous avons pris un tempérament, touchant la visite du général, qui embarrassera plus la cour de Rome que si on la lui eût permise d'abord : nous disons que le Roi a été très aise de l'élection, qu'il estime la personne, la piété et la suffisance dudit général, et qu'il sera très aise qu'il vienne au plus tôt visiter la France, mais qu'il faut auparavant que l'interdiction qui lui a été faite à l'égard des trois couvents de Rome par le décret de la Congrégation soit levée, parce que le Roi malaisément le peut juger propre à gouverner les couvents d'un grand royaume, si le Pape, avant même que le connoître, le déclare incapable de régir les trois couvents de Rome; que, dès que S. S., en levant cette interdiction, aura fait connoître le contraire, il pourra entrer en France et visiter les couvents. Par ce biais-là, on prend le parti du général, ce qu'on a chargé le P. Quinquet de lui faire comprendre, on défend l'autorité légitime contre les violences du protecteur, au lieu qu'on nous accusoit auparavant de vouloir distraire cette autorité en la personne du P. Guillard, et on ne laisse pas d'embarrasser la cour de Rome en la chose qui lui faisoit le plus de peine, qui étoit la reconnoissance des couvents de France de l'autorité du général, qui est le seul point capable de les faire mettre à la raison touchant le couvent de la Trinité. Autrement, ils auroient continué à se moquer de nous. »

Sur le P. Sébastien Quinquet, voir une lettre de Harel et

une lettre de Quinquet lui-même (A. É., vol. France 912, fol. 23-25 et 61-62). Il avait été provincial de France en 1653 et fut élu général, en 1667, par le chapitre tenu à Marseille.

Le général élu à Barcelone, François Navarro, était provincial de Grenade et très estimé, à ce qu'annonça la *Gazette*, p. 276-277.

M. C. — Du lundi 9 mai.

Sur ce que M. le cardinal Grimaldy a fait savoir à M. le comte de Brienne que le Pape le pressoit de retourner à sa résidence, S. M. a ordonné audit sieur de Brienne d'écrire audit sieur cardinal que, s'il est obligé de quitter Rome, Elle ne désire pas qu'il revienne en Provence, mais bien en son abbaye proche de la ville de Saumur, sans qu'il passe, sous quelque prétexte que ce soit, par la Provence[1]. [Exécuté.]

Le Roi a ordonné à M. de Brienne d'écrire au sieur de La Guette d'envoyer le rôle des forçats qui ont passé leur temps, marquant les vieillards et[a] les invalides qui sont de cette qualité-là[2]; [Exécuté.]

Qu'il envoie aussi le détail de ce qui se fait pour l'administration de l'hôpital desdits forçats[3]. [*Idem.*]

Dudit jour 9 mai.

Le Roi a commandé à M. du Plessis de Guénegaud d'écrire aux États de Béarn[4] que l'intention de S. M. est qu'ils continuent à accorder les quarante mille livres dont ils ont fait don au Roi durant la guerre, afin qu'ils soient employés à l'entretènement de la garnison de Saint-Jehan-Pied-Port[5]. [Exécuté.]

a. Cet *et* est ajouté en interligne.

A. É. — Du 9ᵉ [mai].

Mander à tous les ministres étrangers que doresenavant ils écrivent au Roi la dépêche d'affaires, laquelle ils accompagnent d'une lettre au secrétaire d'État où ils mettent les choses particulières que, par respect, ils n'auront pas cru devoir écrire dans celle du Roi, et envoieront le tout sous l'enveloppe du secrétaire d'État, à l'ordinaire[6].

Écrire à M. le cardinal Grimaldi que, si le Pape continue à le presser de sortir de Rome sous le prétexte de la résidence de son diocèse, S. M. trouve bon qu'il parte pour revenir en France et se rende à son abbaye de Saint-Florent, près de Saumur, sans passer par la Provence, où il attendra les ordres du Roi[7].

Une commission au sieur de Valpergue[8] pour aller visiter toutes les places d'Alsace et de Luxembourg, assister à la description du passage de Metz en Alsace et au rasement de Nancy en exécution du traité fait avec M. le duc de Lorraine[9].

Mander à M. de La Guette d'envoyer un rôle des vieillards invalides, après quoi S. M. prendra sa résolution, et distraire[a] du détail[b] la dépense qui peut être faite pour l'hôpital des galères, qu'on veut toujours être tenu sur la mer dans une ou deux galères[10].

Rompre le *Saint-Thomas*, le *Sourdis*, le *Faucon* et le *Dauphin*, mettant les ferrailles, etc., à l'Arsenal. L'on nomme la galère qui se bâtit *la Dauphine*[11].

Mander à M. de Piles[12] que l'on a ajusté avec M. de

a. Mot douteux.
b. Après *détail*, le manuscrit porte un *de* biffé.

Béziers[13] que les galères de Florence feront le salut dû à la forteresse, et que, de son côté, il ait à leur rendre la civilité ordinaire[14].

1. Nous avons vu ci-dessus, p. 109-112, que ce cardinal avait déjà été avisé que le moindre changement dans l'ordre établi en Provence semblerait de nature à troubler le nouvel état de choses. Sans répondre aux défenses formelles de revenir, il vient encore de réitérer ses instances par une lettre du 2 mai (A. É., vol. ROME 141, fol. 72-74); mais, comme en 1660, on persistera à ne permettre sa rentrée qu'avec des conditions qui lui paraîtront inacceptables, ainsi que Charles Gérin l'a raconté dans le livre déjà cité, tome I, p. 214 et 241.

2. Nous venons de voir, p. 165, La Guette vivement pressé de réorganiser les chiourmes. Non seulement de grands abus existaient dans le recrutement des forçats, mais on maintenait sur les bancs ceux dont le temps était fini, et cela en dépit des ordres du Roi (*Lettres de Colbert*, tome III, p. LV-LVI et 681; O'Reilly, *Mémoires sur l'intendant Claude Pellot*, tome I, p. 275-278). Il s'en présentera un cas le 17 juin. La relaxation ne pouvait s'obtenir que dans des conditions exceptionnelles, comme en témoigne cette lettre du Roi au général des galères (A. N., formulaire O¹ 12, fol. 128, 9 mai) : « Mon cousin, le temps porté par le jugement et condamnation du nommé ***, qui est sur mes galères, étant expiré, j'ai été supplié, par des personnes que j'affectionne, de le faire mettre hors desdites galères. C'est pourquoi je vous écris la présente pour vous dire que vous ayez à donner les ordres qui seront nécessaires de votre part à ce que ledit *** puisse se retirer où bon lui semblera. »

Un édit d'août 1661 (A. N., X¹ᴬ 8662, fol. 430 v°, et AD 357, n° 11), accepté avec peine par Colbert, ordonnera que tous les mendiants valides ayant été trois fois enfermés à l'Hôpital général de Paris soient envoyés aux galères. « Leur nombre, y sera-t-il dit, a tellement augmenté dans le désordre, que, quelques règlements de police que les directeurs de l'Hôpital général aient pu faire, soit par la prison, le retranchement de portion, le fouet, ou les faisant raser et usant de tous autres châtiments domestiques, ils ne laissent pas, néanmoins, de s'opiniâtrer à la mendicité, et en cette saison principalement que, la plupart des gens de travail étant malades par tous les villages, les laboureurs ne trouvent pas qui les secoure, quelque prix qu'ils offrent pour recueillir et resserrer les grains, ce qui causera une ruine totale ou une disette notable... » Brienne fils en écrivit à La Guette le mois suivant (B. N., ms. fr. 15612, fol. 113 v°).

3. La Guette enverra, le 7 juin, un règlement pour la dépense de l'hôpital et de l'aumônerie (ms. MÉLANGES COLBERT 102, fol. 682 et 687-688; A. N., X¹ᴬ 8662, fol. 43 v°). Cet hôpital, établi à Marseille en juillet 1646, avait été insuffisamment entretenu, puisque Colbert écrivait au Cardinal le 23 novembre 1659 : « Le peu de forçats qui reste dans la chiourme des galères pâtit extrêmement, et il me semble que V. É. doit donner ordre précis à M. de La Guette de les faire habiller promptement et de rétablir l'hôpital des galères, qui manque de périr faute de fonds. » Des ordres furent envoyés alors, sans doute sous l'inspiration de M. Vincent de Paul, nommé aumônier réal des galères, et, avec le concours généreux de la duchesse d'Aiguillon et du chevalier de La Coste, La Guette a fait entreprendre la reconstruction d'un hôpital royal destiné aux forçats malades, non aux invalides, qui ne sera terminé qu'en 1690. En 1701 seulement, un nouveau bagne sera établi à Marseille pour les invalides.

En outre, le Roi s'occupait personnellement d'assurer aux forçats une meilleure subsistance, et, comme on le voit dans le recueil des *Lettres de Colbert*, La Guette, aussi, était directement chargé d'exécuter ses ordres sur ce point.

4. Ci-dessus, p. 110.

5. Saint-Jean-Pied-de-Port, ancienne place forte, sur la Nive, et capitale de la Navarre française cédée par l'Espagne, a une garnison de quatre compagnies de cent hommes sous les ordres du maréchal de Gramont, gouverneur, et de M. de Toulonjon, mestre de camp (B. N., ms. fr. 22641, fol. 253). On y élèvera en 1668 une citadelle commandant le passage de Roncevaux.

6. Le 6, Lionne a écrit à M. de Lumbres (A. É., vol. Pologne 16, fol. 78) : « Le Roi m'a donné ordre de vous mander de sa part que, quand il y aura dans une négociation quelques particularités et circonstances bien importantes que vous

jugiez requérir le secret plus que d'autres, vous les compreniez dans une lettre que vous écrirez directement au Roi même, et que vous m'adresserez pour être par moi-même présentée à S. M., qui m'ordonnera ensuite ce qu'Elle voudra faire. » Ce nouvel ordre de choses fut complété trois mois plus tard par une autre décision que Lionne annonça en ces termes, le 13 août (A. É., vol. ALLEMAGNE 148, fol. 297), au même Gravel : « Ceux qui ont cru que notre maître se lasseroit bientôt des affaires se sont bien abusés, puisque, plus nous allons en avant, et plus il prend plaisir à s'y appliquer et à s'y donner tout entier. Vous en trouverez une preuve bien convaincante dans la dépêche que je vous adresse ci-jointe, où vous verrez la résolution que S. M. a prise de répondre elle-même à toutes les lettres de ses ambassadeurs sur les affaires les plus importantes, et de leur écrire même directement quand il naîtra des occasions de cette nature, comme Elle commence aujourd'hui à le faire avec vous... » La lettre annoncée ainsi par Lionne, et qu'il avait minutée, était ainsi conçue (vol. ALLEMAGNE 150, fol. 411) : « Monsr Gravel, j'ai résolu, depuis quelques jours, de répondre moi-même à toutes les lettres, par lesquelles j'ai chargé mes ministres au dehors de m'informer de quelque chose dont l'importance requiert un plus grand secret, et de leur écrire aussi moi-même directement quand il se présentera ici quelque occasion que je juge de cette nature. C'est ce que je commence à pratiquer aujourd'hui avec vous pour vous faire savoir qu'il m'a enfin réussi de détacher mon cousin l'Électeur d'aucuns des engagements qu'il avoit contraires à mes intérêts, et de le porter à conclure avec moi un traité d'alliance particulière... » Des lettres analogues furent écrites, sous la même date, à Servient (vol. TURIN 56, fol. 271, et 57, fol. 12), au comte d'Estrades (vol. ANGLETERRE 76, fol. 69-70). Louis XIV arrivait ainsi à tenir en main tous les fils des négociations dont il avait voulu, dès les premiers jours (ci-dessus, p. 7 et p. 61), connaître les dépêches en entier et suivre l'exécution dans tous ses détails.

7. Ci-dessus, p. 275 et 277, note 1.

8. Antoine-Maurice Valperga, d'origine italienne, ingénieur très expert revêtu d'un titre de maréchal de camp (*Gazette* de 1650, p. 803) et fort goûté de Mazarin et de Colbert, avait travaillé à la décoration du Palais-Cardinal avec Vigarani,

puis, en 1660, aux fortifications de Brisach et Philipsbourg, sous les ordres de Charles Colbert. On lui confiera, en 1663, la direction des travaux de Brisach ; mais sa conduite le fera disgracier (*Lettres de Colbert*, tomes I, p. 361 et 364, et V, p. 5, 6 et 8). Voir une lettre de lui à Colbert, du 5 juin 1661 : B. N., ms. Mélanges Colbert 102, fol. 679.

9. Ci-dessus, p. 29-31

10. Ci-dessus, p. 277-278, notes 2 et 3.

11. Ci-dessus, p. 245-246. Cf., dans les *Lettres de Colbert*, tome III, p. 699, l'état de la marine au mois de septembre 1661, en regard de celui de 1677, et le *Du Quesne*, de Jal, p. 228-230. *La Dauphine*, construite par Chabert, fut prête à sortir en septembre 1662.

12. Pierre-Paul de Fortia, marquis de Pilles, maréchal de camp, créé gouverneur-viguier de Marseille dans la réorganisation de 1660, mourra en juin 1682.

13. Pierre de Bonsy (1631-1703), qui a succédé, en 1659, à un oncle de même nom comme évêque de Béziers, alors qu'il représentait le grand-duc de Toscane aux conférences de la Paix, vient de conclure le mariage de Mlle d'Orléans avec le fils de son souverain, et le Roi l'a nommé ambassadeur extraordinaire pour conduire cette princesse à Florence : ci-dessus, p. 206-207. Ils sont arrivés à Fontainebleau le 8 mai, pour en repartir le 11 (*Gazette*, p. 404, 428 et 451-452), et, en juillet, Bonsy recevra ordre de séjourner encore quelques mois auprès de la princesse. Plus tard, il ira en ambassade à Venise et en Pologne, et il y gagnera le chapeau de cardinal. Voir les *Mémoires de Saint-Simon*, éd. nouv., tome XI, p. 134-147.

14. Il a été parlé ci-dessus, p. 98-99, des saluts en mer.

A. É. — Du 10e mai[1].

Surseoir, par une lettre du Roi écrite à M. de Boucval[2], la déclaration envoyée au Grand Conseil sur la vacance des bénéfices en cour de Rome, et ce jusques à nouvel ordre[3].

Joindre à l'intendance d'Alsace de M. Colbert celle des Trois-Évêchés Metz, Toul et Verdun[4].

M. C. — Du 10 mai.

M. le nonce de S. S. ayant supplié très humblement le Roi de lui accorder audience pour lui représenter le préjudice que le Pape recevroit de la déclaration de S. M.*a* envoyée au Grand Conseil sur la vacance des bénéfices en cour de Rome, S. M. a trouvé bon d'accorder l'audience, et ce pendant a ordonné à M. de Brienne d'écrire au rapporteur de ladite déclaration au Grand Conseil de surseoir d'en parler jusques à nouvel ordre de S. M.⁵. [Exécuté.]

1. A cette date, l'ambassadeur vénitien, qui était auprès du jeune roi à Fontainebleau, écrivait à son gouvernement (B. N., ms. italien 1850, fol. 168 v° et 174) que les trois ministres du conseil secret, déjà surchargés de leurs propres départements, et obligés par surcroît de travailler avec leur maître chaque matin, souvent même après le dîner, n'avaient plus de temps pour les conférences et les négociations, tandis que le Roi paraissait entièrement libre de se consacrer à sa besogne : « Vraiment admirable en toutes choses, il n'a de passion pour aucun divertissement ou plaisir, mais se complaît uniquement dans les affaires et s'applique de tout son zèle aux conseils. Devant lui, les trois ministres doivent toujours être debout et découverts. Il a pris un secrétaire de cabinet pour lui faire écrire dans un livre les délibérations prises par lui chaque jour sur toutes les matières et dans tous les conseils, et il y a fait enregistrer toutes celles qui se sont succédé depuis qu'il a pris le commandement à la mort du Cardinal. Et tout indique sa résolution de continuer à gouverner par lui-même en cette forme. » A n'en pas douter, l'avant-dernière phrase désigne notre Mémorial de Chantilly.

2. Lisez : *Bouqueval*, comme p. 137, note 10. C'était Claude Marcel, sieur de Bouqueval, reçu conseiller au Grand Conseil le 25 juin 1612, et qui mourra doyen de semestre le 25 juillet 1667.

3. Ci-dessus, p. 101 et 109, et ci-après, p. 293. Nous n'avons

---

a. De S. M. est ajouté en marge de la main de Brienne.

point trouvé trace de cette affaire dans les registres du Grand Conseil. Sans doute elle n'eut pas de suites.

4. A. É., vol. LORRAINE 38, fol. 182-187, 10 mai, commission d'intendant pour M. le président Colbert dans les Évêchés et dans les villes et places cédées par le roi d'Espagne en Luxembourg, par le duc de Lorraine en ses États. Il n'avait, jusque-là, que la haute et la basse Alsace, avec leurs dépendances. C'est Saint-Pouenges lui-même qui a demandé à être déchargé de son département : ci-dessus, p. 37 et 81. Le Roi déclare dans ce texte que sa volonté est d'assurer le soulagement de pays plus éprouvés que tous autres par les maux de la guerre.

5. Ci-dessus, p. 280 et 281.

M. C. — Du 11 mai.

Sur ce que M. de Saint-Pouanges a écrit[1] que M. de Pradel faisoit difficulté de permettre que les échevins de Nancy rendent la justice au nom de M. le duc de Lorraine depuis son rétablissement,

Et qu'on fasse des prières publiques pour lui,

Le Roi a ordonné à Le Tellier d'écrire au sieur de Pradelle qu'il permette que tout se fasse au nom dudit sieur duc[2]. [Exécuté.]

Sur le différend mû entre les compagnies de la vieille garnison de Metz et celles des régiments de Piémont et de Navarre qui sont en ladite ville, celles-ci faisant difficulté de servir avec les autres du rang de leur commission, le Roi a commandé à Le Tellier d'expédier un ordre à l'avantage de l'ancienne garnison, portant que toutes les compagnies marcheront selon le rang de la réception des capitaines[3]. [Exécuté.]

S. M. a commandé à M. de Lionne d'écrire au sieur de Vicfort[4] les nouvelles qu'on a eues de Pologne qui peuvent contribuer à détacher l'électeur de Brandebourg des intérêts de la maison d'Autriche[5]. [Exécuté.]

Le Roi ayant ouï la lecture de la déclaration pour la création d'un office de conseiller clerc et de président des enquêtes en la 4ᵉ chambre du parlement de Paris, au lieu et place de celles dont M. Violle a été pourvu ci-devant, qui ont été supprimées par arrêt du mois de mars 1654, S. M. a approuvé qu'elle soit expédiée et envoyée audit parlement[6]. [Expédié.]

1. La lettre de Saint-Pouenges est du 10 mai : A. G., vol. 168, fol. 372-373.

2. Par une lettre de Le Tellier (A. G., vol. 168, fol. 386) et par une dépêche du Roi (B. N., ms. fr. 4240, fol. 413), toutes deux du 13, Pradel fut autorisé à faire ces concessions, mais sans que Nancy cessât d'être surveillé étroitement jusqu'à son entier démantèlement.

3. Cf. p. 256, 257 et 260. On trouve dans le ms. fr. 22641, fol. 225, 226 et 238, la composition des garnisons et états-majors des Trois-Évêchés : quatre compagnies de Picardie, trois de Champagne, huit de Royal, dix de Grancey, quatre de Schulemberg, une de Piémont, deux de Navarre. Le Tellier adressa, le 13 mai, à M. de La Contour et aux capitaines de l'ancienne garnison un règlement conforme à la décision du Roi (A. G., vol. 168, fol. 387).

4. Ci-dessus, p. 209-210 et 212-217.

5. On vise toujours à faire entrer l'électeur de Brandebourg dans l'Alliance ; mais ce prince, très habile au marchandage, eût voulu que la France lui assurât la cession d'Elbing par les Polonais : voir les lettres que Wicquefort avait écrites de la Haye les 14 et 28 avril, déjà citées p. 213-215, et la *Gazette* du 16 mai, p. 505. La lettre que Lionne écrivit le jour même, 11 mai, est aux A. É., vol. Hollande 66, fol. 107, et Wicquefort répondit le 24 mai, fol. 126-128.

6. Ci-dessus, p. 240.

M. C. — Du 12 mai.

Sur ce que M. de Thou, ambassadeur pour le Roi en Hollande[1], a écrit que la reine Christine y devoit arriver dans peu de temps, S. M. a ordonné à M. de Brienne de mander audit sieur de Thou de s'employer à empêcher que la reine Christine ne passe par le royaume, et de lui insinuer de prendre le chemin d'Allemagne pour l'Italie[2]. [Exécuté.]

Le Roi a commandé à M. le Chancelier de sceller l'édit de création de quelques officiers d'augmentation au parlement de Metz pour y composer une chambre[3]; [Exécuté.]

Et, à M. de Brienne, d'expédier un ordre à un exempt des gardes du corps de S. M. en Bretagne pour aller faire mettre en liberté un gentilhomme nommé François Chevières, qui est détenu depuis huit ans, par son autorité, par Baptiste Chevières, son frère puîné[4]; [Exécuté.]

Comme aussi de faire les dépêches nécessaires pour ordonner au gouverneur, ou son lieutenant général en Bretagne, de prêter main-forte audit exempt pour l'exécution de ce que dessus.

Sur ce qu'il a été représenté au Roi que le parlement de Bordeaux a ordonné que le temple de ceux de la religion prétendue réformée bâti à Aymet[5] sera démoli, S. M. a ordonné à M. de La Vrillière d'écrire au parlement de Bordeaux de surseoir l'exécution de son arrêt jusques à ce que S. M. ait eu l'avis des commissaires préposés pour l'exécution de l'édit de Nantes[6]. [Exécuté.]

Le Roi a ordonné que le conseil souverain d'Alsace sera supprimé, et qu'il sera établi en sa place un conseil provincial, avec le même pouvoir qu'ont les présidiaux du royaume[7]; [Expédié.]

Et, d'autant qu'il y avoit des gentilshommes d'Alsace qui avoient entrée dans ce conseil souverain, le

Roi a trouvé bon d'accorder à deux des principaux gentilshommes dudit pays l'entrée au parlement de Metz comme conseillers honoraires[8].

S. M. a aussi commandé que la qualité et jurisdiction de cour des comptes, des*a* aides et des monnoies soit attribuée au parlement de Metz en faisant l'augmentation d'officiers; [Expédié.]

Et qu'il soit établi deux trésoriers de France qui connoîtront des domaines du Roi en première instance, et dont l'appel se relèvera audit parlement de Metz[9]. [Expédié.]

Sur la plainte faite au Roi par le parlement de Metz de quelque violence commise en la personne de l'un des avocats généraux dudit parlement[10] par le capitaine Robert[11], du régiment Royal-Infanterie, S. M. a ordonné que ledit Robert sera mis prisonnier dans la citadelle de Nancy. [Exécuté.]

A. É. — Du 12ᵉ [mai].

Ordre à M. le maréchal de La Ferté pour faire mettre dans la citadelle de Nancy le sieur Robert, capitaine du régiment Royal d'infanterie, pour l'attentat par lui commis contre l'avocat général du parlement de Metz, et de l'y*b* faire garder jusques à nouvel ordre[12].

Envoyer un exempt des gardes du corps en Bretagne pour mettre en liberté François Chevières, détenu par Baptiste Chevières*c*, son cadet, en prison dans sa maison, depuis longtemps, sans ordre de justice, et ordonner à M. le maréchal de La Meilleraye[13] de tenir la main à l'exécution et faire prêter main-forte en cas de besoin[14].

a. Avant *des,* Le Tellier a biffé *et.* — *b. Lui* pour *l'y.* — *c.* Ici, *Chevière.*

1. Ci-dessus, p. 183-185.

2. Christine-Augusta-Alexandra, fille du grand Gustave-Adolphe et reine de Suède depuis 1626, n'ayant pas été autorisée à professer dans ses États la religion catholique, qu'elle venait d'embrasser en 1654, voyage depuis lors et a été déjà reçue deux fois en France. Après trois mois passés à Stockholm en compagnie du chevalier de Terlon, elle vient de repartir avec lui vers le milieu de janvier, au même temps que l'ambassadeur Tott, en vue de regagner l'Italie par Hambourg. C'est son agent à Paris, l'historien Galéas Gualdo, qui voudrait qu'elle y revînt ; mais déjà, dans le premier séjour, on avait dû mettre fin, par un plus prompt départ, à ses indiscrétions sur les galanteries du jeune roi avec Marie Mancini, et, dans le second, 1657-1658, on l'a tenue à distance après l'assassinat de son favori Monaldeschi. Cette fois-ci, elle ne paraîtra plus en France. « Je fis détourner adroitement la reine Christine, allant en Italie, de passer par les terres de mon obéissance, où je n'aurois pu la recevoir sans faire une dépense dont cet État ne pouvoit tirer aucun profit » (*Mémoires de Louis XIV*, tome II, p. 483). On savait sa prétention de réclamer de l'argent du passé, que Mazarin avait retenu, et bien des choses pour ses gens. Cf. le livre du baron de Bildt : *Christine de Suède et le cardinal Azzolino*, p. 65-66 et 103-110, et voyez ci-après, p. 295-296.

3. Ci-dessus, p. 77, 80, 81 et 165. On a vu que cette augmentation de ressort et de personnel, pour le parlement de Metz, avait le double but de restituer à cette cour ce qu'elle perdait par la perte de la Lorraine, et d'indemniser les magistrats de Bresse. L'édit de mai prononce l'union du ressort de leur chambre souveraine aux parlement, chambre des comptes et bureau des finances de Metz (A. É., vol. Lorraine 38, fol. 163-167 ; A. N., collection Rondonneau, AD 355, n° 21, et E 1717, fol. 1 ; A. G., vol. 168, fol. 316, lettre du 28 avril au maréchal de Fabert ; ci-contre, note 8).

4. Il s'agit évidemment de François de La Chevière, seigneur du Pontlouët, dans la paroisse de Fougeray, en Bretagne, et de son frère Jean-Baptiste, tous deux fils de Claude, sieur du Plessis et du Pontlouët. Voir, au Cabinet des titres, la série des Dossiers bleus, vol. 184, dossier 1774, et celle des Pièces originales, vol. 746, dossier 16990.

5. Eymet, au diocèse de Sarlat, est aujourd'hui un chef-lieu

de canton du département de la Dordogne, arrondissement de Bergerac.

6. En 1659, les protestants d'Eymet, voulant empêcher le curé de la paroisse d'élever une croix sur la place publique, de prêcher en controverse, ou de faire des processions et des prières publiques, se sont permis une parodie des cérémonies catholiques, et le curé les a accusés d'une « horrible profanation des mystères de la religion romaine. » Les coupables ont vainement demandé à être traduits devant la chambre de l'Édit; le 7 septembre 1660, le parlement de Bordeaux, ayant fait reconnaître sa juridiction par un arrêt du Conseil du 14 août précédent, a condamné cinq ou six habitants à la peine de mort avec 10,000 livres d'amende, et plusieurs autres au bannissement, pour « crime de lèse-majesté divine et humaine, » et enfin la démolition du temple d'Eymet, comme bâti depuis l'Édit, a été ordonnée par un arrêt du 22 mars 1661. Les protestants s'étant pourvus devant le Roi, le curé est venu réclamer l'appui du Chancelier. Voir l'*Histoire de l'édit de Nantes*, tome III, p. 327-330, 420-421, et Appendice, p. 60-62, 82-83, les *Procès-verbaux du Clergé*, tome IV, p. 572-573, et la séance du 17 juin.

7. Philippe IV ayant renoncé, par l'article 61 de la Paix, à tous droits sur l'Alsace, Louis XIV a acquis la part de l'archiduc d'Autriche par un traité du 16 décembre 1660, moyennant trois millions. Le conseil souverain ou supérieur qui fonctionnait à Ensisheim depuis 1657, sous la présidence de Charles Colbert (ci-dessus, p. 81), ne sera plus que conseil provincial jusqu'à la paix de Nimègue.

8. C'est le complément des mesures décidées en principe le 18 mars et le 9 avril. Comme pour la chambre de Bresse (ci-contre, note 3), le ressort du conseil souverain d'Alsace est réuni au ressort du parlement de Metz, et une partie de son personnel replacée dans les offices de nouvelle création que nous avons énumérés ci-dessus, p. 80 et 81. Les deux conseillers-chevaliers qui représentent la noblesse alsacienne devront être l'un d'Église, l'autre d'épée, et des familles les plus qualifiées.

9. Un édit du mois de novembre (A. N., AD 358, n°s 13-15) organisera ces nouveaux corps « pour unir d'autant lesdites villes et provinces et leur donner une forme de justice permanente et semblable à celle sous laquelle les autres sujets du Roi vivent si heureusement depuis tant de siècles. » La chambre des

comptes comptera quatre correcteurs, quatre auditeurs, un contrôleur des restes et un garde-livres, et le bureau des finances deux trésoriers généraux de France pour tout le ressort de Metz. Un arrêt du 18 novembre 1661 (A. N., E 1717, fol. 1-3) répartira les charges nouvelles entre les magistrats venus d'Alsace et de Bresse.

10. Le poste de procureur général était occupé par un frère de M. de Terron, Charles Colbert de Saint-Mar, qui remplacera son cousin le président, à la fin de 1662, comme intendant d'Alsace; les deux avocats généraux s'appelaient Mignon et J.-Fr. Joly de Fleury. Un second procureur général de semestre sera créé le 28 juillet 1661.

11. Jean de Robert, capitaine au régiment Royal, est ainsi noté, en 1665, dans les Papiers de Le Tellier (B. N., ms. fr. 4255, fol. 198 v°) : « Gascon, bon officier, un peu gaillard. »

12. Le Roi accorda la grâce du capitaine sur les bons témoignages rendus de lui par son colonel le duc d'Arpajon : A. G., vol. 169, fol. 62.

13. Charles de La Porte (1602-1664), maréchal de La Meilleraye, sera fait duc et pair en décembre 1663, trois mois avant de mourir; il a pour lieutenant général en Bretagne son fils, le futur duc Mazarin, à qui il a passé la grande maîtrise de l'artillerie depuis 1648.

14. Ci-dessus, p. 286, note 4.

M. C. — Du 13 mai.

Le Roi ayant eu avis que le président de Cormis[1], du parlement d'Aix, s'étoit rendu à Paris suivant l'ordre qui lui en avoit été envoyé, S. M. a commandé qu'il lui sera prescrit[a] de partir de Paris pour aller à Caen en Normandie, et y demeurer jusques à nouvel ordre[2]; [Exécuté.]

Comme aussi de faire savoir au président de Raguze, dudit parlement, étant à Paris, de se rendre à Amiens et y demeurer de même[3]. [*Idem.*]

a. Ici, Le Tellier a biffé *de Par[is]*.

Sur ce que M. le duc de Lorraine a écrit qu'il avoit espéré qu'on lui laisseroit la jouissance de ses domaines du jour de la signature de son traité[4], le Roi a commandé à Le Tellier d'écrire à M. de Saint-Pouanges que S. M. persiste à désirer de jouir des domaines affermés du[a] jour de l'échange des ratifications, et des autres non affermés jusques au dernier jour de décembre 1660[5]. [Exécuté.]

Le Roi a ordonné à Le Tellier d'avertir M. de Brienne de ne plus expédier des ordres pour l'ordre de Saint-Michel au profit de ceux qui se trouveront de la religion prétendue réformée[6]. [Exécuté.]

1. Ci-dessus, p. 192 et 194.
2. La lettre de cachet a été publiée par Ravaisson dans les *Archives de la Bastille*, tome I, p. 58. Le 31 octobre suivant, Jean Chapelain écrivait de Paris à un ami (*Lettres*, tome II, p. 163) : « M. le président de Cormis (l'éditeur a lu *Lormis*) n'est point ici, que je sache, et, puisque nous ne le possédons point, je suis marri que vous l'ayez perdu. » Les *Mémoires de Daniel Huet*, p. 149, parlent de son séjour en Normandie. La mesure de rigueur prise contre lui, de même que la relégation du marquis de Gordes et la fuite précipitée des autres magistrats séditieux, de Bras, Chasteuil, Glandevez, qui étaient allés se cacher dans Paris, mais qu'on décréta de prise de corps en novembre, firent taire tous les brouillons. La volonté du Roi était que M. de Cormis donnât sa démission ; il ne s'exécuta qu'en 1662, « pour aller philosopher hors du tumulte forense. » Voir une lettre de lui sur sa charge et une lettre du premier président d'Oppède, qui se défendait de la viser pour quelqu'un des siens : A. É., vol. France 912, fol. 19-22 et 38.
3. Ci-dessus, p. 152, 155, 157 et 198.
4. Ci-dessus, p. 210-211.
5. Saint-Pouenges avait écrit une lettre très intéressante

a. Lisez : *jusques au.*

en date du 10; Le Tellier répondit le 13 conformément aux ordres du Roi (A. G., vol. 168, fol. 372 et 384).

6. Cette décision en rappelle une autre plus ancienne, rapportée en ces termes dans l'*Histoire de l'édit de Nantes*, par Élie Benoist, tome III, p. 257-258 : « Étienne Tubin de Chamdoré, sieur de La Bionnière en Poitou, ayant été assigné par Filleau pour produire les lettres en vertu desquelles il se qualifioit chevalier de l'ordre de Saint-Michel, présenta requête pour que cette production fût évoquée au conseil privé; mais l'abbé Thoreau, agent général du Clergé, fit rejeter cette demande par le Chancelier, et Filleau fit prononcer, le 16 février 1658, qu'un protestant ne devoit prendre ni recevoir cette qualité. » On vient également de refuser à Wicquefort le même cordon noir, qu'il demandait pour un sien ami (A. É., vol. HOLLANDE 66, fol. 99 v°). Le 29 décembre 1661, au chapitre de l'ordre du Saint-Esprit, le Roi déclarera que son intention est de ne plus donner ce cordon qu'aux personnages désignés pour recevoir le cordon bleu du Saint-Esprit (B. N., ms. fr. 3968, p. 340); mais, en 1665, il reconstituera l'ordre de Saint-Michel pour les officiers ayant servi dix ans.

A. É. — Du 14° mai.

Ne plus expédier doresenavant d'ordre de Saint-Michel pour les huguenots[1].

Reléguer le président de Cormis, qui est arrivé ici, à Caen, pour y demeurer jusques à nouvel ordre, et le président de Raguze à Abbeville; leur envoyer ces ordres par un exempt de la prévôté de l'hôtel[2].

Mander à l'archevêque d'Embrun[3] que, le rapport qu'il a fait des affaires d'Italie à S. M. lui ayant été très agréable, Elle désire qu'il en dresse une relation par écrit, et qu'il me l'envoie au plus tôt. Il est nécessaire qu'il adresse la parole au Roi dans ce rapport, et le signe[4].

M. C. — Du 14 mai.

Sur ce que les habitants de Joigny et de plusieurs

villages circonvoisins ont volé et pillagé des navires[a] de sel qui remontoient la rivière pour fournir la Bourgogne, le Roi a ordonné qu'il sera informé et le procès fait aux coupables par les officiers du grenier à sel à Joigny, et qu'il sera dressé procès-verbal bien particulier des noms des paroisses d'où sont partis ceux qui ont entrepris sur lesdits navires, afin que les habitants desdites paroisses soient et demeurent responsables desdits vols et soient contraints solidairement au payement de ce [qui] a été volé[5]; [Exécuté.]

Et, sur le procès-verbal des officiers des gabelles d'une violence commise contre eux en la ville de Saint-Quentin[6], S. M. a commandé à Le Tellier d'écrire à M. d'Ormesson, intendant en Picardie[7], de se transporter en ladite ville pour en informer et faire la justice sévère de cette action-là, et d'adresser des ordres aux maire et échevins de prêter main-forte à l'exécution de ce qui sera ordonné par ledit sieur d'Ormesson. [Exécuté.]

Le Roi, pour bonnes considérations, a commandé à Le Tellier d'écrire à M[M]. de Pradel et de Saint-Pouanges de faire travailler à la démolition des fortifications de la Nouvelle ville de Nancy, et d'en donner les deux tiers à démolir aux gens de M. le duc de Lorraine, et de réserver l'autre tiers pour[b] ceux qui seront préposés par S. M., comme aussi de ne point permettre qu'il soit touché à la Vieille ville jusques à nouvel ordre de S. M.[8]. [Exécuté.]

1. Voir la séance précédente, note 6.
2. Voir la séance précédente, notes 2 et 3.
3. Ci-dessus, p. 178-179, et ci-après, 28 mai.

a. Mot douteux. — b. Ici, Le Tellier a biffé *le Roi*.

4. L'archevêque avait eu une mission à Venise en 1659, pour maintenir la balance égale entre cette république et les Turcs.

5. Dans la nuit du 8 au 9 mai, les habitants des paroisses de Saint-Aubin, Armeau, Villevallier et Villecien ont pillé un convoi de sel passant sur la paroisse de Saint-Aubin; mais les officiers du grenier à sel de Joigny n'osent procéder, « encore que telles actions soient des plus criminelles, s'agissant de la liberté publique, que S. M. veut être en toute l'étendue de son royaume, et notamment pour la conduite des sels. » Par arrêt du 19 mai, les communautés seront condamnées à payer 10,935 livres pour valeur du sel pillé, sur le pied de 39 livres le minot, avec ordre à tous gentilshommes, échevins, syndics et habitants de protéger les transports, et au grenier à sel de Joigny de continuer les informations (A. N., E 1712, fol. 226).

6. En octobre 1660, cette ville avait été le théâtre d'une sédition militaire contre les commis du grenier à sel (A. N., E 1712, fol. 144). Cette fois, un arrêt du Conseil sera rendu le 4 juin (A. É., vol. France 911, fol. 80) contre les auteurs de l'émeute survenue le 8 mai à propos d'une capture de faux-sauniers.

7. Olivier Lefèvre, seigneur d'Ormesson-Amboille (1616-1686), reçu conseiller au parlement de Paris en 1636 et maître des requêtes en 1643, adjoint en 1650 à Nicolas Foucquet pour exercer les fonctions d'intendant dans la généralité de Paris, et nommé plus tard intendant de justice, police et finances en Picardie, puis en Soissonnais, sera fait membre de la chambre de justice de 1661 et premier rapporteur du procès du Surintendant et des traitants; sa pitié pour Foucquet le fera tomber en disgrâce. C'est l'auteur du *Journal* incomplètement publié par feu M. Chéruel.

8. Un correspondant avait écrit, trois jours avant, à la *Gazette* (p. 473) : « Par les ordres du sieur de Saint-Pouenges, commissaire député par S. M. pour l'exécution du traité du duc de Lorraine, on commence depuis quelques jours la démolition des fortifications de la ville Neuve par le bastion de Saint-Nicolas, proche la porte, en attendant que les hommes commandés par S. A. dans la province soient arrivés. » C'est l'ingénieur Valperga (p. 276) qui devait surveiller les travaux.

Voir ci-dessus, p. 244-245, et ci-après, p. 314-315.

M. C. — Du 16 mai 1661.

Le Roi ayant su qu'il a été adressé des lettres de rappel de galères à la cour des aides de Paris en faveur de deux cavaliers de la compagnie de cavalerie de Guiche, et ayant jugé qu'il étoit bon de laisser la liberté aux juges de prononcer à l'encontre de ces accusés-là selon qu'ils estimeront que le crime le méritera, S. M. a ordonné à Le Tellier d'expédier des lettres de révocation desdits premiers et[a] d'en faire l'adresse à ladite compagnie[1].

Sur ce que M. le cardinal de Manchiny a fait instance au Roi de lui faire délivrer les expéditions concernant les abbayes que S. M. lui a accordées par la mort de feu M. le cardinal Mazariny, sans attendre qu'il ait obtenu le bref de [S.] S.[b], pour empêcher que ces bénéfices-là ne pussent vaquer en cour de Rome[2], le Roi a commandé qu'on laissât audit sieur cardinal Manciny la jouissance des revenus du temporel desdites abbayes, qui seront administrées par les œconomes[3]. [Exécuté.]

Le Roi ayant su que l'assemblée du Clergé ne tenoit compte de se séparer jusques à ce que les déclarations qui lui ont été accordées aient été vérifiées, S. M. a commandé à M. du Plessis, secrétaire d'État, d'adresser à M. d'Aligre une dépêche de S. M. portant ordre à ladite assemblée de faire cession de la somme qu'elle a accordée promptement, et de se séparer dans le 25 de ce mois, l'assurant que S. M. prendra soin de faire exécuter tout ce qui lui a été accordé de

---

a. Ici, Le Tellier a biffé *les*. La lecture *premiers* (*juges*) est douteuse.
b. Le Tellier a écrit seulement : *le bref de Sainteté*.

sa part par ses commissaires[4]. [Exécuté, et depuis sursis par ordre du Roi.]

Sur ce que M. le comte de Fuensaldagne a fait instance au Roi à ce que le sieur de Mailly soit rétabli en la possession des terres qu'il avoit dans le comté d'Artois lors de la déclaration de la guerre, sauf le droit de Monsieur le Prince, qui en jouit en vertu de l'arrêt du parlement de Paris de l'année 1644, S. M. a ordonné que la requête dudit sieur de Mailly sera envoyée aux commissaires députés par les deux couronnes pour l'exécution du traité de paix, pour donner avis dans deux mois sur la réintégrande prétendue par ledit sieur de Mailly; et ce pendant surseoiront les procédures audit parlement de Paris[5]. [Exécuté.]

Le Roi a ordonné à M. le comte de Brienne et à MM. les commissaires nommés par S. M. pour traiter avec MM. les ambassadeurs d'Hollande de se tenir ferme sur tous les points dudit traité qui sont en difficulté, jusques à ce que lesdits ambassadeurs aient répondu aux demandes qui leur sont faites de la part de S. M.[6]. [Exécuté.]

1. Ci-dessus, 9 mai, p. 275 et 277.
On a des formules de lettres de rappel dans les registres du Grand Conseil cotés U 646, p. 26 et 85, et V⁵ 1236, fol. 12 v°. C'est en l'honneur de la visite du Roi à Toulon, en 1660, que vingt et un forçats, qui offraient d'ailleurs de se faire remplacer par des Turcs, obtinrent ces dernières lettres le 25 juillet 1661.
2. Ci-dessus, p. 108, 109 et 281.
3. Voir une lettre de ce cardinal à Colbert, du 30 mai : B. N., vol. Mélanges Colbert 102, fol. 651-653. Le Tellier lui écrivit, le 18 (A. G., vol. 168, fol. 420), qu'on ne pouvait rien faire tant que le Pape ne se serait pas exécuté, mais que les économats assuraient la jouissance du revenu. Le cardinal eut encore, le 31 octobre suivant, des brevets de don de Saint-

Quentin de Beauvais, Saint-Martin de Laon, Saint-Pierre de Préaux et la Chaise-Dieu (A. G., vol. 171, nᵒˢ 104, 109, 110, 111).

4. Ci-dessus, p. 146-147. Comme le dit Colbert dans son *Journal* de 1663 (*Lettres*, tome VI, p. 488), le Roi avait hâte surtout de faire séparer les prélats, « s'étant aperçu que la longueur de ces assemblées causoit un préjudice considérable à l'Église par l'absence des évêques de leurs diocèses. » La première quinzaine de mai s'est passée à chercher les voies et moyens de « faire cession » au Roi du montant du don gratuit, et on travaille actuellement à en dresser le contrat, qui ne sera signé que le 17 juin; l'assemblée se séparera le 21.

5. Voir ci-dessus, p. 172-173, 175-176, et ci-après, 22 juin.

6. Ci-dessus, p. 43, 46-47, et ci-après, p. 326-327. Nous avons dans le volume Hollande 66, fol. 12, 60 et 72, l'instruction apportée par les ambassadeurs, la comparaison de leurs demandes avec les articles de 1624, et les propositions déposées par eux le 27 mars. Voir aussi le ms. fr. 17561, fol. 53-82. Nous suivons la marche des négociations et leurs ressorts secrets dans le tome II de la Correspondance de Beuningen avec J. de Witt publiée en 1725.

M. C. — Du 17 mai 1661.

Sur ce que le Pape fait instance à ce que M. le cardinal d'Este, protecteur des affaires de France, soit tenu de diminuer son droit de propine à proportion des grâces que S. S. et le Sacré-Collège fera aux particuliers sur les annates des bénéfices[1], S. M. a commandé à M. de Brienne d'écrire à M. le cardinal d'Este qu'il se relâche de ses prétentions et exécute le décret fait en dernier lieu sur cette matière, sans pourtant qu'on s'en ouvre ici à M. le Nonce, afin qu'il paroisse que la chose se fait du propre mouvement dudit sieur cardinal[2]. [Exécuté.]

Le Roi ayant eu avis que la reine Christine songeoit à venir dans le royaume, S. M. a ordonné à M. de

Brienne d'écrire à M. de Thou qu'il essaie de lui persuader de prendre une autre route pour aller en Italie, et que, s'il voit qu'il n'y puisse réussir, il lui dise, à toute extrémité, que le Roi ne lui donnera pas la main[a] et que les Reines en useront de même[3]. [Exécuté.]

1. Supprimé au xive siècle, ce droit, pour le Saint-Siège considéré comme collateur suprême, de percevoir le revenu approximatif de la première année sur les bénéfices avait été reconnu définitivement par la Pragmatique de 1438 et par le Concordat de 1516, mais pour les seuls bénéfices consistoriaux.

2. Le droit de propine montait à environ quinze pour cent de la valeur de chaque bénéfice conféré en consistoire, et, de ce chef, le cardinal protecteur ajoutait vingt ou vingt-cinq mille livres à ses propres bénéfices et à sa pension de trente-six mille livres; mais le Pape a rendu un décret pour interdire qu'on levât le droit de propine sur les évêchés et abbayes conférés gratuitement : le cardinal s'en est plaint au Roi, et, en attendant, il arrête l'expédition des bulles. Quoique Mazarin eût toléré cet abus, M. de Brienne écrivit qu'il convenait d'y renoncer (B. N., ms. fr. 15612, fol. 43 v°; Ch. Gérin, *Louis XIV et le Saint-Siège*, tome I, p. 214-215).

3. Ci-dessus, p. 283-284.

M. C. — Du 18 mai.

Le Roi ayant eu avis que M. le comte de Soissons[1] avoit fait appeler M. de Navailles[2] par M. le chevalier de Maupeou[3], capitaine et major du régiment des gardes françoises, S. M. a fait commander à mondit sieur le Comte de se retirer de sa cour sans pouvoir séjourner à Paris ni dans son gouvernement de Champagne[4]; [Exécuté.]

a. Ici, Le Tellier a biffé *ni les*.

Et a fait ordonner audit sieur de Maupeou de se rendre au château de la Bastille[5].

1. Ci-dessus, p. 250 et 252.
2. Philippe de Montault, marquis de Bénac, duc de Montault-Navailles (1619-1684), qui sera créé maréchal de France en 1675, a commandé en chef l'armée du Roi en Italie (1659) et y a rempli aussi les fonctions d'ambassadeur extraordinaire auprès des petits princes. Sa femme, Suzanne de Baudéan-Parabère, fille du comte de Neuillan, qu'il a épousée en 1651 et qui a été dame d'atour d'Anne d'Autriche, est, depuis 1660, dame d'honneur de la Reine.
3. Louis de Maupeou, chevalier puis marquis de Maupeou, capitaine aux gardes depuis 1656 et major de ce corps depuis 1659, était un des familiers de Foucquet, fils lui-même d'une Maupeou. Son aîné avait une présidence au Parlement, et quatre autres frères servaient, comme lui, ou avaient servi dans le régiment des gardes.
4. Le sujet du démêlé était un conflit d'attributions ou de prérogatives entre la comtesse de Soissons, comme surintendante de la maison de la Reine, et Mme de Navailles, comme dame d'honneur. Les *Mémoires de Louis XIV*, tome II, p. 420, disent : « Quoique les duels eussent été plusieurs fois défendus, néanmoins, parce que je savois que toutes ces défenses étoient éludées par divers artifices, j'ajoutai de nouvelles précautions à celles qui avoient été déjà prises, et, pour montrer que je voulois qu'elles fussent exécutées, je bannis de ma cour le comte de Soissons pour avoir fait appeler le duc de Navailles, et fis mettre en prison celui qui avoit porté la parole de sa part, quoiqu'elle n'eût point eu d'effet. » C'est par piété, et par respect pour le logis du Roi, que M. de Navailles avait publiquement refusé de répondre à cette provocation.

Le 21 mai, Brienne rendit compte de l'affaire, en ces termes, à l'ambassadeur Servient (A. É., vol. Turin 56, fol. 273) : « Je n'ai point de nouvelles considérables à vous mander pour cette fois, sinon que, le démêlé qui étoit arrivé entre Mme la comtesse de Soissons et Mme la duchesse de Navailles, au sujet des fonctions de leurs charges auprès de la Reine, ayant donné lieu aux maris d'en parler, il avoit été dit et cru que Monsieur le Comte avoit fait faire un appel par le chevalier de Maupeou à M. de Navailles, en sorte qu'encore que celui-ci n'eût point avoué à MM. les maréchaux de France de l'avoir eu, le Roi n'a pas laissé, pour faire un exemple d'éclat de la sévérité et de la rigueur qu'il veut apporter à l'observation de l'édit des duels, de faire dire à Monsieur le Comte d'aller à sa maison de Creil-sur-Oise, et au chevalier de Maupeou à la Bastille, ainsi qu'ils ont fait, Madame la Comtesse demeurant cependant dans l'exercice de sa charge de surintendante à la cour... » Voir aussi les *Lettres de Guy Patin*, tome III, p. 364, et le ms. MÉLANGES COLBERT 102, fol. 780.

5. Le chevalier fut suspendu de ses fonctions de major et privé des vingt-cinq hommes qu'on venait d'ajouter à sa compagnie, par un ordre du 19 mai : A. N., O¹ 12, fol. 480 ; *Archives de la Bastille*, tome I, p. 275-279. Après la disgrâce de Fouquet, on le força de donner sa démission et de se retirer à Chalon, où son frère était évêque ; cependant il reprit du service en 1667, fit la campagne de Franche-Comté, et mourut gouverneur d'Ath le 12 avril 1669.

A. É. — Du 19ᵉ mai 1661, à Fontainebleau[1].

Mander à M. le cardinal d'Este que le Roi ne voudroit pas lui faire tort pour le droit de propine, mais que S. M. croit qu'il est de la bienséance qu'il s'en relâche de lui-même, etc.[2]

A M. de Thou :

Que l'on ne croit pas que les dépêches soient ouvertes à Anvers ou Bruxelles[3], mais que, quand cela seroit, l'on témoigneroit durant la paix trop de méfiance, si l'on faisoit passer les paquets par une autre route ; que l'on s'en tiendra donc à ce qui est établi, et qu'il ne fasse aucun pas pour avancer cette affaire auprès des États ; justification de nos commis[4] ;

Qu'on n'a pas douté[a] qu'il ne se conformât à l'ordi-

---

a. Le ms. porte *doute*, et non *douté*, qui semble plus rationnel, puis *ord^{re}*, en abrégé.

naire qui lui a été envoyé sur la conduite qu'il doit tenir envers le prince d'Orange et ceux qui ont soin de sa tutelle ; qu'il tienne toujours une conduite semblable sur ce point, etc.[5] ;

Qu'il dise en toute extrémité à la reine de Suède, s'il ne la pouvoit pas détourner par autre voie du voyage de France, que le Roi ni les Reines ne lui céderont point la main, en quelque lieu que ce puisse être : à quoi il pourra ajouter tout ce qu'il jugera à propos et de plus pressant, S. M. lui en donnant un pouvoir absolu[6].

A M. de Lumbres :

Que l'on est bien aise que des commencements des petites diètes l'on ait sujet de concevoir de bonnes espérances pour le succès de l'affaire de la succession ;

Que l'on n'a pas besoin de lui recommander la continuation de ses soins pour une affaire qu'il sait être si à cœur au Roi, S. M. étant très satisfaite de sa conduite[7] ;

Que l'on ne doute pas, comme il dit, que l'Empereur n'ait plus d'application à acquérir la Pologne que de sauver la Hongrie, puisqu'il regagneroit assez celle-ci, s'il étoit maître de l'autre, mais que, le remède n'étant point autre que celui qu'il propose de la ligue entre la Pologne, la Suède et la France, il n'a qu'à le mettre en usage selon ce que S. M. lui a déjà ordonné, ayant pourvu à cette importante affaire par le pouvoir qu'Elle lui a envoyé, lequel S. M. confirme, et augmente même, s'il est besoin, lui donnant une pleine et entière liberté d'agir selon ses propres lumières[8] ;

Que l'on attendra avec inquiétude que la reine de Pologne ait pu faire changer, dans l'assemblée qui se devoit tenir à Warsovie, le mal que les deux gentilshommes polonois avoient causé dans une diète provinciale pour se venger de la relégation du jésuite leur frère en Poméranie[9];

Que l'on a eu joie d'apprendre que toutes les diètes de Lithuanie se sont bien passées, etc.

A Chassan[10] :

Que l'on est bien aise que le comte Tot ait témoigné de ne pas venir demander de l'argent, puisque les finances du Roi sont si épuisées qu'il n'auroit pas eu de satisfaction sur ce point; qu'il n'a néanmoins que faire de s'en expliquer de delà; qu'on le fera assez savoir audit comte Tot, quand il sera ici[11].

Continue à donner avis.

A M. Gravel[12] :

Que l'avis qu'il a ouvert, dans le conseil de l'Alliance[13], sur le sujet du passage des troupes qui vont de Westphalie en Hongrie, a été fort judicieux et très approuvé, et qu'il est important qu'on ne commence pas ainsi à violer les constitutions de l'Empire[14];

Qu'il a bien fait d'attendre la venue de M. l'électeur de Mayence avant que d'entamer les matières contenues en son instruction, afin de lui donner cette marque de la confiance du Roi[15].

Lui faire savoir qu'il ait à écrire la lettre d'affaire au Roi, comme on l'a déjà mandé aux autres ministres[16].

Mander à M. de La Barde[17] de faire une relation bien exacte de l'état auquel il a laissé les affaires de Suisse, pour en rendre compte à S. M.[18];

La même chose à M. Colbert de Vendières, de sa négociation de Rome[19].

Écrire aussi à M. de La Barde que, s'il a quelques traités originaux qui aient été faits du temps de M. de Chavigni[20] avec des princes étrangers, qu'il me les envoie pour les remettre au Trésor des chartes du Roi; que je lui en donnerai sa décharge[21].

Retirer les papiers de feu M. de Bordeaux l'ambassadeur d'Angleterre[22], et en écrire pour cela au sieur Minard.

Congé de Bierman accordé; lui en envoyer une lettre du Roi et une particulière, où l'on peut le ménager pour l'avenir, et commencer même à entretenir correspondance[23].

M. C. — Du 19 mai.

Sur ce que M. l'archevêque de Sens[24] a fait instance au Roi d'avoir la permission de lui venir faire la révérence et d'aller ensuite à Paris pour ses affaires particulières, ce que S. M. n'a pas eu pour agréable, et a ordonné à Le Tellier de faire savoir audit sieur archevêque[25]. [Exécuté.]

Sur ce qu'il a été écrit de Metz[26] que les religieux des abbayes de Saint-Vincent, Saint-Clément, Saint-Symphorien, Saint-Arnould[a] sont tous étrangers, et que ceux de Saint-Vincent et de Saint-Clément veulent postuler pour obtenir des abbés sans la permission de S. M.[27], et que ceux de l'abbaye de Saint-Mansuite[28], dans Thou[b], ont disposé de l'abbaye en faveur du P. André[29], religieux de leur[c] ordre, le Roi a com-

---

a. Après *Saint-Arnould*, Le Tellier a biffé *et Saint-Mansuete*, qui, plus bas, est écrit *Mansuite*.
b. Pour *Toul*. — c. Avant *leur*, Le Tellier a biffé *l'ordre*.

mandé qu'il sera envoyé un ordre à M. Colbert, intendant des Trois-Évêchés, pour éloigner le prieur de l'abbaye de Saint-Arnould[30], et que défenses seront faites aux religieux de toutes ces abbayes-là de faire aucune postulation au préjudice des nominations faites par S. M., et, au religieux nommé André, de se qualifier abbé de Saint-Mansuéti, ni en faire aucune fonction[31]. [Exécuté.]

M. C. — Le 19 mai. [Affaires ecclésiastiques[a].]

Touchant la principauté d'Évreux[32], le Roi a résolu que celui qui est régent de la première fera la fonction de principal jusqu'à ce qu'il y ait un évêque, qui décidera le différend qui est à présent[33].

Le Roi a résolu d'envoyer la Formule[34], avec la délibération de l'assemblée et l'arrêt du Conseil[35], aux Trois-Évêchés Metz, Toul et Verdun, pour qu'il y soit souscrit[b] comme dans tous les autres diocèses de son royaume.

1. A cette date du 19 mai, la *Gazette* (p. 476) donnait les nouvelles qui suivent de Fontainebleau : « Le Roi, s'attachant plus que jamais aux soins de l'État, ne se sert des divertissements que pour délasser son esprit de cette grande application qui tient la cour dans l'étonnement, et qui en doit donner à toute l'Europe, de voir un prince de son âge si infatigable et sacrifier si volontiers ses plus beaux jours pour établir le bonheur de ses peuples. »

2. Ci-dessus, p. 295-296.

3. Les agents espagnols interceptaient et ouvraient au passage, non seulement les lettres de l'ambassadeur, mais aussi celles qui venaient de la Pologne par la voie de Brandebourg

a. Feuille placée à la fin du Mémorial, comme celles qui ont été reproduites ci-dessus, 19 avril et 5 mai.

b. *Qu'il y soit souscrit* a été écrit en interligne, pour remplacer *la faire exécuter*, biffé.

ou qui arrivaient de France pour la Pologne; M. de Thou s'étant étendu trop longuement sur cette question dans certaines lettres qu'on ne retrouve pas aux Affaires étrangères, Brienne lui recommanda de moins insister sur des incidents aussi secondaires. Le 9 mai, Caillet écrivait aussi, de Varsovie, à Monsieur le Prince, que les lettres de France lui arrivaient en retard et ouvertes, soit du fait de l'électeur de Brandebourg, soit de celui de l'ambassadeur autrichien Lisola.

4. C'est-à-dire qu'en écrivant en Hollande, il faut dégager la responsabilité des commis des Affaires étrangères ou de ceux des Postes. Voir une lettre du 20 à Wicquefort : A. É., vol. HOLLANDE 66, fol. 114. Par réciprocité, Lumbres et Caillet savaient intercepter ou lire au passage les lettres du baron de Lisola à l'Empereur. En juin, la *Gazette* (p. 623) annoncera que la Pologne et le Brandebourg se sont entendus pour faire reprendre aux postes la voie ordinaire de Stettin.

5. Guillaume-Henri de Nassau (1650-1702) est le prince d'Orange qui sera élu stathouder de Hollande en 1672 et deviendra roi d'Angleterre en 1689, sous le nom de Guillaume II. Il était né le 14 novembre 1650, cinq jours après la mort de son père, le prince Guillaume X. Sa mère, Henriette-Marie Stuart, fille du roi Charles Ier, restée veuve à dix-neuf ans et se voyant en butte à l'hostilité de la douairière sa belle-mère, Amélie de Solms, et de sa belle-sœur l'électrice de Brandebourg (ci-dessus, p. 215), qui réclamaient la tutelle collective du jeune prince, en a appelé à son cousin Louis XIV et à la cour d'Angleterre, et s'est fait du moins proclamer régente par le parlement d'Orange, le 24 août 1658, puis reconnaître de toute cette principauté à l'exception des protestants du consistoire. A la suite de nouveaux troubles, le Roi est intervenu, et il a profité de son voyage de 1660 en Provence pour établir une garnison à Orange jusqu'au temps où Guillaume-Henri serait majeur (ci-dessus, p. 263-264), à condition toutefois qu'en cas de mort de ce jeune souverain, la principauté serait rendue à l'électrice de Brandebourg sa sœur; mais c'est la princesse mère qui est morte le 24 décembre 1660.

Le 17 mai, le roi Charles II et l'électeur de Brandebourg viennent de signer avec Amélie, princesse douairière d'Orange, une convention aux termes de laquelle tous trois se sont reconnus tuteurs du jeune prince, « faisant ensemble, et chacun en particulier, tout leur devoir pour l'avancement et les intérêts du susdit prince; » mais, comme le roi et l'Électeur sont toujours absents de Hollande, ils ont autorisé la princesse douairière pour représenter leurs deux personnes et signer et exécuter tous les actes, avec ces seules réserves que les actes seraient munis du sceau du prince et contresignés par ses greffiers, que chaque province des États-Unis constituerait un conseil consultatif pour donner son avis sur chaque affaire, et que, à moins d'urgence, la tutrice attendrait d'avoir eu l'avis des deux cotuteurs (*Recueil des traités*, 1700, tome IV, p. 5-7). L'historique de cette tutelle a été raconté par feu M. Antonin Lefèvre-Pontalis dans *Jean de Witt*, tome I, p. 266-275.

Louis XIV se préoccupait surtout de ne pas se laisser engager par le roi d'Angleterre dans des manœuvres qui tendaient à faire rendre au jeune prince, par les Hollandais, toutes les charges qui avaient appartenu à son père : ci-dessus, p. 213-214. Dans une lettre à M. d'Estrades, son ambassadeur à Londres, il dira, le 5 août (A. É., vol. ANGLETERRE 76, fol. 200) : « Ne pouvant m'assurer, comme le roi d'Angleterre, ni de Mme la princesse douairière d'Orange, ni de l'électeur de Brandebourg, je ferois un mauvais personnage dans cette affaire; je dis même quand elle réussiroit, parce que j'aurois désobligé les Provinces-Unies pour accroître l'autorité de l'Angleterre dans leur État, ce qui ne me convient pas, et n'aurois pas gagné pour cela M. le prince d'Orange, qui croiroit en avoir la principale obligation à son oncle... J'aurai un bon prétexte de m'en défendre sur les attachements de l'électeur de Brandebourg et de la douairière d'Orange, qui m'empêchent de pouvoir m'assurer de leur affection... » Ces pressentiments sur la Hollande, la maison d'Orange, le Brandebourg et l'Angleterre seront justifiés avec le temps.

6. Déjà dit dans le procès-verbal du 17, p. 295-296. Brienne écrivit le 21 à Servient (A. É., vol. TURIN 56, fol. 273) : « La reine de Suède reprend la route de Suède en Italie, et on n'espère pas qu'elle doive passer par cette cour. »

Le 15 juillet, le Roi écrira à Christine, par le comte Gualdo, une lettre de pure courtoisie, sans faire allusion aux premières intentions de la reine (recueil Rose, ms. ARSENAL 3568, fol. 67), et, le jour suivant, Brienne félicitera l'ambassadeur d'avoir réussi.

7. Ci-dessus, p. 224-225. Bien endoctriné par sa femme, le roi Jean-Casimir avait convoqué la diète générale pour le 4 mai à Varsovie, en faisant connaître d'avance, aux soixante-quatre diètes particulières, que l'une des affaires à débattre serait la désignation anticipée de son successeur, et qu'il était bon qu'elles se missent en mesure de préparer l'unanimité des votes requise par la constitution. Mais les candidats agissent sous main par des grâces, des pensions, des sommes d'argent, et, malheureusement, les manœuvres de la France se sont ébruitées : l'Autriche et l'Espagne ont connu le voyage d'Akakia, la remise de deux cent mille écus à Danzig, le projet de mariage ébauché par le maréchal de Gramont entre le duc d'Enghien et la princesse Anne, et le parti contraire est parvenu à faire faire opposition par quatre petites diètes à ce que la diète générale se laissât forcer la main pour un successeur tout désigné. Telles sont les nouvelles que Caillet, caché à Varsovie sous son surnom de Denonville, a expédiées le 4 avril, et qui sont arrivées vers le 12 mai (A. C., P XXIV, fol. 154 et suiv.). M. de Lumbres en a écrit de son côté; Lionne répondit le 26 mai (A. É., vol. Pologne 16, fol. 78).

8. Le 18 avril (A. C., P XXIV, fol. 212), Caillet a écrit que les États de Transylvanie avaient offert de se donner à l'Empereur, et que celui-ci, acceptant l'offre en principe, envoyait des troupes pour les protéger contre les Turcs.

9. Caillet avait écrit, le 11 avril (A. C., P XXIV, fol. 195 v°) : « On a eu nouvelles d'une des petites diètes de Masovie qui s'oppose à l'élection. Ce sont les frères d'un jésuite qui s'intriguoit ici pour l'Empereur, et que l'on a relégué en Prusse, qui ont prévalu à cette petite diète; mais la reine fera réformer la chose dans la diète générale de Masovie. »

10. Ci-dessus, p. 143.

11. Claude ou Claes Tott, comte de Carleburg, etc., sénateur, lieutenant général de la cavalerie de Suède et grand écuyer du roi, était parti de Stockholm en même temps que la reine Christine, dont il avait toute la confiance, pour Hambourg, et que Terlon pour Copenhague. Il apportait les meilleures assurances quant à l'affaire de Pologne et devait faire préparer un traité pour mettre six mille chevaux à la disposition de la reine Marie et pour agir contre l'Empereur par la Suède.

Le jour suivant, 20 mai, le jeune Brienne écrivit à Chassan (B. N., ms. fr. 22654, fol. 11) : « Votre lettre du 23 du mois d'avril nous fait espérer de voir bientôt M. le comte Tott en cette cour, où l'on n'est pas marri de ce qu'il a témoigné de ne venir pas demander des secours d'argent, le Roi ayant trouvé ses finances tellement épuisées par les guerres passées, que, pour les mettre dans l'ordre qu'elles doivent être, il ne peut consentir à aucune dépense extraordinaire pendant quelque temps sans rompre bien des mesures. C'est dont il ne sera pas besoin que vous vous expliquiez ; mais je vous le dis seulement afin que, dans l'occasion, vous détourniez de semblables pensées, et que les corégents sachent ajuster leurs projets aux affaires de S. M. en ce qu'ils pourroient exiger d'Elle... »

Retenu par une mission à Copenhague, Tott n'arriva à Paris que le 27 juin, et n'eut son audience que le 26 juillet, à Fontainebleau (*Gazette*, p. 572, 656, 726-727).

12. La minute autographe de la lettre écrite par Gravel, 8 mai, et l'original de la réponse de Lionne, 19 mai, sont aux A. É., vol. Allemagne 148, fol. 214 et 224.

13. Ci-dessus, p. 188.

14. La *Gazette* annonça, quelques jours plus tard (p. 473), que l'assemblée de Bonn venait d'offrir à l'électeur de Cologne un corps de deux mille hommes destiné à soutenir l'Empereur contre les Turcs, et que le duc de Neubourg réunissait aussi seize cents hommes à cet effet ; puis, le 28 mai (p. 504), que le contingent de l'évêque de Münster était en marche pour l'Autriche. Conformément aux constitutions, le commandant de chaque corps eût dû payer un droit de passage, et Gravel a fait voter unanimement qu'elles seraient observées comme toujours, de peur que l'Empereur, si on lui accordait le passage libre, n'en vînt ensuite « aux logements et aux quartiers, » aussi bien contre la Pologne ou contre la Hongrie, que contre les Turcs.

15. Ci-dessus, p. 266. On verra les résultats de cette entrevue.

16. Ci-dessus, p. 276 et 279. Lionne écrivit à Gravel (fol. 224) : « Je pense que vous recevrez de M. le comte de Brienne fils l'ordre d'écrire à l'avenir directement au Roi même, S. M. l'ayant commandé de la sorte pour tous ceux

qui servent au dehors. Il faudra adresser ces lettres-là audit sieur comte. Cela n'empêchera pas qu'aux choses qui requerront plus de secret, vous ne l'écriviez à part, afin que j'en puisse rendre compte à S. M., qui le désira de cette sorte à votre départ, et qui persiste dans cette pensée. » La minute de la première lettre que Gravel adressa directement au Roi, suivant cet ordre, se trouve dans le volume ALLEMAGNE 148, fol. 238-242, un de ceux qui renferment ses papiers personnels restitués au Dépôt et les lettres originales à lui adressées par M. de Lionne. Il y rendait compte des engagements pris par presque tous les princes de l'Alliance, même par le Palatin, celui-ci moyennant un subside de 50,000 livres par an, et de la manière de faire passer leurs troupes en Hongrie. La lettre au Roi est suivie d'une autre à M. de Lionne, aussi du 12 juin.

17. Jean de La Barde, baron puis marquis de Marolles-sur-Seine (1600-1692), avait été d'abord premier commis aux Affaires étrangères, puis conseiller d'État grâce à la faveur de Mazarin, ministre du second ordre à Osnabrück, et enfin ambassadeur ordinaire auprès des Ligues suisses et grises, en 1648. Là, il avait travaillé à préparer le renouvellement de l'alliance conclue en 1602 entre la France et la Suisse, mais expirée. Malgré toutes sortes de difficultés, il a réussi pour le canton de Soleure le 2 juillet 1653; les cantons catholiques, la république de Valais, puis les protestants ont peu à peu suivi l'exemple, et La Barde a quitté Soleure le 20 décembre 1660.

18. Cette relation (B. N., ms. fr. 7065, fol. 19-27) commence ainsi : « Sire, pour satisfaire au commandement qui m'a été fait de la part de V. M. de venir ici pour lui rendre compte de mon ambassade en Suisse, je lui dirai, etc. »

Quoique n'ayant d'appui que dans le « parti des dévots, » et bien que le comte de Soissons fasse opposition, La Barde sera renvoyé en Suisse, avec un pouvoir du 19 juillet et une instruction du 4 août, pour renouveler l'alliance, et il aura la satisfaction de signer, le 4 septembre 1663, un traité liant les Suisses avec la France, selon l'usage, pour toute la durée du règne actuel et du règne suivant, plus huit années à venir ensuite. C'est le sujet que Colbert donnera à l'Académie des inscriptions pour la médaille n° 76 de l'*Histoire métallique*.

19. Ci-dessus, p. 37 et 68.

20. Les manuscrits et papiers officiels de Claude Bouthillier de Chavigny, secrétaire d'État des Affaires étrangères sous Richelieu, et de son fils Léon, ministre d'État en 1643, furent donnés en 1733, par M. de Pont de Chavigny, sur la demande du garde des sceaux Chauvelin (A. Baschet, *le Dépôt des Affaires étrangères*, p. 192 et 233-241). La Barde était un très proche allié de ces deux Chavigny, et le jeune Brienne avait épousé en 1656 une fille du second.

21. Ci-dessus, p. 196 et 200.

22. Antoine de Bordeaux, sieur de Neufville, conseiller au parlement de Toulouse en 1639, maître des requêtes en 1642, intendant aux armées en 1649, président au Grand Conseil en 1651, avait été accrédité par Mazarin auprès de Cromwell en 1652. Aussi, dès la rentrée de Charles II, a-t-il été obligé de revenir, et il est mort de dépit le 7 septembre 1660, à l'âge de trente-neuf ans. Une copie de sa correspondance avec Brienne, de 1652 à 1656, est passée de Saint-Germain-des-Prés à la Bibliothèque nationale, mss. fr. 16008-16010. Ses Papiers mêmes, revenus des mains de la famille Brienne aux Affaires étrangères, sont dans le fonds Angleterre, vol. 62-74.

Son père, l'ancien secrétaire du Conseil et intendant des finances sur qui Courtilz de Sandras écrivit plus tard des Mémoires apocryphes, mourut un mois plus tard, le 9 octobre, chez les Jacobins de la rue Saint-Honoré, où il était allé se consoler de la mort prématurée de l'ambassadeur. Le 30 juin 1661, un arrêt du Conseil ordonnera que, conformément à un arrêt antérieur du 21 mai 1654, toutes les minutes d'arrêts, baux et fermes, traités, actes de caution, états, rôles ordinaires, édits, règlements, ou autres minutes et expéditions du Conseil et des charges de secrétaires et contrôleurs des actes et expéditions et de gardes des registres du Conseil, restées aux mains des héritiers des sieurs Bordier et de Bordeaux, leurs commis ou autres, soient remis en celles des secrétaires du Conseil en charge et des contrôleurs-gardes des registres desdites minutes : B. N., ms. Clairambault 659, fol. 204 v°.

23. Bierman, conseiller du roi Charles-Gustave en Suède, avait été un des correspondants de Mazarin, qui l'employait comme secrétaire de l'ambassadeur à Stockholm; mais, ayant pris femme à Copenhague, il est passé au service du roi de

Danemark, et c'est en sa place que le chevalier de Terlon a envoyé Chassan à Stockholm, pour tenir la correspondance jusqu'à nouvel ordre : ci-dessus, p. 123 et 148; ms. fr. 22654, fol. 1.

24. Louis-Henri de Pardaillan de Gondrin (1620-1674), d'abord archevêque *in partibus* d'Héraclée, est monté sur le siège de Sens en 1646, et il y restera jusqu'à sa mort.

25. Ce prélat, que quelques-uns ont qualifié de *pessimus jansenistarum*, avait, dans le Formulaire de 1654, distingué la question de fait de celle de droit, comme les évêques d'Alet, de Pamiers, d'Angers et de Beauvais; fervent ami de Messieurs de Port-Royal, il est en lutte ouverte avec l'assemblée du Clergé, avec les partisans du Formulaire et, de tout temps, très hostile aux jésuites. Quoique estimé pour ses vertus, il a été écarté de l'assemblée du Clergé, où sa province est représentée par l'évêque d'Auxerre; mais, en juillet 1661, il finira par donner satisfaction au Saint-Siège et rentrera en grâce auprès du Roi. C'est le même prélat qui fit tant de bruit, un peu plus tard, par sa publication des anciens canons contre le concubinage et par ses menaces d'excommunier le Roi s'il ne rompait avec la marquise de Montespan, sa propre nièce. Voir le livre de M. Georges Dubois (1902) : *Mgr de Gondrin, archevêque de Sens*, chap. v, p. 160-190. Sa correspondance avec M. de Marca est dans les mss. Baluze 121 et 122.

26. L'évêque nommé à Metz sur la démission de Mazarin, en 1658, et postulé par le chapitre, est François-Égon de Fürstenberg, qui, ne pouvant obtenir ses bulles de Rome, se démettra le 17 septembre 1663, et il en sera de même pour son frère cadet, appelé à lui succéder.

27. Cf. la question des bénéfices d'Artois, ci-dessus, p. 68. Sous le concordat germanique de 1447, le Saint-Siège disposait des bénéfices des Trois-Évêchés qui venaient à vaquer dans les mois apostoliques, c'est-à-dire en janvier, mars, mai, juillet et novembre : voir un mémoire de 1661, A. É., vol. Rome 143, fol. 207. « Le Roi s'appliqua... à empêcher que les abbés des Trois-Évêchés ne fussent élus sans sa nomination; il proposa seulement qu'on lui fît présentation de trois noms, dont il choisiroit » (*Mémoires de Louis XIV*, tome II, p. 415-416). L'indult pour la nomination par le roi de France ne sera consenti qu'en 1664 pour les évêchés, en 1668 pour les bénéfices.

28. Saint-Mansuète, ou plutôt Saint-Mansuy, une des abbayes

de Mazarin, située dans le faubourg de Toul, vient d'être donnée par le Roi, le 10 mai, avec Saint-Honorat de Lérins et Saint-Victor de Marseille, au grand prieur Philippe de Vendôme, fils cadet de M. de Mercœur : ci-dessus, 4 mai, p. 258. Il n'obtiendra jamais ses bulles; cependant, par contrat passé en 1664 entre Louis XIV et le duc de Lorraine, il touchera jusqu'en 1670 les revenus des terres sises en France, tandis que les terres de Lorraine resteront aux abbés élus, et alors, le duc ayant été expulsé de ses États, le grand prieur jouira de toutes.

29. André Rouyer, élu par les moines le 18 avril, confirmé le 29 par l'ordinaire, a pris possession sur un décret du duc de Lorraine; mais un concurrent, du nom de Coursan, s'est plaint à Colbert que les religieux aient procédé indûment à cette élection et que le duc de Lorraine ait donné sa nomination, puis l'évêque de Toul des provisions : « Si les religieux de cette ville ont fait de pareilles entreprises sans qu'on pense à les châtier de telles audaces, et si on n'y apporte les remèdes nécessaires, vous verrez les droits du Roi bien altérés en ces quartiers » (lettre du 7 mai, dans le ms. MÉLANGES COLBERT 102, fol. 532; cf. les *Lettres de Colbert*, tome I, p. 103). Un arrêt du Conseil cassera l'élection (A. É., vol. LORRAINE 38, fol. 229).

30. Le 1ᵉʳ juillet, on fera saisir sur cette abbaye des sommes dues à la succession du cardinal Mazarin : ms. MÉLANGES COLBERT 103, fol. 14-15.

31. Le traité de Marsal, en 1663, remettra à des commissaires le règlement des différends touchant Saint-Epvre, Saint-Mansuy, Phalsbourg, etc. (*Lettres de Colbert*, tome VI, p. 476).

32. C'est-à-dire la fonction de principal du collège d'Évreux.

33. Gilles II Boutaut, évêque d'Évreux depuis 1649, était mort le 11 mars 1661, et, comme il a été dit plus haut, p. 154, bien que Joseph-Zongo Ondedei, évêque de Fréjus, eût été alors nommé par le Roi pour succéder au défunt, cette translation n'a pas eu lieu; le 1ᵉʳ juillet seulement, Henri Cauchon de Maupas du Tour, évêque du Puy, sera désigné pour le siège d'Évreux.

34. Le Formulaire.

35. Ci-dessus, p. 201 et 203-204.

M. C. — Du 21 mai.

Le Roi ayant entendu la lecture d'un mémoire présenté par le sieur de Romignac[1], ci-devant l'un des gardes de feu M. le Cardinal, sur le sujet du Bastion-de-France prétendu par M. le duc de Guise comme héritier de feu M. de Guise son père[2], S. M. a commandé à M. le Procureur général d'adresser ce mémoire-là à M. de Lisle[3] pour en conférer avec M. de Clerville, quand il sera arrivé à Marseille[4], et s'informer de la vérité de ce qu'il contient, même d'envoyer sur les lieux, s'il est besoin, et d'en donner avis aussitôt[5]. [Exécuté.]

Le Roi ayant aussi ouï la lecture des informations faites par M. de Bezons contre M. de Saint-Aulnez, pour raison de violences par lui commises en la personne de l'un des archers des gabelles de Languedoc[6], S. M. a ordonné à Le Tellier de dire à M. de La Vrillière de mander audit sieur de Saint-Aulnaiz[a] de se rendre à sa suite incessamment, pour lui rendre compte de sa conduite sur cette plainte-là, et d'adresser cette dépêche à M. de Bezons afin qu'il lui fasse tenir par l'un des officiers des gardes de M. le prince de Conti[7]. [Exécuté.]

Sur l'offre faite au sieur de Saint-Pouanges, étant à Nancy[8], par le lieutenant-colonel Mornas[9], du régiment de La Ferté-Senneterre infanterie, de faire renverser le tiers des bastions et courtines de la Nouvelle ville de Nancy[10] moyennant 15,000 livres, S. M. a ordonné à Le Tellier d'écrire audit sieur de Saint-Pouanges qu'Elle approuve qu'il traite avec ledit sieur de Mornas

---

a. Ainsi écrit ici.

aux meilleures conditions qu'il pourra, observant de faire enterrer les matériaux au fond des fossés en sorte qu'on s'en puisse difficilement servir[11]. [Exécuté.]

Le sieur de Bourlémont[12], gouverneur de Stenay, ayant proposé de faire désarmer les habitants de ladite ville de Stenay, le Roi l'a approuvé et a commandé les expéditions nécessaires[a] pour l'exécution[13]. [Exécuté.]

1. Pierre de Rominhac, sieur de Muratet, que Mazarin employait à l'approvisionnement des places fortes, à des achats de munitions et de chevaux, etc., a été envoyé en mission spéciale, dans la fin de 1660, à Alger, où il vient de signer, le 9 février, une convention relative au Bastion-de-France; mais le Roi le désavouera. Voir ci-dessous la note 5, et la séance du 13 juillet.

2. Henri II de Lorraine, cinquième duc de Guise : ci-dessus, p. 206. C'est le second fils du duc Charles (1571-1640) et le petit-fils du duc Henri, assassiné à Blois.

3. Ci-dessus, p. 2, 67 et 196, note 1.

4. Comme on l'a vu plus haut, p. 211 et 212, Clerville est parti pour diriger le rasement des fortifications des deux villes de Nancy; mais il sera envoyé reconnaître le Bastion quelques mois plus tard (Jal, *Abraham du Quesne*, tome I, p. 237; ci-après, p. 313).

5. On appelait Bastion-de-France un comptoir fortifié que des armateurs marseillais avaient établi en 1561, avec la concession du sultan Sélim II, sur la côte de Barbarie, entre le cap Nègre et le cap Rosa, pour protéger leur exportation des produits indigènes; son histoire vient d'être reconstituée en 1903, par M. Paul Masson, ainsi que celle des autres établissements français faits depuis 1560 dans l'Afrique barbaresque : voir le chapitre IV, p. 95-129. Après un traité conclu en 1619 avec les Algériens, le duc de Guise avait racheté les droits d'Alphonse de Lenche, sieur de Moissac, neveu du premier fondateur, moyennant payement d'une pension de 4,800 livres pendant vingt ans; mais ses représentants ne réussirent pas

---

a. Avant *nécessaires*, Le Tellier a biffé *demandées*.

pendant les premières années. En 1628, quand Sanson Napollon traita avec les Barbaresques, il lui fut permis de reprendre l'exploitation au nom du duc de Guise moyennant une redevance annuelle de 18,000 livres. Après Napollon, divers trafiquants usurpèrent les droits du prince ; une compagnie française fut fondée à Alger, et même, le 7 juillet 1640, un nouveau traité, confirmant celui de 1628 dans ses grandes lignes, ainsi qu'une convention pour le rétablissement du Bastion, furent signés par le sieur de Cocquiel, directeur commercial de la compagnie; mais Louis XIII refusa, en 1641, de ratifier les engagements pris en son nom. Après la mort de Cocquiel, vers 1643, le marchand lyonnais Picquet se fit délivrer un brevet en payant une pension annuelle au secrétaire d'État Brienne. Cette situation était si irrégulière, que Colbert proposa à son patron le Cardinal, en octobre 1652, de se substituer à Picquet, régulièrement ou non, et de constituer une société, qu'il estimait devoir tirer cinquante pour cent par an de son capital; mais le nouveau duc de Guise, celui dont il s'agit ici, est parvenu à faire reconnaître ses droits par un arrêt du 21 juillet 1659. En ce moment, le chevalier de Clerville voudrait que Foucquet ou Colbert profitassent des contestations soulevées par Rominhac, lequel « a friponné partout, » pour traiter avec M. de Guise, soit en leur propre nom, soit au nom du Roi. Suivant lui, il y aurait un profit net de cent mille livres à tirer de la concession en corail, cuirs, cires, et blés surtout. Ni Foucquet ni Colbert ne se décideront à tenter l'entreprise (B. N., ms. Mélanges Colbert 103, fol. 85-89; *Lettres de Colbert*, tome I, p. 195-196 et 209). On trouve encore, sous la date du 9 août 1661 (ms. Mélanges 103, fol. 379-380), une lettre dans laquelle Clerville, rappelant à Colbert, « son très honoré patron, » qu'il lui avait présenté ses projets avant de s'adresser au Surintendant, insistait sur l'avantage de cette affaire et sur la nécessité d'éviter que M. Boylesve ne traitât avec le duc de Guise. Le 19 du même mois, cette lettre de la main lui fut adressée par le Roi (ms. Arsenal 3568, fol. 92 v°) : « M. le chevalier de Clerville, j'ai lu votre lettre et vu le plan que vous m'avez envoyé. Puisque votre zèle vous porte à aller vous-même sur les lieux pour reconnoître de plus près le poste dont il s'agit, j'approuve fort cette course, et j'ai commandé au sieur Foucquet, surintendant de mes finances, de vous donner moyen de la faire. J'espère que Dieu bénira votre voyage, comme je souhaite pour sa gloire. Et sur ce, je le prie qu'Il vous ait, etc. »

6. Henri de Bourcier de Barry, marquis de Saint-Aunez (1608-1668), lieutenant général et gouverneur de la ville forte de Leucate, où son père et son grand-père s'étaient jadis illustrés, a été tour à tour, sous le ministère de Mazarin comme sous celui de Richelieu, favorisé et récompensé par la cour, puis disgracié, emprisonné, forcé de se réfugier pour un temps en Espagne, et c'est encore dans ce royaume que se terminera sa carrière, au milieu des richesses et des honneurs. Pendant la Fronde, Mazarin aurait voulu faire sur lui un exemple, comme « un des plus ingrats et des plus méchants sujets qu'il connût. » En 1661, il semble que son intention fût de livrer Leucate aux Foucquet : on l'a appelé en cour pour ne pas le laisser maître de cette place, où il avait mis son fils comme survivancier du gouvernement, son bâtard comme major, et on envoie deux compagnies des gardes pour soutenir l'autorité d'un lieutenant de roi et parer à tout retour du gouverneur.

7. Au moment d'entrer dans Paris en juin, Saint-Aunez sera arrêté dans la plaine de Longboyau, sous le prétexte indiqué ici, et conduit à la Bastille (A. G., vol. 169, fol. 157 et 159). Voir ci-après, 1er juillet.

8. Ci-dessus, p. 208, 245 et 291-292. Voir les résumés de la situation fournis par le président Colbert à son arrivée (B. N., ms. Mélanges Colbert 102, fol. 626-629 et 647).

9. Par commission du 26 janvier 1661 et après plus de quinze ans de très beaux services, Charles de Siffredy de Mornas était devenu lieutenant-colonel du régiment de La Ferté; nous avons déjà cité son nom ci-dessus, p. 168. Il fera les campagnes de Hongrie, de Hollande, de Sicile, et passera maréchal de camp en 1675, lieutenant général en 1677. La bibliothèque de la ville d'Avignon possède un mémoire manuscrit sur sa vie. Voir ci-après, 30 mai.

10. Ci-dessus, p. 291.

11. Le Tellier avait écrit à Saint-Pouenges, le 13 (A. G., vol. 168, fol. 384) : « Je ne puis rien vous dire sur l'état que vous avez dressé des ouvriers qui doivent être employés à la démolition des fortifications de Nancy, parce que le Roi s'en

est remis à tout ce que vous aviserez sur les lieux avec M. de Clerville, qui y doit être arrivé présentement fort bien instruit des intentions de S. M. à cet égard. Il est vrai que M. le duc de Lorraine ne doit démolir que les deux tiers desdites fortifications et que nous devons faire abattre l'autre tiers aux dépens du Roi : pour cela, S. M. désire que vous fassiez mesurer tout l'ouvrage et que vous employiez les trois mille personnes que S. A. doit fournir aux deux tiers dont elle est chargée, S. M. se réservant de vous prescrire les moyens dont vous aurez à vous servir pour la démolition de l'autre tiers, etc. » Le 17, Saint-Pouenges a été avisé (A. G., vol. 168, fol. 413) de surseoir jusqu'à nouvel ordre pour la Vieille ville, mais avec cette addition : « Vous ne devez pas, pour cela, vous persuader que S. M. ait changé de résolution, mais bien qu'Elle veut faciliter le mariage de Mademoiselle avec M. le prince Charles en faisant croire à M. le duc de Lorraine que S. M. pourroit changer de dessein à l'égard des fortifications de ladite Vieille ville : ce que je dis à vous seul pour votre instruction, sans que vous deviez vous en ouvrir à qui que ce soit au monde. » Voir ci-dessus, p. 159-161, la lettre écrite le 8 par Clerville. Pour sauver la Vieille ville, le duc ira jusqu'à offrir de céder Marsal.

M. de Mornas s'associa avec Vauban pour la démolition moyennant 18,000 livres, et non 15,000 livres (A. G., vol. 168, fol. 432, 462, 463; B. N., ms. fr. 22641, fol. 235 v°). Colbert était tenu au courant de tout ce qui se passait (ms. Mélanges 102, fol. 665 et 706-707), et la *Gazette* publia régulièrement des nouvelles de l'opération à partir du 11 mai (p. 473, 530, 555, etc.). A la date du 4 juin, on lui écrivait : « La sape a eu un tel effet aux bastions de Saint-Nicolas, de Haraucourt, de la Magdeleine et de Saint-Georges, qu'elle en a renversé dans les fossés toutes les murailles, en sorte qu'il ne paroît plus que la terre qui étoit derrière, d'une hauteur et épaisseur prodigieuse. On espère en bref le même succès aux courtines de ces bastions, et l'on continue aussi, par la sape et par la mine, d'avancer la démolition des quatre autres et des courtines de la ville Neuve, les sieurs de Pradel et de Saint-Pouenges et le président Colbert y faisant travailler avec diligence. » Voir ci-après, p. 317-318 et 323.

12. Nicolas d'Anglure, comte de Bourlémont (1620-1706), est gouverneur et grand bailli de Stenay depuis le 6 août 1652, lieutenant général des armées depuis le 1ᵉʳ octobre 1655.

13. A. G., vol. 169, fol. 7, lettre du 2 juin, en réponse à la proposition du gouverneur Bourlémont. On a la composition des garnisons de cette ville, dont le domaine appartenait au prince de Condé, dans le ms. fr. 22641, fol. 240 v°.

M. C. — Du 23 mai 1661[1].

Le Roi ayant eu compassion de la nécessité de plusieurs de ses sujets habitants d'aucunes des paroisses situées ès environs de la ville de Paris, qui avoient accoutumé de gagner leur vie à faire des passements de soie, et qui sont demeurés sans emploi depuis la dernière déclaration de S. M. pour la réformation des habits[2], Elle a trouvé bon d'accorder la permission de mettre un passement de soie de deux doigts sur les coutures des habits d'hommes et de femmes, à condition que le[a] prix de chaque aune de passement ne pourra excéder la somme de trois livres tournois[3]. [Exécuté.]

S. M. a aussi, en même temps, ordonné que défenses seront faites de plus porter des passements de fil fabriqués[b] hors du royaume, sur les plus grandes peines qu'il se pourra. M. le Chancelier s'est chargé de faire la déclaration et de l'envoyer au parlement de Paris[4].

Sur la plainte faite au Roi de ce que le baron de La[c] Varenne tient fort contre ses parents dans un

---

a. Avant *le*, Le Tellier a biffé *l'on*.
b. Avant *fabriqués*, Le Tellier a biffé *fablic*.
c. Ce *La* a été intercalé après coup.

château en Anjou, S. M. a ordonné qu'il en sera tiré et conduit à la Bastille, et, à M. de La Vrillière, d'en faire les expéditions⁵. [Exécuté.]

L'assemblée des communautés de Provence ayant été séparée pour n'avoir pas voulu se charger de la continuation de l'entretènement des garnisons du pays⁶, le Roi a trouvé bon qu'il soit expédié une déclaration pour la chambre des comptes d'Aix, portant augmentation du prix du sel dans cette province-là⁷, et d'y faire marcher des troupes au temps que celui de MM. les maîtres des requêtes nommé pour avoir soin de l'exécution de ladite déclaration sera en état d'y arriver⁸. [Exécuté.]

Ci-devant on*a* a évoqué du parlement de Dijon les procès de ceux qui y*b* ont [plus] de quatre parents au degré de l'ordonnance, et, parce que les officiers de cette compagnie-là ont été augmentés de nombre depuis plusieurs années⁹, le Roi a trouvé bon d'accorder une déclaration portant qu'on ne pourra évoquer du parlement de Dijon les procès de ceux qui auront moins de six parents au degré de l'ordonnance¹⁰; [Exécuté.]

Et, sur ce que ledit parlement de Dijon a demandé que les évocations accordées ci-devant à plusieurs particuliers, pour des causes qui ne subsistent plus, soient révoquées, le Roi a ordonné que son procureur général audit parlement¹¹ envoiera le rôle des évocations dont il prétend la révocation, pour, sur icelui, ordonner ce que de raison¹². [N'a pas été envoyé.]

M. le duc de Lorraine ayant fait instance au Roi de

a. Il a été biffé avant on.
b. Y a été ajouté après coup en interligne.

payer à ceux qui voudront entreprendre la démolition des deux tiers des fortifications de la Nouvelle vieille*a* ville de Nancy au même prix que celui dont*b* M. de Saint-Pouanges est*c* convenu avec M. de Mornas, lieutenant-colonel du régiment d'infanterie de La Ferté, S. M. a ordonné à Le Tellier d'en écrire audit sieur de Saint-Pouanges pour avoir son avis sur ladite proposition[13]. [A été exécuté.]

1. Le 22 mai, il y a eu promenade à l'Ermitage, puis collation sur le grand canal (*Gazette*).
2. Les déclarations du 13 novembre 1656 et du 27 novembre 1660, contre les abus du luxe d'habits, sont imprimées dans le livre III du *Traité de la police* de N. Delamare.
3. Le but de ces mesures est indiqué dans les *Mémoires de Louis XIV*, tome II, p. 398-399 : « Afin que les nobles mêmes et les habitants des grandes villes, qui ne profitoient en rien du rabaissement de la taille, tirassent d'ailleurs quelque fruit de mes premiers soins, je voulus du moins modérer leur dépense en retranchant par divers édits les ruineuses superfluités introduites par le luxe en passements étrangers et en broderies d'or et d'argent. »
La déclaration nouvelle, qui fut rendue le 27 mai pour restreindre les prohibitions somptuaires, commence par ces considérants (A. N., X¹ᴬ 8662, fol. 335-337, et collection Rondonneau, AD 355, n° 39) : « La licence que donne la guerre ayant favorisé le luxe dans notre royaume, nos défenses, de temps en temps renouvelées, n'ont pas été assez puissantes pour en arrêter le cours. Mais, ayant plu à Dieu donner la paix à notre royaume, nous avons aussitôt employé tous nos soins à régler la police de notre État et à réformer les abus que les désordres de la guerre avoient augmentés ou fait naître, et, comme les dépenses superflues qui se font en habits sont montées à un

---

a. Après *Nouvelle*, Le Tellier a mal écrit : *vieille* pour *ville*, qu'il a répété à la ligne suivante : voir ci-après, 30 mai.
b. Ces deux mots sont ajoutés en interligne.
c. Après *Pouanges*, Le Tellier a biffé *en a a*.

tel excès que, pour ce dérèglement, les maisons les plus puissantes se trouvent incommodées, nous avons, pour en prévenir les suites, confirmé, par notre déclaration du 27 novembre 1660, les règlements intervenus sur ce sujet et amplement pourvu au retranchement de semblables superfluités; mais, quelque satisfaction que nous ayons reçue de voir l'obéissance avec laquelle nos sujets se sont soumis à l'exécution de nos volontés, néanmoins nous avons été touché de compassion d'apprendre qu'un grand nombre de pauvres artisans, qui tiroient la subsistance de leurs familles de la fabrique et manufacture des passements de soie, étoient réduits, faute d'ouvrage, en de grandes nécessités... » Cette industrie s'exerçait particulièrement à Montmorency, Villiers-le-Bel, etc., et y subsistait encore à la fin du siècle.

4. Cette déclaration, analogue à l'édit de 1629 qui avait prohibé le port des dentelles de Venise et de Gênes, comme favorisant une pernicieuse exportation des espèces de France, est rendue depuis le 17 mai et permettra le port de toute sorte de passements, dentelles et autres ouvrages de fil et de soie à condition qu'ils aient été fabriqués en France, ne mesurent pas plus de deux doigts de haut, ne coûtent pas plus de 40 sols l'aune, et soient appliqués d'une manière déterminée sur l'étoffe des habits (Delamare, *Police*, livre III, p. 377-378).

5. M. l'abbé P. Calendini, fondateur de la revue *les Annales fléchoises* et possesseur d'une partie des anciennes archives de la famille Foucquet de La Varenne, ou plutôt Varanne, a bien voulu établir pour nous que le baron dont il est question ici était Hercule Foucquet, frère cadet du marquis de La Varanne alors lieutenant général au pays d'Anjou, petit-fils du serviteur d'Henri IV. L'aîné, possesseur du marquisat de La Varanne à La Flèche, et y habitant, était en retard pour rendre à ses frères et sœurs les comptes de la succession de leur père, mort en 1656, et il avait offert au baron de jouir provisoirement d'une partie des produits et de la chasse de la baronnie de Sainte-Suzanne, sur les confins du Maine et de l'Anjou, même d'y faire sa demeure « dans une chambre du château, à la réserve de celle où étaient les meubles de l'aîné, et pourvu que ce fût du consentement du fermier. » Probablement le baron s'était emparé de la propriété entière et prétendait y tenir bon

contre son frère aîné et ses deux puînés, M. de La Roussière et le chevalier de La Varanne. Leur mère était à Paris en 1661, avec le marquis, sans doute pour solliciter l'intervention du Roi.

6. On a vu ci-dessus, p. 240-241, dans quelles conditions et malgré quelles menaces l'assemblée avait persisté à refuser d'entretenir les garnisons comme elle l'avait fait l'année précédente, M. de Mercœur ayant seulement obtenu qu'elle fût déchargée du régiment des Vaisseaux. La séparation a donc été prononcée et exécutée le 7 mai, dès le retour du courrier envoyé en cour (registre des procureurs C 39, fol. 301-304, et *Gazette*, p. 473). M. d'Oppède a dénoncé les cabales et proposé de châtier le pays par une taxe extraordinaire; M. de Mérinville persiste à réclamer les troupes de Dauphiné (A. É., vol. France 910, fol. 333-335 et 340-342).

7. Nous verrons en août rendre l'édit pour le prix et la vente du sel. Pareille augmentation venait déjà d'être imposée à la Bourgogne. En Languedoc, l'intendant Bezons avait annoncé une crue d'un écu par minot. « Le prix du sel, écrivait-il aux États le 15 février, a été augmenté en Dauphiné et en Lyonnois. Le Roi voudroit le rendre égal partout. Cette augmentation est désirée pour faire une jonction des fermes, et, partant, soulager la dépense d'un grand nombre de gardes, ce qui même seroit avantageux au peuple à cause de la fréquence de leurs recherches et de leurs visites, dont ils seroient exempts. » (*Histoire du Languedoc*, éd. Roschach, tome XIV, col. 783.)

8. En se séparant, l'assemblée a envoyé un nouveau courrier en cour, à l'adresse de l'évêque de Digne, pour qu'il obtînt la décharge définitive de l'entretènement de tous régiments ou garnisons affectés à la garde des côtes et des places fortes. Voir ci-après, p. 325.

9. Ci-dessus, p. 77 et 80.

10. La déclaration qui suit était signée depuis le 12 mai (A. É., vol. France 1492, fol. 299-300) :

« Les Rois nos prédécesseurs, ayant eu un soin particulier de faire rendre dans les Parlements une si bonne justice à leurs sujets, qu'elle pût être exempte de tous soupçons de port et de faveur, auroient fait, pour ce louable dessein, divers règlements et ordonnances touchant les évocations, et, entre autres, voulu et ordonné que les procès mus et à mouvoir de ceux qui sont des corps des parlements de Toulouse, Bordeaux et Rouen qui auroient dans lesdits parlements jusqu'au nombre de cinq, et, des autres parties n'étant desdits corps, jusqu'à six proches parents et alliés, comme père et beau-père, enfants, gendres, frères, beaux-frères, oncles, neveux, cousins germains ou remués de germains, seroient renvoyés au prochain parlement, si l'autre partie le requéroit, de même dans les parlements de Dijon, Grenoble, Aix et Bretagne èsquels aucuns desdites compagnies auroient trois parents ou alliés audit degré, ou bien autres, n'étant d'icelles compagnies, en auroient jusqu'au nombre de quatre; et, en outre, qu'elles déférassent de telle sorte aux cédules évocatoires fondées sur parentés et alliances, qu'il ne fût point permis aux juges, après icelles signifiées, de passer outre aux jugements des procès à peine de nullité des arrêts qui interviendroient. Mais, d'autant que la raison de l'ordonnance qui demande moins de parents en de certains parlements qu'en d'autres pour évoquer les procès, n'est fondée que sur ce que lesdits parlements où il en falloit moins étoient moins nombreux en officiers, et que non seulement ce motif cesse en notre parlement de Dijon, où le nombre des chambres et des officiers qui le composoient est si fort augmenté, pour les diverses créations qui ont été faites depuis ladite ordonnance, que ladite cour, au lieu de quarante officiers qui étoient alors en icelle, se trouve présentement composée de quatre-vingts, et, de conséquent, plus nombreuse que celles de Toulouse, Bordeaux et Rouen ne l'étoient au temps de ladite ordonnance, et beaucoup plus que notre cour de parlement de Grenoble ne l'est à présent, de laquelle toutefois, pour évoquer, le nombre a été depuis peu, par nous, réglé à six parents et alliés aux degrés ci-dessus, mais encore que nos sujets du ressort du parlement de Dijon sont beaucoup vexés par la dépense et incommodité qu'ils souffrent de se voir à tout moment traduits en des parlements étrangers et éloignés, par la trop grande facilité qui se trouve à tirer les affaires hors de ladite cour, ce qui tourne à oppression, et qu'en ce qui concerne les cédules évocatoires, il arrive souvent, en notre parlement de Dijon, qu'encore que l'une des parties n'ait aucuns parents en icelui, ou le nombre requis pour en pouvoir être évoquée, l'autre partie, par une chicane affectée, ne laisse pas de faire signifier une cédule évocatoire pour empêcher le jugement du procès, et ensuite ne tient compte de faire procéder à l'enquête sur lesdites parentés et alliances : d'où il naît un grand désordre dans le cours de la justice, et une grande vexation à nos sujets, qui, se voyant sur le point d'être jugés par notredite cour, sont obligés d'y cesser leurs poursuites pour recourir à notre Conseil, et, en conséquence du renvoi, d'y recommencer à grands frais la poursuite du jugement; ou, s'ils ne se pourvoient pas en notre Conseil pour faire juger ledit renvoi, il arrive souvent que la partie évoquante n'y fait aucune diligence, et que, ce pendant, les procès demeurent longtemps indécis, et les personnes et les biens en désordre et confusion, d'autant que les juges ont les mains liées par le moyen desdites cédules évocatoires.

« A ces causes, désirant traiter favorablement nosdits sujets et les soulager autant qu'il nous est possible par l'administration d'une bonne et prompte justice, qui est une chose des plus importantes à leur repos, nous, de l'avis de notre Conseil, où étoient notre très honorée dame et mère, notre très cher frère unique le duc d'Orléans, notre très cher et très amé cousin le prince de Condé, et autres plusieurs grands et notables personnages, de notre certaine science, pleine puissance et autorité royale, inclinant à la très humble remontrance qui nous en a été faite par notre amé et féal le sieur Brûlart, conseiller ordinaire en nos conseils et premier président en notre cour de parlement de Dijon, avons, par ces présentes signées de notre main, dit et ordonné, disons et ordonnons, voulons et nous plaît que, suivant et conformément à ce qui est pratiqué dans les évocations de nos cours de parlements de Toulouse, Bordeaux, Grenoble et Rouen, l'on ne puisse être reçu ci-après à évoquer aucuns procès pendants en notre cour de parlement de Dijon, si la partie évoquée, étant du corps du parlement, n'a au moins cinq parents aux degrés de nos ordonnances, et, n'étant pas du corps, si elle n'est à six aux degrés susdits, sans y comprendre les chevaliers d'honneur et nos procureurs et avocats généraux en ladite cour. Et, à l'égard des cédules évocatoires, voulons que, nonobstant et sans préjudice d'icelles, il soit à l'avenir procédé par notredite cour de parlement de Dijon à l'instruction des procès criminels jusqu'à arrêt définitif exclusivement, et même passé outre au jugement des procès civils qui seront pendants par-devant elle, lorsqu'elle sera requise de le faire par l'une des parties, à la charge de la nullité des arrêts qui seront rendus par ladite cour, et sans répétition pour ladite partie d'aucuns frais faits pour ledit jugement, au cas que, par l'enquête qui se fera desdites parentés articulées, il s'en trouvât audit nombre de six au degré de nosdites ordonnances. Si donnons en mandement... » Comparez, dans Depping, *Correspondance administrative*, tome III, p. 1-8, des considérations de Colbert, en 1656, sur l'abus des évocations.

11. Le procureur général est Denis Languet, qui tint cette charge vingt-six ans.

12. Nous renvoyons à l'Appendice la suite des mesures prises au sujet de la faculté d'évocation. Il en sera encore question en juillet.

13. Ci-dessus, p. 311, 312 et 315. Pour épargner la corvée aux sujets du duc pendant la moisson, le Roi voulut bien qu'on l'aidât à trouver un entrepreneur (A. G., vol. 168, fol. 432 et 462), et la *Gazette* annonça en juin (p. 630) que, le bon succès du travail ayant encouragé M. le duc de Lorraine à traiter à cet effet, en s'entendant avec MM. de Saint-Pouenges, de Pradel et Colbert, cinq des huit bastions de la ville Neuve étaient déjà renversés, avec deux courtines, et que le président Colbert avait pu partir pour Brisach.

M. C. — Du 25 mai 1661 [1].

Sur ce que le prévôt des maréchaux de Melun a représenté qu'il a fait arrêter six des voleurs qui ont commis des crimes fort considérables dans la forêt de Sénar [2], que le prévôt des bandes [3] lui veut ôter à cause qu'ils sont soldats du régiment des gardes françoises, le Roi a ordonné que lesdits soldats demeureront audit prévôt, pour[a] leur faire le procès extra-

a. Avant *pour*, Le Tellier a biffé *et*.

ordinairement suivant les ordonnances[4]. [Exécuté.]

Le Roi ayant entendu la lecture des lettres de [M]M. de Mérinville et d'Oppède sur les affaires de Provence et la séparation de l'assemblée des communautés du pays[5], S. M. n'a pas approuvé les ouvertures qu'ils ont faites pour tirer les sommes que ladite assemblée a refusées, et a résolu de faire l'imposition sur le sel ci-devant projetée, et, pour cela, a commandé à Le Tellier d'expédier les ordres nécessaires pour faire marcher en Provence les six compagnies de cavalerie étant[a] en Dauphiné, quatre des six étant dans la généralité de Riom, les trois étant dans celle de Moulins, avec le régiment d'infanterie de Conti, de dix compagnies, et les quatre de celui de Montpesat, comme aussi le régiment des dragons du Roi qui est en la généralité de Limoges, pour être, par lesdites troupes, fait tout ce qui leur sera ordonné par M. le comte de Mérinville pour tenir la main à l'exécution de la déclaration concernant ladite imposition sur le sel du pays de Provence[6]. [Exécuté.]

S. M. a aussi nommé M. de Machault[7], maître des requêtes, pour connoître de ladite exécution; [Exécuté.]

Et, parce que le Roi a eu avis que le sieur Boyer de Bandols[8] s'est mal conduit dans ladite assemblée des communautés, S. M. a ordonné qu'il sera relégué en Auvergne, et que le commandement de la galère qui est sous sa charge lui sera ôté[9]. [Exécuté.]

Le Roi a ordonné que les Italiens étant à Toulon seront congédiés et que la subsistance qui a été payée aux femmes des soldats du régiment italien

---

a. Ici et dans le dernier paragraphe, Le Tellier a écrit : *étants*.

qui ont passé en Candie ne sera plus continuée[10].
[Exécuté.]

1. A la date du 24 mai, Guy Patin signale une lutte entre les trois ministres à qui aura la confiance du Roi.

2. La forêt de Senart, de cinq mille sept cents arpents environ, faisait partie d'une gruerie siégeant à Corbeil; les Villeroy en avaient le domaine par engagement, avec la capitainerie des chasses.

3. Sur le prévôt des bandes, c'est-à-dire le juge spécial des premiers corps de l'armée réglée, et sur sa juridiction, voir le *Code militaire* de Briquet, tome IV, p. 85-91.

4. La compagnie du prévôt des maréchaux de Melun et Nemours, obligée de se partager entre trois ou quatre forêts, dont celles de Fontainebleau et de Senart, se trouvait insuffisante pour assurer « la liberté des chemins aux passants. » Un arrêt de ce même jour, 25 mai, régla sa solde de 1660 : A. N., E 345ᵃ, fol. 414.

5. Ci-dessus, p. 317 et 320. Le courrier envoyé à Paris rentrera le 31 mai en Provence et fera connaître que le Roi, « résolu de rétablir son autorité qu'il avoit cru être méprisée par le refus d'obéir à ses ordres, » envoie les troupes de Dauphiné, Auvergne et Limousin pour subsister aux dépens de la Provence, si elle ne se soumet pas, et que, par suite, les ministres manifestent leur espoir de pouvoir détruire les libertés que le pays avait eu tant de peine à conserver (registre des procureurs C 39, fol. 305 v° et 306). Le Tellier écrira, le 1ᵉʳ juin, à M. d'Oppède (A. G., vol. 169, fol. 2), qu'il a été fait lecture en Conseil des dépêches de Provence, mais que, « quoique la proposition de M. de Mérinville ait été trouvée par S. M. fort bien digérée, Elle a toutefois jugé plus à propos de faire marcher les troupes dans la Provence..., se proposant d'y envoyer en même temps une personne d'autorité pour prendre soin de leur police et subsistance. » L'énumération des troupes est dans le ms. fr. 22641, fol. 230, 240, 248 et 249.

6. Voir la suite au 30 mai.

7. Louis de Machault (1623-1695), ancien conseiller au Grand Conseil, maître des requêtes depuis 1649, neveu du fameux « Coupe-Têtes, » et non moins actif et énergique que cet oncle, occupa successivement les intendances les plus impor-

tantes, Guyenne, Provence, Champagne, Picardie, etc., puis se retira en 1671. « A de l'esprit comme un démon; agréable, débauché, dévoué aux partisans, faisant tout pour de l'argent » (*Portraits de MM. les maîtres des requêtes*, dans le recueil Thoisy, vol. 51, fol. 23).

8. Jules de Boyer, seigneur de Bandols, Saint-Julien, etc., gentilhomme ordinaire de la chambre, capitaine-lieutenant de la galère de Mazarin en 1645, puis commandant d'une galère de l'armée de l'amiral-duc de Brezé sur les côtes de Toscane en 1646, avait figuré à l'assemblée comme second procureur-joint du pays pour la Noblesse. On le relègue à Riom.

9. Le 24 août suivant, l'assemblée des communautés, quoique ignorant le motif de cette rigueur, demandera la révocation de la lettre de cachet (registre C 39, fol. 374).

10. Le régiment italien du cardinal Mazarin avait été commandé par Campi, ami de Retz. En 1661, il est à l'armée de Candie, et Massimi en est capitaine-commandant (ms. fr. 22641, fol. 250 v°).

M. C. — Du 26 mai.

Sur ce que M. le comte de Brienne a représenté au Roi que MM. les ambassadeurs extraordinaires d'Hollande faisoient instance qu'on leur déclarât si S. M. persévéroit à désirer que tous les articles mentionnés dans le dernier mémoire qui leur a été délivré fassent partie du traité qui est à faire pour le renouvellement de l'alliance entre le royaume et la Hollande[1], S. M. a commandé audit sieur de Brienne[a] de dire auxdits sieurs ambassadeurs que, s'ils ont ordre de se départir d'aucunes des[b] demandes qu'ils ont faites, le Roi ordonnera aux commissaires qu'il a nommés de se relâcher de même[2]. [Exécuté.]

a. Avant *de Brienne*, Le Tellier a biffé *ambassad[eur]*.
b. Avant ce *d'aucunes*, Le Tellier a biffé *d'aucuns*, et il a ajouté *des* en interligne.

1. Ci-dessus, p. 294-295. Depuis quatre mois on traite d'une « sincère et perpétuelle assistance et correspondance, tant par mer que par terre, en tout et partout, tant dedans que dehors l'Europe, » et d'une « alliance étroite et fidèle confédération pour se conserver et maintenir dans l'étendue de l'Europe. » Nous avons indiqué, p. 295, note 6, les documents réunis dans le volume HOLLANDE 66. Le volume 3 du Supplément de ce même fonds contient aussi le mémoire hollandais du 3 février, les remarques des commissaires français sur ce mémoire et sur un suivant du 26 mars, enfin les demandes du Roi, en minute de la main de Lionne, 30 mai, sur les articles 11-16.

2. Voir, dans le recueil de 1725, p. 108 et 111, les lettres écrites par Beuningen le 6 et le 12 mai.

M. C. — Du 27 mai.

Le Roi ayant entendu la lecture de la déclaration concernant les dentelles, S. M. l'a approuvée[1]. [Exécuté.]

Sur ce que M. le marquis Ville a demandé au Roi qu'il ne soit procédé à la revente des terres du domaine de S. M. sises en Dauphiné que le feu Roi a données à feu[a] son père, S. M. a ordonné qu'on lui expédie un arrêt conforme à sa requête[2]. [Exécuté.]

Le Roi a ordonné que les troupes qui ont ordre d'aller en Provence[3] payeront partout, même dans ledit pays, au moyen de leur solde, au payement de laquelle il sera pourvu réglément. [Les ordres ont été donnés en cette conformité.]

Sur ce que les habitants du pays de Cerdagne resté au Roi par la Paix ont supplié très humblement S. M. de faire écrire à ses ministres à Rome afin qu'ils fassent instance au Pape de nommer un vicaire pour

a. Avant *feu*, Le Tellier a biffé *à son*.

nommer aux cures et faire la justice audit pays[4], attendu que l'évêque d'Urgel[5], dans le diocèse duquel il est situé, fait refus d'en établir, le Roi a ordonné à M. de Lionne de conférer sur ce avec M. le comte de Fuensaldagne, afin qu'il écrive à Madrid et qu'on envoie ordre audit sieur évêque de nommer un vicaire comme il a été proposé. [Exécuté.]

A. É. — Du 27 mai 1661, à Fontainebleau[a].

Mander à M. le cardinal Antoine que le Roi n'est pas en état de faire pour le duc de Bracchiano d'aujourd'hui la même grâce que son père et son oncle ont reçue, qu'ainsi il la lui refuse, mais le plus honnêtement qu'il se pourra[6].

Sur ce qu'a fait représenter ici M. le duc Césarin[7], en conséquence du brevet de retenue de chevalier de l'Ordre qu'il avoit de S. M.[8], qu'il la supplioit de le vouloir honorer dès à cette heure du collier, puisque la promotion des chevaliers étoit différée[9], l'on peut écrire une lettre du Roi à M. le cardinal Antoine pour le prier de voir les titres dudit sieur duc et de les certifier, afin qu'il n'expose pas des papiers de cette conséquence à la longueur du chemin, et ne laisse pas cependant de faire ses preuves en attendant la première promotion, qui ne peut plus être longtemps différée[10].

Mander à M. de Thou, en réponse à sa dépêche du 19 :

Que le Roi en a ouï avec plaisir la lecture, et nom-

---

a. Ici reparaît l'écriture du commis ou secrétaire qui avait tenu ce mémorial diplomatique jusqu'au 4 mai.

mément l'endroit où il rend compte du traitement que les catholiques reçoivent, plus favorable qu'ils ne l'ont encore eu pour l'exercice de leur religion, par la protection de S. M.[11];

Qu'on a eu une conférence avec les ambassadeurs, en laquelle on leur a fait quelques demandes de la part de S. M., mais qu'on n'en envoie pas encore le détail audit ambassadeur, parce qu'ils ont désiré en avoir une seconde où ils puissent représenter plusieurs choses touchant lesdites demandes[12];

Qu'il sera informé bientôt de tout ce qui se sera passé, et [peut] s'ouvrir[a] ce pendant qu'on n'a pas oublié de comprendre dans lesdites demandes l'intérêt de la religion de Malte[13];

Que la reine de Bohême[14] ne s'est pas trompée au jugement qu'elle a fait de ce qui arriveroit en Angleterre touchant le mariage du roi[15], et que la douairière d'Orange devoit avoir un peu mieux connu le terrain pour ne pas faire un si grand préjudice à son petit-fils par une proposition hors de temps de faire adopter et doter sa sœur par le roi d'Espagne, ce qui réveillera bien les clameurs de ceux qui n'aiment pas la maison d'Orange et leur donnera un beau prétexte d'augmenter les jalousies que l'État a déjà conçues de sa trop grande autorité[16];

Que le Roi songera maintenant à prendre sa résolution, aussi bien que les autres États, sur la défense faite aux matelots d'entrer au service d'aucun autre prince[17];

Qu'il assure le duc de Brunswic-Hannover[18], allié

---

a. Seule lecture possible.

de S. M., de l'affection particulière qu'Elle a pour sa personne, et de l'estime qu'Elle fait de toute la maison : il a bien fait de ne pas refuser le petit régal du cardinal de Hesse[19];

Qu'il ne doit point faire encore de réquisition à MM. les États pour la restitution de Rhimberg qu'il n'en reçoive un ordre exprès de S. M., et qu'il se contente ce pendant de dire aux agents de M. l'électeur de Cologne qu'il sait que c'est une affaire qui se traite ici entre les commissaires du Roi et les ambassadeurs, et que bientôt il doit recevoir ordre de ce qu'il aura à faire de delà pour l'appuyer par les offices[20].

Mander à M. de Lumbres[21] :

Que S. M. juge qu'il ne faut rien oublier pour faire revenir le grand général et le grand maréchal dans leurs premiers sentiments, et qu'on veut croire que S. M. n'y aura pas grande difficulté quand elle pourra s'aboucher avec eux, puisqu'un homme de condition et d'honneur se trouve bien embarrassé quand on ne lui demande autre chose que l'exécution de sa parole et de sa signature, joignant à cela d'autres grâces qui leur peuvent être faites[22];

Qu'il est vrai qu'il auroit été mieux que le secret de l'affaire ne se fût pas ici tant divulgué, et que le Roi en a plus de déplaisir que la reine, mais que c'est une chose faite, qui ne doit pas nous faire perdre courage[23];

Que jamais le résident de Neubourg n'a tenu ici le discours qu'on a écrit à la reine, et que, s'il l'avoit fait, il auroit été peu écouté[24];

Qu'on lui a adressé le pouvoir de promettre assistance aussi bien contre l'électeur de Brandebourg que contre l'Empereur aux cas portés et énoncés dans ledit pouvoir[25];

Qu'ainsi, en attendant d'autres nouvelles, on ne lui peut dire autre chose.

Écrire à M. Gravel :

Qu'on a reçu sa dépêche du 17 et la copie de l'instruction donnée par les princes alliés pour la conférence qui se doit tenir à Cologne avec les députés de M. l'électeur de Brandebourg;

Qu'il a bien fait de consentir à cette conférence, S. M. présupposant qu'il ne s'y prendra rien qu'en conformité du contenu en ladite instruction, en quoi l'Alliance ne sauroit recevoir aucun préjudice, mais peut-être quelque avantage, si on pouvoit y attirer, par quelque moyen de la satisfaction de M. de Neubourg, ledit électeur de Brandebourg[26];

Qu'on attendra avec impatience de savoir ce qui se sera passé entre Monsieur de Mayence et ledit Gravel à Schaffembourg, et qu'il a bien fait d'aller plutôt là que chez M. l'électeur palatin, les affaires étant plus pressées de ce côté-là que de l'autre[27].

Mander à M. de Thou, en réponse à sa lettre du 26 mai :

Que, si la princesse douairière d'Orange avoit entrepris de décréditer à jamais sa maison dans les Provinces-Unies et empêcher le jeune prince, son petit-fils, de parvenir aux charges et dignités de ses pères et aïeuls, elle ne sauroit mieux agir qu'elle fait depuis quelque temps;

Que, s'il n'y avoit qu'elle qui en dût souffrir, on n'auroit pas à se mettre beaucoup en peine que son ambition et sa mauvaise conduite ruinassent les affaires de la maison d'Orange, mais que S. M. compatit aux intérêts d'un pupille qui ne peut mais des vanités de sa grand'mère[28] ;

Que MM. les États ont laissé échapper de belles occasions de faire un accommodement fort avantageux avec le Portugal, et qu'on ne sait pas si, à présent qu'ils en font paroître plus d'empressement, le Portugal, ayant accordé de si grands avantages à l'Angleterre, se trouvera en état d'exécuter ce que les Provinces-Unies lui demandent ;

Que néanmoins, comme le payement de huit millions doit être plutôt fait en denrées de débit qu'en argent comptant, et seulement en seize années, peut-être que le Portugal se trouvera encore en état d'y satisfaire.

Cependant, comme cet ajustement ne tient plus qu'à un seul article, qui doit régler de quels jours commenceront à cesser les hostilités en Europe, et puis delà la Ligne, il y a apparence que l'on peut le considérer pour une affaire faite, et qui ne peut plus manquer, puisqu'en un besoin les cinq provinces qui désirent l'accord forceront les deux autres qui y résistent à s'y conformer par la pluralité des suffrages[29].

Qu'il a fort bien parlé au pensionnaire de Hollande[30] touchant Rhimberg et Ravestein et la différence qu'il y a de ces deux affaires à celle des places de l'électeur de Brandebourg, qu'ils possèdent par de bons traités faits avec lui ;

Qu'il continue à parler de même en toutes occasions, et particulièrement à avancer l'échange de Ravestein avec des terres du pays d'Outre-Meuse d'égale valeur, puisqu'il a su par le ministre de M. de Neubourg que son maître souhaite fort cet échange [31];

Qu'on eut hier une nouvelle conférence avec les ambassadeurs de MM. les États pour entendre toutes les considérations qu'ils ont désiré de représenter sur quelques demandes qu'on leur avoit faites de la part de S. M., et qu'on a rendu compte au Roi, ce matin, de tout ce qu'ils avoient dit; mais, avant que S. M. explique sa dernière intention sur lesdites demandes, dont quelques-unes les ont un peu étourdis, quoique S. M. soit assez disposée de s'en relâcher pourvu que, d'ailleurs, ils se mettent à la raison, Sadite M. a désiré d'eux qu'ils s'expliquassent plus particulièrement de la dernière intention de leurs supérieurs touchant l'imposition des 50 sols pour tonneau qu'ils veulent obliger le Roi à révoquer, ce que S. M. ne fera point, oui bien peut-être se relâchera-t-Elle à en modérer quelques abus, comme celui dont lesdits ambassadeurs se sont plaints, que l'on levoit ledit impôt une fois à l'entrée, une seconde à la sortie, et que souvent on le payoit en divers ports quand la décharge entière du vaisseau ne se faisoit pas en un seul port [32].

Au sieur de Chassan :

Qu'il est vrai que l'avis qu'il a donné du procédé des commissaires moscovites est fort surprenant, et qu'ils aient rompu les conférences du traité de paix sur la première demande que les commissaires suédois ont faite, et qui paroît néanmoins fort déraisonnable, d'avoir une somme d'argent, en dédommagement de la guerre, outre les places que le Czar offre de leur rendre en Livonie;

Que peut-être, depuis cela, les Moscovites se seront

ravisés, et qu'en tout cas la Suède en pourra tirer raison en s'unissant plus étroitement avec la Pologne contre un ennemi commun des deux royaumes, à cause de l'intérêt qu'ils ont commun pour la restitution de la Livonie usurpée sur ces deux rois[33] ;

Qu'il continue à donner avis de tout ce qu'il pourra pénétrer.

1. Ci-dessus, p. 316 et 318-319. Cette déclaration, interprétative de celle du 27 novembre 1660 et portant la date du 27 mai (A. N., X¹ᴬ 8662, fol. 335; A. É., vol. France 910, fol. 392-395), ne fut enregistrée et publiée qu'en juillet. La *Gazette* annonça à cette occasion (p. 656) que « S. M., qui travaillait incessamment au bien de ses peuples, désirait ainsi retrancher les excessives dépenses des uns, et laisser néanmoins aux autres le moyen de tirer la subsistance de leurs familles de la fabrique de ces sortes d'ouvrages. »

2. Le père de cet ambassadeur ayant été tué au siège de Crémone, où il servait comme lieutenant général sous le prince de Modène et le maréchal du Plessis-Praslin, son fils avait obtenu, par brevet du 12 septembre 1648 (A. N., O¹ 12, fol. 60 v°), la confirmation d'un don de terres conquises sur les Espagnols en Italie qui avait été fait par un précédent brevet du 12 août 1647 à son père. Ce dernier avait eu également, comme récompense de ses services, l'engagement des terres de l'Étoile et de la Côte-Saint-André, en Dauphiné ; de ce côté, le fils sera garanti contre toute revision générale du domaine par un arrêt du 4 juin 1661 (A. N., E 1712, fol. 251).

3. Ci-dessus, p. 324.

4. Ci-dessus, p. 76, 79, 118 et 120. La portion de la Cerdagne devenue française restait sous l'autorité de l'évêque espagnol d'Urgel, sans que le clergé s'unît à celui de France pour le don gratuit et les décimes, ni que les abbayes et maisons religieuses cessassent d'être gouvernées par un représentant du Saint-Siège choisi à l'élection. Le règne de Louis XIV finira même sans qu'on ait pu faire assez de nominations pour franciser le corps des bénéficiers et le soustraire à ses usages particuliers, comme ceux des coadjutoreries et du personal

rédémit (pensions sur le bénéfice résigné), ce qui était considéré comme un véritable abus simoniaque (Boulainvilliers, *État de la France*, tome II, p. 307).

5. L'évêque d'Urgel était, depuis le mois de juin 1660, Jean-Manuel de Espinosa, bénédictin. La plainte des habitants du pays de Cerdagne lui fut transmise spécialement par l'archevêque d'Embrun lorsqu'il arriva en Espagne. Voir l'instruction à cet ambassadeur, dans le recueil publié par M. Morel-Fatio, tome I, p. 203-205.

6. Flavio Orsini, duc de Bracciano et de Santo-Gemini, premier laïque de Rome et prince du Soglio, plus tard prince des Ursins, qui épousera en 1675 Anne-Marie de La Trémoïlle, veuve du prince de Chalais, et lui laissera le titre sous lequel elle se rendit si célèbre en Espagne et en France à partir de 1701, était le fils de Jean-Antoine Orsini, duc de Santo-Gemini, fait chevalier des ordres en 1608, et le neveu d'Alexandre Sforza, duc de Segni, mari d'Éléonore Orsini de Bracciano.

Ce Bracciano s'étant adressé directement au Roi et à Lionne, celui-ci s'en expliqua avec l'envoyé Aubeville par cette lettre du 18 juin 1661 (A. É., vol. Rome 143, fol. 247-248) :

« M. le duc de Bracciano a écrit depuis peu au Roi pour ses intérêts, qui sont que feu Monsieur son oncle et feu Monsieur son père, quand ils ont occupé le même poste de chefs de la famille des Ursins où il se trouve aujourd'hui, ont joui par la grâce du Roi d'une pension de 20,000 francs, que feu Mgr le Cardinal lui a fait espérer, depuis la mort du dernier, devoir être continuée en sa personne, mais que sa longue indisposition et sa mort survenue en ont empêché l'effet, et même qu'il n'en ait reçu le brevet. S. M. auroit grand désir de lui pouvoir donner une satisfaction complète, n'ayant pas moins d'estime et d'affection pour sa personne que pour les deux derniers ducs qui l'ont précédé ; mais, s'étant fait représenter l'état des pensions de Rome, Elle a trouvé que celui de ses affaires, après l'épuisement causé par de si longues guerres, ne lui permettoit pas de fournir à une si grande dépense, que vous saurez qui monte annuellement à plus de 200,000 francs ; et, comme d'ailleurs S. M. ne veut s'engager doresenavant à rien promettre qu'Elle ne veuille et puisse accomplir avec la dernière ponctualité, n'estimant pas de sa dignité et de sa grandeur d'en user autrement, particulièrement aujourd'hui qu'Elle a pris en main la direction de son État et de toutes ses affaires, Elle a résolu (ce qui demeurera, s'il vous plaît, entre vous et moi) de retrancher entièrement plusieurs de ces pensions, la plupart fort inutiles, et de réduire les autres plus nécessaires à des sommes plus modérées et qu'Elle puisse acquitter sans trop de surcharge à ses finances. Si ceux qui se trouveront dans cette dernière catégorie, comme M. le duc de Bracciano, à qui S. M. a résolu de faire cette grâce, considèrent bien que, par le passé, ils ont été fort mal payés, et qu'il vaut beaucoup mieux pour eux avoir moins, et qu'il soit certain, ils se trouveront sans doute mieux traités avec le retranchement, mais suivi d'un payement fort ponctuel, qu'ils ne l'étoient quand on ne réduisoit pas la somme, mais que, faute de moyens, on passoit plusieurs années sans en rien payer.

« Après tout ce préambule, je vous dirai que l'intention du Roi est de donner à M. le duc de Bracciano 10,000 francs, si bien payés qu'il en pourra faire annuellement autant d'état que du plus assuré revenu qu'il ait. S'il fait réflexion d'ailleurs sur ce que M. le cardinal Ursin, son frère, tire aussi des grâces du Roi, il trouvera que les Espagnols sont bien éloignés de faire les mêmes avantages à aucune autre maison de la considération de la sienne, et, en tout cas, que, s'ils promettent plus, ils tiennent incomparablement moins. Vous ferez, s'il vous plaît, entendre l'intention de S. M. audit sieur duc, à qui j'écris aujourd'hui que vous avez ordre de l'en entretenir, sans m'expliquer davantage. S'il accepte la grâce, et qu'il témoigne en être satisfait sur les considérations ci-dessus touchées, que vous lui représenterez avec votre adresse accoutumée, vous pourrez ensuite lui promettre que, dès que S. M. aura su sa réponse, Elle vous adressera le brevet desdits 10,000 francs de pension, que vous lui remettrez pour son assurance... » Voir Ch. Gérin, *Louis XIV et le Saint-Siège*, p. 213. Le duc n'aura le cordon bleu que lors de son mariage, en 1675.

7. Julien Cesarini, duc de Cittanova, fils d'une Farnèse et mari de Livie Orsini, mourut en 1665. Quoique gonfalonier du peuple romain, ce seigneur trahira le Pape dans l'affaire des Corses.

8. C'est un « brevet d'expectative. » Le duc s'était offert dès 1658 pour servir les intérêts de la France, et Mazarin lui avait promis, outre l'Ordre, une pension de 9,000 livres.

9. Il n'y avait pas eu de promotion depuis l'année 1633, et le Roi croyait urgent d'en faire une nombreuse (ses *Œuvres*, tome I, p. 142-143); mais elle n'aura lieu que le 31 décembre, et le duc de Créquy, partant pour Rome, emportera le collier pour le duc Césarini.

10. Les preuves des étrangers se faisaient simplement dans la forme testimoniale, sans production de pièces authentiques.

11. Pour la raison déjà dite, on ne trouve pas la lettre de M. de Thou. Nous verrons, en juillet, demander l'extension du traitement favorable aux catholiques du pays de Gueldres.

12. Ci-dessus, p. 326-327. Comme en témoigne la correspondance de Beuningen, les ministres français, sauf Foucquet, ne se cachaient pas d'être prêts à activer la conclusion du traité pourvu qu'on leur accordât les trois points de la pêche, de Rheinberg et du droit de fret. En répondant, dans le cours de la même séance, p. 333, à une autre lettre du 26, le Roi précise mieux l'état des négociations.

13. Le 12 avril, « le capitaine Dencourt, envoyé du prince-cardinal landgrave de Hesse, rendit grâces à S. M., au nom de son maître et du landgrave de Darmstadt, de ce qu'Elle avoit compris le premier dans le traité de la paix générale en qualité de grand prieur de l'ordre de Malte en Allemagne, et ensuite il lui présenta une lettre de l'électeur de Mayence, par laquelle il remercioit Sadite M. d'avoir renouvelé au même ordre l'honneur de sa protection par cette inclusion du prince-cardinal de Hesse et de son grand prieuré d'Allemagne, qui fait un membre de l'Empire; la suppliant encore de continuer ses puissantes instances auprès des États-Généraux des Provinces-Unies pour lui faire restituer les biens dépendants de ce prieuré qui lui ont été usurpés : à quoi Sadite M. lui fit une réponse des plus favorables » (*Gazette*, p. 355). Le cardinal et landgrave Frédéric de Hesse (1616-1682), fils d'une Brandebourg, s'étant converti au catholicisme et ayant passé sa jeunesse au service de la Religion comme général des galères, le grand maître Lascaris, en septembre 1650, lui avait conféré la propriété des biens que la Religion avait pos-

sédés dans les Provinces-Unies avant la Réforme, comme le bailliage d'Utrecht, la commanderie de Harlem, etc., représentant 40,000 écus de revenu, et le Roi a tenu à insérer dans la paix avec l'Espagne qu'on réclamerait ces biens pour le landgrave (B. N., ms. fr. 22641, fol. 292). Les Hollandais faisant la sourde oreille, même devant des menaces de guerre, M. de Thou a reçu ordre, dans le mois de décembre 1660, de renouveler des instances solennelles (A. É., vol. HOLLANDE 65, fol. 300-309), et l'Empereur lui-même les a fait appuyer, ainsi que les princes de l'Empire. Voir les pièces aux Affaires étrangères, vol. MALTE 2, *passim*, et vol. 3 de HOLLANDE (Supplément), fol. 102 et suiv.; les Papiers Le Tellier, B. N., ms. fr. 17561, fol. 92-109; la *Gazette*, année 1661, p. 33, 61-72, 85-96, etc., et deux lettres du grand maître Lascaris publiées dans le *Registre de la correspondance du duc Henri de La Trémoïlle*, p. 151-159. Les États-Généraux répondaient qu'ils ne pouvaient imposer une restitution par des provinces en particulier, chacune étant souveraine chez elle (*Gazette*, p. 629-630). On n'aboutira pas encore; mais le Roi fera renouveler ses instances (vol. HOLLANDE 66, fol. 276; *Gazette* de 1661, p. 957), et, finalement, le landgrave transigera en 1667 pour la commanderie de Harlem.

14. Élisabeth Stuart (1596-1662), sœur du roi Charles Ier, est veuve depuis 1632 de Frédéric V, duc de Bavière, électeur palatin et roi de Bohême de 1619 à 1621. Invitée par son neveu le roi Charles II et conduite jusqu'à Delft par l'ambassadeur de France, elle est arrivée à Londres le 27 mai.

L'électeur de Brandebourg recommence ses instances touchant l'administration des biens et l'éducation du prince Guillaume d'Orange, qu'il prétend lui appartenir en qualité d'oncle et tuteur.

15. Ci-dessus, p. 116-117. On écrivit de Londres à la Haye, le 4 juin (*Gazette*, p. 529) : « S. M. Britannique ayant fait savoir au Parlement sa résolution d'épouser l'Infante de Portugal, elle a été fort approuvée de tous les membres, et l'ambassadeur de S. M. Portugaise en avoit solennellement témoigné sa joie; mais celui d'Espagne, n'en étant pas satisfait, se disposoit à s'en retourner. On craint ici que cette alliance ne nuise à notre traité avec les Portugais, quoique nous attendions toujours le chevalier Downing pour y travailler. »

16. Voir p. 213-215 et 303-304. La douairière de Nassau était, comme on l'a dit, Amélie de Solms, laquelle ne mourut qu'en 1675, et la sœur du jeune prince est Marie de Nassau, qui épousera en 1666 Louis-Henri de Bavière, des comtes palatins du Rhin, fils de Louis-Philippe, duc de Simmeren, et de Marie-Éléonore de Brandebourg.

Cromwell s'était toujours opposé à ce qu'on rendît trop d'autorité à Guillaume de Nassau, de peur qu'il ne s'avisât quelque jour de prendre en main la cause des Stuarts; mais, une fois le Protecteur mort, la province de Zélande n'a pas manqué d'assurer au petit prince, le 7 août 1660, les charges de capitaine général et de stathouder de cet État pour le temps où il serait majeur. Au contraire, Jean de Witt et sa province de Hollande lui sont hostiles.

17. Sur les mesures prises en 1661 pour la réorganisation de la marine royale (ci-dessus, p. 246, note 23), voir *Abraham du Quesne*, par Jal, tome I, p. 233-238, et les lettres de la main à MM. de Beringhen et de Clerville, 19 août, publiées dans le recueil Morelly, tome I, p. 49-50, et dans les *Œuvres de Louis XIV*, tome V, p. 38-40. Déjà du temps de Mazarin, et en prévision d'armements contre les Turcs, on avait rappelé les matelots qui servaient à l'étranger; le 20 juillet 1661 sera publiée la déclaration qui suit (A. N., collection Rondonneau, AD 356, n° 41) : « Le rétablissement de la navigation, que les désordres de la guerre ont fait négliger en ce royaume depuis un si long temps, devant être à présent un des premiers fruits de la paix, comme il est le principal objet de nos désirs et le plus assuré moyen d'enrichir nos peuples, nous avons estimé n'y pouvoir réussir plus avantageusement qu'en faisant armer et équiper un nombre considérable de nos meilleurs vaisseaux et les tenir continuellement à la mer afin de la rendre, par ce moyen, libre et exempte des courses et déprédations trop fréquentes des corsaires de Barbarie et autres qui réduisent tous les jours nos sujets dans une malheureuse captivité et ruinent absolument le commerce de nos plus riches provinces; et, d'autant que l'expérience nous a fait voir que la levée des équipages nécessaires à ces armements est devenue beaucoup plus difficile qu'elle n'étoit autrefois, soit parce que la plupart de nos meilleurs pilotes, charpentiers, calfateurs, canonniers, matelots, mariniers et autres de nos sujets qui font profession d'aller en mer,

faute de trouver de quoi s'employer en ce royaume, se sont retirés vers les étrangers et mis à leurs gages, et que ceux qui étoient restés, pour n'avoir été conservés dans les droits et privilèges à eux accordés par nous et nos prédécesseurs, se sont appliqués à d'autres emplois et métiers, en sorte que, par ce moyen, le nombre de ceux qui avoient accoutumé de servir ci-devant en nos armées navales se trouvant notablement diminué, les capitaines et officiers auxquels nous donnons le soin de la levée desdits matelots y rencontrent des difficultés plus grandes, qui leur causent des longueurs et retardements très préjudiciables et font qu'ils sont souvent contraints de prendre et arrêter des gens du tout ignorants au métier et incapables de rendre aucun service... »

En conséquence, tous les sujets français employés à la navigation dans des pays étrangers sont sommés de revenir en leurs anciennes demeures six mois après la promulgation de cette déclaration, sous peine d'encourir la rigueur des ordonnances; mais, d'autre part, tous les marins servant sur les vaisseaux du Roi seront exempts des taxes, droits et charges comme l'avait ordonné la déclaration d'octobre 1647.

18. Jean-Frédéric de Brunswick-Zell (1625-1679), duc de Hanovre, de Calemberg et de Grubenhagen, catholique depuis 1657 et marié à une fille du comte palatin Édouard qui mourut à Asnières, près Paris, en 1730, est fils d'une Hesse-Darmstadt. Les autres Brunswick ne sont pas moins désireux que celui-là de conserver les bonnes grâces du roi de France (A. É., vol. Brunswick 1, fol. 24, 30-33).

19. C'est le landgrave et grand prieur dont il a été parlé note 13. Il est cardinal depuis 1656.

20. Les Hollandais, pendant la guerre, se sont emparés de la ville de Rheinberg et de certains villages, comme n'appartenant plus à l'Électeur en sa qualité d'évêque de Liège (*Gazette*, p. 648); il proteste contre cette spoliation et en appelle au Roi : voir ses mémoires dans les Papiers Le Tellier, ms. fr. 17561, fol. 110-118, une lettre de Wicquefort, du 3 mai (A. É., vol. Hollande 66, fol. 100), un mémoire contre la résistance des Hollandais (*ibidem*, fol. 175-178), une réponse du ministre, 3 juin (fol. 125), et la correspondance imprimée de Beuningen, tome II, p. 85, 86 et 100-102.

21. A. É., vol. Pologne 16, fol. 78-81 et 90-91, lettres des

26 mai et 3 juin; A. C., reg. P XXIV, lettre de M. de Lionne à Condé, 27 mai.

22. Sur ces offices du royaume de Pologne, voir le Supplément au *Corps diplomatique*, tome V, p. 419-420. Sont titulaires en 1661, du premier le palatin de Cracovie Stanislas Potocki, et du second le prince Georges Lubomirski. Ce dernier commençait à être suspect depuis la fin de mars, gagné sans doute par Lisola, qui jurait que l'élection serait différée, et le grand général suivait tous ses mouvements dans l'espoir d'unir ensemble leurs enfants, quoi que la reine eût pu tenter pour les retenir. La mort du Cardinal avait fait grand tort à la France.

23. Ci-dessus, p. 209 et 215. Mazarin avait commis la faute de révéler l'entreprise concertée en faveur du duc d'Enghien au cardinal d'Este et à d'autres Italiens, si bien qu'on la pouvait savoir de partout.

24. Le duc de Neubourg avait pour agent accrédité à Paris un sieur Braun.

Cet autre démenti avait été adressé aussi à Wicquefort, en Hollande, dès le 1er mai (A. É., vol. ANGLETERRE 76, fol. 168) : « Le Roi ne peut qu'attribuer à l'insigne malice du sieur Friquet le discours qu'il a débité comme ayant été tenu en pleine table chez M. l'évêque de Münster par le chevalier de Terlon. Il est à Paris présentement; dès qu'il sera rendu ici, je saurai comme tout s'y est passé... » Friquet était commissaire extraordinaire de l'Empereur auprès des États-Généraux et de l'évêque de Münster.

25. Lettre du 3 juin : A. É., vol. ALLEMAGNE 148, fol. 230, et vol. 150, fol. 206.

26. On a vu, p. 190 et 213-214, quelle était l'hostilité des princes de l'Alliance à l'égard de M. de Brandebourg, et aussi quelle attitude cet électeur avait prise en Pologne, avec l'espoir de se faire payer en bons offices par la France. Le 20 mai, Lionne, entretenant Wicquefort des démarches dont il est parlé ici, lui écrivait (A. É., vol. ANGLETERRE 76, fol. 169 v°) : « Le Roi approuve votre sentiment sur la proposition que vous mandez avoir été faite dans le Conseil de M. l'électeur de Brandebourg, de tâcher de renouer avec la France sans rompre pourtant avec la maison d'Autriche. Il faut commencer à faire un premier pas, après lequel les autres pourront suivre. Nous ne

voudrions pas pourtant qu'il ne fît ce pas qu'avec intention de se faire considérer à Vienne plus qu'il ne l'est. Les derniers avis que nous avons de Pologne portent que M. d'Overbeck, son ambassadeur, et le prince de Radziwill, qui est attaché à ses intérêts, ont parlé fort avant du désir de l'Électeur de regagner les bonnes grâces du Roi et son amitié; mais, jusqu'à ce que nous voyions que l'on parle et agisse à Clèves en cette conformité, on doit croire que ce qui se passe au loin de cette sorte n'est que pour l'appréhension qu'on a en ces quartiers-là de l'avancement de M. le duc de Neubourg. Une personne écrit depuis peu, de Clèves, que la princesse douairière d'Orange paroît avoir maintenant des sentiments fort adoucis envers la France;... mais on ne peut prendre ses discours pour un argument... »

27. Gravel avait écrit, le 16 (A. É., vol. ALLEMAGNE 150, fol. 200-205) : « M. l'électeur de Mayence m'a fait savoir qu'il avanceroit son départ de Würtzbourg et qu'il me prioit d'aller à Aschaffenbourg demain, 17e de ce mois, pour ne point perdre de temps sur les propositions que j'aurai à lui faire de la part du Roi. » En même temps (vol. 148, fol. 221), il envoyait un mémoire défavorable à l'idée, conçue jadis par le Cardinal, de faire une alliance perpétuelle entre la France, la Suède, MM. de Neubourg et l'évêque de Münster. Ci-dessus, p. 188, et ci-après, p. 370-373.

M. de Lionne lui adressa, le 10 juin, en chiffre, cette réponse (A. É., vol. ALLEMAGNE 148, fol. 232-237) : « J'ai reçu votre dépêche du 24 du mois passé, que j'ai lue au Roi d'un bout à l'autre. S. M. a été fort aise de savoir que vos conférences avec M. l'électeur de Mayence, à Aschaffenbourg, s'étoient si bien passées, et que S. A. É. a si bien approuvé la pensée de S. M. de faire offrir à l'Empereur, par l'Alliance en commun, un corps de troupes très considérable contre le Turc. Ce sera là, comme il dit fort bien, la véritable pierre de touche des intentions de la cour de Vienne. Les princes alliés auront acquis beaucoup de mérite dans le public par la promptitude qu'ils auront témoignée à défendre la Chrétienté et à n'épargner pour cela ni dépense, ni le sang de leurs sujets. Si ceux que le péril touche de plus près ne veulent pas profiter de cette bonne disposition, ce ne sera pas notre faute.

Cependant nous attendrons avec grande impatience de voir l'écrit que vous aurez dressé pour faire cette proposition dans le Conseil des alliés, et souhaiterions bien que les députés pussent prendre leurs résolutions sur-le-champ, sans nous renvoyer à la réponse de leurs maîtres, car le Nonce nous presse fort; mais je vois bien qu'il faudra nécessairement essuyer cette longueur. Vous ne pouviez mieux répondre que vous avez fait audit sieur électeur de Mayence quand il s'est plaint des trente mille écus qu'il prétend lui être dus des trois premières années de l'Alliance; je ne sais pas comme il fait ce compte-là, car on ne lui avoit fait espérer que quarante mille écus, et non pas cinquante mille. Je vous prie de me mander le détail de sa prétention, car, encore que S. M., tout de nouveau, en considération dudit sieur Électeur, ait bien voulu charger son Épargne de payer vingt mille écus à M. de Schönborn, pour le dédommager d'une compagnie au régiment de ses gardes qu'il n'auroit rien coûté à S. M. de donner à son fils, s'il en eût vaqué, et que ces vingt mille écus-là pussent tenir lieu, en quelque façon, des vingt mille autres qu'on devoit à mondit sieur l'Électeur, je vois néanmoins tant de désir en S. M. de reconnoître de plus en plus l'affection que S. A. lui témoigne, que, pourvu que toutes choses aillent bien à l'accoutumée dans l'Empire, c'est-à-dire que nous voyions S. A. É. continuer dans ses mêmes maximes d'affermir de plus en plus l'Alliance et de rejeter cette translation de la Députation en un lieu tiers, j'oserois m'avancer à l'assurer que j'obtiendrai facilement de S. M., dans le cours des trois années de la prorogation de l'Alliance, qu'il ne perdra pas ce qu'il pouvoit prétendre de cette gratification du Roi pour les trois premières années, c'est-à-dire que, s'il lui étoit dû trente mille écus du passé, je tâcherai de lui faire valoir, dans les trois années prochaines, à chacune dix mille écus par-dessus les vingt mille écus que S. M. lui a accordés... »

28. Ci-dessus, p. 338-339, notes 15 et 16. Trois lettres de Wicquefort au ministre, datées des 14 et 21 avril, et du 5 mai, sur le tort que la cour d'Angleterre faisait au jeune prince, ont été publiées en 1881 dans le tome V de la 2e série des *Archives ou Correspondance inédite de la maison d'Orange-Nassau*, p. 208-210. Dans une lettre du 2 juin à Lionne (A. É., vol. HOLLANDE 66,

fol. 121), il rendra compte de l'arrangement par lequel le roi d'Angleterre abandonnait à l'Électeur et à la douairière l'administration entière de la personne du jeune prince, qui se trouvait à Clèves avec l'Électrice et avec sa grand'mère. Tous en partirent le 8 juin, lui pour aller se faire recevoir aux États d'Utrecht et, de là, reprendre ses études à Leyde, la douairière pour boire des eaux de Spa à Turnhout, avec la princesse de Nassau, la princesse d'Anhalt, la princesse Marie et l'Électrice, dont le mari était resté à Clèves avec le prince d'Anhalt (*Gazette*, p. 605, 607 et 723). Le 10 juin, répondant à une lettre du 26 mai, Lionne écrira : « Quand vous dites qu'il seroit impossible de faire cesser l'aversion de Mme la douairière d'Orange pour la France que par un seul moyen, il n'est pas fort difficile à deviner, *nempe præsente pecunia*, ou par quelque chose d'équivalent... Si vous en entendez quelque autre, je vous prie de me l'expliquer mieux... » (A. É., vol. Hollande 66, fol. 128.)

29. Depuis la fin de février, les États armaient deux flottes pour combattre soit les corsaires portugais, soit les pirates barbaresques, ou pour aller attaquer le Brésil, et l'opposition de la Zélande, à raison des intérêts qu'elle avait dans cette colonie, avait empêché que les États se rendissent aux instances du médiateur anglais (*Gazette*, p. 245, 319, 378, 554, 578, 607). Ils se sont séparés le 7 mai sans rien conclure, et c'est seulement en août que sera signé le traité dont les principales clauses sont indiquées dans le Mémorial, les Hollandais abandonnant au Portugal le Brésil et les pays situés au delà de la Ligne, mais gardant pour eux les colonies conquises aux Indes orientales et recevant promesse d'une indemnité de huit millions. On verra des incidents se produire entre-temps.

30. C'est Jean de Witt (1632-1672) qui est pensionnaire de Hollande et de Westfrise depuis 1653, et il refuse absolument de se prêter aux restitutions.

31. A. É., vol. Hollande 66, fol. 100 et 125. Il est dit, dans les *Mémoires de Louis XIV*, tome II, p. 563, que, tenant beaucoup à l'amitié de M. de Neubourg, le Roi voulut l'aider à retirer des mains des Hollandais le comté souverain de Ravestein, sur la Meuse, au-dessous de Grave, qui lui était légitimement échu en partage de la maison de Clèves, ou plutôt à obtenir une

compensation. Turenne s'occupait aussi de cette affaire, et nous avons des mémoires en faveur de M. de Neubourg dans le volume A. É., Hollande 66, fol. 201, 206 et 234. Les États avaient réglé, en mars, avec l'ambassadeur d'Espagne, le partage de ces terres d'Outre-Meuse (*Gazette*, p. 269 et 282). Ravestein resta cependant aux Hollandais.

32. Ci-dessus, p. 326-327, et ci-après, 2 juin.

33. Ci-dessus, p. 141-142 et 144. C'est Alexis Mikhaïlovitch (1630-1676), grand-duc et czar de Moscovie depuis l'an 1645. La *Gazette* annonça, dans sa feuille du 28 mai, p. 498, cette nouvelle de Riga, 1er mai : « Les commissaires de Moscovie, après avoir consenti d'abandonner les places que le Grand-Duc tient dans la Livonie, ont déclaré ne pouvoir accorder la somme que les Suédois demandent pour réparation des dommages par eux soufferts dans ladite province, sans un ordre plus précis de ce prince : tellement qu'on nous assure que les commissaires se sont séparés sans rien conclure, et néanmoins qu'ils se doivent encore assembler. »

Brienne fils écrivit à Chassan, le 3 juin : « Si la chose s'est passée de la sorte, cette brusque manière des Moscovites à se retirer et laisser leur affaire imparfaite peut faire juger que l'envoi que l'Empereur a fait d'un ambassadeur vers le Czar, dont nous sommes avertis, lui fait concevoir de nouvelles espérances de pouvoir, à l'aide de la maison d'Autriche, maintenir ce que le Moscovite a pris en Livonie et soutenir la guerre des Polonois. C'est ce qui doit faire sérieusement penser le régent de Suède à s'unir par un traité d'alliance défensive avec la Pologne contre leurs ennemis communs, et particulièrement contre la maison d'Autriche, qui ne se sauroit résoudre à laisser la Suède en repos dans l'Allemagne, et qui lui suscitera sans cesse des ennemis de tous les côtés pour l'embarrasser et la travailler; et il n'y a pas de meilleur moyen aux Suédois, pour s'opposer à toutes ces machines, que de se fortifier d'amis et d'alliances. » (B. N., ms. fr. 22654, fol. 12.) La paix, fort désirée dans les deux pays, et dont les principaux articles furent arrêtés le 28 mai, finira par se conclure le 1er juillet, moyennant restitution de ce que les Moscovites avaient conquis en Livonie et payement des frais de guerre. D'autre part, Louis XIV enverra, le 2 du même mois, les pouvoirs demandés par Chassan pour faire pareil office de médiateur entre la Pologne et les Moscovites.

M. C. — Du 28 mai[1].

Le Roi ayant entendu la lecture des instructions dressées par M. de Lionne pour M. l'archevêque d'Ambrun[2], nommé par le Roi pour ambassadeur[a] en Espagne, et pour M. d'Estrades[3], nommé à l'ambassade d'Angleterre, S. M. a approuvé lesdites instructions et en a ordonné l'expédition[4]. [A été délivrée.]

Le Roi a commandé l'expédition d'un ordre pour les troupes étants dans la ville de Noion, pour prêter main-forte à l'exécution des jugements rendus par les officiers de justice de ladite ville contre Martine et Beaulieu, officiers du régiment Royal, accusés de s'être battus en duel[5]. [Les ordres ont été envoyés.]

Le Roi a trouvé bon de permettre au président de Raguze de partir d'Amiens, où il a été relégué, pour retourner à Aix en Provence dans la fonction de sa charge[6]. [Exécuté.]

---

1. Ce jour-là, un service funèbre fut célébré pour le Cardinal en l'église Saint-Germain-l'Auxerrois, et l'abbé Faure prononça l'éloge.
2. Ci-dessus, p. 177-179.
3. Godefroy, comte d'Estrades (1607-1686), ancien page de Louis XIII et grand duelliste selon Tallemant des Réaux, lieutenant de la compagnie des gendarmes de Mazarin, lieutenant général des armées et chevalier des ordres, maire perpétuel de Bordeaux, gouverneur des pays de Roussillon et de Conflent, avait fait la guerre en Hollande et en Italie, puis avait

---

a. Le Tellier a écrit : *lambassadeur*, sans apostrophe.

eu plusieurs missions diplomatiques en Angleterre (1637 et 1652), en Hollande et à Münster (1639 et 1646). C'était un confident de Le Tellier, et Mazarin l'avait désigné pour devenir ambassadeur extraordinaire à Londres. Il a été appelé le 23 mai à Fontainebleau, en vue d'y recevoir ses instructions (A. É., vol. ANGLETERRE 75, fol. 22-40, et 76, fol. 39-57; seconde rédaction, de la main de Lionne, vol. 75, fol. 47-56), et il arrivera en Angleterre le 17 juillet, porteur d'une lettre personnelle du Roi. Sa correspondance prouve que, dans l'affaire anglo-portugaise, il était inspiré et guidé par Turenne. Une des autres affaires traitées par lui fut le rachat de Dunkerque; mais Louis XIV tenait surtout à ce qu'il ne cédât point le pas au représentant de l'Espagne, ni à aucun autre que celui de l'Empereur, s'il en venait un à Londres. Le dépôt des Affaires étrangères possède (vol. ANGLETERRE 27 et 28 de la section Mémoires et Documents) les copies ou analyses de ses négociations de 1661 et 1662. En 1663, on le choisira pour suppléer l'incapable président de Thou en Hollande.

4. L'instruction pour l'archevêque d'Embrun porte la date du 10 juin, comme il a été dit ci-dessus, p. 179. Il prit congé du Roi le 23 juin, arriva à Madrid à la fin du mois suivant, et eut sa première audience le 5 septembre. On a une analyse de sa négociation faite par l'archiviste Saint-Prez : A. É., Mémoires et Documents, vol. ESPAGNE 65-68.

5. Voir ci-après, la séance du 1er juin.

6. Ci-dessus, p. 290. La décision a été prise au reçu de cette lettre de M. d'Oppède, du 23 mai (A. É., vol. FRANCE 910, fol. 350) :

« Monsieur, j'eus hier l'honneur d'écrire à S. M. comme ma compagnie avoit obéi et rétabli M. le président de Coriolis suivant l'arrêt de son Conseil. A présent, je puis vous dire plus, savoir qu'il est venu prendre sa place au Palais ce matin et a été à l'audience : en sorte, Monsieur, que c'est une affaire entièrement consommée. Ma compagnie se donne l'honneur d'écrire à S. M. sur la nouvelle qu'elle a reçue de la relégation de M. le président de Régusse à Abbeville, et la supplie très humblement de lui vouloir accorder son retour et celui du sieur de Clumans, et, comme je leur ai témoigné, Monsieur, de la part de S. M., qu'il dépendoit de leur obéissance, à présent qu'ils l'ont rendue ils attendent cette marque de la bonté tout à fait royale de S. M., qui leur sera un exemple à continuer d'obéir aveuglément. C'est, etc... »

M. C. — Du 30 mai[1].

Sur les instances faites au Roi par M. le duc de Lorraine, S. M.[a] a trouvé bon de lui laisser la jouissance de ses domaines affermés du 1er jour de mars dernier[2]; [Les ordres ont été envoyés.]

De ne point faire abattre les portes des villes de Nancy et de faire donner le renversement des murailles des deux tiers et des fortifications de la Nouvelle[b] ville de Nancy à des entrepreneurs, au cas que MM. de Saint-Pouanges et Colbert en soient d'avis[3].

Le Roi a trouvé bon de gratifier le colonel Reterfort[4] de la qualité de lieutenant général de ses armées, et a commandé à Le Tellier de lui en expédier le brevet daté d'auparavant le traité de paix. [Exécuté.]

Le Roi ayant entendu la lecture de la déclaration dressée pour l'augmentation de l'imposition sur le sel en Provence, S. M. l'a approuvée[5]. [A été envoyée.]

1. Le 29 a eu lieu à Paris l'ouverture du jubilé; ci-dessus, p. 259.
2. On a vu, p. 210-211 et 289, quelle était la discussion sur le point de départ de cette réintégration. Le revenu des domaines de Lorraine atteignit, en 1667, environ 850,000 livres, presque entièrement absorbées par la dépense (Boulainvilliers, *État de la France*, tome III, p. 437-438).
3. Ci-dessus, p. 323. Le Roi écrivit, le 31 (B. N., ms. fr. 4240, fol. 414), en conformité de cette double décision. On

a. Avant *Sa Majesté*, Le Tellier a biffé *le*.
b. Après *nouvelle*, Le Tellier avait d'abord écrit *vieille*, qu'il a biffé comme il l'avait fait ci-dessus, p. 318.

a des vues des portes monumentales de Nancy dans les gravures de la collection Lallemant de Betz, n°s 2758-2764 du catalogue publié par le Cabinet des estampes. Ces fortifications de la Nouvelle ville, avec leurs dix-sept bastions, avaient quelque soixante-dix ans et passaient pour les plus belles de l'Europe; la description s'en trouve dans le livre du comte d'Haussonville, 2e édition, p. 353-355. Quand le Roi sera devenu maître de la Lorraine, il s'empressera de faire relever et augmenter l'enceinte; mais elle sera de nouveau rasée après la paix de 1698.

4. Ci-dessus, p. 138. Le Tellier avait écrit à M. de Rutherford, le 17 mai (A. G., vol. 168, fol. 416) : « Le Roi n'ayant plus d'armée sur pied, l'état présent des ans (lisez : *des choses*) ne permet pas de donner de ces sortes de titres, qui d'ailleurs sont inutiles; mais, si l'occasion se présente de vous faire servir dans quelque corps d'armée, vous pouvez être assuré que S. M. vous l'accordera volontiers. » Cependant un pouvoir de lieutenant général des armées du Roi, daté du « commencement de la campagne de 1659, » lui fut expédié le 21 juin (A. G., vol. 169, fol. 74). Rutherford avait à Dunkerque près de sept mille hommes de garnison (*Gazette*, p. 629).

5. Ci-dessus, p. 324-325. Le Tellier écrivit en conséquence, le 1er juin, à M. de Mérinville (A. G., vol. 169, fol. 5). Un arrêt, dont nous avons le brouillon original (A. É., vol. France 911, fol. 81), sera rendu le 8 juin pour remplacer l'ancienne mesure de l'émine de Provence par le minot, et un édit en conséquence paraîtra au mois d'août. Cet édit, concédé comme une récompense de l'enregistrement de celui de juin par les Provençaux, les déchargera des offices de regrattiers, leur accordera la liberté du commerce du sel et de l'importation du poisson salé de l'étranger, leur fera remise du don gratuit de 300,000 livres voté à Lambesc, et de tout autre à l'avenir, déchargera la province de l'entretien du régiment des Vaisseaux et des garnisons et mortes-payes, ainsi que des « fastigages » et ustensiles des garnisons, enfin renouvellera la promesse, tant de fois prise, qu'il n'y aurait plus d'édits ni de nouveautés contraires aux privilèges du pays (A. N., collection Rondonneau, AD 357, n° 4).

APPENDICE

I.

Fragment des Mémoires du jeune Brienne[1].

« Aussitôt que le Cardinal fut mort, le Roi, les yeux gros de larmes, entra dans la garde-robe où j'étois avec les principaux seigneurs de la cour, et, s'appuyant sur le maréchal de Gramont, lui dit : « Nous venons de perdre, « vous et moi, un bon ami ! » Le maréchal ne répondit

---

1. Comme il est dit p. 2 et 3, les *Mémoires authentiques de L.-H. de Brienne* ont été publiés par Barrière en 1828, mais d'après une seconde rédaction (aujourd'hui ms. 4698 du fonds des Nouvelles acquisitions françaises de la Bibliothèque nationale), et sans tenir compte — peut-être sans en avoir eu connaissance assez à temps — de la première rédaction autographe, « achevée d'écrire » le 20 février 1684 dans la prison de Saint-Lazare, et signée : *Ne varietur*. De Loménie Brienne; aujourd'hui ms. 6450 du même fonds. Comment se peut-il faire que, après toutes les aventures qui remplirent la dernière partie de l'existence du jeune Brienne, il ait, à deux reprises, et en deux versions tout à fait différentes, mais qui méritent également créance, consigné ses très curieux souvenirs sous une double forme? Comment l'éditeur de 1828, qui connut la rédaction primitive, et même en acquit la propriété avant d'écrire son Avertissement (voir sa note des pages vj-viij), n'en tint-il pas compte? C'est un petit problème qui intéresse également la bibliographie et la critique historique; nous n'en avons trouvé la solution ni dans les matériaux soigneusement conservés par Barrière, ni dans sa correspondance, le tout acquis par la Bibliothèque avec le manuscrit *princeps*, dont il avait eu soin, cependant, de transcrire les parties les plus différentes de son texte à lui (voir le ms. 6452, fol. 140-144, 161-169, etc.). Quoi qu'il en soit, et en raison de ces différences, ainsi que des licences prises par Barrière envers son propre texte de seconde manière, nous voulons donner ici, comme se rapportant aux premières journées de la prise de possession du pouvoir par Louis XIV, quelques feuillets du manuscrit *princeps*, p. 322-337, qui correspondent au chapitre xvii de l'édition de 1828. Ajoutons que le ms. 6450 ne contient que la première partie des quatre annoncées sur le titre.

à cette parole si touchante que par ses sanglots redoublés; jamais homme ne joua mieux la comédie, et, quoique je fusse affligé dans le cœur, j'eus bien de la peine à m'empêcher de rire. Chacun se regardoit, et ne disoit mot. Enfin le Roi, ayant essuyé ses larmes, sortit de ce lieu, et me dit de le suivre. Comme il eut traversé la cour pour se rendre à son appartement nouveau, il me tira à part, au pied du grand degré, et me commanda d'expédier les provisions des gouvernements de Bretagne et d'Alsace, de Brisach et de Philipsbourg au duc Mazarin.

. . . .

« Comme je redescendois le degré, où plusieurs personnes m'arrêtèrent pour me parler de leurs intérêts particuliers dans cette conjoncture, entre autres le duc Mazarin, à qui je dis l'ordre que j'avois reçu, un valet de pied du Roi me vint dire que S. M. me demandoit. Je priai M. Mazarin de m'attendre un moment, et de ne faire semblant de rien que je ne lui eusse parlé plus à fond sur son affaire[1]. Il me le promit, et me tint parole; et sans moi, il est certain qu'il auroit fait une démarche dont il se seroit sans doute repenti, comme je le dirai tout à l'heure. Je fus donc trouver le Roi dans son cabinet, où je le trouvai fort appliqué à quelque chose qu'il écrivoit : j'attendis qu'il m'appelât, me contentant de m'être fait voir. Il referma son écritoire, et mit dedans quelques papiers qui étoient sur sa table, puis cacheta une lettre, qu'il mit dans sa poche : après quoi, il se tourna de mon côté et m'ordonna d'avertir en passant M. Foucquet, qui étoit lors à Saint-Mandé, de se trouver le lendemain matin, à sept heures précises, au conseil qui se devoit tenir, et, de là, de passer chez M. le Chancelier pour lui dire la même chose, et ensuite chez les ministres, savoir : MM. de Brienne[2] et de Lionne, qui étoient à Paris, aussi bien que chez MM. de La Vrillière

---

1. La cession du gouvernement de Bretagne, dont la Reine mère ne vouloit pas se défaire.
2. Le père de celui qui écrit.

et de Guénegaud, mes confrères, qui y étoient aussi. « Et vous aussi, » dit-il, « ne manquez pas de vous y trou- « ver. » Il ne demanda point si j'avois parlé à la Reine sa mère, et j'en tirai un bon augure.

« S. M., m'ayant donné ses ordres, se remit à écrire, et moi, je fus retrouver M. Mazarin, qui m'attendoit sur le haut du grand degré. Je lui dis que le lieu n'étoit pas propre à nous entretenir, et le priai de descendre dans la cour, ce qu'il fit, et je lui dis que j'avois vu la Reine, et ne l'avois pas trouvée disposée à donner sa démission du gouvernement de Bretagne; que, s'il me croyoit, il se désisteroit de bonne grâce de cette prétention.

. . . .

« Je fus du même pas à Saint-Mandé, où je trouvai M. Foucquet, qui ne savoit pas encore la mort du Cardinal. Je m'acquittai de l'ordre que j'avois reçu, et, comme il me demanda une seconde fois s'il étoit bien vrai que le Cardinal fût mort, et que je lui eus répondu qu'il y avoit plus d'une heure qu'il étoit passé, il monta aussitôt dans son carrosse et se rendit par le parc à Vincennes, fort surpris d'avoir été si mal informé d'une chose qui venoit de se passer en son voisinage sans qu'il l'eût encore apprise. Je fus de là chez M. le Chancelier, qui savoit déjà la mort du Cardinal, et j'envoyai des billets aux autres personnes qui devoient se trouver au Conseil.

« Ensuite, je fus apprendre à mon père toutes ces nouvelles, qu'il ne savoit pas encore, et, un moment après que je fus entré, Ceberet, secrétaire de M. le Chancelier, arriva avec un billet de son maître par lequel il donnoit avis à M. de Brienne de la mort du premier ministre. Il falloit que Ceberet eût fait quelques autres semblables commissions en chemin, et il fut assez honteux de voir que je l'avois prévenu, quoique je me fusse arrêté, depuis la mort du Cardinal, plus d'une grosse heure à Vincennes, et presque autant à venir de là à Paris, n'ayant que deux chevaux à mon carrosse.

« Le lendemain, nous ne manquâmes pas, mon père et moi, de nous rendre à Vincennes, à l'heure marquée, lui dans sa chaise, dont les porteurs étoient relayés de temps en temps par d'autres porteurs, et moi dans mon carrosse avec mes deux premiers commis les sieurs Dufresne et Ariste, qui désirèrent m'accompagner. Je fis mettre six chevaux à mon carrosse, me doutant que le Roi pourroit bien me renvoyer à Paris et m'ordonner peut-être de retourner lui rendre réponse à Vincennes : ce qui arriva comme je l'avois prévu.

« Je commandai de plus à Dautiège et à Dalancé de me suivre à cheval, et d'apporter du papier et de l'encre, en cas de besoin; et cette précaution, aussi bien que l'autre, ne fut pas inutile, comme il se verra ailleurs.

« D'abord que nous fûmes entrés au Conseil, le Roi, qui y étoit déjà, prit la parole, et nous dit, avec beaucoup de gravité : « Messieurs, je vous ai fait assembler
« pour vous dire que je prétends désormais gouverner
« mon État moi-même. M. le Chancelier et M. le Surin-
« tendant ne signeront plus d'arrêt, ni d'ordonnance de
« comptant, sans m'en avertir auparavant, et les secré-
« taires d'État ne délivreront pas une seule expédition, je
« dis jusqu'à un passeport et une ordonnance de cent écus,
« sans en avoir reçu préalablement mes ordres. Si quel-
« qu'un de vous, Messieurs, a quelque chose à dire, il le
« peut faire librement, et, si on trouve la moindre chose
« à redire à ma conduite, j'entends dans les formes de
« justice, que je n'ai pas encore eu le temps d'apprendre,
« j'écouterai volontiers les sages avis et les bons conseils
« de mes fidèles serviteurs. »

« M. le Chancelier fit un remerciement au nom de la compagnie, fort à propos et très judicieux : « Nous
« sommes, » dit-il en propres termes, « fort obligés à
« V. M. de l'honneur qu'Elle nous fait, et tout à fait
« édifiés et ravis du soin qu'Elle veut bien prendre de la
« conduite de ses affaires. Les choses vont toujours bien
« quand le Souverain s'en mêle, et le bon serviteur ne
« peut avoir plus de joie que lorsque son maître lui
« demande compte de son administration. Je crois, Sire,
« que ces messieurs n'auront pas plus de peine que moi

… « d'obéir à un si doux commandement, et j'assure V. M.,
« en leur nom et au mien, qu'Elle ne sauroit trouver en
« tout son royaume de plus zélés sujets pour sa gloire,
« ni de plus fidèles serviteurs pour tout ce qui la touche.
« Elle n'a qu'à nous éprouver, et Elle connoîtra la vérité
« de ce que je lui dis, avec tout le respect et la reconnois-
« sance dont nous sommes capables. »

« M. le Surintendant ajouta quelques paroles à ce petit discours; mais je ne les pus entendre distinctement du lieu où j'étois, tant il parla bas. M. Le Tellier et mon père firent aussi leur compliment, chacun à part; les autres ne dirent rien du tout.

. . . .

« Quand les premiers compliments de cérémonie furent finis, le Roi me fit signe de parler. Je rapportai ce qui étoit *resté en demeure* (terme en usage dans les Conseils aussi bien que dans le barreau, et dont je me sers faute d'autre) depuis la maladie du Cardinal, et, quand je n'eus plus rien à dire des Affaires étrangères, que S. M. résolut avec une admirable présence d'esprit en sorte qu'on eût dit qu'Elle n'avoit fait autre chose que cela toute sa vie, je dis que je ne pouvois expédier les provisions du gouvernement de Bretagne au profit de M. Mazarin sans avoir auparavant la démission de la Reine mère, qui devoit être attachée sous le contre-scel. Le Roi répondit qu'il en avoit parlé à la Reine sa mère, et que, ne l'ayant pu résoudre à donner ce contentement à la mémoire du Cardinal, qu'il nomma « Monsieur le Cardinal, » et lui fit l'honneur d'ôter son chapeau en prononçant son nom, ce qui fut remarqué de tout le monde (cette pratique des notaires du Châtelet n'étant pas ordinaire à nos Rois), du Cardinal, ajouta-t-il, qui lui avoit demandé cette dernière grâce en mourant, il suffisoit que je délivrasse au duc Mazarin les provisions du gouvernement d'Alsace, de Brisach et de Philipsbourg, avec celles du Bois-de-Vincennes et de la Fère. Je dis que cela étoit déjà fait, et que M. le Chancelier avoit scellé extraordinairement toutes ces expéditions dès le jour précédent, et que je les avois signées, à la réserve de celles du Bois-de-Vincennes et de la Fère, qui n'étoient pas de mon département, lesquelles MM. de La Vrillière et de Guénegaud pourroient signer, s'il lui plaisoit, tout à l'heure, mon premier commis, que j'avois amené de Paris avec moi, les ayant dans mon sac, toutes prêtes avec les autres. Le Roi me dit de les aller querir, et ces messieurs les contresignèrent en sa présence : après quoi, il me commanda de faire entrer le duc Mazarin, qui étoit averti et attendoit à la porte du Conseil. Je reçus cet ordre avec joie, ce duc étant fort de mes amis, et, lui ayant dit que S. M. le demandoit, je lui conseillai de se désister de bonne grâce de sa chimérique prétention sur le gouvernement de Bretagne. Cela l'embarrassa un peu ; mais, comme j'ajoutai que la chose n'étoit plus aux termes qu'il pensoit, afin qu'il ne s'y méprît pas, il me promit de suivre mon conseil, et le fit en effet en termes si respectueux et si désintéressés, que le Roi fut très content de la manière dont il lui parla, et lui fit prêter sur-le-champ le serment de fidélité de tous les autres gouvernements, et lui accorda la permission de se défaire, s'il le vouloit, de la lieutenance de roi de Bretagne et du gouvernement du château de Nantes, et cela au profit de la personne qu'il lui nommeroit, qui, venant de sa main, ne pourroit que lui être agréable. Il ne se contenta pas d'accepter cette permission, ce que je ne croyois pas qu'il dût faire, mais ajouta (sans toutefois me l'avoir communiqué auparavant) que, ne connoissant personne qui fût capable de remplir dignement les lieutenances de roi de tant de gouvernements importants, surtout de Brisach et de Philipsbourg, dont S. M. lui venoit d'accorder la libre disposition, il la supplioit d'y vouloir pourvoir Elle-même ; et, de cette manière, il se lia si bien les mains, que, depuis, il n'a eu dans ses gouvernements que le nom seul de gouverneur, et non l'autorité, dont il se dépouilla si mal à propos, c'est-à-dire en une conjoncture où il ne tenoit qu'à lui de se la conserver pleine et entière, telle que le Cardinal l'avoit eue pendant sa faveur.

« Le maréchal de La Meilleraye, son père, n'auroit pas

fait cette faute; mais aussi y a-t-il bien de la différence entre le maréchal de La Meilleraye et le duc Mazarin : ce qui me fit souvenir sur l'heure du proverbe latin *Filii heroüm noxæ;* et, m'approchant de mon père, je le lui dis à l'oreille, et il me répondit : « Vous avez grande « raison d'en juger ainsi, tant il est vrai que les fils des « héros sont pour l'ordinaire de fort sottes gens. » La tête, en effet, tourna pour le coup au bon duc Mazarin, qui, ayant fait tant de faux pas en présence du Conseil du Roi et du Roi même, qui se connoît mieux que personne en gens, nous laissa à tous une fort petite opinion de sa suffisance.

« Voilà ce que j'ai cru devoir ajouter par forme d'épilogue au portrait du Cardinal, afin de n'être pas obligé d'en reparler une seconde fois : les faits historiques qui ont de la connexion sont mieux réunis que séparés, et ce qui est dit est dit. Le cardinal Mazarini auroit eu peine de choisir dans tout le royaume un plus homme de bien pour héritier de ses grandes richesses; mais, la vertu mise à part, je doute qu'il eût pu faire un plus mauvais choix, et ce qui est merveilleux et digne d'être remarqué, c'est que le grand maître de l'artillerie, qui passoit pour le plus riche seigneur de France avant que le cardinal Mazarini l'eût fait son légataire universel, passe maintenant pour le plus pauvre homme qui fut jamais : je dis pauvre d'esprit et de biens, tant la malédiction du ciel est inséparable des biens mal acquis.

« Enfin, car j'ai tantôt tout dit, le Cardinal, qui ne fut pas fort heureux en nièces et en neveux quoiqu'il en eût tant, le fut encore moins en héritier. Son nom, son grand nom, si grand y a, le nom de Mazarin qu'il a pris tant de peine d'immortaliser, est tombé bien bas, et je doute qu'il se relève jamais de la chute. Sa gloire eut des termes bien courts, et qui sauroit, sans moi, que l'illustre duché de Rethel s'appeloit le duché Mazarin? Ce palais si grand et si beau, ces vastes galeries si remplies de curiosités rares, bustes, tableaux, statues antiques, ce palais, dis-je, n'est plus que la carcasse de celui que nos yeux ont vu avec admiration. Cette bibliothèque si nombreuse, où tant de gens savants s'assembloient, est tout aussi bien détruite que celle qui fut vendue à l'encan par arrêt du parlement. Ces longues écuries qui étoient pleines de tant de chevaux de manège, barbes, castillans, coursiers de Naples, anglois, en un mot de tant de bons coureurs, de tant d'attelages de carrosse, de tant de mulets si richement harnachés, quand le Compère (Fontenelles), écuyer du Cardinal, en avoit le soin, contiennent à peine sept ou huit méchantes haridelles. La belle mule de dom Luis de Haro, après avoir servi de monture aux deux premiers ministres, a porté un médecin crotté (Desfougerais) sur le pavé de Paris, et les chars de triomphe du Cardinal, après qu'on en eut vendu le velours et la broderie, ont été métamorphosés en carrosses à cinq sols. Les couvertures des mulets, seules, ont eu un meilleur sort, puisqu'elles servent maintenant, aux grandes solennités, de tapisserie à l'église des Théatins. Ce qui étoit trop bon pour des bêtes de charge n'est pas trop bon pour Dieu[1].

. . . .

« Un jour que le Cardinal étoit fort chagrin, quoique tout nouvellement couvert de la gloire d'avoir donné la paix à l'Europe, Monsieur, frère du Roi, le vint remercier jusque dans sa chambre d'une somme de cent mille francs qu'il lui avoit fait donner extraordinairement, et, comme ce prince alors n'avoit pas beaucoup d'argent, il témoigna une si grande joie à S. É. de la libéralité du Roi qu'elle lui avoit procurée, que, Monsieur étant sorti de sa chambre, où j'étois resté pour lui parler d'affaires, le Cardinal me dit en soupirant : « Vous avez vu la joie de Monsieur. « Hélas! qu'il est facile à contenter! Je voudrois avoir « donné la moitié de mon bien, qui passe de beaucoup « la somme que Monsieur a touchée, pour sentir un « moment une pareille joie; mais la joie s'achète-t-elle à « prix d'argent? Tout ce que j'ai le plus aimé en ma vie

---

1. Ici s'arrête le texte publié en 1828. Barrière a supprimé les pages qui vont suivre.

« ne m'en donne plus : je n'ai eu que la peine d'amasser
« tant de richesses, et il ne m'en restera bientôt que le
« regret de les quitter. » Il disoit cela du fonds du
cœur, et la mort qui paroissoit peinte dans ses yeux m'en
dit bien davantage. Ce fait est vrai à la lettre, et un tel
avis d'un favori mourant est plus instructif à mon avis que
la meilleure prédication des Bourdaloues et des Mascarons. C'est au lecteur d'en juger.

« On peut voir dans l'histoire de Priolo (*Richelii et Mazzarini invicem comparati, assimilatio*, lib. I, p. 40) le parallèle qu'il a fait des deux cardinaux dont j'ai parlé à ma manière, qui peut-être agréera plus que la sienne à ceux qui ne cherchent, comme moi, que la vérité. J'ai tâché de la montrer toute nue, en ces deux livres II et III, aux yeux de ses amateurs. Et, pour achever de faire ce que je me flatte d'avoir assez heureusement exécuté, je dirai, sans crainte d'en être repris par personne, qu'on ne peut faire un juste parallèle de ces deux cardinaux : ils ont eu, à la vérité, un même rang dans l'Église et la même dignité dans l'État; mais leurs génies sont si différents, et leurs inclinations si opposées, qu'on ne sauroit les comparer ensemble sans faire injure à celui d'eux qui étoit autant au-dessus de son successeur par la grandeur de son âme, que l'âge et le temps l'avoient mis devant lui. Rien de bas, rien de puéril dans le cardinal de Richelieu : ses défauts mêmes auroient, au siècle des païens, passé pour de grandes vertus; au lieu que, dans le cardinal Mazarini, on ne remarque qu'une extrême avarice, qu'un penchant à la bagatelle, qu'une ingratitude sans exemple envers la personne du monde à qui il devoit le plus : en un mot, qu'un esprit fort médiocre en comparaison de celui du cardinal de Richelieu. La libéralité de l'un rend encore plus odieuse la sordide avarice de l'autre; et que n'eût pas fait le cardinal de Richelieu, s'il eût eu les immenses richesses du cardinal Mazarini, et, ce que j'estime bien davantage, s'il avoit eu à faire à Louis le Grand? Rien ne lui auroit été impossible, et il y a longtemps que la conquête du monde seroit achevée. Celui-ci, à la vérité, a fait la guerre,

360   APPENDICE.

et celui-là nous a donné la paix; mais, quoique la paix soit préférable à la guerre, cela ne fait pas que le pacifique soit au-dessus du perturbateur du repos public. Enfin, quelque heureux qu'ils aient été selon le monde, je ne voudrois pas changer ma condition de prisonnier contre la leur, ni la moindre page de mes Mémoires, où j'ai tâché de ne les point flatter, contre les longues et ennuyeuses histoires de leur ministère (par le P. dom Charles de Saint-Paul Vialart, feuillant et depuis évêque d'Avranches, et Silhon, de l'Académie françoise). Ce n'est pas qu'elles ne soient bien écrites pour le temps; mais c'est que le public n'aime guère les louanges, et que les panégyriques ne sont plus à la mode.

« Ce seroit ici le lieu de farcir ce IIIe livre de mes Commentaires des vers bons ou méchants, latins, françois et italiens, qui ont été publiés à la louange de mon héros; mais le mauvais succès qu'ont eu les éloges du cardinal Mazarini publiés par le docte Ménage en un gros volume in-folio, me rend sage à ses dépens. Cependant, pour garder la symétrie que j'ai observée en mes livres précédents, je joindrai ici, par forme d'épisode, les deux meilleures pièces, à mon avis, qu'on ait mises dans cet ennuyeux recueil, et, comme je les ai reçues autrefois de la main d'Iris, à qui j'adresse mes Mémoires, je ne crains point qu'elle me fasse de reproche pour les avoir ajoutées à la fin de ce livre. »

Suivent deux pièces poétiques de Bensserade, sur le Retour du cardinal Mazarin, et de l'abbé de Cassagnes, sur la Paix. Ni l'une ni l'autre ne méritent qu'on les reproduise.

II.

Le conseil d'en haut du 10 mars[1].

« Le jeudi 10e [de mars], le Roi fit assembler en son Conseil les plus notables de sa cour pour prendre leurs

1. Ci-dessus, p. 14 et 18-19. — Ce fragment est tiré de la partie encore

avis sur l'état présent de ses affaires, et pour leur déclarer qu'il ne vouloit pas que le cardinal de Retz rentrât jamais dans son royaume, à cause des séditions et des troubles qu'il savoit très bien qu'il avoit dessein d'y exciter, et parce qu'il avoit toujours traversé la paix des deux couronnes par les avis secrets qu'il avoit donnés à dom Louis de Haro, ainsi que son cousin Monsieur le Prince pouvoit le témoigner. Il leur déclara aussi qu'à l'avenir il vouloit lui-même prendre en personne la conduite de ses États, puisque Dieu lui avoit ôté le ministre sur la fidélité, sur les soins duquel il s'étoit reposé jusques alors; que, dans ce dessein, ne pouvant pas lui-même soutenir cette grande charge pour s'en acquitter aussi dignement qu'il le désiroit, il avoit jeté les yeux sur trois personnes de la fidélité et de la suffisance desquelles il étoit très assuré après le témoignage que M. le Cardinal lui en avoit rendu : ces trois personnes étoient M. Le Tellier, M. Foucquet, surintendant, et M. de Lionne, qu'il choisissoit pour s'appliquer au détail des affaires qui dépendoient immédiatement de lui, avec cette condition, qu'il leur recommandoit sur toutes choses de ne rien faire sans en avoir communiqué avec lui; qu'il avoit dit la même chose à M. le Chancelier et aux trois autres secrétaires d'État, afin qu'il ne se fît plus rien à l'avenir, dans ses propres affaires, sans sa participation.

« M. de Villeroy, qui avoit été gouverneur de S. M. pendant sa jeunesse, se trouva exclus du nombre des ministres, pour des raisons que le Roi n'expliqua point, et que tout le monde crut lui avoir été inspirées par le cardinal Mazarin, qui avoit joué de son reste avant sa mort et dressé le plan du gouvernement futur. On ne comprit point aussi quel pouvoit avoir été le motif de l'absence de la Reine mère dans ce grand conseil, que l'on ne croyoit pas devoir être de longue durée, et qui ne reçut néanmoins aucun changement que par la disgrâce préméditée de l'un de ces trois choisis.

inédite des Mémoires du chanoine Hermant, B. N., ms. fr. 17729, fol. 65 v°.

« Les grands de la cour, et, entre autres, M. de Turenne, n'en étoient pas fort satisfaits, et demandoient s'il se pourroit bien faire que trois bourgeois eussent la principale part dans le gouvernement de l'État; mais le testament du Cardinal régloit toutes choses, et le Roi étoit un fidèle exécuteur de ses dernières volontés[1]. »

III.

Licenciement des troupes du duc de Lorraine[2].

Le duc de Lorraine adressa le 10 mai, à M. de Lionne, cette lettre autographe, presque indéchiffrable (A. É., vol. France 910, fol. 321) :

« Monsieur, j'ai mille obligations au compte du Roi de vous avoir commandé de me donner part des avis qu'il a reçus de Lorraine. J'avois reçu ces mêmes avis de Nancy par une lettre que l'on y a écrite à M. de Pradel, qui ajoutoit que je me méfiois de la noblesse parce qu'elle ne s'étoit pas voulu joindre à moi pour empêcher le mariage de Mademoiselle avec mon neveu, du moins, si il se présentoit, de les empêcher de s'y établir; et ces mêmes lettres disoient que je tromperois le Roi et que, quand ce viendroit à signer, je le refuserois; et quelque autre discours de cette force pour me mettre dans une méchante opinion près du Roi, à qui je vous supplie de l'assurer que je ne veux avoir ici un homme qui lui déplaise, et qu'il n'a qu'à commander : tout est à ses ordres; que j'attends ici sa volonté pour me démettre de tout, et que, dans vingt-quatre heures, il me verra en cet état; que je ne puis que je ne lui représente qu'ayant non seulement réformé les troupes qui étoient en Lorraine, mais aussi les deux régiments qui

---

1. L'ambassadeur Beuningen notifia les mêmes nouvelles, à peu près dans les mêmes termes, par une lettre au Grand Pensionnaire qui fait partie du recueil publié en 1725.
2. Ci-dessus, p. 99 et 207.

étoient à Hombourg et Landstoul[1], et dont six cents sont restés, qui vont entrer à Marsal et Longwy et Lunéville, j'ai laissé au soin de M. Lillebonne[2], en cas que MM. les Allemands, qui me voient désarmer et ces deux places diminuées de garnison, s'assemblent pour les attaquer, d'y renvoyer trois compagnies d'infanterie. Voilà, Monsieur, toute la belle disposition que j'ai donnée aux affaires de par delà. Je suis, comme j'ai déjà dit, à l'entière disposition du Roi. J'attends avec impatience la conclusion de l'affaire de Mademoiselle avec mon neveu, afin que je ne sois plus en état de donner de méchante matière au monde, étant contraint aussi d'importuner le Roi pour l'exécution du traité afin qu'il s'achève comme il l'a commencé. J'ose espérer de vous, Monsieur, que vous m'y voudrez obliger, et que vous me croirez, Monsieur, votre affectionné à vous faire service.

« Ch. Lorraine. »

IV.

Les débuts du roi Louis XIV[3].

Lettre de C. Van Beuningen au Grand Pensionnaire[4].

« Paris, 18 mars 1661.

« ... On parle, depuis la mort du Cardinal, avec éloge, et même avec affection, des résolutions que le Roi a prises de se charger du gouvernement. On dit que le Roi ne se sert des trois ministres que j'ai nommés dans une de mes précédentes, savoir : le Surintendant, Le Tellier, et de Lionne, que pour en prendre des leçons, du premier sur les finances, du second sur les affaires de la guerre, et du

1. Lecture douteuse. Voir l'article xxiv du traité du 28 février 1661.
2. Lecture douteuse.
3. Ci-dessus, p. 127.
4. Dans le tome II des *Lettres et négociations* publiées en 1725, p. 90.

troisième sur les affaires étrangères, et non pour en former un conseil privé à l'exclusion de tout autre, et leur donner, par ce moyen, une occasion d'attirer à eux toute la direction des affaires. Chacun dit unanimement qu'il est incroyable avec quelle promptitude, quelle netteté, quel jugement, et quel esprit ce jeune prince traite et expédie les affaires, ce qu'il accompagne d'une grande douceur envers ceux à qui il a affaire, et d'une grande patience en écoutant ce qu'on a à lui dire : ce qui lui gagne les cœurs. Il s'exprime avec force, et, lorsqu'il le faut, avec une éloquence qui surprend ceux qui l'entendent parler sur les affaires soit dans le Conseil, soit ailleurs, et qui ont vu ci-devant le Cardinal si absolument maître de tout. Tous ces talents rassemblés de si bonne heure dans ce prince qui n'a encore laissé entrevoir aucune inclination vicieuse, et qui a l'âme naturellement équitable et constante dans l'exécution de ses desseins, font agréablement espérer que S. M. persévérera dans cette diligente et sérieuse application avec laquelle Elle a pris le maniement des rênes.

« Si l'on venoit à imprimer quelque chose contre la mémoire du Cardinal, S. M. verroit avec plaisir qu'on fût attentif à le faire supprimer. »

Lettre de M. Le Tellier à M. de Bezons, intendant en Languedoc[1].

« Paris, 1ᵉʳ avril 1661.

« Le Roi prend soin de ses affaires et y travaille trois heures, sans intermission, tous les matins, et donne encore des heures de son temps après dîner pour répondre à des placets qui sont présentés à S. M. en fort grand nombre. Sur quoi je vous puis dire en vérité qu'il n'est pas possible à ceux qui ne l'éprouvent pas par eux-mêmes de croire que le Roi puisse avoir tant de disposition et de pénétration

---

1. A. G., vol. 168, fol. 220.

pour les affaires comme il en a : en sorte que, pour peu
qu'il lui plaise de prendre de peine, il est sans doute que
ce sera le plus grand roi que nous ayons eu depuis l'établissement de la monarchie. Quand on sera informé de
sa conduite dans les provinces, de son jugement et des
grandes qualités qui paroissent en lui, je m'assure que
chacun deviendra sage, et que les ordres du maître seront
exécutés plus exactement qu'ils n'ont été par le passé. »

Lettre de M. de Brienne fils à M. Chassan[1].

« Paris, 1er avril 1661.

« ... Le Roi, qui, depuis la mort de M. le cardinal
Mazarini, a pris seul le gouvernement de son État, s'y
porte avec une application qui n'est pas concevable. Il
semble, à le voir écouter, délibérer et résoudre, qu'il n'ait
jamais fait autre métier, et il est vrai que ses sujets, même
les plus habiles et les plus critiques, et les ministres
étrangers admirent également les lumières de son esprit.
Sa gravité, sa modestie et sa douceur en parlant lui attirent
mille bénédictions d'un chacun; il est droit et concis en
ses discours, nullement précipité et ferme en ses résolutions, apportant à toutes affaires un esprit de justice et
d'équité. Vous pouvez dire ces particularités, comme très
véritables, à M. de Biernclau[2], parce que je suis assuré
qu'il en sera bien aise, ayant de l'inclination et de la tendresse pour la personne de S. M.; je sais aussi qu'Elle a
de l'estime pour lui, en qui Elle a reconnu les qualités
d'un sage et fidèle ministre... »

1. B. N., ms. fr. 22654, fol. 9.
2. Mathieu Biœrnklou (1607-1671), ancien diplomate et chef du gouvernement suédois.

V.

L'AFFAIRE DE LA SUCCESSION DE POLOGNE[1].

La lettre que l'émissaire Persode fut chargé de remettre aussi secrètement que possible dans les mains de M. de Lumbres exposait les informations fournies de Vienne par un agent merveilleusement renseigné sur les manœuvres de la cour impériale en vue de la succession au trône de Pologne; sur la compétition personnelle du prince Lubomirski; sur le travail des pamphlets que Lisola répandait dans l'entourage du roi Jean-Casimir, dans le Sénat, et jusque dans le peuple, en vue de faire différer l'élection d'un successeur présomptif; sur la candidature du roi de Portugal imaginée par le prince Auesperg; sur un autre projet de marier le jeune duc d'Enghien avec la sœur de l'Empereur; sur les candidatures éventuelles de M. de Neubourg, du prince Mathias, ou de M. de Brandebourg; sur les moyens d'amener à désistement la France et l'Espagne en choisissant un tiers candidat, etc.

M. de Lionne terminait en ces termes (A. É., vol. POLOGNE 16, fol. 38, minute autographe) :

« Voilà, Monsieur, le fonds du sac, que vous ne trouverez pas, pour cette fois, mal rempli, ni de mauvaise denrée. S. M. me commande maintenant d'y ajouter quelques réflexions de son cru, que, possible, la reine de Pologne ne trouvera pas moins bonnes.

« Premièrement : puisque nos adversaires n'espèrent rien de bon, ni de favorable pour eux, s'il réussit à la reine de faire résoudre l'élection pendant la vie du roi, ils enseignent eux-mêmes à S. M. que c'est principalement à ce but-là que doivent aujourd'hui tendre tous ses efforts.

« En second lieu : comme il a été traité ci-dessus, le Roi croit qu'il ne doit rien être omis pour ramener promptement le maréchal Lubomirski et se l'acquérir tout à fait avant qu'il soit tenté plus avant par le parti contraire.

« En troisième lieu : le Roi estime que la reine feroit

---

1. Ci-dessus, p. 225, note 3.

un grand coup, si elle pouvoit gagner le nonce du Pape, qui doit avoir de grandes adhérences dans l'ordre ecclésiastique, et cela ne paroît pas ici impossible quoiqu'il soit sujet du roi d'Espagne, parce que les nonces ordinaires regardent toujours plus à ce qui peut les faire plus tôt arriver au cardinalat qu'à toute autre considération, et il est certain qu'il acquerroit un grand mérite auprès du Pape pour parvenir à cette dignité, s'il lui avoit réussi de porter la Pologne à la guerre contre ledit Turc, et, quand la reine trouvera moyen de le bien persuader qu'elle a grande inclination à cette guerre et à rendre ce service à la Chrétienté, mais qu'elle ne peut jamais en venir à bout tant que la succession de la couronne de Pologne sera incertaine, parce que les Polonois ne se porteroient jamais à une pareille rupture qu'ils ne voient leur succession assurée, le nonce, vraisemblablement, sera le plus ardent de tous à souhaiter et à travailler, par le moyen de ses amis et dépendants, pour faire que l'on élise bientôt un successeur au roi.

« En quatrième lieu : le Roi estime que, quand le traité de paix avec les Moscovites n'ira pas si vite à sa conclusion, outre l'avantage des victoires que la Pologne remporte tous les jours sur eux, la reine en tireroit un autre particulier pour le bon succès de son dessein, en ce qu'il semble ici que les Polonois consentiront bien plus facilement à l'élection pendant que cette guerre durera, que s'ils jouissoient d'une pleine paix de tous côtés, et S. M. considère encore, là-dessus, que la guerre de Moscovie donne un prétexte fort plausible à la reine de lier la Pologne avec la Suède contre un ennemi qui leur est présentement commun, et que, par cette union avec la Suède, la reine s'acquiert un ami de plus, à pouvoir même disposer de ses armes dans tous les besoins de S. M.

« Vous voyez mieux maintenant, Monsieur, par tout le contenu de cette dépêche, combien S. M. doit avoir à cœur de ne pas hasarder la réputation, la fortune, et peut-être la vie de la personne qui la sert si à point nommé, laissant même à part la faute que l'on commettroit à se priver de cet avantage pour l'avenir. C'est vous en dire assez pour être assuré qu'il en sera usé de delà avec discrétion... »

Lionne revint encore sur tous les mêmes points dans une autre lettre du 26 (vol. POLOGNE 16, fol. 78-80).

VI.

ÉLECTION DU GÉNÉRAL DE LA CONGRÉGATION DES MINIMES[1].

Le 22 juillet, de Lyon, le P. Harel adressa à M. de Lionne (A. É., vol. FRANCE 912, fol. 30-31) ce rapport, auquel le ministre répondit, dix jours plus tard, par la lettre que nous avons reproduite p. 274 :

« Monseigneur, j'envoie à V. Exc., suivant son ordre, le duplicata de la relation de ce qui s'est passé à notre chapitre général. Je ne peux comprendre comme quoi il se peut faire que l'original que j'adressois à Mgr le comte de Brienne a pu être égaré, puisque toutes les autres lettres que j'écrivois par le même ordinaire ont été fidèlement rendues. Outre la mortification que je souffre de voir que ladite relation n'a point été rendue à temps à V. Exc., j'ai, pour surcroît de peine, l'appréhension que les lettres des Pères de France, pour réponse à celles de S. M. qui étoient dans le même paquet, n'aient aussi fait naufrage, et aussi le décret du chapitre pour la séparation des convents de Stenay, Dun et Marchéville, de la province de Lorraine, pour être unis à celle de Champagne[2], lequel y étoit inclus, et dont j'ai envoyé les copies à V. Exc. par le dernier ordinaire. Si V. Exc. a la bonté de jeter l'œil sur cette relation, j'espère qu'elle jugera que je n'ai pu mieux faire pour l'honneur de la nation, que je n'ai pu,

1. Ci-dessus, p. 274.
2. Ci-dessus, p. 177 et 179.

ni dû faire opposition à l'élection du P. Quinquet. Je ne l'ai pu, n'ayant point d'ordre pour le faire : l'ordre que S. M. envoyoit pour exhorter à n'élire point ceux qui avoient été peu affectionnés au couvent de la Trinité, ne nous ayant été rendu qu'après l'élection, et d'ailleurs ne spécifiant personne, ne me donnoit point de lieu d'en exclure déterminément personne, outre que, Monseigneur, je n'aurois pu l'exclure sans tout perdre et voir le collégat tomber ès mains étrangères, outre que sa ligue étoit la plus forte, le provincial de Paris, Champagne, duché de Bourgogne, et même le nôtre de Lyon, à raison des besoins qu'il a des Pères de Paris pour les affaires de la province, ayant plus d'inclination pour lui que pour les autres, ce qui nous obligea, voyant le mépris que le P. Guillard avoit fait de lui, de nous y porter plus volontiers dans l'assurance qu'il donna de n'avoir jamais aucune habitude avec lesdits Pères et autres ennemis du couvent de la Trinité, ce qu'il nous a depuis encore confirmé par lettres. Après tout, Monseigneur, si, après m'être dépouillé de tout intérêt, et sacrifié comme une victime pour celui de la nation, avec l'estime même des nations étrangères, j'avois été assez malheureux pour faire quelque chose qui eût déplu à V. Exc., je me condamnerois moi-même à un exil éternel, et demanderois que mon nom soit dans un oubli perpétuel.

« J'espère, Monseigneur, que notre élection aura une suite plus heureuse, et que ledit P. Quinquet, ayant connu la malice de nos adversaires, ne manquera point de zèle pour s'y opposer, principalement si la chose lui est recommandée de la part du Roi, parce qu'il se pique d'honneur et qu'il appréhende un juste reproche.

« Je ne peux encore dissimuler la douleur que j'ai en lisant aujourd'hui la *Gazette*[1]. Elle raconte l'élection de notre général, et, ayant fait le panégyrique du P. Amonet, qui a été le plus grand ennemi de la nation, et nommé

---

1. Feuille du 16 juillet, p. 676-677.

l'élection du général, elle ne fait aucune mention ni de l'élection du procureur général, ni de celle du collège de France, et se contente de faire l'éloge de deux Espagnols[1], de même qu'elle fit celui du P. Guillard et des honneurs qui lui furent rendus en Flandres. En vérité, cette simplicité nous expose à la risée des autres nations. Si une autre gazette corrigeoit cette exagération, et, pour l'honneur de la France, faisoit mention de l'élection du zéleur et du collègue, exprimant en particulier que, quoique les François ne fussent que treize en nombre, c'est eux qui ont nommé le général, et qu'ils ont emporté les deux premières charges après, à savoir celle de procureur général, en la personne du P. Jacques Ladore, provincial de Tours, et celle de l'assistant, en la personne du P. Quinquet, commis de Paris, cette correction arrêteroit l'orgueil étranger. Je supplie V. Exc., etc... »

VII.

Projet relatif a la ligue du Rhin[2].

Raisons qui concernent l'ouverture qui a été faite ci-devant à feu M. le Cardinal de l'alliance perpétuelle entre le Roi, la couronne de Suède et MM. le duc de Neubourg et l'évêque de Münster[3].

« J'estime que cette alliance ne se doit pas faire dans la conjoncture présente des affaires parce qu'il seroit très difficile qu'elle ne vînt à la connoissance de tout l'Empire, quelque précaution que l'on apportât de la tenir secrète, ce qui donneroit matière à plusieurs, lesquels sont très

1. Elle parlait du grand succès obtenu par le P. François-Charles Amonnet, prédicateur du roi d'Espagne et provincial des Pays-Bas, pour ses discours en latin, en français, en espagnol et en italien, puis du renom du P. Navarro.
2. Ci-dessus, p. 188 et p. 342, note 27.
3. Mémoire envoyé par Gravel le 16 mai (A. É., vol. Allemagne 148, fol. 221, minute autographe).

mal intentionnés, de l'interpréter en mauvaise part et de la faire passer dans les esprits pour un dessein que S. M. auroit formé avec ses alliés au préjudice de l'Empire.

« Il est vrai que l'on ne devroit pas tant s'arrêter à la réflexion que pourroient faire sur ladite alliance les personnes mal affectionnées à la France, qui s'efforceront toujours de décrier les intentions du Roi les plus saintes, les plus justes et les plus modérées; mais il est aussi très certain qu'ils auront quelque matière de l'expliquer dans un mauvais sens, faisant publier par leurs émissaires dans toutes les cours que, dans le temps même que la paix est établie dans l'Empire, l'on travaille à y faire des ligues particulières pour quelque nouvelle entreprise.

« Cet inconvénient, toutefois, ne semble pas si grand que celui qu'il y auroit à craindre de la défiance qu'en prendroient les autres alliés du Roi, lesquels croiroient que, par cette nouvelle alliance, l'on ne feroit pas beaucoup d'état de celle qu'ils ont contractée avec S. M., et prendroient peut-être, par là, occasion de chercher d'autres mesures ailleurs; et les ministres de Vienne ne manqueroient pas de faire sonner bien haut, dans les cours de ces princes, le peu de confiance que la France prend en eux, et le mépris que l'on fait de leur autorité et de leurs forces, puisque l'on y fait d'autres alliances à leur exclusion.

« Il faut, en outre, considérer que, comme il est beaucoup plus nécessaire de s'opposer maintenant aux entreprises de la cour de Vienne par les conseils que par les armes, il faut aussi apporter plus de soins à maintenir et agrandir autant qu'il se pourra le crédit du Roi dans les assemblées : en quoi l'on peut réussir avec plus de facilité par l'alliance de plusieurs princes qui ont leurs voix dans la Députation, ou dans les autres assemblées qui se pourront tenir, que par l'autre, qui sera de deux ou trois princes, dont le peu de suffrages ne pourra pas beaucoup servir dans les délibérations publiques.

« L'on juge bien que, s'il en falloit venir à quelque

extrémité et entreprendre quelque action vigoureuse, cette alliance particulière dont il est question ne pourroit être qu'avantageuse, parce que les États de M. le duc de Neubourg et ceux de M. l'évêque de Münster font une ligne de communication par le moyen de laquelle les troupes de France pourront toujours se joindre à celles de la couronne de Suède; mais, à moins que d'une nécessité de laquelle on ne se pût dispenser, il sera toujours plus sûr de conserver et d'étreindre de plus en plus l'alliance qui est déjà faite, que de songer à en contracter une autre.

« Il sera toujours dans la liberté du Roi de conclure cette nouvelle alliance quand le besoin le requerra et que S. M. l'aura pour agréable, étant bien assuré que M. le duc de Neubourg ne changera pas de sentiments, et que M. l'évêque de Münster ne prendra pas aussi d'autre parti, au moins pendant les trois ans de l'alliance dans laquelle il est entré avec S. M. et les autres princes confédérés.

« Je crois aussi que ces deux princes ne feront pas plus, par cette nouvelle alliance, que par l'autre, et que l'on tirera d'eux les mêmes avantages, dans l'état où ils sont présentement, que s'ils étoient engagés par un nouveau lien, supposé, comme j'ai déjà dit, que l'on aura plus besoin de leurs conseils et de leurs suffrages dans les assemblées publiques pour combattre les desseins et rompre les mesures de la cour de Vienne, que de leurs forces, desquelles même on pourroit faire état aussi bien par l'une que par l'autre alliance, si l'on étoit obligé de les employer dans la défensive et pour s'opposer aux infractions et aux entreprises violentes qu'on pourroit faire contre le traité de Münster, sur lequel est fondée l'alliance qui est déjà faite.

« Enfin, l'on ne peut pas douter que M. l'électeur de Mayence, qui est assez soupçonneux et délicat en tout ce qui regarde sa personne et son autorité, n'improuve cette alliance particulière et ne s'en tienne offensé, si elle se fait à son insu, et que difficilement y pourra-t-il consentir, si on lui en demande son avis et ses sentiments, ce qui auroit une mauvaise suite, de quelque façon que la chose pût arriver. »

VIII.

Mesures prises contre l'abus des évocations[1].

On lit dans les *Mémoires de Louis XIV*, rédaction de Pellisson, pour l'année 1661 (tome II, p. 377-378) :

« La justice, à qui il appartenoit de réformer tout le reste, me paroissoit elle-même la plus difficile à réformer. Une infinité de choses y contribuoient : les charges remplies par le hasard et par l'argent, plutôt que par le choix et par le mérite; peu d'expérience en une partie des juges, moins de savoir; les ordonnances de mes prédécesseurs sur l'âge et le service éludées presque partout; la chicane établie par une possession de plusieurs siècles, fertile en inventions contre les meilleures lois, et enfin ce qui la produit principalement, j'entends ce peuple excessif vivant de procès et les cultivant comme son propre héritage, sans autre application que d'en augmenter et la durée et le nombre. Mon Conseil même, au lieu de régler les autres jurisdictions, ne les dérégloit que trop souvent par une quantité étrange d'arrêts contraires, tous également donnés sous mon nom et comme par moi-même, ce qui rendoit le désordre beaucoup plus honteux. »

En marge, Pellisson a ajouté au nom du Roi :

« ... J'ai toujours cru qu'on pouvoit exterminer tout d'un coup une bonne moitié des procès du Conseil par un seul article d'ordonnance, qui n'auroit rien d'injuste ni de difficile à pratiquer. »

Plus loin (p. 400), il est encore parlé de cette ordonnance dans un autre cahier des *Mémoires* :

1. Ci-dessus, p. 321-323.

« Les Parlements, qui avoient jusque-là fait difficulté de céder aux arrêts de mon Conseil, reçurent avec tout le respect que je pouvois désirer l'arrêt par lequel je leur défendis de continuer cet abus [1]... »

Louis XIV avait donc bien résolu de mettre fin à ces empiètements pernicieux et de châtier sévèrement les magistrats qui continueraient à tenir en échec son autorité souveraine. Ce sera l'objet de l'arrêt du conseil d'en haut, en date du 8 juillet (A. N., E 1713, fol. 141, original; E 1714, fol. 95, imprimé), qui a été signalé pour son importance dans toutes les histoires de l'administration royale. Il débute par ces considérants :

« Le Roi ayant souvent reconnu, pendant la confusion des dernières années de sa minorité, et depuis même, lorsque S. M. étoit attachée aux soins de la guerre et travailloit au dehors pour la défense de ses sujets et l'accroissement de son État, qu'il s'étoit introduit au dedans de son royaume un désordre en la distribution de la justice dont la conséquence est si dangereuse qu'il est absolument nécessaire d'y pourvoir, l'opiniâtreté des plaideurs, que tant d'ordonnances des Rois prédécesseurs de S. M. n'ont pu entièrement réprimer, s'étant enfin portée jusques à vouloir commettre en toutes rencontres l'autorité du Conseil avec toutes les compagnies souveraines, et rendre par ce moyen les procès immortels, puisque, n'y ayant aucun juge au-dessus de ce tribunal, si les autres cours auxquelles S. M. a donné le pouvoir de juger en dernier ressort entreprennent de contester son autorité et rendre des arrêts contraires à ceux dudit Conseil, il faut par nécessité que les affaires qui font le sujet de ce conflit de juridiction demeurent perpétuellement indécises, et que les parties se consomment en de vaines poursuites. Cependant l'audace de ces chicaneurs a trouvé en quelques-unes desdites cours plus de facilité et plus d'appui qu'elles ne leur en auroient donné, si elles avoient bien considéré que

1. Cf. le *Journal de Colbert,* au tome VI de ses *Lettres,* p. 483 et 487.

la même puissance qui les a établies a mis des bornes à leurs jurisdictions qu'elles ne peuvent passer sans attenter à la majesté du souverain et ruiner la subordination des juges constitués sur différentes matières, et partagés en plusieurs ressorts dans l'étendue du royaume avec un rapport de tous à la suprême autorité du Conseil que S. M. a établi pour avoir l'œil sur toutes les autres jurisdictions, régler les différends qui naissent entre elles, empêcher que ses sujets ne soient contraints de traiter leurs affaires par-devant des juges suspects, et retenir la connoissance de celles qui, pour des raisons d'État, ne doivent pas être terminées ailleurs que dans ledit Conseil. Mais, bien que ces considérations aient dû retenir tous ceux qui composent les compagnies souveraines d'entreprendre sur l'autorité du Conseil, il a été encore plus étrange que ceux qui portent particulièrement le nom de Gens du Roi dans plusieurs desdites compagnies établies principalement pour maintenir son autorité, et qui doivent continuellement veiller à la conservation de ses intérêts, aient été requérants de telles entreprises, et qu'aucuns aient abusé du nom et de la parole de S. M. pour s'opposer à ses volontés. Ainsi, les juges des cours souveraines, fortifiés par les conclusions et réquisitions des avocats et procureurs généraux de S. M. ou leurs substituts, ont premièrement osé faire des défenses d'exécuter les arrêts de son Conseil ; de là, ils ont passé à connoître des affaires qui avoient été terminées, de prononcer au contraire, et, comme si ce n'étoit point assez d'avoir offensé la justice de S. M., ils ont voulu ôter à ses sujets la liberté de lui porter leurs plaintes et de se pourvoir en son Conseil contre leurs entreprises, jusques à mulcter d'amendes et de prison ceux qui y avoient eu recours : ce qui est d'une si préjudiciable conséquence, qu'il ne peut être plus longtemps dissimulé. Et, d'autant que S. M., voulant rétablir, en suite de la paix qu'elle a donnée à son État, tout ce que la licence de la guerre et le tumulte des mouvements passés ont perverti dans les anciens ordres du royaume, ne peut commencer par un endroit plus important que celui de la justice, dont le dérèglement confond toutes choses et tient la fortune des hommes dans une perpétuelle incertitude, etc. »

Toutes les compagnies souveraines durent donc désormais déférer aux arrêts du Conseil et ne prendre connaissance d'aucune affaire retenue au Roi en ce conseil, sauf à s'adresser à S. M. par supplications et remontrances. Quant aux gens du Roi, ils ne purent plus prendre aucune conclusion contraire aux arrêts du Conseil sans en avoir reçu ordre du Chancelier. Enfin, les particuliers qui se pourvoyaient par requête aux compagnies durent, sous peine de désobéissance, proposer leur déclinatoire en la manière accoutumée. Cette importante manifestation sera complétée, quatre ans plus tard, par la substitution du qualificatif de *compagnies supérieures* à celui de *souveraines*, après les discussions remarquables auxquelles donna lieu, le 25 octobre 1665, la réformation de l'ordonnance civile (*Lettres de Colbert*, tome VI, p. 379-389 ; *Journal d'Olivier d'Ormesson*, tome II, p. 404). L'œuvre ne sera achevée qu'en 1673, par la suppression du droit de remontrances.

SOMMAIRES DES SÉANCES.

	Pages
9 mars. A. É. Mort du cardinal Mazarin et établissement des conseils. Les trois ministres. Le conseil des dépêches. Rôle de Brienne fils	1
— M. C. Envoi de munitions, vivres et galères à la citadelle de Marseille	2
10 mars. M. C. Convocation des agents du Clergé. État des garnisons. L'incamération du duché de Castro .	13
11 mars. A. É. Déclaration du Roi au conseil d'État d'en haut. Brienne fils au conseil secret. Notifications aux ministres étrangers, au roi de Suède et aux princes de l'Alliance	18
— M. C. Mesures contre les émissaires du cardinal de Retz. Les gazettes à la main. Monsieur Paul. Licenciement de troupes suisses	18
12 mars. A. É. *Veniat* au conseiller du Perrier . . .	29
— M. C. Bartet, d'Aubigny et les partisans du cardinal de Retz. Exécution des traités passés avec le duc de Lorraine : foi et hommage du duché de Bar; ratification des traités; évacuation des garnisons françaises; démantèlement de Nancy; envoi de Pradel, des compagnies des gardes et de l'ingénieur Clerville; transport et emploi des munitions; commission de Saint-Pouenges et du président Colbert; payement des dépenses. L'adduction des eaux de Luxembourg au palais du Louvre.	
Émissaire secret envoyé en Angleterre. Appointements de la charge de maréchal général pour le vicomte de Turenne. Mesures de rigueur à l'égard des officiers servant dans l'armée portugaise contre l'Espagne	31
14 mars. M. C. Le prêche chez les ambassadeurs de Hol-	

lande. Surveillance de la frontière espagnole. Provisions du gouvernement d'Amiens pour M. de Bar. 43
— Conférence sur la fortification du Château-Trompette. Provisions du gouvernement de la citadelle de Marseille. Ordonnance pour les bâtiments du Roi. Le général et l'ordre des Célestins. Députation de la noblesse d'Artois. Sédition à Auxerre. *Veniat* au conseiller du Perrier. L'abbé d'Anchin à Hesdin. Consulat de Pamiers. Érection de comté pour M. de Matignon. Apanage de Monsieur. Suppression du Missel traduit en français. Les Capucins de Libourne. Commissaires pour les affaires de la R. P. R. Dispenses d'âge pour les offices de magistrature. Attribution des procédures contre les duellistes. Foi et hommage du duché de Bar. Communication par les secrétaires d'État des dépêches des parlements et des provinces. 44
15 mars. M. C. Affaires et pensions de l'électeur de Cologne et de l'évêque de Münster. Envoi d'un gentilhomme à Rome pour la ligue contre les Turcs. Hommage du duc de Lorraine pour le duché de Bar. Conditions du mariage de Mademoiselle avec le prince de Lorraine. Propositions du roi de Tunis . 61
16 mars. M. C. Nomination du cardinal d'Este à l'abbaye de Saint-Vaast. Payement d'un achat de chiens anglais. Payement à M. de Rochebrune. Envoi d'un agent à Rome pour obtenir le procès du cardinal de Retz et adhérer à la formation de la ligue contre les Turcs. Défense d'imprimer sans permission à Paris. Mécontentement contre le Pape. Désignation de troupes pour tenir garnison dans la citadelle de Marseille 66
17 mars. M. C. Démolition des fortifications de Nancy et changement de la garnison. Provisions et taxation de la charge de premier président du parlement de Bretagne. Don gratuit des États de Languedoc. Expulsion d'un luthérien allemand. Défense aux réformés de tenir des assemblées dans Paris, et interdiction de tenir des écoles au faubourg Saint-

SOMMAIRES DES SÉANCES. 379
Pages

Germain. Émeute à Rennes. Envoi du frère du marquis de Varennes à la Bastille. Ordre de relâcher un garde de la prévôté de l'hôtel. Déclaration contre les religieux vagabonds. Protection assurée aux payeurs des gages des compagnies de justice 71

18 mars. M. C. Injonction expresse à M{^{lle}} d'Orléans d'épouser le Prince de Toscane, et règlement de sa dot. Fortifications de la place de Llivia, en Cerdagne. Réintégration des Napolitains dans leurs biens. Jonction de la chambre souveraine de Bresse au parlement de Metz augmenté de ressort. Création d'un présidial en Alsace. Payement de l'arriéré aux gardes suisses conservés. Payement du prédicateur jésuite, des livrées des Cent-Suisses, du deuil de Mazarin.

Don à l'apothicaire Beaulieu. Don des aides de Corbie à M. de Podevils 76

19 mars. M. C. Défense aux officiers de la Cour des aides de dresser des mémoires sur les affaires publiques. Appointements du commandant de la ville de Nancy. 83

21 mars. M. C. Envoi de troupes à Nancy. Frais de voyage pour l'abbesse de Fontevrault. Commission d'un maître des requêtes au fait de la marine. Subside à un officier des gendarmes de Mazarin. Recherche des faux nobles. Duels en Auvergne. Transfert des forçats aux galères. Fonds pour la citadelle de Marseille. Séparation des communautés de Provence. *Veniat* au président de Cormis. Résolutions sur les affaires de Provence. Relégation du marquis de Gordes à Reims. Envoi de troupes du Dauphiné en Provence. Appointements des gouverneurs des places nouvellement annexées 84

23 mars. A. É. Séparation des communautés de Provence. *Veniat* au président de Cormis. Relégation du marquis de Gordes 93

M. C. Douaire et entretien de la princesse d'Angleterre, fiancée à Monsieur. Place de Leucate. Propositions pour l'évacuation de Nancy. Fourniture, par le duc de Lorraine, de travailleurs pour le démantèlement. Pardon à l'électeur de Trèves 93

24 mars. M. C. Relégation de quatre conseillers de la cour des aides de Paris. Faits reprochés au chevalier de La Bretesche.

Défense d'arborer en mer une bannière étrangère. 96

26 mars. A. É. Pardon à l'électeur de Trèves 99

M. C. Promesse de subside à la république de Venise et d'assistance contre les Turcs. Legs de Mazarin au Pape pour le même objet.

Règlement des fortifications du Château-Trompette. Licenciement des troupes lorraines. L'élection de l'abbé de Cluny différée. Réclamations du comte d'Aspremont contre le duc de Lorraine.

Différend entre le prince de Chimay et M. de Bercy. Don des bénéfices de Mazarin aux cardinaux d'Este et de Mancini. Vacances en cour de Rome. Établissement d'économats 99

28 mars. M. C. Défense au cardinal Grimaldi de rentrer à Aix. Ordre aux États d'Artois de ne traiter qu'avec les commissaires royaux. Don gratuit desdits États.

Remontrances des États de Béarn. Le collège de Foix à Toulouse. Droits du marquis Grimaldi sur Phalsbourg. Don d'une lieutenance générale . . . 109

29 mars. M. C. Défense au commissaire royal en Artois d'écrire à l'ambassadeur d'Espagne. Annonce du mariage du roi d'Angleterre avec l'Infante de Portugal 116

30 mars. M. C. Réponse aux remontrances de la Cour des aides. Différend de l'abbé de Broglio avec le conseil souverain de Pignerol. Décharge pour le receveur général d'Amiens. Garnisaires du Roi au château du Puy-du-Fou. Qualités de comte et de gouverneur de Roussillon prises indûment par le roi d'Espagne et par son vice-roi de Catalogne . . 118

31 mars. M. C. Permission à un intendant de venir dans Paris. Défense aux officiers d'élections d'y venir.

Créance pour Chassan auprès de la cour de Suède. Interdiction du culte réformé dans la ville de Bagnols, en Languedoc. Suppression du Missel traduit en français. Brevet de dispense du droit annuel. Fixation de l'âge pour être reçu au parlement de Paris.

SOMMAIRES DES SÉANCES.

Interdiction aux communautés religieuses de constituer des rentes à fonds perdu 121

1ᵉʳ avril. M. C. Châtiment de troupes qui refusent le service pour raison de non-payement. Solde de la garnison d'Arras. Envoi de troupes au Havre . . 127

2 avril. A. É. Mariage de Monsieur 129

M. C. Refus de solder l'arriéré de la garnison de Nancy. Duelliste de Poitou envoyé à la Bastille, et conflit avec le Parlement. Défense de procéder à l'élection d'un abbé de Cluny. Partage du prix de la capitainerie de Saint-Germain entre la veuve et les enfants du titulaire assassiné. Établissement d'un agent secret en Angleterre. Réduction des régiments irlandais et écossais. Don demandé à l'assemblée du Clergé. Don gratuit des États de Languedoc, et réponse aux articles de leur cahier.

Fonds des garnisons du Languedoc. Réception de M. de Boniparis en la nouvelle charge d'avocat général au parlement d'Aix. Cassation de l'arrêt du parlement interdisant aux habitants de Rouen le port d'étoffes fabriquées hors de leur ville; diminution des droits levés sur les menues boissons. Commission du commerce. Rasement du réduit de Marville. 130

4 avril. M. C. Négociation de la paix entre les Polonais et les Moscovites, sous la médiation du Roi. Règlement des parentés et alliances entre les officiers du parlement de Navarre. Expédition des bénéfices sur mémoires du Roi.

Don gratuit des États d'Artois. Discussion du don gratuit du Clergé. État des mortes-payes. Décharge des droits sur les boissons en faveur des artisans de Rouen 141

A. É. Remplacement du chevalier de Terlon par Chassan à la cour de Suède 142

5 avril. M. C. État général des garnisons. Appointements des gouverneurs de places. Emprisonnement d'un des conseillers de Bordeaux frappés de relégation.

Invitation à empêcher que l'abbé d'Aubigny ne vienne en France 148

A. É. Renvoi du commissaire général Gravel en
Allemagne 149
7 avril. M. C. Cassation d'un arrêt du parlement d'Aix
rendu en faveur du conseiller du Perrier. Répri-
mande et *veniat* au président de Régusse. Emprisonnement du conseiller du Perrier. Envoi de troupes
dans la ville d'Aix. Signature du contrat de mariage
de la Princesse de Toscane. Remise de la nomination d'un proviseur de Sorbonne. Commissaires
pour les affaires de la R. P. R.
Désarmement d'une frégate à la Rochelle . . . 152
8 avril. A. É. Cassation des délibérations du parlement
d'Aix. *Veniat* au président de Régusse. Emprisonnement du conseiller du Perrier. Renvoi des lettres
dudit parlement. 157
M. C. Évacuation de la Lorraine par les troupes
du maréchal de La Ferté. Mariage de Mademoiselle
avec le prince de Lorraine. Garnison placée dans
le château du sieur de Mallevault. Arrêt pour l'enquête sur le commerce. 157
9 avril. M. C. Envoi de fonds pour la chiourme des galères.
Don du parlement de Bourgogne pour la suppression de la chambre souveraine de Bresse, et replace-
ment des officiers de cette chambre au parlement de
Metz. Payement des Suisses licenciés. Présent à l'envoyé de Münster. Ordre d'arrêter le docteur Taignier.
Les jansénistes et le Formulaire.
Différends dans l'ordre de Cîteaux 165
11 avril. M. C. Relégation du président de Cormis à
Aurillac. Emprisonnement d'un des conseillers de
Bordeaux à la Bastille. Nomination du corps muni-
cipal d'Orléans. Défense d'adresser directement aux
cours souveraines des communications de l'étranger.
Requête du marquis de Mailly contre le prince de
Condé. Décharge d'imposition sur la fabrique des
toiles en Rouennais. Démolition de la tour de la
Chauffrette à Limoges 171
Assurances envoyées à l'évêque de Münster . . 173

13 avril. M. C. Relégation de magistrats lyonnais. Incorporation aux provinces françaises des couvents situés dans les places annexées. Appointements de l'ambassadeur en Espagne. Présents à l'archevêque d'Amasie. Déplacement de religieux dans les couvents du pays conquis. Création de deux offices de conseiller au parlement de Bordeaux 177

14 avril. M. C. Poursuites des Génois contre un magistrat provençal et contre le gouverneur du fort de Bréganson. Relégation d'un conseiller du parlement de Bordeaux 181

15 avril. A. É. Offices de l'ambassadeur en Hollande sur la mort de Mazarin. 183

M. C. Diminution du prix du sel dans les Trois-Évêchés et imposition d'une subvention spéciale. Interdiction au parlement de Toulouse de délibérer sur le recouvrement des tailles par voie militaire. Emploi des troupes contre les paroisses rebelles. Arrestation de l'auteur d'une thèse favorable au jansénisme 183

16 avril. M. C. Correspondance secrète venue d'Angleterre. Envoi du Formulaire à la souscription des docteurs de la faculté de théologie. Proposition de rendre perpétuelle l'Alliance du Rhin 187

18 avril. M. C. Arrestation d'un capitaine pour violences commises à Metz. Emprisonnement, sur la requête du parlement d'Aix, d'un contrôleur général de la marine. *Veniat* pour violences contre les agents du recouvrement des tailles. *Veniat* à un conseiller de Bordeaux pour différend avec le premier président du parlement. Demandes du duc de Savoie . . . 190

A. É. Relégation du président de Cormis. Élection d'un général français de l'ordre des Minimes. . . 192

19 avril. M. C. Conditions du don gratuit des communautés de Provence.

Cassation de l'arrêt du parlement d'Aix contre le président de Coriolis. Règlement du chemin à ouvrir à travers la Lorraine. Fortifications de Lixheim. Instruction pour l'envoyé à Rome. Règlement de l'affaire du duché de Castro de concert avec l'Espagne. Remise au prince de Condé des titres de Jametz, Stenay et Clermont 195

M. C. Affaires ecclésiastiques. Abbayes de Hénin et d'Avesnes. Pension sur l'abbaye Saint-Lucien de Beauvais. Souscription du Formulaire par les docteurs. Ordre aux vicaires généraux de changer les directeurs de Port-Royal. Expulsion des pensionnaires et novices des deux monastères de Port-Royal. Relégation de trois religieux de Grandmont. Désignation par un bénéficier interdit. Don d'un canonicat de Dol. Don de l'abbaye du Pin sous réserve de pension. Cession d'un canonicat de Luçon en régale. . 200

20 avril. A. É. Mariage de Mlle d'Orléans avec le Prince de Toscane 206

25 avril. M. C. Licenciement des régiments de cavalerie allemande du duc de Lorraine, et maintien de sa garde personnelle. Restitution de ses salines et domaines. Démolition totale des fortifications de Nancy. Fourniture de trois mille démolisseurs par le duc. Refus de laisser les fortifications sous la garde de troupes du Roi. Mesures prises pour la réception du duc à Nancy. Négociations de Wicquefort pour gagner à l'Alliance l'électeur de Brandebourg. Déclaration au duc de Neubourg de la candidature de M. le duc d'Enghien à la succession de Pologne. Dénonciation contre un Hollandais employé par l'ambassadeur de France à la Haye 207

26 avril. M. C. Expulsion des pensionnaires de Port-Royal. Avis transmis en Pologne sur les affaires d'Allemagne. Correspondance secrète en Angleterre. Conservation du réduit de Marville. 218

27 avril. M. C. Les six points de l'instruction pour l'envoyé du Roi à Rome : 1° Ligue contre les Turcs; 2° Affaire de Castro; 3° Affaire de Comacchio; 4° Procès du cardinal de Retz; 5° Nomination aux bénéfices d'Artois; 6° Couvent de la Trinité-du-Mont à Rome 222

28 avril. M. C. Échevinage d'Orléans. Gages du commis-

saire général des fortifications. Envoi de courrier
secret en Pologne 224
29 avril. A. É. Offices de l'ambassadeur en Hollande sur
la mort de Mazarin. 225
— M. C. Commandement de la garnison du Havre. Ordre
de remettre les titres de Port-Royal et la commission
du directeur Singlin. Instruction pour Rome et
mémoire contre le cardinal de Retz. Troupes du duc
de Lorraine mises à la disposition de l'électeur de
Cologne. Arrestation d'un conseiller de la cour des
aides de Rouen. Répression de violences commises
en Auvergne 225
30 avril. M. C. Don gratuit et charges des communautés
de Provence; ordre éventuel de séparation. Impositions espagnoles sur le pays de l'Alleu, et représailles
sur la ville d'Armentières. Élection d'un provincial
français des Carmes déchaux de Lorraine. . . . 231
2 mai. M. C. Expulsion des novices et pensionnaires
de Port-Royal. Contribution indûment imposée par
le gouverneur de Dunkerque sur la ville de Bourbourg. Précautions prises à la frontière. Contribution du pays de l'Alleu et du pays de Luxembourg.
Désordres commis par les troupes à Beaumetz et Bousignies. Sels de Peccais demandés par le duc de
Savoie. Direction des travaux du duc de Lorraine
et du Roi pour le démantèlement de Nancy. Conseil souverain et chambre des comptes de Lorraine.
Armement contre les corsaires de Barbarie. Création nouvelle des charges supprimées sur le président Viole. Acquisition de bois pour la marine en
Bretagne. Visite des bois de Bourgogne. Règlement
pour le délestage des navires. 236
— A. É. Don gratuit et charges des communautés de
Provence 240
3 mai. M. C. Châtiment des suisses de la garnison de
Marseille. Payement du prix du gouvernement du
Pont-Saint-Esprit. Fonds pour les fortifications de
Marseille, pour le Château-Trompette et pour le
démantèlement de Nancy. Règlement de la dette du

duc de Savoie envers le duc de Mantoue. Mesures contre l'ancien général des Minimes. Bulles de l'archevêché de Reims pour le cardinal Antoine Barberini. Mesures prises contre l'abbé Braccesi . . . 249

4 mai. A. É. Mission de M. d'Aubeville à Rome; ses trois lettres de créance 255

— M. C. Appointements du conseil souverain de Perpignan. Envoi de la bulle de jubilé par l'internonce de Bruxelles. Envoi d'armes à Pignerol et réparation des corps de garde. Règlement pour la garnison d'Arras et pour le régiment de la Marine. Carmes réformés du pays de Liège. Don de finance à la dame Talon, en Roussillon. 255

5 mai. M. C. Relation de l'affaire du cardinal de Retz remise à l'assemblée du Clergé. Prohibition des monnaies d'Orange. Le P. d'Avila et le chapitre des Minimes. Charge de président au parlement de Bordeaux.

Le Port-Royal et M. Singlin. Réparations à Saint-Vaast d'Arras 261

6 mai. M. C. Manœuvre pour détacher de l'Autriche le duc de Saxe 266

7 mai. M. C. Nouveaux ordres pour l'expulsion des pensionnaires de Port-Royal. Charge de conseiller au conseil souverain de Perpignan.

Le chapitre de Rouen châtié pour sa résistance à la signature du Formulaire. Les Carmes des pays cédés 268

8 mai. A. É. Chapitre général des Minimes 271

9 mai. M. C. Défense à l'archevêque d'Aix de rentrer dans son diocèse. Mesures en faveur des forçats invalides ou ayant achevé leur temps de galères.

Don des États de Béarn. 275

A. É. Règlement pour la correspondance directe des ministres à l'étranger avec le Roi. Défense à l'archevêque d'Aix de rentrer dans son diocèse. Commission pour visiter les places fortes, etc. Forçats invalides et hors d'âge. Démolition et construction de navires. Échange de saluts avec les galères de Florence 276

SOMMAIRES DES SÉANCES.

10 mai. A. É. Surséance de la déclaration sur la vacance des bénéfices en cour de Rome. Intendance des Trois-Évêchés donnée au président Colbert . . . 280
    M. C. Vacance des bénéfices en cour de Rome . 281
11 mai. M. C. Rétablissement de l'autorité ducale à Nancy. Différend entre la garnison de Metz et les régiments de Piémont et de Navarre. Négociation pour gagner l'électeur de Brandebourg. Création des deux charges au parlement de Paris 282
12 mai. M. C. Opposition au passage de la reine Christine à travers la France. Création d'une chambre nouvelle au parlement de Metz. Délivrance d'un gentilhomme breton séquestré par son frère. Surséance à la condamnation des P. R. d'Eymet. Remplacement du conseil souverain d'Alsace par un conseil provincial. Conseillers d'honneur d'Alsace au parlement de Metz. Attribution de la juridiction de cour des comptes, aides et monnaies au même parlement, et création de deux trésoriers de France. Poursuites contre un capitaine accusé de violences sur un avocat général du même parlement . . . 283
— A. É. Ordres pour l'arrestation dudit capitaine et pour la délivrance du gentilhomme séquestré en Bretagne 285
13 mai. M. C. Relégation du président de Cormis à Caen et du président de Régusse à Amiens. Restitution des domaines du duc de Lorraine. Les hérétiques exclus de l'ordre de Saint-Michel 288
14 mai. A. É. Les hérétiques exclus de l'ordre de Saint-Michel 290
    M. C. Relégation des deux présidents provençaux. Poursuites pour pillage de bateaux de sel sur l'Yonne et pour violences contre les officiers des gabelles de Saint-Quentin. Partage des travaux de démantèlement de la Nouvelle ville de Nancy entre le Roi et le duc de Lorraine. Surséance à la démolition des remparts de la Vieille ville. 290
16 mai. M. C. Renvoi à la Cour des aides d'une affaire de rappel des galères. Mesures prises pour assurer

les abbayes du cardinal Mancini contre le privilège de vacance en cour de Rome. Signature du don gratuit de l'assemblée du Clergé. Requête du marquis de Mailly pour être rétabli dans la jouissance de ses terres d'Artois. Négociation du traité à passer avec les ambassadeurs hollandais 293

17 mai. M. C. Réduction du droit de propine. Opposition au projet de voyage de la reine Christine en France. 295

18 mai. M. C. Relégation du comte de Soissons pour appel en duel, et emprisonnement du chevalier de Maupeou. 296

19 mai. A. É. Le droit de propine. Réponse à l'ambassadeur en Hollande sur l'interception des dépêches passant par la Flandre, sur la conduite à tenir envers le prince d'Orange et ses tuteurs, sur le projet de voyage de la reine Christine; à l'ambassadeur en Pologne, sur les délibérations des petites diètes, sur les négociations contre l'Empereur et sur les diètes de Lithuanie; au résident en Suède, sur la venue de l'ambassadeur Tott; au commissaire général près la Diète des princes allemands, sur le passage des troupes alliées à travers l'Empire, sur la négociation avec l'électeur de Mayence, sur la manière d'écrire en voie directe au Roi. Relation des négociations en Suisse et à Rome. Remise au Trésor des chartes de traités originaux et de papiers du dernier ambassadeur en Angleterre. Correspondance avec l'agent Bierman en Danemark 298

— M. C. Défense à l'archevêque de Sens de venir à la cour et à Paris. Défenses aux abbayes messines de faire aucune postulation au préjudice des droits du Roi.

Principauté du collège d'Évreux. Souscription du Formulaire dans les Trois-Évêchés 301

21 mai. M. C. Enquête sur le Bastion-de-France. *Veniat* au marquis de Saint-Aunez. Marché pour le démantèlement de la Nouvelle ville de Nancy. Désarmement des habitants de Stenay 311

23 mai. M. C. Permission de fabriquer des passements

et dentelles de soie dans les paroisses avoisinant Paris, et défense de porter des passements de fil fabriqués à l'étranger. Emprisonnement du baron de La Varanne. Imposition du sel en Provence et envoi de troupes. Réduction des évocations du parlement de Dijon. Entreprise de la partie du démantèlement de Nancy incombant au duc de Lorraine . 316

25 mai. M. C. Litige de juridiction entre le prévôt des marchands de Melun et le prévôt des bandes. Imposition du sel en Provence et envoi de troupes sous la direction d'un maître des requêtes. Relégation d'un député des communautés de Provence. Expulsion d'Italiens résidant à Toulon. 323

26 mai. M. C. Négociation avec les Hollandais. . . . 326

27 mai. M. C. Déclaration sur le commerce des dentelles. Terres de Dauphiné engagées au marquis Villa. Séjour des troupes en Provence. Nomination d'un vicaire de l'évêque d'Urgel en Cerdagne 327

— A. É. Pensions et colliers de l'Ordre pour les princes romains. Réponse à l'ambassadeur en Hollande sur l'exercice de la religion catholique, sur la négociation du traité, sur les intérêts de l'ordre de Malte, sur la conduite inquiétante de la princesse douairière d'Orange, sur la défense aux matelots de servir dans les marines étrangères, sur le duc de Brunswick-Hanovre et le cardinal de Hesse, sur la restitution de Rheinberg à l'électeur de Cologne. Réponse à l'ambassadeur en Pologne sur les mesures à prendre à l'égard des dissidents, sur l'inconvénient de divulguer le projet du Roi, sur un discours indiscret du résident de Neubourg, sur les pouvoirs pour promettre l'assistance du Roi; au commissaire général près la Diète des princes allemands, sur la conférence convenue avec les députés de l'électeur de Brandebourg et sur la négociation avec l'électeur de Mayence; à l'ambassadeur en Hollande, sur la conduite maladroite de la princesse douairière au détriment du prince son pupille, sur la difficulté pour les États de faire les mêmes avantages au Portugal qu'à l'Angleterre et la nécessité de venir à bout des oppositions, sur la restitution de Rheinberg et Ravenstein au duc de Neubourg, sur la négociation avec les ambassadeurs hollandais, et sur le droit de fret de cinquante sols; à l'agent en Suède, sur la rupture des conférences entre les Suédois et les Moscovites, et sur la nécessité, pour la Suède, de s'unir avec la Pologne 328

28 mai. M. C. Instructions pour l'archevêque d'Embrun et le comte d'Estrades partant comme ambassadeurs en Espagne et en Angleterre. Exécution d'un jugement contre deux duellistes. Permission au président de Régusse de retourner en Provence . . . 346

30 mai. M. C. Restitution au duc de Lorraine des revenus échus de ses domaines. Conservation des portes de Nancy et mise en entreprise des travaux de démolition. Brevet antidaté de lieutenant général des armées pour lord Rutherford, gouverneur de Dunkerque. Déclaration pour l'imposition du sel en Provence 348

ERRATA DU TOME I[1].

Pages 19-20, notes 1, 2, 3. Comparez les *Mémoires de M*^{me} *de Motteville*, tome IV, p. 247-249.

Page 26, note 12. On a un exemplaire manuscrit, de la main même du juré crieur Canto, de l'ordonnance du 3 mars 1661, dans le recueil B. N., F 50, n° 63 *bis*. Cf. *Œuvres du cardinal de Retz*, éd. Chantelauze, tome VI, p. 648-649, et *Mémoires du chanoine Hermant*, ms. fr. 17729, fol. 65.

Page 27, ligne 12 de la note 3. Lisez : *Mathurin Esnault*, d'après sa condamnation des 6 et 29 août.

Page 31, paragraphe 7. Après *Turenne*, ajoutez l'appel de note *26*.

Page 33, note 3, ligne 4. Au lieu de : *Hautefeuille*, lisez : *Hautefontaine*.

Page 53, paragraphe 4. Mme de Motteville parle, dans ses *Mémoires*, tome IV, p. 276, en mai 1661, de ce portrait d'Henri IV poignardé.

Page 72, paragraphe 6, et page 75, note 10. Le « frère de M. le marquis de Varenne » doit être, sous ce nom défiguré, le même baron Foucquet de La Varenne ou La Varanne dont il est parlé plus loin, le 23 mai, p. 316, 317 et 319, comme « tenant fort contre ses parents. »

Page 81, note 12. Selon les comptes de l'Épargne, le P. Claude Texier, qui a un article biographique dans le *Dictionnaire de Moréri*, reçut 3,000 livres pour avoir prêché le carême devant le Roi.

Page 86, note 2. L'abbesse de Fontevrault se rendait aux eaux de Bourbon, d'où elle écrivit à Condé une lettre conservée dans les archives de Chantilly, vol. P XXIV, fol. 440-441.

Pages 118 et 119. La Cour des aides n'avait pu obtenir une audience du Roi tant que vécut Mazarin, pour faire ses remontrances sur la peine des galères édictée contre les faux-sauniers qui ne payaient point leur amende, sur le désordre qui régnait dans le recouvrement des tailles, aides et gabelles, sur la juridiction des aides, sur le payement du droit de gros par les bourgeois de Paris. Le Cardinal étant mort, le lundi 21 mars fut fixé pour l'audience, mais avec défense au premier président Amelot de tenir des assemblées chez lui, et encore le Roi se plut-il à différer de jour en jour l'audience promise. Sur ces entrefaites, il fit arrêter les trois conseillers les plus remuants, et cette rigueur émut beaucoup la Compagnie. Enfin le premier président fut admis en cour, mais fort mal reçu, et il n'eut permission de tenir une assemblée que

---

1. On trouvera à la fin du tome dernier un relevé général des additions et corrections.

392 ERRATA.

pour solliciter quelque adoucissement à la punition des trois exilés en raison de leur état de santé. De nouvelles audiences, le 23 et le 31 mai, et une députation le samedi 8 mai ne réussirent pas mieux : c'est seulement le jeudi 31 décembre que le Roi daigna annoncer au procureur général cette décision : « J'accorde aux prières de la compagnie le retour de ces Messieurs. Lorsqu'elle a résisté à mes volontés, j'ai été ferme, et, d'abord qu'elle les a exécutées, je ne me suis pas fait prier deux fois, et je vous charge de dire à la compagnie que je souhaite qu'elle continue dans l'obéissance qui m'est due, et qu'en usant de la sorte, je la considérerai et lui donnerai des marques de ma bonne volonté. » Le rappel fut ordonné en conséquence. (A. N., registre de la Cour des aides Z^{1A} 164, fol. 300-322 et 361-362.)

Page 92, note 17. M. de Gordes écrivit de Reims, le 20 juillet, pour demander qu'on lui fît grâce, ou bien qu'on lui accordât d'être jugé, et il envoya un mémoire sur sa situation (A. É., vol. FRANCE 912, fol. 26-27 et 46), se défendant d'avoir fait aucune manœuvre contre le premier président d'Oppède, ni failli à son devoir autrement que par omission.

Page 135, note 5. Selon le *Dictionnaire de la Noblesse*, par La Chenaye-des-Bois, les Mallevault étaient une branche de la même famille de Chasteigner à laquelle appartenaient les La Roche-Posay.

Page 138, note 17, ligne 1. Lisez : *Roxburgheshire*.

Page 139, note 20. Dans une lettre à l'abbé de Roquette en date du 27 mars 1661 (A. C., section O VI, tome II, fol. 794), le prince de Conti écrivait de Pezénas : « Je vous envoie la dépêche, en duplicata, que M. l'intendant et moi écrivons à M. le Surintendant, afin que vous voyiez l'impossibilité que nous trouvons à porter les États à donner douze cent mille livres, et cela par impuissance, et non par mauvaise volonté. Nous y ferons pourtant nos efforts ; mais, apparemment, cela nous fera durer encore les États un mois ou plus, et sans beaucoup d'espérance d'y réussir... »

Pages 142, 145 et 200. Un registre des expéditions du secrétaire d'État pour le mois d'avril 1661, conservé aux Archives nationales, O^1 355, contient, fol. 70-73, l'énumération des bénéfices qui furent accordés par le Roi le 7 avril : chapelle Saint-Vincent-des-Landes, au diocèse d'Évreux, pour Claude de Seyne, clerc du diocèse de Paris ; prieuré simple et séculier de Saint-Vénérand, au diocèse de Mende, pour Pierre Mathieu, prêtre et docteur en théologie ; permutation pour Hilaire Roulleau de deux chapelles simples dans l'île de Ré et dans l'église Saint-Mathurin de Luçon, contre une chanoinie de Luçon que le Roi, en vertu de la régale ouverte, avait conférée à Me Louis de Bessay, clerc du diocèse de Poitiers, mais dont celui-ci n'avait point pris possession ; abbaye Notre-Dame de l'Isle-en-Barrois, au diocèse de Toul, pour Guy de Sève de Rochechouart, clerc du diocèse de Paris et bachelier de Sorbonne, sur démission de Me Antoine de Sève avec réserve de 3,000 livres de pension ; chanoinie théologale de la cathédrale de Bayeux pour Jean Lamy, docteur de la faculté de Paris, sur démission de Me Jean-Baptiste Cotelier avec réserve de 300 livres de pension, la collation appartenant au Roi par la régale ouverte audit évêché; chanoinie prébendée de la cathédrale de Dol, vacante en régale par la mort de Mᵉ François Le Bordais, pour Henri-Auguste de Saint-Eslan, clerc du diocèse de Paris.

Le même registre porte que, le 19 avril, le Roi donna les bénéfices qui suivent : abbaye régulière de la Grâce-Dieu, ordre de Prémontré, au diocèse d'Aire, pour frère Jean de Lompagieu, prieur de Sainte-Marie-Magdeleine-de-Lanne, au diocèse d'Aire, par permutation avec frère Pierre de Lompagieu et sous réserve de 2,000 l. de pension; prébende de Saint-Étienne de Troyes, vacante par la mort de Mᵉ Marineau, pour Louis Charpentier, prêtre du diocèse de Paris; abbaye de Notre-Dame-du-Pin, au diocèse de Poitiers, vacante par la mort de dom Léonard Gaultier, pour dom Pierre Gaultier, prêtre et profès en ladite abbaye, avec réserve de 600 l. de pension pour Mᵉ Louis de Compiègne, clerc du diocèse de Soissons, et d'une pension de 1,200 l. déjà homologuée en cour de Rome au profit de Mᵉ Louis Irland, prêtre du diocèse de Poitiers; chapelle de Notre-Dame-des-Pezerilz, paroisse de Bais, au diocèse de Coutances, pour Pancrace du Hommeel, sur résignation faite en cour de Rome par Mᶜ Gabriel Lebas sans le consentement du seigneur des Pezerilz; chapelle de Saint-Louis en l'église paroissiale de Cessenon, à la nomination de M. le prince de Conti comme comte de Pezénas et à la collation du Roi, pour Mᵉ Jean Catalan, prêtre, sur démission de Mᵉ Pierre André.

Plus, du même mois, un certain nombre de places de religieux lai en diverses abbayes pour des soldats estropiés.

Page 177, ligne 3, et page 178, note 1. Le procureur du Roi au bureau des finances était, depuis 1629, Aimé Charrier de La Roche, de même famille que le lieutenant au présidial.

Page 184, avant-dernière ligne. Au lieu de : *importunois,* lisez : *importunerois.*

Page 187, note 11. Hermant, dans la partie encore inédite de ses Mémoires (B. N., ms. fr. 17729, fol. 71 v° et 76 v°), parle de la thèse d'avocat dédiée imprudemment par Pierre Baudelot à la « pieuse mémoire » de M. de Saint-Cyran « défenseur de la tradition divine et de la vérité orthodoxe. » On lui fit, dit le chanoine, « un crime énorme de cette dédicatoire, et, le mois suivant, il fut conduit dans la Bastille pour avoir rendu cet honneur à un homme qu'il plaisoit aux Jésuites de traiter d'hérésiarque. » Le recteur et le chancelier de l'Université d'Orléans, qui avaient présidé à la soutenance, furent mandés pour rendre raison de leur conduite. Le prisonnier fut cependant rendu à la liberté au bout de deux mois, son innocence étant reconnue. Il était fils du commissaire au Châtelet comme l'antiquaire Baudelot (1648-1722), qui entra en 1705 à l'Académie des inscriptions.

Page 193, note 7. Selon les généalogistes, le marquis de Nuaillé appartenait à une famille ancienne du Bas-Poitou dont le nom patronymique était Le Mastin. Il mourut le 13 février 1692, et son père s'était marié en 1634.

ERRATA.

Page 193, ligne 6 de la note 11. Au lieu de : *Victor-Emmanuel*, lisez : *Charles-Emmanuel*.

Page 194, note 13. Lisez : *ci-après, 13 mai*.

Page 198, note 8. Au lieu de : *p. 64*, lisez : *p. 62*.

Page 203, note 5. Ce Baudouin était peut-être le prêtre, antiquaire, professeur et maître de l'Hôtel-Dieu d'Amiens, dont parle le *Moréri*.

Page 255, note 24. Sur l'abbé Braccesi et sur les manœuvres qu'il fallut employer pour se défaire de lui, voir A. É., vol. ROME (Mémoires et Documents) 24, fol. 57, 82-83, 108 et 113.

Page 258, fin de la note 3. Au lieu de : *7 juillet*, lisez : *9 juillet*.

Pages 262 et 274. Le nom du P. Ladoré est écrit *Ladore* dans le rapport du P. Harel donné à l'Appendice, p. 370.

Page 310, note 33. On avait cru que l'évêché d'Évreux serait pour le curé Joly, qui avait aidé Mazarin à mourir (*Mémoires de Coulanges*, p. 380).

TABLE DU TOME I.

	Pages
Séances du 9 mars au 30 mai	1
APPENDICE :	
I. Fragment des Mémoires du jeune Brienne	351
II. Le conseil d'en haut du 10 mars	360
III. Licenciement des troupes du duc de Lorraine	362
IV. Les débuts du roi Louis XIV	363
V. L'affaire de la succession de Pologne	366
VI. Élection du général de la congrégation des Minimes	368
VII. Projet relatif à la ligue du Rhin	370
VIII. Mesures prises contre l'abus des évocations	373
SOMMAIRES DES SÉANCES	377
ERRATA	391

Nogent-le-Rotrou, imprimerie DAUPELEY-GOUVERNEUR.

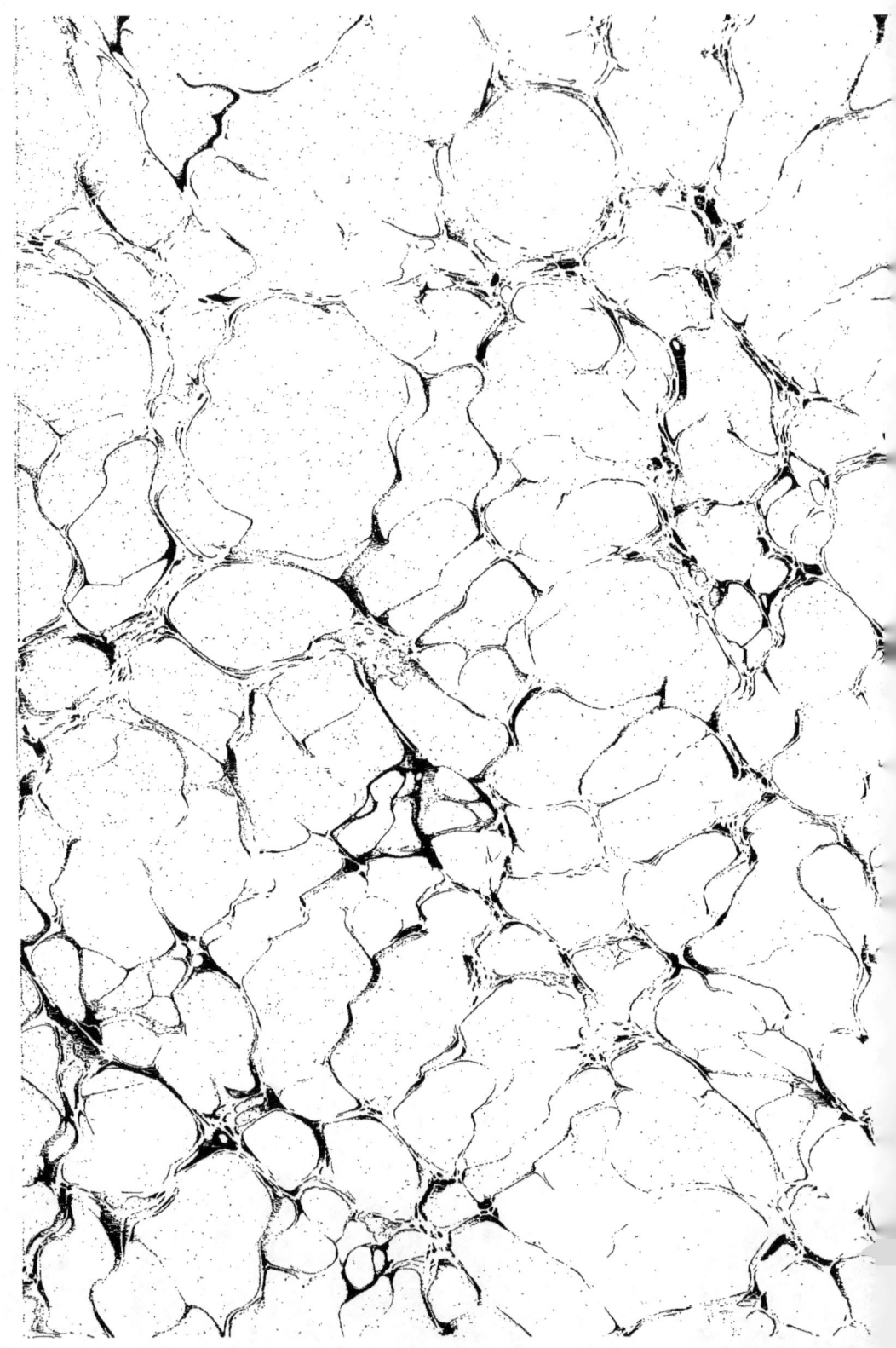

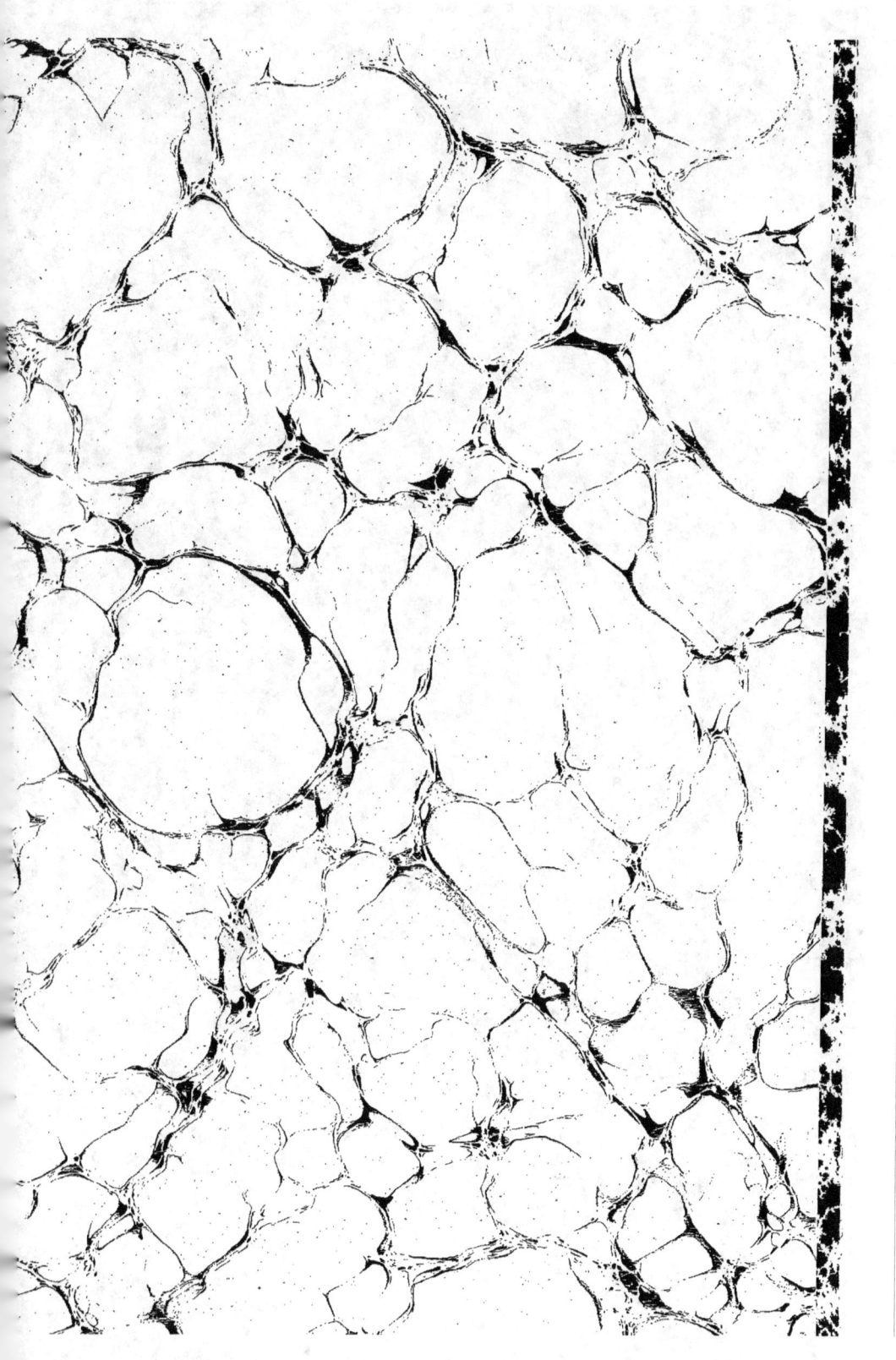

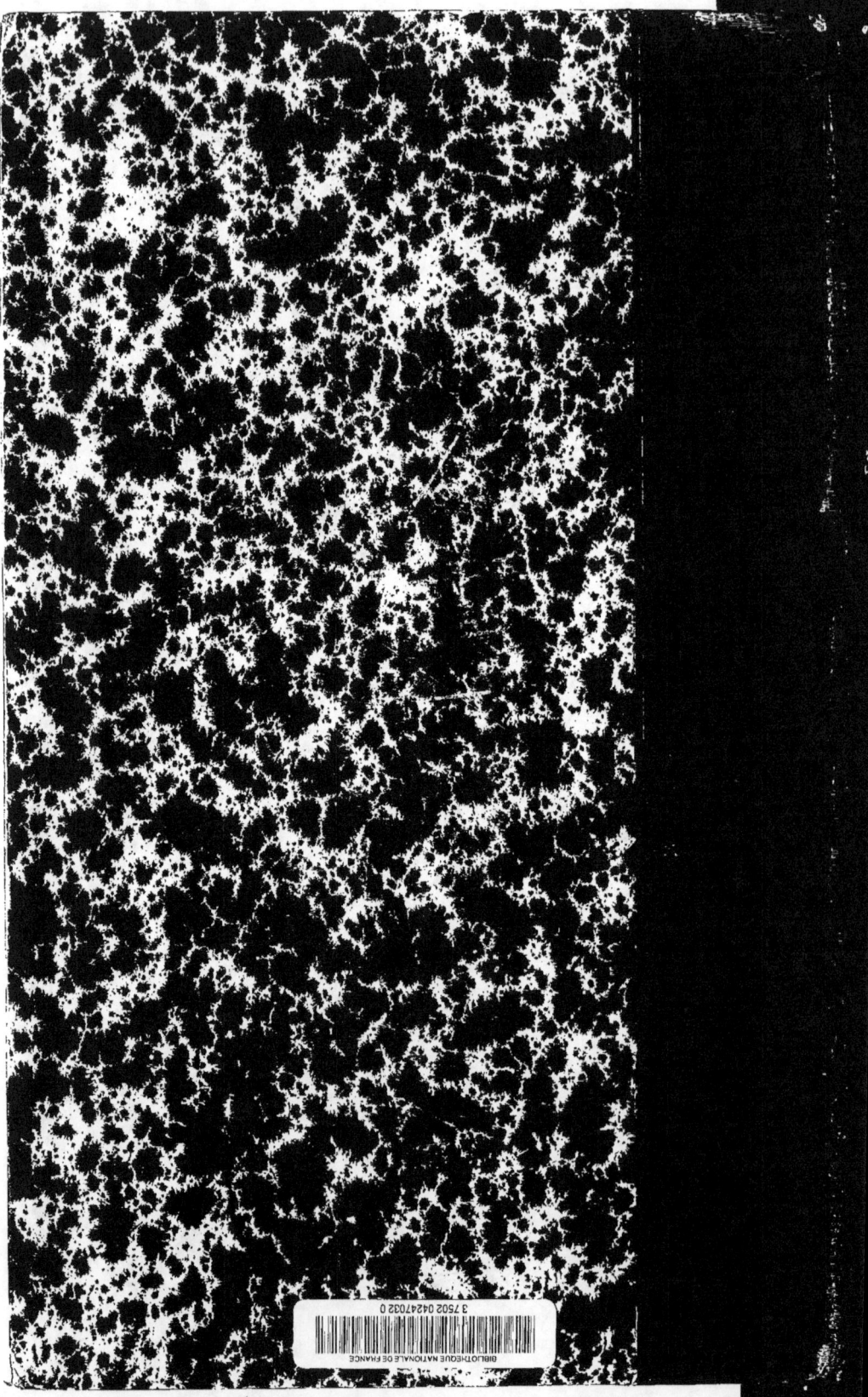

www.ingramcontent.com/pod-product-compliance
Lightning Source LLC
Chambersburg PA
CBHW051125230426
43670CB00007B/680